로잔운동의 신학과 실천

로잔운동의 신학과 실천

발　행 2017년 1월 10일
기　획 한국로잔위원회 (의장 이광순)
엮은이 한국로잔연구교수회

펴낸곳 도서출판 케노시스
등　록 제2011-24호(2011. 5. 23)
전　화 02) 453-2208, 450-5435-6
팩　스 02) 2201-6953
주　소 서울시 광진구 광장로 5길 25-1

ISBN 979-11-85698-13-7 (93230)

값 20,000원 (*파본은 바꿔드립니다)

THEOLOGY
AND
PRAXIS OF
LAUSANNE
MOVEMENT

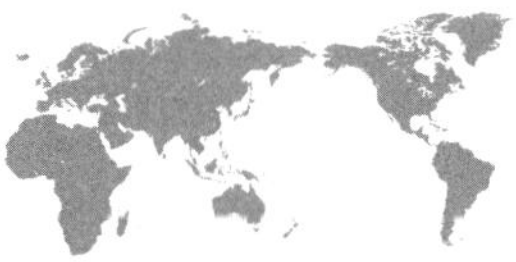

로잔운동의 신학과 실천

한국로잔연구교수회 편

한국로잔위원회

발간사

하나님이 빛을 비추셨도다!
God shines forth!

네 하나님 여호와께서 권고하시는 땅이라

연초부터 연말까지(세초부터 세말까지)

네 하나님 여호와의 눈이 항상 그 위에 있느니라

(신명기 11:12)

1. 하나님이 세우시고 지키시는 나라, 대한민국!

대한민국은 우리 하나님 여호와께서 세우시고 지키시고 돌보시며 권고하시는 땅이라.

2016년! 세초부터 세말까지 하나님의 눈이 항상 가정과 교회와 민족과 우리나라, 대한민국 위에 있었음을 믿고 감사와 영광을 하나님께 돌린다.

인간 역사에서 언제든지 새로운 도전을 시도하지 아니하는 사람은 실패나 실수 할 기회조차 없다. 누구든지 새로운 도전을 했을 때에 성공하든지 아니면 실패하게 될 것이다. 아무리 시대가 어둡고 희망이 보이지 않는다 하더라도 그리스도인은 포기하거나 낙심하지 아니한다. 햇볕이 쨍쨍하고 밝은 낮에는 별들이 눈에 보이지 않는다고 그 별들이 존재하지도 않는 것처럼 생각하는 어리석은 사람들도 있다. 그러나 캄캄한 밤이 되면 별들은 반짝인다.

1945년 제2차 세계대전이 끝나고 전 세계에서 4개국(독일, 예멘, 베트남 그리고 대한민국)은 양분되었다. 다른 3개국은 이미 하나의 국가로 통일이 되었다. 그러나 대한민국은 70년이 넘도록 유일한 분단국가로 남아있다. 최근 우리나라는 아침이 밝아오기 전, 가장 어두운 때를 지나고 있는 것 같다. 이 캄캄한 시간이 지나고 '새벽'이 밝아오면 '새날'이 올 것이다. 우리는 기도로 시작했던 대한민국의 제헌국회를 기억한다.

2. 기도로 시작한 제헌국회!

1948년 5월 31일 오후 2시 대한민국 첫 번 국회가 시작할 때, 임시의장 이승만은 단상 의장석에 등단해서 전 국회의원에게 이렇게 말했다:

> 대한민국 독립민주국 제1차 회의를 여기서 열게 된 것을 우리가 하나님에게 감사해야 할 것입니다. 종교, 사상 무엇을 가지고 있든지 누구나 오늘을 당해 가지고 사람의 힘으로만 된 것이라고 우리가 자랑할 수 없을 것입니다. 그러므로

하나님에게 감사를 드리지 않을 수 없습니다. 나는 먼저 우리가 성심으로 일어서서 하나님에게 우리가 감사를 드릴 터인데 이윤영(李允榮) 의원 나오셔서 간단한 말씀으로 하나님에게 기도를 올려 주시기를 바랍니다.

이윤영 의원 기도(일동기립)

이 우주와 만물을 창조하시고 인간의 역사를 섭리하시는 하나님이시여, 이 민족을 돌아보시고 이 땅에 축복하셔서 감사에 넘치는 오늘이 있게 하심을 주님께 저희들은 성심(誠心)으로 감사하나이다.
오랜 시일동안 이 민족의 고통과 호소를 들으시사 정의의 칼을 빼서 일제의 폭력을 굽히시사 하나님은 이제 세계만방의 양심을 움직이시고 또한 우리 민족의 염원을 들으심으로 이 기쁜 역사적 환희의 날을 이 시간 우리에게 오게 하심을 하나님의 섭리가 세계만방에 정시(呈示)하신 것으로 저희들은 믿나이다.
하나님이시여, 이로부터 남북이 둘로 갈리어진 이 민족의 어려운 고통과 수치를 신원하여 주시고 우리 민족 우리 동포가 손을 같이 잡고 웃으며 노래 부르는 날이 우리 앞에 속히 오기를 기도하나이다.(중략)
역사의 첫걸음을 걷는 오늘의 우리의 환희와 우리의 감격에 넘치는 이 민족적 기쁨을 다 하나님에게 영광과 감사를 올리나이다. 이 모든 말씀을 주 예수 그리스도 이름을 받들어 기도하나이다.
아멘.(대한민국 제헌국회 개회 기도문, 출처: 백사 이윤영 회고록)

만약 한국교회와 우리 국민이 회개하고 다시 일어나면 하나님께서 우리 대한민국을 살려주신다. 하나님은 '일어나라 빛을 발하라'(사 60:1)고 우리에게 명하신다. 만약 우리가 빛을 발하면 여호와의 영광이 우리 위에 임하게 될 것이다. 우리가 회개하면 하나님께서 우리를 의롭게 만들어 영영히 땅을 차지하게 하므로 그 작은 자가, 그 약한 자가 강국을 이룰 것이다(사 60:21,22).

대한민국은 2017년에도 연초부터 연말까지 나의 하나님 여호와의 눈이 현재와 미래의 우리나라 위에 항상 있을 것을 믿고 감사하며, 두려워하지 말고, 새롭게 도전하며 전진해 갈 것이다. 대한민국은 그 작은 나라가, 그 약한 민족이 강국을 이루어 갈 것이다.

3. 아시아로잔운동

1976년 첫 번 로잔위원회(The First Lausanne Committee Meeting)가 미국 애틀란타(Atlanta) 조지아에서 모였다. 그 중에 아시아에서 온 대표들은 아시아인들을 위한 새로운 위원회 조직의 필요성을 강하게 느끼고 도전을 받았다. 그 때에 아시아 대표들은 아시아로잔위원회(Asia Committee for World Evangelization, ACWE)를 구성하고 공식적으로 출범시켰다. 새로 구성된 아시아로잔위원회 임원과 위원들을 선출하였는데, 임원은 Dr. Akore Hators(Japan) Chairman,

Dr. Chongnahm Cho(Korea) Secretary, 위원은 Dr. Saphir Athyal(India), Rev. James Wang(Singapore), Rev. Petros Octavius(Indonesia), Dr. Isabelo Magalit(Philippines)이 선출되었다.

후에 국가별로 대표들이 자국의 로잔위원회(National Lausanne Committee)를 구성하고 세계복음화를 위하여 로잔위원회를 구성하고 위원들과 개인적으로 많은 후원자들이 공헌하였다. 아시아로잔위원회는 정관(Asia Lausanne's Constitution)을 제정하였다. 한국 대표로서 조종남 박사님은 1976년 아시아로잔위원회 초대서기를 역임하였으며, 후에 다년간 회장(의장)으로서 세계복음화를 위하여 사실상 지역별 후속조치(regional follow up of the International Congress in 1974)로 아시아로잔복음화대회(Asian Church Leaders'Conference for Asia Evangelization)를 개최하였다.

1978년 제1차 아시아로잔대회를 시작하였으며, 2011년까지 7회에 걸쳐 아시아로잔대회(ALCOE)를 여러 나라에서 지속적으로 개최하였다. 정리해 본다면, ① 1978년 ALCOE I Singapore, Ben Watti(India) Chairman, Chongnahm Cho(Korea) Vice-Chairman. ② 1987년 ALCOE II Singapore, Dr. Chongnahm Cho Chairman. ③ 1995년 ALCOE III Hong Kong. ④ 1996년 ALCOE IV Malaysia. 이때에 지역별 코디네이터(Regional Committee Coordinator)를 선출하였다: N.E. Asia/ Dr. Jong Yun Lee, S.E. Asia/Rev. Stephen A. Morpuri, S. Asia/Mr. Lalchuangliana 이상 3명이었다. ⑤ 2002년 ALCOE V Korea Dr. Jong Yun Lee Chairman, Bishop Hwa

Yung Vice-Chairman. ⑥ 2006년 ALCOE VI Philippines. ⑦ 2011년 ALCOE VII Mongolia Bishop Hwa Yung Chairman, Dr. Kwang Soon Lee Vice-Chair, Dr. Soo Young Lee Treasurer(Korea) 임원을 선출했다.

＊ 아시아로잔은 국제로잔의 하부조직이 아니다. 로잔운동은 조직(Organization)이 아니라 운동(Movement)이다. 그러므로 아시아로잔은 어느 누구 특정인에게 해산권이 주어지지 않았다. 아시아로잔은 2011년 ALCOE VII(Mongolia)까지 역사성을 가지고 있다.

2010년 남아공 케이프타운 제3차 국제로잔대회에 참석하지 못한 중국교회 지도자들의 요청으로 아시아로잔위원회(의장 Bishop Hwa Yung)는 한국로잔위원회(의장 Dr. Soo Young Lee)와 협력하여 2013년 '아시아교회지도자포럼'을 장로회신학대학교 세계교회협력센터에서 개최했다. 그 이듬해 2014년 모임은 첫 번 포럼보다 소수가 모였으나 수뇌부적인 통찰력을 발휘해서 스스로 새로운 비전 'Mission China 2030'을 출범시켰다. MC2030은 '중국선교'가 아니라 '선교중국'으로 거듭나서 2015년에는 홍콩에서 2016년에는 제주도에서 놀라운 확산과 발전을 보여주었다. 앞으로 중국로잔운동은 세상을 더 크게 놀라게 할 것이다.

4. 한국로잔운동!

1972년 나는 영락교회에서 가장 어린 전도사로 부임했다. 한경직 담임 목사님께서 새로 부임해 온 새벽이슬 같이 발랄한 주의 청년이었던 나에게 〈삼천만을 그리스도에게로!〉 후에는 〈오천만을 그리스도에게로!〉 민족복음화와 세계선교의 꿈을 아주 강하게 심어주셨다. 이듬해인 1973년, 한경직 목사님은 세계적인 전도자 빌리 그래함 목사를 초청하여 여의도 '빌리 그래함 전도 집회'를 준비하며 대회장으로서 민족복음화와 세계복음화의 비전을 더욱 확실하게 새겨주셨다. 그해 빌리 그래함 전도 집회는 세계를 놀라게 하는 역사상 절정을 이루었다. 그 다음해 1974년 빌리 그래함 목사는 전 세계 복음전도자와 선교신학자와 선교전문가들을 스위스 로잔에 초청해서 세계복음화를 위한 '로잔운동'을 시작하였다. 그때부터 나는 오직 하나님의 뜻을 따라, 민족복음화와 세계선교의 비전을 이루어가도록 결심하고 기도하였다. 하나님께서는 나를 충성되이 여겨 내게 직분을 맡겨주셔서 더욱 감사한다.

나를 능하게 하신 그리스도 예수 우리 주께 내가 감사함은

나를 충성되이 여겨(he considered me faithful)

내게 직분을 맡기심이니(딤전 1:12)

한국로잔은 1989년 제2차 국제로잔 마닐라대회 후에 Korea Lausanne Committee가 공식적으로 시작됐다. 한국로잔 초대의장은 김선도 목사, 총무에 이종윤 목사가 추대되었다. 1995년 이종윤 목사가 한국로잔위원회 의장으로 선출되었다. 이때부터 한국로잔위원회는 매월 월례회로 모여서 기도하고 한국과 아시아로잔위원회의 활동보고와 국제로잔위원회의 세계적인 로잔운동의 동향과 변화에 관한 네트워크를 할 수 있었다. 한국로잔위원회는 WEA와 WCC의 비교 학술대회와 여러 학회와 선교연구기관과 협력하여 학술포럼을 주관하기도 했다.

2012년 이수영 목사가 의장으로 선출되었다. 매월 월례회에서 연구논문 발표를 진행하면서 교회와 신학교 순회예배를 시도하였으며, 전국신학대학교에 로잔동아리를 조직하고 지도교수와 학생들이 함께 로잔운동과 로잔신학과 로잔선교를 연구하고, 매년 1회 로잔캠프를 진행한다. 로잔동아리 지도교수들을 중심으로 한국로잔연구교수회가 조직되고 자발적으로 매월 연구논문을 발표하고 매년 발제한 논문들을 묶어서 책으로 출판했다.

2014년 이광순 목사가 의장으로 선출되었다. 한국로잔이 감당해야 할 사역은 점점 늘어나고 있다. 한국로잔은 현명한 통찰력을 가지고 한국교회가 나아갈 방향을 제시하고 먼저 모본을 보여야 하는 부담감을 가지고 있다. 오늘의 교회와 신학대학에서는 '지식보다 지혜, 외적 양보다 내적 질,

속도보다 방향'이 중요하다고 강조하지만 구체적으로 연구하고 계획해서 실현하도록 추진할 수 있는 가능성은 희박하다. 그럼에도 불구하고 한국로잔이 마땅히 해야 할 일과 할 수 있는 일을 제안해 본다.

① 교회가 실천 가능한 '전도'와 '선교'에 관한 교재와 실천 방안을 제시하므로 신학생과 교회 평신도들이 활용하게 한다.

② 한국로잔동아리 학생들을 중심으로 여름 · 겨울 연합집중강좌(대학, 신대원, 외국어)를 개설하여 교수와 학생, 다른 학교 학생들과 공동과목을 학점인정으로 이수할 수 있도록 도와준다.

③ 2017년 종교개혁 500주년 기념대회를 한국로잔이 주관 또는 협력하여 다양한 분야별로 교회와 학교가 동참해서 종교개혁을 통해서 오늘과 미래교회에 새로운 물골을 터주며, 서서히 기울어져가는 교회와 나라를 다시 바로 세워서 **한 번 더** once again! 부흥의 불길이 타오르게 하는 기회로 만들어 가길 기대하며 기도한다.

④ 한국로잔연구교수회 중심으로 국내외 아시아 지역의 선교와 신학의 교류, '신학대학교 교수세미나', '로잔운동과 신학 · 선교 · 교육 포럼' 등, 또한 다양한 분야에서 국가별, 언어별로 목회자 및 평신도지도자 교육 프로그램을 초청 또는 순회 형식의 교류를 시도할 수 있을 것이다.

⑤ 로잔자료번역 및 출판을 통해서 중요한 로잔 자료들을 우리말로 펴낼

수 있을 것이다. 이 모든 것이 가하나 한꺼번에 다 감당하기 힘들면 한 가지씩이라도 할 수 있기를 바란다.

5. 하나님께 감사! 〈너희는 우리의 영광이요 기쁨이니라〉

하나님께서 오늘까지 수없이 죽음에 이르도록 어려운 고비 고비마다 나를 살려주시고, 세워주시며, 일을 맡겨 주시고, 일꾼으로 써주셨다. 지난 반 세기 동안 부족하고 병약한 나를 '충성되다'고 인정해 주시고 항상 긍정적인 마음과 믿음과 용기를 주신 주님께 감사드린다. 하나님께서 내게 이 귀중한 일을 맡겨 주셨고 감당할 수 있도록 나를 능하게 해주셨으며, 주님의 도구로 사용해 주신 은혜 '무한 감사 또 감사'한다. 남은 날도 같은 기도를 드린다. '나의 행보를 주의 말씀에 굳게 세우시고 아무 죄악이 나를 주장치 못하게 하소서'(시 119:133).

로잔운동에 헌신적인 본을 보여주시며 앞장서서 선도(先導)적인 역할과 책임을 잘 감당해 주신 로잔선배 원로목사님들께 감사드린다. 언제나 젊은 후배들을 믿어주셨고 밀어주시면서 든든한 울타리와 버팀목으로 지켜주시며 혹시나 넘어질까 실수할까 한국로잔의 큰 어른으로서 우리들의 지킴이와 돌봄이 역할을 해 주심을 감사한다.

우리의 소망이나 기쁨이나 자랑의 면류관이 무엇이냐?

그의 강림하실 때 우리 주 예수 앞에 너희가 아니냐?

너희는 우리의 영광이요 기쁨이니라.

(살전 2:19,20)

최근 몇 년 동안 나와 함께 수고해 주신 부의장들과 임원들과 중앙위원들, 16개 신학대학교 로잔연구교수들과 로잔동아리 지도교수들과 학생들 그리고 아낌없는 후원과 기도해 주신 여러 교회와 성도님께 감사한다. 그러나 행여 나는 기억하지 못하지만 나 때문에 마음이 상하거나 섭섭하거나 작은 상처라도 받았다면 용서! 용서를 구한다. 마지막 나의 임기를 마치면서 감사할 뿐이다.

6. 아는 것과 사는 것 · 가르치는 것과 사는 것 · 믿는 것과 사는 것!

2016년! 한 해 동안 매월 논문을 발표하고 매년 로잔운동과 선교와 신학 책을 출판하는 것은 우리의 자랑이다. 한국로잔연구교수회에서 네 번째로 묶어내는 『로잔운동의 신학과 실천』은 13명의 교수들이 쓴 논문으로 엮었다. 교수가 '아는 것과 사는 것', '가르치는 것과 사는 것'이 일치한다면, 그의 아는 것과 가르치는 것이 부끄럽지 않고 얼마나 당당할까? 목사가 '믿는 것과 사는 것', '설교하는 것과 사는 것'이 일치한다면, 그가 믿는 대로 살고 설교하는 대로 실천하고 산다면 그는 이 시대의 목사답게 사는 목사이다. 이런 교수와 목사는 이 시대를 지탱해 나갈 일꾼이요, 역사의 파수꾼이며, 마지막 세대에 맛을 잃지 않는 소금과 이 어두운 세상에 빛으로 살아가는 지도자임이 틀림없다. 이제 우리의 남은 날들은 믿음의 발걸음을 재촉하며 앞날의 희망과 용기를 가지고 '나답게 살리라', 정말 '나답게 살리라'고 다짐하며 결심한다.

2017년! '하나님께서 해 돋는 데서부터 지는 데까지 세상을 부르셨도다(summons).' 이 부르심은 전능하신 하나님 여호와의 출두명령이다. 그렇지만 소환당한 우리들에게 '하나님이 빛을 비추셨도다' God shines forth!(시 50:1,2). 하나님이 빛을 비추시면 우리는 살길이 열리고 희망이 생기며 치유와 새 생명을 얻어 성장하고 열매를 맺어 하나님께 영광을 돌릴 것이다.

2017년 새해!

God Shines Forth!

오직 하나님께 영광!

아침빛 이 광 순

한국로잔위원회 의장 / 아시아로잔위원회 부의장

편집의 글

오늘날 한국교회는 성장하지 못하고 있다는 것이 지배적인 견해이다. 그 이유는 무엇일까? 한국 로잔의 신학자들은 여러 가지 이유들을 제시할 수 있을 것이다. 그러나 개인적으로 필자는 한국교회가 복음전도의 열정을 잃었으며 복음전도를 헌신적으로 실천하지 못하기 때문이라고 본다. 본서에는 다른 때보다도 복음전도에 관한 글들이 많이 실렸다. 좋은 경향이라고 본다. 로잔운동은 본래 세계복음화운동을 목표로 시작되었다. 필자는 한국교회가 이 로잔운동의 근본정신과 목표를 잊지 않고 주님 다시 오실 때까지 주님이 우리에게 맡겨주신 전도와 선교의 사명을 잘 감당하여 주님이 오실 때 칭찬받는 교회가 되기를 소망한다.

한국로잔위원회의 한국로잔연구교수회는 그 동안 『로잔운동과 선교』, 『로잔운동과 선교신학』 그리고 『로잔운동과 선교동향』이란 제목으로 책을 발간하여 신학자들, 목회자들, 선교사들, 신학생들 그리고 평신도들에게 로잔운동의 정신과 역사와 신학에 관하여 소개하고 세계선교현장 및 한국교회의 상황에서 로잔운동이 나아갈 방향을 모색하고 방법을 제시하려고 하였다. 비록 미흡한 점들도 많이 있었겠지만 로잔연구교수회원들은 정기적으로 모여 시대에 맞는 선교학적 주제들을 가지고 논의하고 토론한 것들을 중심으로 하여 그동안 세 차례에 걸쳐서 책을 펴냈다. 바라기는 이 책들이 제시하는 방향과 전략을 따라 한국교회가 더욱 성장하기를 기대한다.

이번에 장남혁 교수는 로잔운동에서 바라본 한국교회와 한국교회의 세속화를 다루어 세속화의 현장에서 한국교회가 어떻게 효과적으로 전도할 것인가를 논의하였다. 홍기영 교수도 이와 같은 맥락에서 현대전도의 가장 큰 장애물은 세속화라고 간주하고 이러한 도전 속에서 한국교회가 효과적으로 전도할 수 있는 몇 가지 모델들을 제시하였다. 박형진 교수는 로잔운동의 관점에서 본 작은 교회운동에 관하여 논의하면서 기업과 같이 거대한 교회만이 교회가 아니라 작은 교회도 참 교회가 될 수 있음을 제시하였으며, 김광성 교수는 로잔운동의 총체적 선교의 관점에서 한국교회의 난민사역을 고찰하여 난민사역의 연구 분야에서 큰 기여를 하고 있다. 거기다가 박보경 교수는 오늘날 교계에 이슈가 되고 있는 목회자의 이중직에 관하여 심도 있는 연구를 하여 바람직한 방향을 모색하였다.

정기묵 교수는 로잔운동의 관점에서 보는 젊은이 세대전도에 관하여 깊이 연구하였으며 오늘날 이 시대에 한국교회가 어떻게 젊은 세대에게 복음을 증거 할 것인가에 관하여 구체적으로 살펴보았다. 소유정 교수는 특히 이슬람교의 "할랄"과 한국교회에 관하여 연구하였는바, 성서적으로 신학적으로 실천적으로 "할랄"의 문제를 살펴보면서 한국교회가 나아갈 방향을 제시하였다. 장훈태 교수는 타문화권, 특히 제3세계에서의 교회개척과 선교를 실제적인 사례를 중심으로 깊이 살펴보았으며 교회개척이 가장 좋은 전도의 방법이 됨을 강조하였다. 안승오 교수는 로잔신학의 관점에서 바라 본 북한 선교의 방향을 제시하였다. 그는 로잔운동이 추구하는 통전적 접근이 대안이라고 보았다.

김성욱 교수는 로잔선교운동과 한국교회 리더십에 관하여 논의하였는데 한국교회를 이끌고 나가는 영적 리더들의 자질과 능력과 스타일이 중요함을 역설하였다. 장성배 교수는 캠퍼스 선교와 선교 코칭에 관하여 그의 경험과 관찰을 바탕으로 연구하였으며 로잔운동이 확산되려면 캠퍼스 선교가 중요함을 지적하였다. 박영환 교수는 로잔정신과 신학의 입장에서 복음전도와 사회적 책임에 관하여 논의하였는바, 균형을 갖춘 통전적 접근이 필요함을 강조하였다. 마지막으로 김승호 교수는 로잔운동의 관점에서 차별금지법과 동성애에 관하여 논의하였다. 그는 복음주의신학의 입장에서 동성애를 비판하면서 바람직한 양성평등사회를 추구하는 것이 중요하다고 제언하였다.

마지막으로 필자는 한국교회가 다시 성장하려면 로잔운동이 강조하는 복음전도를 더욱 지혜롭고 열정적으로 실천하여 통전적 선교의 입장에서 복음전도와 사회봉사의 균형을 맞추어가면서 세속화의 물결에서 잃은 영혼을 찾고 추구하는 일에 정진해야 한다고 본다. 그 동안 세계 및 한국로잔운동의 확산과 발전에 기여하신 선배 목사님들과 동료 교수님들에게 다시 한 번 이 자리를 빌려 감사의 말을 전합니다. 바쁜 일정 가운데서 옥고를 써주신 한국로잔연구교수들과 이 책의 편집과 출판을 실제적으로 책임지고 있는 정기묵 교수의 노고에 감사드리면서 이만 편집의 글을 마칩니다.

2017년 1월 5일

홍 기 영

『로잔운동의 신학과 실천』 편집위원장

나사렛대학교

목 차

로잔운동에서 바라본 한국사회와 한국교회의 세속화

장남혁 • 서울장신대학교

I. 들어가는 말

많은 사람들이 오래 시간 서구교회의 위기에 대하여 거론해왔다. 교회에 노령인구들만 남게 된다든지 젊은층이 교회를 떠나고 있으며 교회 출석이 줄어드는 가운데 교회당이 모스크와 댄스장으로 넘어간다는 소식을 꾸준히 들어왔다. 하지만 구체적으로 어떠한 과정을 거쳐서 그러한 상황에 이르게 되었는지 상세한 설명은 듣기 힘들었다.

그런데 오늘날의 한국교회는 서구교회의 위기가 더 이상 남의 이야기로만 들리지 않는 상황을 맞이하고 있다. 이러한 상황에서 서구사회가 어떻게 세속화되었으며 그 가운데에서 교회마저도 세속화의 흐름을 이겨내지 못하고 쇠락하게 된 이유는 무엇인지 검토할 필요를 느끼게 된다. 우리도 지금 그러한 길을 걷고 있는 것이 아닌가 하는 조짐들이 많이 나타나기 때문이다. 1990년 중반 이래로 교회성장이 정체되고 교인들은 점차 고령화되고 있으며 주일학교를 비롯한 청소년과 젊은층이 교회에서 썰물처럼 빠져나가는 현상, 그리고 사회에서 교회에 대한 신뢰도가 급격히 추락되는 상황 등은 한국교회도 서구교회와 같은 쇠락의 길을 걷는 것이 아닌가하는 우려를 낳고 있다.[1)]

오늘날 세계화가 급속히 전개되는 상황 속에서 우리 곁으로 더욱 거세게 밀려오는 세속화와 세속주의의 파도에 대해서 어떻게 대처하느냐 하는 것은 오늘의 시대를 사는 하나님의 백성들에게 주어지는 심각한 도전이다. 특히 학계와 예술계, 매스미디어를 통해서 지식인층과 젊은층에게 크게 영향을 미치는 세속주의의 흐름은 향후 더욱 거세어 질 것으로 예상된다.

오스 귀네스(Os Guinness)는 모더니티(Modernity)를 교회가 사도시대 이래로 직면한 최대의 위협으로 규정하였다.[2)] 이 말은 그대로 세속주의(Secularism)에도 해당되는 말이다. 모더니티의 배경이 되는 사상체계는 계몽사상(Enlightenment)이다. 세속주의 역시 계몽사상이 토대가 되어서 형성된 체계로서 모더니티와 매우 유사한 궤적과 외연을 갖는다. 모더니티의 세계관적 토대를 세속주의 세계관이라 할 수 있을 것이다.

스테판 구스타프슨(Stefan Gustavsson)은 2010년 케이프타운에서 개최된 제3차 국제로잔회의의 둘째 날 주제 강의에서, 서구사회는 기독교란 유산보다는 희랍의 철학사상을 계승하는 가운데 초월적인 하나님을 배제한 채 인간주의(Humanism)가 주도하는 세계가 되었다고 주장하였다.[3)] 세속주의적인 상황 속에서 오랜 시간을 보내는 가운데 교회마저 세속화되는 경험을 한 서구

---

1) 최윤식, 「2020, 2040: 한국교회 미래지도」. (서울: 생명의 말씀사, 2013), 41-43.

2) 오스 귀네스는 제2차 국제로잔대회(1989년 마닐라)에서 행한 연설에서 모더니티를 '초월이 배제된 총체적인 사회체제'로 규정한다. "The Impact of Modernization" in https://www.lausanne.org/ wp-content/uploads/ 2007/06/283.pdf (2016년 10월 26일 접속).

3) 강의 주제는 "교의와 다양성: 복음주의 진리는 다원적 세상에서 세속성에 효과적으로 대면할 수 있는가?"(Dogma and Diversity: Can Evangelical Truth Effectively Face Up to Secularity in a Pluralistic World?)였다. 구스타프슨의 발제동영상은 로잔운동 공식 홈페이지에 실려 있다. https://www.lausanne.org/content/dogma-and-diversity-stefan-gustavsson-part-1 (2016년 10월 19일 접속).

교회의 역사는 깊이 검토될 필요가 있다. 세속주의가 세계화의 흐름을 타고 전 세계로 확산되는 오늘의 상황에서 다수세계의 교회들은 서구교회의 전철을 답습하지 않아야 할 것이다.[4] 지금은 다수세계의 교회들이 세계화와 더불어 거세게 밀려들 세속화와 세속주의의 물결에 지혜롭게 대처해 나가기 위해서는 서구교회의 역사와 경험으로부터 교훈을 얻고 충분한 대비책을 세우는 것이 절실히 요청된다.

세속화와 관련된 논의를 진행함에 있어서 관련된 용어들에 대해서 분명한 정의를 내리는 것이 필요하다. 1980년 태국 파타야에서 개최된 세계복음화 자문회의(The Consultation on World Evangelization)는 여러 가지 소분과로 나뉘어서 다양한 주제를 논의하였다. 그러한 소분과 중 하나인 세속주의자 전도를 위한 소분과 위원회(Mini-Consultation on Reaching Secularists)는 그들의 논의내용을 "세속적인 사람들에 대한 기독교 증거"(Christian Witness to Secularized People)란 제목의 보고서에 담았다. 그 보고서는 세속화 관련 용어들에 대한 정의를 제시한다.[5]

먼저 세속주의(secularism)는 모든 형태의 종교적 신앙과 예배를 거부하고 현재 삶에서 유래한 사실과 영향력만을 수용하는 체제 내지 이데올로기로 정의된다. 세속주의자는 태도에 있어서는 인간주의자(humanist)이고 반종교적이다.[6] 세속화(secularization)는 주로 서구세계에서 일어나고 있는 과정이다. 그것은 종교적인 사고, 실천 그리고 기관들이 사회적 영향력을 잃는 과정이다. 그것은 전통적으로 기독교적 확신을 전제로 하는 신념과 활동 그리고 기관들이 불가지론적이거나 혹은 무신론적인 신념, 활동, 그리고 기관으로

4) 현재 기독교 세계에서 일어난 가장 큰 변화 중의 하나는 기독교의 중심축이 서구에서 다수세계로 이동한 것이다. Timothy C. Tennent, *Invitation to World Missions: A Trinitarian Missiology for the Twenty-first Century* (Grand Rapids: Kregel, 2010), 33-37.

5) Lausanne Occasional Paper, 8, "Christian Witness to Secularized People," 3. in http://www.lausanne.org/content/lop/lop-8. (2016년 10월 19일 접속).

6) Ibid.

바뀌는 것을 의미한다.[7] 그것은 동시에 사람들이 신앙을 잃어가는 과정을 포함한다.[8]

세속성(secularity)은 세상과 삶을 바라보는 분위기, 일련의 전제내지는 관점으로서 크리스텐덤의 붕괴와 더불어 서구 문화 속으로 사실상 들어왔다. 르네상스와 소위 말하는 "계몽주의"(Enlightenment) 그리고 산업 혁명은 크리스텐덤의 몰락으로 시작된 세속화를 가속화시킨 주요한 사건들이다. 세속화 과정은 후에 광범위하게 퍼진 도시화에 의해서 보다 강화되었다.[9] 세속화가 확산되는데 크게 영향을 미친 사상가들로는 뉴턴, 다윈, 마르크스, 프로이드 등이 거론된다. 그들은 사람들로 하여금 우주, 인간의 기원, 역사의 목적, 종교적 경험 등에 관해서 전과는 다른 방식으로 지각할 수 있도록 영향을 끼쳤다.[10]

본고에서 고찰하는 또 다른 중요한 개념 중 하나는 '모더니티'(Modernity)이다. 존 리이드(John Reid)는 "모던, 포스트모던 그리고 기독교적"(Modern, Postmodern and Christian)이란 제목의 로잔특별보고서(Lausanne Occasional Paper) 27번에 실린 "모더니티와 그 너머"(Modernity and Beyond)란 글에서 모더니티에 대해서 다음과 같이 정의한다.

> 모더니티는 단순한 일련의 명제들로 구성된 사상을 넘어선 운동이고, 삶을 바라보는 방식이다. 그것은 지적인 사상들과 사회적 힘(social force)이 결합된 것이다. 그 사회적 힘은 다양한데 그 가운데 가장 두드러진 것은 자본주의, 도시

---

7) Ibid.

8) Robert Calvert, "Secularity: Dogma Meets Diversity in Europe," in https://www.lausanne. org/content/secularity-dogma-meets-diversity-in-europe-2 (2016년 10월 19일 접속).

9) LOP 8, "Christian Witness." 4.

10) Ibid.

> 화, 테크놀로지 그리고 원격통신(telecommunication)이다. 그 사상들도 다양한데, 핵심적인 것들은 이성과 합리성에 대한 보편적 주장, 삶을 공적인 영역과 사적인 영역으로 분화시키는 것, 그리고 진리의 사사화이다.[11]

존 리이드에 의하면 모더니티는 정적인 세계관이 아니다. 그것은 프랑스 계몽주의(French Enlightenment) 시대부터 시작한 이래로 계속 발전하고 있다.[12] 모더니티는 삶에 대한 전반적인 비전을 동반한다. 특히 계몽주의 사상은 의미, 행복, 그리고 자유에 대한 소망을 분명히 제시한다.[13]

II. 서구사회와 교회의 세속화

서구사회는 17, 18세기에 계몽주의 사상이 강하게 뿌리를 내리면서 사회 전반에 걸쳐서 인간의 이성과 합리성에 근거하여 움직이는 사회로 변모하였다. 그리고 과학과 기술이 발달되면서 사회 전반에 걸쳐서 자율적으로 운영되는 다양한 사회조직들이 생겨나게 되었다. 이러한 상황에서 어거스트 꽁트(Auguste Comte)를 비롯한 많은 계몽 사상가들은 과학적 지식이 종교적 신앙을 대체하게 될 것으로 전망하였다.

종교의 속박에서 벗어나서 인간의 이성과 합리성 그리고 과학과 테크놀로지에 힘입어 끝없는 진보를 이루고 인간 스스로의 힘으로 유토피아를 건

11) Lausanne Occasional Paper, 27, "Modern, Postmodern and Christian," 9. in http://www.lausanne.org/content/lop/lop-27 (2016년 10월 26일 접속).

12) Ibid., 11.

13) Ibid.

설할 수 있다고 내다본 계몽사상은 유럽 사회를 이끄는 주요한 사상적 토대가 되었다. 계몽사상은 서구사회로 하여금 초월적인 틀을 배제하고 인간의 내재적인 자원을 토대로 하는 새로운 청사진을 제시하였다.

서구사회에서 세속화 과정이 심화되는 가운데 종교는 사적 영역에 해당되는 것으로 간주되었다. 그리고 공적 영역에서는 인간의 이성과 합리성, 그리고 과학적 사고방식 등이 주요한 판단기준으로 자리 잡게 되었다. 그리하여 종교가 공적 영역에서 설 자리를 잃고, 사적 영역으로 퇴각하는 이원론이 모던 사회의 주요한 특징이 된 것이다.

스테판 구스타프슨(Stefan Gustavsson)은 유럽 사회가 어떻게 복음을 거부하고 세속주의의 길을 택했는지 설명한다.[14] 그에 의하면, 15세기 르네상스가 한창일 때에 프로타고라스를 비롯한 희랍철학자들의 휴머니즘(Humanism)이 재발견되었고, 계몽주의가 한창인 18세기를 거쳐서 유럽의 중심사상으로 자리를 잡게 되었다. 계몽사상은 처음에는 주로 예술가, 철학자, 지적 엘리트들에 의해서 주창되었는데 점차 과학과 학문 분야에 영향을 미치면서 유럽 문화와 사회 전반으로 퍼져나갔다. 그 결과 21세기 초반에 이르러서 유럽 사회에는 세속문화가 깊숙이 자리 잡게 되었다. 이제 사회 속에서 교회의 영향력은 특히 공적 영역에서 미약해 졌고, 유럽을 떠받치는 세계관으로 자연주의(naturalism)가 공고한 자리를 잡게 되었다.[15]

이처럼 계몽주의가 근간이 되어서 형성된 모더니티에서 초월의 틀이 배제된 것은 포스트모더니티의 경우에도 큰 차이가 없다. 스테판 구스타프슨(Stefan Gustavsson)은 포스트모던 사고도 초월을 배제하고 내재적인 것만을 인정한다는 점에 있어서 모더니티와 맥락을 같이 한다고 본다.[16] 두 가지 사상

14) Stefan Gustavsson, "Dogma and Diversity."

15) Ibid.

16) 스테판 구스타프슨은 세속 문화 속에 사는 그리스도인들에게 두 가지 도전이 주어졌다고 본다. 첫 번째는 진리의 개념이 포스트모던 철학자들로부터 도전받는 것이며, 둘째는 진

체제 모두 인간의 경험 밖에 존재하는 하나님의 실재를 부인하는 점에 서는 공통적이다. 서구에서 세속주의, 세속성은 모더니티 그리고 포스트모더니티와 손을 잡고 전개된다.[17]

세속주의는 서구의 전통 종교인 기독교에 대해서 매우 부정적인 견해를 띠고 출발하였다. 기독교를 미신으로 간주하였으며 사람들을 구속하는 종교적인 권력 게임으로부터의 해방을 추구하였다. 서구에서 세속주의는 모든 합리적인 사람들이라면 당연히 받아들여야 하는 자연적이고 중립적인 출발점으로 간주되었다.[18] 찰스 테일러(Charles Taylor)는 이러한 세속주의를 '배제적 휴머니즘'(Exclusive Humanism)이라 명명하였다. 그것은 문화, 사회 그리고 정치적 삶에서 모든 초월적인 조회틀을 배제한 채 인간의 내재적인 자원에 근거해서 도덕적인 포부와 이상을 추구할 수 있다고 믿는 사상 체계를 일컫는다.[19]

찰스 테일러는 서구사회가 어떻게 해서 실제적으로 하나님을 믿지 않는 것이 불가능한 사회에서 신앙이–심지어는 가장 강력한 믿음을 가진 사람들 가운데에서 조차–다양한 가능성 가운데 하나에 불과한 사회로 변화하게 되었는지 설명한다.[20] 그는 '배제적 휴머니즘'이 오늘날 서구 사회에 자리잡기까지 전근대 사회(pre-modern society)의 신비와 마법에 걸린 세계(enchanted world)로부터 깨어나는 과정(disenchantment)이 먼저 있었음을 설명한다.[21] 그리고 '배제적 휴머니즘'의 보다 직접적인 기원을 이신론에서 찾는다. 그는 이신론에서부

리의 내용이 모던 관점으로부터 도전받는 것이다. Ibid.

17) Ibid.

18) Ibid.

19) Charles Taylor, *A Secular Age* (Cambridge, MA: The Belknap Press, 2007), 234.

20) 테일러는 1500년도와 2000년도의 시대를 대조해서 설명한다. Ibid., 3, 28.

21) 테일러는 신비와 마법이 작동하는 세계(enchanted world)에서는 불신앙에 머무르기가 힘들다고 본다. 그런데 이런 상태에서 깨어나게 하는 데에 종교개혁이 큰 기여를 한 것으로 이해한다. Ibid., 29–43, 71–74.

터 '배제적 휴머니즘'으로의 전개과정을 단계별로 설명한다. 처음 단계에서는 하나님에 의해서 고안된 세계란 개념이 중심이 되었는데 17세기 후반과 18세기에 걸쳐서 점점 인간중심적인 전환이 이루어지면서 "섭리적 이신론"(Providential Deism)으로 전개된다. 그리고 두 번째 단계로, 비인격적 질서가 우선시되면서 인간은 이 질서를 따르는 것이 하나님께 순종하는 것으로 간주된다. 그리고 이신론의 세 번째 국면은 최초의 자연 종교(Original Natural Religion)로 귀착된다.[22] 결국 자연을 하나님과 동일시하는 과정을 거쳐서, 자연을 하나님과 무관한 장소로 보는 관점이 서구 사회에 자리잡게 된 것이다. 그래서 우주는 초월에 대해서 닫힌 세계로, 내재적인 틀(Immanent Frame)만으로 설명 가능한 장소가 되었다.[23] 그리고 그 안에서 인간이 중심존재로서 최고의 지위를 차지하게 된다.[24]

이처럼 서구사회에는 지난 2~3세기를 거치면서 모더니티와 세속주의가 깊숙이 자리를 잡게 되었다. 모더니티가 사회의 운영원리, 조직원리로 강하게 자리를 잡아 나가는 과정을 근대화라고 한다면, 근대화가 전개되면서 종교의 사회적 영향력이 쇠약해지고, 사회 전반에 거쳐서 종교와 무관하게 자율적으로 운영되는 조직과 기관들이 계속 생겨나고 분화해 나가며, 마지막으로는 개인들의 신앙마저 쇠하게 될 것으로 전망하는 것이 소위 말하는 세속화 이론이다.[25] 그 후의 과정은 세속화 이론이 예상하는 것처럼 전 세계가

---

22) Ibid., 221.

23) Ibid., 543-544.

24) Ibid., 234.

25) 피터 버거(Peter L. Berger)는 1960년대 후반의 상황 속에서 세속화 이론을 주장하였다. *The Sacred Canopy: Elements of A Sociological Theory of Religion* (New York: Anchor Books, 1967), 107-108. 하지만 그 이후의 전개되는 상황을 보면서 그는 자신의 주장을 철회한다. 그는 1997년도에 가진 인터뷰에서, 대부분의 세상은 분명히 세속적이지 않고 매우 종교적이라고 한다. 미국의 경우도 마찬가지이다. 그렇지만 한 예외가 있는데 그것은 서구 유럽이라고 언급한다. "Epistemological Modesty: An Interview with Peter Berger," *Christian Century* 114, No.30, 1997, 974. 하지만 브라이언 윌슨(Bryan Wilson)

세속화되고 종교가 사라지는 것은 아니었다. 하지만 서구 유럽의 경우에는 예외적으로 세속화의 경향이 강하게 나타났으며, 학자와 예술가를 비롯한 엘리트층에서도 여전히 세속주의의 영향력이 강하게 나타나고 있다.[26] 이러한 세속주의적 사고방식은 세계화가 급속히 전개되는 상황 속에서 다수세계의 지식인층과 청년층 사이에서 급속히 퍼져나가고 있다.[27]

그런데 세속화와 세속주의에 대한 서구교회의 대응에는 많은 문제점이 있었음을 보게 된다. 서구교회는 세속화에 대한 대응전략에 있어서 크게 두 가지의 대조적인 방식을 취하였다.[28] 첫 번째 반응은 세속화와 세속주의에 대해서 타협하는 것이었다. 많은 기독교 신학자들과 지도자들은 자신들의 신학을 계몽사상에 적응시켜야 한다고 생각하였다. 그들은 마치 과학적 발견이 하나님을 전체 그림에서 배제하는 것을 의미하는 것처럼, 과학적 방법은 계몽사상의 수용을 요구한다고 생각한 것 같다. 그래서 지적으로 정직한 것으로 보이기 위해서 그들은 기적과 계시 그리고 초자연적인 것을 부인하기 시작하였다. 이러한 자유주의 신학은 유럽 교회에 유해한 독을 깊숙이 퍼뜨렸다.[29] 하나님의 계시된 말씀을 인간의 이데올로기에 맞추려는 인간의 노력은 메시지를 왜곡시키고 결과적으로 말씀의 구원하는 능력을 잃게 만들 수 있다.[30]

성경의 초자연적인 기적이나 성령의 역사보다도 현대인들의 사고에 부

이나 스티브 브루스(Steve Bruce)와 같은 학자들은 여전히 세속화 이론을 주장한다. Wilbert R. Shenk, "Contemporary Europe in Missiological Perspective," *Missiology: An International Review* Vol. XXXV, no. 2, 2007, 132.

26) Peter L. Berger, "Epistemological Modesty," 974.

27) 서구사회의 세속주의가 전 세계로 퍼져나가는 데 있어서 현대교육과 매스 미디어 분야가 기여하는 바가 크다. 세속주의가 확산되는 과정에서 초월적인 세계에 대한 신앙보다 과학적, 합리적 지식이 강조되고, 종교적인 면들은 공적 영역에서 배제되고 있다.

28) Stefan Gustavsson, "Dogma and Diversity."

29) Ibid.

30) LOP, 8, "Christian Witness," 6.

합되는 측면만을 강조한 자유주의 신학은 어떤 면에서 서구문화와 복음의 부적절한 혼합물이다. 불트만과 같은 신학자는 현대인의 이성에 들어맞지 않는 부분들-초자연적인 기적이나 귀신들의 존재-과 같은 것들은 현대의 철학으로 재해석할 필요가 있다는 주장까지 내세우게 되었다.

또 다른 잘못된 반응은 세속 사회와 문화로부터 스스로를 고립시키는 것이다. 그것은 보다 성경을 중시하고 세속주의의 도전을 수용하지 않으려는 보수적인 그리스도인들의 반응 양식이었다. 그들은 전체적인 복음을 붙들기 원했지만 문화, 학계(academia), 그리고 과학 분야에서 퇴각하는 방식을 택하였다. 그것은 보다 경건주의적이고 후에는 보다 카리스마적인 태도이다.[31] 경건주의와 카리스마 운동에 긍정적인 면이 많이 있지만, 문화로부터 자신들을 고립시키고 지적인 도전을 무시한다는 점에서 위험한 약점을 내포하고 있다. 그러한 운동에는 기독교의 세상적 차원에 대한 가르침이 너무 부족하다.[32] 교회가 지적인 도전에 대해서 무대응으로 일관하는 사이에 세속주의의 영향력은 교인들 속으로 깊숙이 파고들게 된 것이다.

스테판 구스타프슨은 유럽의 세속화가 전 세계 교회(global church)에 주는 교훈을 다음과 같이 언급한다. 세속적 견해가 인구의 극소수에게만 영향을 미치는 초기 단계에서부터 그것을 무시해서는 안 된다. 교회는 세속주의에 대해서 안이하게 대처하였다. 그래서 오늘날에 세속주의는 과학, 학문 그리고 매스미디어를 통해서 전 세계에 영향을 미치게 된 것이다.[33] 오늘날 세계화 도시화 추세가 심화되면서 세속주의의 여파 또한 전 세계에 거쳐서 각계각층으로 빠른 속도로 퍼져나가고 있다.

다수세계(Majority World) 출신의 신학자인 화융(Hwa Yung)은 서구의 자유주의 신

31) Stefan Gustavsson, "Dogma and Diversity."

32) Ibid.

33) Ibid.

학자들이 성경뿐만 아니라 오늘날에도 초자연적인 역사가 일어나고 있다는 것을 부인하고 있음을 강하게 비판하면서 오늘날 세계 교회가 초자연적인 것을 회복할 것을 주장한다.[34] 동시에 그의 비판의 화살은 서구의 복음주의자들을 겨냥한다. 복음주의자들은 성경에 나오는 기적을 옹호하기 위해서 목숨을 걸고 싸우지만 기적이 오늘날의 실제 생활 가운데 일어나는 가능성에 대해서는 그처럼 치열하게 대응하지 않는다고 지적한다.[35]

화융은 초자연적인 것을 부인한 결과 서구 신학에는 심각한 결함이 내재하게 되었다고 본다. 그 첫째는 대부분의 현대 서구 조직신학과 목회신학이 개인적이고 우주적인 차원에서 마귀적인 것을 다루는 데에 실패한 것이다. 많은 학자들이 그와 관련된 전체 주제를 단순히 부인하거나 무시하고 그와 관련된 수많은 성경 구절들을 제멋대로 재해석한다. 사도 바울이 '정사와 권세'에 관해서 언급하는 부분도 단순한 사회 구조로 축소되며, 죄와 악을 다룰 때에도 마귀적인 것에 대한 언급이 거의 없다.[36] 화융에 의하면, 그러한 신학이 모더니티와는 잘 들어맞을 수 있지만, 귀신들린 사람들이나 다양한 종류의 영적 속박 아래에 있는 사람들에게 사역하는 전도자나 목회자들에게는 어떠한 도움도 제공하지 못한다. 화융은 이러한 이슈들이 제대로 다루어지지 못할 때, 다수세계의 많은 사람들이 복음을 무능력하고 자신들의 삶과 무관한 것으로 보게 된다고 주장한다.[37]

---

34) 화융에 의하면, 데카르트에 의해서 시작된 자율적 합리주의와 흄에 의해서 개척된 좁은 의미의 경험주의가 모던 세계관 형성에 결정적으로 기여하였다. 그러한 모던 세계관에는 초자연적인 것들이 제거된 채 우주에는 단지 기계적인 현상들만이 남게 된다. Hwa Yung, "A 21st Century Reformation: Recovering the Supernatural," in http://www.lausanne.org/content/a-21st-century- reformation-recovering-the-supernatural (2016년 5월 27일 접속).

35) Ibid.

36) Ibid.

37) Ibid.

화융이 지적하는 두 번째 문제점은 서구 기독교가 성령의 '기사와 이적'(signs and wonders)을 자신의 신학적 틀에 맞추는 데에 있어서 실패한 점이다. 최근까지 고전적 오순절 운동(classical Pentecostalism)은 일종의 일탈된 종교현상으로 간주되는 경향이 있었다. 그리고 다양한 형태의 비서구의 토착 기독교에 대해서도 그와 동일한 식의 이해가 자리 잡고 있었다. 그러한 토착 기독교는 성령의 은사와 이적에 대한 신약성경의 가르침을 심각하게 수용하는 특징을 띠고 있다. 오늘날 오순절 운동과 은사 운동이 서구에서 점차 수용되며 대부분의 역동적인 다수세계 교회들이 기적적인 것을 진지하게 수용하는 상황에서, 신약 성경의 기준에 의하면, 주류(mainline) 서구 기독교가 오히려 더 일탈된 종교현상으로 보일 수 있다.[38)]

이처럼 세속화와 세속주의에 대처하는 가운데 서구교회는 계몽주의가 짜 놓은 구도를 그대로 받아들인 측면이 크다. 즉 공적 영역은 계몽주의가 표방하는 이성과 과학 그리고 합리주의가 지배하게 되고 교회는 사적인 영역에서 인간의 내적인 삶에 관여하게 된 점이다.[39)] 이것은 모더니티가 구분한 공적세계와 사적세계의 이원론을 그대로 수용한 것이다.[40)] 그 결과 교인들은 사적인 영역, 즉 개인적이고 내면적인 삶에서는 성경적 기준에 따라 살려고 노력하지만, 공적인 영역, 즉 사회적 · 경제적인 영역에서는 세상적이고 세속적인 가치기준에 따라서 삶을 영위한 것이다. 그리스도는 개인의 내적 삶의 주인으로 머무르고, 사회생활에서 성공하기 위해서는 세속적인 가치기준을 근거로 경쟁적으로 삶을 사는 신자들이 늘어난 것이다. 주일날에는 그리스도를 믿고 신앙을 고백하지만 주중의 삶은 세속적 원리–이성,

---

38) Ibid.

39) 스티브 브루스(Steve Bruce)는 세속화의 영향으로 종교가 점차 공적인 삶에서 영향력을 잃어버리고, 개인들의 사적인 선택사항으로 바뀌게 되었다고 본다. Wilbert R. Shenk, "Contemporary Europe," 133.

40) LOP, 27, "Modern, Postmodern and Christian," 9-10.

합리성, 그리고 과학적 사고방식-에 의거하여 살아가게 된 것이다.

로잔특별보고서 8번에서는 세속화가 가장 기독교화 된 국가들 사이에 퍼져나간 것은 복음의 능력(validity)에 대한 심판이라기보다는 기독교 교회의 부적당하고 비효과적인 증거에 대한 심판으로 규정한다. 자유주의 신학과 엄격한 정통교리의 영향권 아래에 있었던 서구 교회는 세속화 흐름에 대해서 제대로 대처할 준비가 되어 있지 못했던 것이다.[41] 특히 유럽의 교회들이 당시 대부분 국가교회 형태를 취하고 있었는데 오랜 세월을 거쳐서 지나치게 국가권력에 의존해서 강압적인 태도를 취하는 데 익숙했고, 훈련이 결여되어 있었으며, 세속화에 제대로 대응할 수 있는 신학적 확신마저 약화된 상태에 처해 있었다고 평가된다.[42] 반면에 미국의 교회들은 국가와 분리된 채 다양한 교단들과 교회들이 상당히 경쟁적인 상황에서 발전하고 있었는데 세속화에 대해서 대응하는 과정에서 복음의 메시지를 청중의 기호에 맞추는 식으로 대처한 점이 문제로 지적된다. 모더니티에 대한 미국 교회들의 대응은 상당히 소극적이고 모더니티적인 가치들-개인주의, 성과주의, 자율성 강조 등-을 수용하면서 '번영 복음,' '적극적 사고방식'과 같이 중산층의 가치관과 복음을 결부시켜서 복음을 축소시키는 결과를 산출하였다.[43]

---

41) LOP, 8, "Christian Witness," 13.

42) 유럽 교회는 크리스텐덤 교회로서 변화하는 상황에 선교적으로 대응할 수 있도록 준비가 되어 있지 않았다. 교회는 공동체성 상실을 반영하는 경향을 보였으며 개인주의에 영합했으며 현상유지에 급급했다. Wilbert R. Shenk, "Contemporary Europe," 127-129, 134, 136, 138.

43) Melvin Tinker, "Secularization: Myth or Menace? An Assessment of Modern 'Worldliness,'" *Themelios* 38.3, 2013, 407-408.

III. 한국사회와 교회의 세속화

한국사회의 근대화는 1876년 개항과 더불어 시작되어 일제 식민지 시대와 분단 상황을 거치며 1세기 이상의 시간을 두고 점차로 한국인의 삶의 양상을 변모시켜왔다.[44] 특히 1960-70년대 박정희 정권 시절(1961-1979)에 본격적인 발전을 이룬 것으로 평가된다.[45] 빠른 시간 내에 근대화 과정을 거치면서 한국사회에는 전통적 가치체계가 많이 약화되는 반면 근대적 가치체계들이 새롭게 자리를 잡아나갔다.[46] 가족주의, 권위주의, 특수주의, 연고주의 등의 전통적 가치와 개인주의, 평등주의, 보편주의, 경쟁주의 등의 근대적 가치가 공존하면서 새로운 갈등요인을 낳기도 하였다.[47] 또한 근대 물질문명이 일반인들의 생활세계로 본격적으로 유입됨에 따라 전반적인 생활문화가 급변하게 되었다.[48] 이러한 변화로 한국사회는 중세 유교 문명적 세계에서 근대 문명적 세계로 급격한 이행의 과정을 밟게 되었다.[49]

특별히 1970년대 이후 문화의 세계화가 급속히 진행되는 상황에서 서구의 문화 및 상징구조가 아무런 여과 없이 사람들의 일상 속으로 침투하는 상황을 맞이하였다.[50] 오늘날 한국인들이 전체적인 면에서 물질적으로 잘살

44) 권희영, "한국사에서의 근대성의 출현,"「정신문화연구」21권 2호 (통권 71호), 1998.

45) 박정희 정권 시절, "조국 근대화"를 기치로 내걸고 적극적으로 경제개발계획을 수립하고 시행함으로 한국사회는 급격한 산업화와 도시화를 이루었고, 경제구조도 전통적인 농촌사회에서 근대적인 공업사회로 재편되었다. 김호기,「한국의 현대성과 사회변동」(서울: 나남출판, 1999), 36-38.

46) Ibid., 213.

47) Ibid.

48) Ibid., 199.

49) 권희영, "한국사에서의 근대성의 출현," 19.

50) 특히 할리우드 영화와 팝송으로 대표되는 미국의 문화산업이 그 어떤 문화매체보다도 대

게 된 측면은 부인할 수 없지만 동시에 세속주의적인 가치관과 사고방식 그리고 문화가 자리 잡으면서 많은 새로운 문제들을 야기하고 있다.[51)]

이러한 한국사회의 변화는 한국교회에 큰 영향을 미치게 되었다. 한국교회 또한 세속화의 영향으로부터 자유롭지 못하였다. 세속적 가치들은 다양한 방식으로 교인들의 삶 속으로 그리고 교회 지도자들의 사고와 가치에까지 영향을 미치게 되었다.

근대화가 진행이 되면서 근대성이 강화되고 세속주의와 세속성이 확대되는 상황에서 한국교회의 대응도 서구교회의 대응을 그대로 옮겨온 듯, 잘못된 방식의 대응으로 일관해 온 것을 보게 된다. 한국교회의 진보 진영은 세속주의와 근대성에 대해서 보다 적극적으로 대면하고 목소리를 분명히 내고자 하였지만 결과적으로 세속적 가치를 지나치게 많이 수용한 점에서 많은 비판을 받기도 하였다.[52)]

대부분의 복음주의적 그리고 보수주의적 교회들과 단체들로 구성되는 보수진영의 경우, 모더니티와 세속주의에 대해서 분명한 대면을 하기 보다는 외면하고 거리를 두는 모습을 보였다. 특히 사회 참여에 대해서는 소극적이고 복음전도와 개교회 성장에 치중하였다. 근대화와 세속화가 급속히 진행되는 70년대와 80년대에 새롭게 형성되는 중산층의 가치에 부합하는

중들의 의식과 일상생활에 큰 영향을 미치게 되었다. 김호기, 「한국의 현대성과 사회변동」, 34.

51) 특별히 급격한 경제적 변화에 동반되는 빈부간의 격차로 인한 갈등과 신구 가치관의 대립으로 인한 사회적 혼란, 그리고 노년층과 젊은층 사이의 세대 간 갈등 등이 심화되고 있다.

52) 진보 진영은 세속화에 적극적으로 대응하는 입장이었지만 세속주의에 대해서 너무 수용적인 모습을 보이고 결과적으로 교회와 복음적 정체성을 잃어버리면서 세속주의와 영합하는 모습을 보여주었다. 진보 진영은 일반적으로 세계교회협의회에 가입한 교단을 말하는데 그들은 대부분 사회 참여에 적극성을 보이는 집단들이다. 그러나 그 가운데에는 교단의 정책과는 대조적으로 보수적인 신학을 바탕으로 사회참여보다는 협의적 의미의 전도와 목회에 치중하는 교회들도 많이 포함되어 있다. 정재영, "세속화와 한국교회의 성장," 「현상과 인식」 16(4), 한국인문사회과학원, 1995.

메시지를 통해서 급속한 성장을 이루기도 하였지만, 90년대 초반부터는 교회가 지나치게 세속화되는 모습을 드러냄으로 사회로부터 신뢰를 잃고, 사람들이 교회를 외면하는 어려움과 침체를 경험하고 있다.[53)]

보수진영은 모더니티와 세속주의에 대해서 분명히 반대하고 거부하는 입장을 취하였지만 그럼에도 불구하고 복음전도와 교회성장을 추구하는 과정에서 사람들의 종교적인 기호에 부합하는 메시지만 전달하였다. 사람들의 세속적인 욕구에 부합되는 기복적인 내용들만 강조하고 사회에 대한 예언자적인 목소리를 내지 못하고 교회의 사회적 책임을 수행하는 데 있어서 소극적이었다. 그리하여 모더니티가 공적인 영역과 사적인 영역으로 구획한 구분에 따라서 사적인 영역에서 사람들의 개인적인 필요들만을 채워주는 교회들로 전락하였다. 특히 교회 지도자들은 일반 신자들의 실천을 교회 내의 활동에만 국한시키고, 그들이 일터와 가정 속에서 그리스도의 제자로서 빛과 소금의 역할을 수행하도록 구비시키는 데에 실패하였다.[54)] 이러한 상황에서 교인들은 교회생활은 거룩한 영역에 해당하는 것으로, 일상생활은 세속의 영역에 해당되는 것으로 이분하는 이원론적 삶의 행태를 드러내게 되었다. 이러한 삶의 모습은 불신자들의 눈에 위선으로 비추게 되고 결국 전도의 문을 막는 결과를 초래하였다.

한국은 그 역사적 과정을 통해서 다양한 종교들이 서로 각축하고 경쟁하는 오랜 종교 다원주의의 경험을 갖고 있다.[55)] 특히 1960년대 이래 급격

---

53) 70, 80년대의 교회의 급성장은 대개 이러한 보수진영의 교회들 가운데에서 일어났다. Ibid., 64-65.

54) 교인들로 하여금 교회 안에서의 충성만을 강요하고 세상에서 그리스도의 제자로서의 삶을 살도록 훈련시키지 못한 데에는 평신도들의 일상의 삶을 세속적인 삶으로 간주하고 여기에다가 큰 가치를 부여하지 않는 잘못된 성속 이원론의 영향이 크다.

55) 여기에서 말하는 종교 다원주의란 다양한 종교들이 공존하는 현상을 의미하는 말이지 모든 종교가 하나로 통한다는 이론이나 이데올로기로서의 종교 다원주의를 말하는 것이 아니다.

히 추진된 근대화 과정을 거쳐서 세속주의라는 또 하나의 강력한 선택옵션이 추가된 상황이다. 그래서 한국은 다종교, 다종파, 다교파가 각자 자기 집단의 생존과 성장을 위해서 서로 치열하게 경쟁하는 상황에 처해있다.[56] 이러한 다원주의 상황 속에서 경쟁하는 종교집단의 지도자들은 집단의 생존과 성장을 위해서 세속적인 세계에서 살아가는 종교 소비자들의 세속적인 기호에 영합하는 정책을 펴지 않을 수 없었다.[57] 이러한 상황에서 보수적인 교회들이 서로 앞 다투어 자기 교회의 성장을 추구하는 가운데 어느 정도의 성과를 거둔 측면도 있지만 그러한 성과는 심각한 부작용을 낳기도 하였다. 교회성장이 최고의 목표가 되는 가운데 더 많은 교인들을 끌어들이기 위하여 경쟁적으로 매력적인 메시지를 제시하는 가운데 기복적이고 치유적인 내용만을 강조하게 된 것이다.[58] 이러한 상황은 복음을 온전히 전파하기보다 신자들의 기호에 맞추는 가운데 복음을 축소시키고 환원시킬 수 있다. 순수한 복음보다는 번영의 복음으로 치우쳐질 때, 신자들은 제자가 되기보다는 단순한 종교소비자로 전락할 수 있다. 교회를 성장시킨 목사는 높이 평가를 받지만 그렇지 못한 경우에는 반대로 엄청난 스트레스에 시달릴 수 있다. 문제는 성과를 낸 목사들이 성과주의에 의거해서 권위를 부여받고 교회를 마치 자기의 사적인 소유처럼 간주하고 전횡적으로 권력을 휘두를 때 그것을 제어할 적절한 수단이 부재하다는 점이다. 그러할 때 교회가 사회에 모본을 제시하기보다는 이기적인 집단으로 간주되면서 사회로부터 지탄을 받고 진보적인 젊은 세대들은 교회로부터 등을 돌리게 된다.

교인들을 제자들로 구비시켜서 세상으로 내보내는 것이 아니라 종교소

---

56) Ibid., 69-70.

57) 우리 사회에서 종교기관의 성공척도는 그 종교의 교리를 사회에 효과적으로 전파하여 심는 것이라기보다는 종교의 내용에 관계없이 고객을 얼마나 많이 유치하느냐가 관건이 된 측면이 크다. Ibid., 71-72.

58) Ibid., 73-74.

비자들로 만드는 교회들은 세속의 물결을 이겨내기에 역부족인 교회들이다. 그러한 교회들은 세속주의의 파도를 극복하고 세상 속에서 하나님 나라를 증거하는 교회 본연의 사명을 감당하기 힘들다. 1990년대 중반 이후로 성장이 멈춘 채 위기 상황에 처한 오늘날의 교회의 현실은 하나님 백성들에게 심각한 반성적 성찰을 요구한다.

교인들을 끌어들이기에만 급급하고 그들로 하여금 세상 속에서 부르심의 영역에서 어떻게 살아야 하는지에 대한 분명한 방향과 지침을 주지 못할 때 교인들은 이원론적인 삶에 머무를 수밖에 없다. 평신도들이 가진 재능과 은사가 사회 속에서 다양하게 활용되기 보다는 교회 내의 사역에 국한되는 가운데 은사가 사장될 수 있다. 그리고 평신도들은 사회 속에서 제자로서의 삶을 충실하게 수행하기 보다는 교회와 세상을 양분하여 성과 속을 오가는 삶을 살게 된다. 이처럼 교회가 빛과 소금의 사명을 감당하지 못할 때, 오히려 세속의 물결에 그대로 쓸려갈 수밖에 없다.

그리스도인들이 성속의 이원론적 삶을 사는 것은 삶의 전 영역에서 그리스도의 제자로서 주되심에 순종하는 삶을 사는 것을 포기하는 것이다. 그러한 삶은 세속적인 기준에 따라서 성공과 실적을 추구하는 세속주의적인 사람들의 삶과 구분이 안 된다. 그러한 교회는 세속주의자들을 전도하기는커녕 그들의 지탄과 조소의 대상이 될 수밖에 없다. 90년대 중반 이후로 한국교회는 사회로부터 동경의 대상이 아닌 지탄의 대상이 되고 전도의 문은 막히고 성장도 지체된 상황을 맞이하고 있다. 세속화된 교회의 모습은 많은 사람들에게 실망을 안겨 주어서 교회를 등지고 떠나는 소위 "가나안 신자"들이 양산되고 있다.[59]

---

59) "가나안 신자"란 말에서 "가나안"이란 "안 나가"를 거꾸로 한 말로 어떤 이유로든지 교회를 안 나가게 된 신자를 일컫는 말로 쓰인다.

Ⅳ. 세속주의 가치관과 문화

세속주의는 이 세상에서의 행복과 물질적 번영과 안녕을 추구한다. 따라서 개인주의, 엘리트주의, 성과주의, 업적주의, 실용주의 등의 가치가 그 핵심가치이다. 이런 것들은 성경에서 가르치는 공동체주의, 섬김의 리더십, 희생정신, 과정중시, 이웃사랑 등과 분명히 대조된다. 성경적 가치, 주님의 가르침보다 세속주의적 가치가 우리 교회 속에 더 크게 자리를 잡을 때 그것은 교회로 하여금 하나님 나라를 증거하는 교회 본연의 사명을 감당할 수 없도록 만든다.

로잔특별보고서 8번에서는 성경적 가치와 상충되는 세속적 가치들로서 다음과 같은 것들을 나열한다. 그러한 가치들은 서구 교회에 큰 영향을 끼친 세속적 가치들의 예들이다. 각각의 세속적 가치들을 그와 상반되는 성경적 가치들과 함께 나열할 때, 세속적 가치관이 성경적인 가치관과 얼마나 동떨어진 것인지 분명히 볼 수 있다.[60] 교회의 책임은 세상을 본받지 말고 변화를 받아서 하나님의 선하시고 온전하신 뜻을 분별하고 따르는 일이다(롬 12:2).

a. 성경에서는 종 된 교회를 언급하는 데 반해서 세속주의 가치는 성공 지향적이다.

b. 성경에서는 자기-희생을 강조하는 데 반해서 세속주의는 자기-몰입적이다.

c. 성경에서는 모든 지체들의 기여를 강조하는 데 반해서 세속주의의 영향은 교인들을 수동적 관람객으로 전락시킨다.

60) LOP, 8, "Christian Witness," 13-14.

d. 기독교는 공동체성을 강조하는 데 반해서 세속주의의 영향은 엘리트주의로 나타난다.

e. 성경의 예언적 종교는 세속주의의 영향으로 시민종교로 전락하게 된다.

f. 성경의 하나 됨의 요구와 반대로 세속주의의 영향은 분열을 조장한다.

g. 성경에서는 자신을 내어주는 사랑의 힘을 강조하는데 반해서 세속주의의 영향은 권력지향적 가치가 교회 안에 자리를 잡게 만든다.

h. 성경적 협동(Co-operation) 대신에 세속적 경쟁이 자리를 잡을 수 있다.

i. 인간 존엄에 대한 존중보다는 사람들을 조작하는 것이 자리를 잡을 수 있다.

j. 성경에서 말하는 과격한 헌신 대신에 거짓된 안정감이 자리를 잡을 수 있다.

k. 사회 속에 적극적으로 개입하는 것 대신에 사회로부터 분리하려는 경향이 자리를 잡을 수 있다.

l. 전체의 몸의 지체들이 기여하는 것보다는 간편한 관리 시스템이 도입될 수 있다.

m. 성경적 청지기직 대신에 풍요와 탐욕이 목표로 자리 잡을 수 있다.

n. 그리스도 안에서 하나 됨을 이루어야 하는데 반대로 인종차별주의, 카스트제도, 그리고 부족주의가 자리를 잡을 수 있다.

o. 수단들을 성경적 목적에 일치하도록 사용하여야 하는데 반대로 목적이 수단을 정당화하는 가치가 교회 속에 들어올 수 있다.

위의 대조 목록을 훑어볼 때, 성경적인 가르침과 분명히 대조되는 세속주의적인 가치들이 교회 속으로 그대로 들어와 있다는 것을 부끄러운 마음으로 고백하지 않을 수 없다. 우리 교회 속에 성공지상주의, 이기주의, 분리주의, 권력추구, 경쟁, 무사안일주의, 편의주의, 물질만능주의, 성과주의, 실용주의 등이 스며든 것을 부인하기 어려운 현실이다.[61] 이 사회에서 물질적 성공, 부의 추구, 부의 축적 등이 궁극적인 가치로 작동하는 데 교회도 그러한 점에서 큰 차이를 보이지 못하고 있다. 특히 교회 지도자들이 교회 성장에 최우선 순위를 두고 나아가면서 성과주의적 결과와 실용주의적 효용성이 교회의 주요 척도로 부각된 것을 보게 된다. 교회 밖을 향한 선교적 사명보다도 교회 자체의 성장에만 에너지를 쏟아 붓는 가운데 대사회적 책임을 감당하는 데 소홀히 한 점을 반성하지 않을 수 없다. 교회는 신학적으로 전천년주의의 영향을 받으며 대사회적 실천에 대한 구체적 방향이나 지침을 구비하지 못한 채 자체 몸집 불리기에 급급했던 것이다. 결과적으로 대사회적 공신력이 떨어지고, 교회 성장의 동력마저 상실한 상황에 처하게 되었다. 교회들이 너무 오랫동안 지나치게 정죄하고 징계하는 데만 익숙해 있었으며, 아가페와 사랑이란 이름으로 지나치게 감상적으로 흐르고 훈련을 소홀히 한 점이 이러한 결과를 초래하였다고 본다.[62]

특히 교회의 지도자들이 도덕적 모본을 보이지 못한 채 세속주의 가치를 앞서서 수용한 점에 대해서 철저한 회개가 요청된다. 세속주의와 물질주의를 말로는 거부하지만, 삶으로는 그것들을 그대로 받아들이는 모습을 보여줄 때 교회는 세속의 물결을 막을 수 없을 것이다. 교회가 적극적으로 세상을 변화시키지 못할 때, 교회가 거꾸로 세속화된다는 것이 교회역사의 교훈이다. 지도자들이 교인들을 세상 속에서 그리스도의 제자로서 증거 하는 삶을 살도록 훈련시키고 구비시키지 못할 때 거꾸로 세속화된 교인들을 통

---

61) 케이프타운 서약 I부 7항에서도 세속적 표지들이 너무 자주 그리스도인들의 일그러진 모습이 되었고 우리의 복음 증거를 스스로 부인하는 결과가 되었음을 부끄러운 마음으로 고백하고 있다. 로잔운동, 최형근 역, 「케이프타운 서약: 하나님의 선교를 위한 복음주의 헌장」(서울: IVP, 2014), 49.

62) Ibid., 14.

해서 교회가 세속화되는 것이다.[63] 케이프타운 서약에서는 많은 그리스도인 지도자들이 세속적인 권력과 높은 신분을 얻기 위해, 또는 개인적 축재를 위해 그들의 지위를 이용하는 것을 비판한다.[64] 그 결과 하나님의 백성들은 고통을 겪고, 그리스도는 수치를 당하고 복음 선교가 훼손된 점을 지적한다.[65]

만일 교회가 세속주의의 도전에 대해서 제대로 대응하려면, 교회는 자신이 세속주의와 연루된 죄를 범했음을 고백하고 세속주의의 우상들로부터 돌이켜서 믿음 가운데 하나님께로 돌아서야만 할 것이다.[66] 삶을 거룩과 세속의 영역으로 나누지 말고 삶의 모든 영역에서 그리스도의 제자로서 일관된 삶을 살아야 할 것이다. 말로만 복음을 증거하는 데에서 그치지 말고, 삶으로도 복음을 보여주어야 하는 과제가 세속주의 상황 속에서 처한 그리스도의 제자들에게 주어져 있다.

---

63) 박영환, "로잔대회와 세속화-로잔대회를 통한 세속화의 의미와 과제, 그리고 세속화의 방향전환의 요인에 관한 소고,"「로잔운동의 선교동향」(서울: 한국로잔위원회, 2016), 276, 283-284, 288.

64) 케이프타운 서약 II부 IID 3항에서는 "삶을 통해 이미 성숙한 제자도의 기본적인 특징을 드러내는 사람들이 지도자로 세워져야 한다"고 주장한다. 로잔운동, 「케이프타운 서약」, 105-106.

65) 케이프타운 서약 II부 IID 3항에서는 "오늘날 세계 교회에 그리스도를 닮지 않은 세속적인 리더십이 만연한 것은 여러 세대에 걸친 축소된 복음전도와 제자 훈련의 소홀과 그리고 피상적인 성장의 부끄러운 결과"로 보고 있다. Ibid.

66) LOP, 8, "Christian Witness," 14.

V. 세속화와 세속주의에 대한 로잔신학의 대응방안

로잔특별보고서 8번은 세속화된 사람들에 대한 전도 전략을 제시한다. 그것은 먼저 교회가 성령에 의해서 갱신되고 준비될 때에만 가능하다.[67] 세속주의자 전도를 위해서 교회는 먼저 주변 상황의 변화에 민감하고, 변화에 창조적이고 유연하게 대처해야만 한다. 교회는 특히 기본 메시지를 변화하지 않으면서도 새로운 상황에 복음을 적응할 수 있도록 준비되어 있어야 한다.[68] 특히 교회 지도자들이 영원한 하나님의 말씀과 세속의 사람을 연결시킬 수 있도록 준비되어야 한다. 그렇지 않으면 사역자들은 허공에다가 외치게 되고 교회는 종교적 게토에 갇히게 될 수 있다.[69] 신학교나 성경 학교는 가능한 사회의 다양한 영역들을 대표할 수 있도록 학생들을 모집하는 것이 필요하다. 예수님께서 다양한 배경을 가진 제자들을 선택하셨듯이, 현대 교회는 사회의 모든 계층의 사람들과 관계할 수 있도록 다양한 배경을 가진 지도자들을 훈련시킬 필요가 있다.[70]

특히 교회들은 그리스도인들로 하여금 그들의 세속적인 일터나 직장에서 그리스도의 제자로서의 삶을 충실히 수행할 수 있도록 준비시키고 훈련시켜야 한다. 교회는 의사들, 직공들 그리고 어머니들로 하여금 자신의 일

---

67) 성령께서 교회를 진리와 지혜, 신앙, 거룩함, 사랑 그리고 능력으로 새롭게 할 때에만 세속주의자들에 대한 전도는 실현가능하게 될 것이다 (로잔언약 제14항). 로잔운동, 최형근 역, "로잔언약,"「케이프타운 서약: 하나님의 선교를 위한 복음주의 헌장」(서울: IVP, 2014), 227-228.

68) 역동적인 교회는 자신의 기본적 메시지를 변화시키지 않은 채 새로운 상황에 적응할 수 있어야 한다. LOP, 8, "Christian Witness," 15.

69) Ibid., 17.

70) Ibid., 16-17.

터나 가정을 전도와 기독교 증거를 위한 중심 장소가 되도록 도와야 한다. 그리스도인들은 교회 내에서의 역할 뿐만 아니라 세속적 관심이나 활동에 적극적으로 참여하도록 격려 받고 후원받을 필요가 있다.[71] 그리스도인들이 사회전반에 걸쳐서 다양한 분야에서 적극적으로 개입하고 목소리를 내는 것이 점점 중요해지고 있다. 특히 가족, 인종차별주의(racism), 폭력, 동성애, 낙태 그리고 가난한 자와 부유한 자의 양극화 등 사회 문제들에서 기독교적인 답변을 제시할 필요가 있다. 이러한 문제들에 대해서 예언적인 목소리를 낼 때, 세속인들이 상처 입는 바로 그 지점에서 삶의 문제를 다룰 수 있고, 그렇게 할 때 세속인의 가장 깊은 필요로 알고 있는 것을 말할 수 있는 권리를 얻게 될 것이다.[72]

로잔특별보고서 8번에서는 세속주의자들을 제자 삼기 위해서 취해야 하는 구체적인 과정들을 상세히 열거한다. 우리의 첫 번째 관심은 그들을 정죄하는 것이 아니라 그들을 이해하는 것이다. 그러기 위해서는 그들의 얘기를 주의 깊게 들어주는 것이 필요하다. 거리감을 두고 그들을 대하는 것이 아니라 우리가 공통으로 소유하는 점들을 확인하고 공감대를 형성하는 것이 필수적이다. 그러는 가운데 성경적 통찰력과 표현들을 주의 깊게, 창조적으로 그리고 진실하게 소통하는 것이 요구된다.[73] 특히 교회는 세속적인 세계관과 가정들, 전제들 그리고 그들의 충족되지 못한 갈망들을 이해하기 위한 노력을 게을리 해서는 안 된다. 그리고 동시에 우리는 기독교 세계관 가운데 세속인들과 관련된 부분들에 대한 깊은 이해를 발전시켜 나가야만 한다.[74] 기독교인들은 어떤 면에서 세속적인 사상가들의 견해가 사람들

71) Ibid., 17.

72) Ibid.

73) Ibid., 19-20.

74) Ibid., 20.

의 공감을 받고 있는지를 이해하고 보다 호소력이 큰 대안을 제시하도록 노력할 필요가 있다.[75]

세속인들을 전도하기 위한 전략의 핵심 사항은 영과 육의 이원론적인 접근법을 거부하는 것이다. “영적인” 활동을 할 때와 “세속적인” 일을 할 때에 각기 다른 정신과 태도를 취하는 것은 비성경적이다. 그러한 세속/거룩의 이분법은 극복되어야만 한다.[76] 그러한 목적을 위해서 지역교회 내에 다양한 연구 그룹들이 결성되어서 복음이 가족, 건강, 결혼생활, 청소년 그리고 공적 삶의 제반 영역들에 어떻게 관련되는지를 검토할 필요가 있다. 그렇게 함으로써 그리스도인들은 비기독교인들이 제기하는 질문들에 답변할 준비를 갖출 수 있고 병든 사회에서 소금의 역할을 감당할 수 있을 것이다.[77]

로잔특별보고서 8번에서는 세속인들과 동일시되어야 하지만 우리 자신이 세속화되어서는 안 된다는 점을 강조한다. 그리스도인은 필요할 때에 문화와 대립되는 기독교적인 성품과 기독교적인 가치를 분명히 드러내야만 한다. 그것은 하나님의 말씀에 철저하게 헌신하고 성령의 열매를 맺고 희생적인 삶의 양식을 드러낼 때 가능할 것이다.[78]

하나님의 백성들은 공적인 영역에서 퇴각하는 것이 아니라, 적극적으로 개입하고 참여해야 한다. 그리고 이 분야에서 일하는 그리스도인들을 격려하고 준비시키고 훈련시켜서 그 분야에서 하나님 나라의 영향력을 발휘하도록 해야 한다. 공적 영역에서 말과 행동으로 그리스도의 주되심을 적극적으로 증거하며 그리스도의 제자로서 선교적 삶(Missional Life)을 살도록 전 교회적으로 힘써야 할 것이다. 특히 서구교회의 세속화 과정을 반면교사로 삼아

75) Ibid., 21.

76) Ibid.

77) Ibid.

78) Ibid., 21-22.

서 혼합주의에 떨어지지 않으면서도, 세속의 각 영역에 적극적으로 개입해서 그곳에 하나님의 나라가 이루어지고 주님의 통치가 이루어지도록 해야 한다. 무엇보다도 하나님의 백성들은 세속적 가치관과 문화가 자리 잡은 곳에 천국의 가치관과 하나님 나라가 임하는 곳이 되도록 적극적으로 힘써야 할 것이다. 이를 위해서는 먼저 교회가 천국의 가치관을 드러내고 보여주는 곳이 되어야 할 것이다.

로잔운동에서는 모더니티와 세속주의에 대해서 교회들이 제대로 대처하지 못한 것에서 철저한 회개를 한다. 다시금 세속화의 물결을 돌이킬 수 있도록 그리스도의 제자로서의 삶을 살 것을 강조한다.[79] 공적 영역에서 퇴각한 점을 반성하고 공적 영역에 보다 적극적으로 개입해서 그곳에 하나님의 나라가 임하도록 헌신할 것을 다짐한다. 특히 성과 속이 분리되는 이원론적인 삶을 산 것을 회개하고 일터에서 가정에서 공적 영역에서 그리스도의 제자로서 그리스도의 로드십을 드러내는 삶을 살 것을 다짐한다.[80]

VI. 나가는 말

오늘날 한국교회는 세속주의의 역습을 받고 있다. 세속화의 물결, 영향력이 하나님의 백성들에게까지 깊게 스며들고 있는 실정이다. 세계화가 급속히 진행되면서 모더니티와 세속주의의 물결은 더욱 거세게 밀려들고 있으며, 특히 젊은 세대들에게 더욱 큰 영향을 미치고 있다. 이러한 가운데 자

79) 케이프타운 서약 II부 결론.

80) 케이프타운 서약 II부 IIA 3항.

녀세대들에게 복음을 물려주고 신앙을 물려주려면, 교육, 미디어 분야를 비롯한 공적인 영역에서 그리스도인들이 보다 적극적으로 하나님 나라의 백성으로서 정체성을 갖고 그리스도의 제자의 삶을 실천하는 것이 요청된다.

서구교회는 세속화가 진행되는 상황 속에서 사회에 대한 교회 본연의 사명을 제대로 감당하지 못하는 가운데 교회마저 세속화되는 어려움을 경험하였다. 서구신학마저 세속주의의 영향을 받아서 초자연적인 측면이 약화되고 인간적인 측면만 강조하는 가운데 성령론, 교회론이 약화되고 개인주의적인 측면을 강조하는 신학이 되었다. 서구교회는 급격하게 세속화되어 가는 서구 문화의 영향을 여과 없이 수용하는 가운데 하나님의 초자연적인 역사보다는 하나님을 배제한 채 인간의 노력을 강조하는 방향으로 흐르게 되었다. 그러한 서구교회는 세속주의의 물결을 되돌리고 사회변화를 이끌어내기에 역부족이었다.[81)]

한국교회를 비롯한 다수세계의 교회들은 서구교회의 잘못된 전철을 밟지 않도록 그들이 세속화에 대해서 대처한 대응전략을 검토하면서 교훈을 얻어야 하고 올바른 대응전략을 강구해야 한다. 특히 서구신학의 영향력을 벗어나서 초자연적인 면과 바른 교회론에 입각한 신학을 수립하는 것이 강하게 요청된다. 이러한 상황에서 로잔의 선교신학은 세속화와 세속주의에 대한 경각심을 제공하고 그것들에 대한 대응의 방향과 아울러 구체적인 대응전략을 제시해 준다는 점에서 그 시사하는 바가 크다.

---

81) 오스 귀네스(Os Guinness)와 데이비드 웰즈(David Wells)는 2010년 케이프타운에서 개최되는 제3차 국제로잔대회를 앞두고 제출한 문서에서, 서구 교회의 실패를 고백하면서 세계교회가 서구교회의 실패를 거울로 삼아서 경고를 받기를 원한다고 말한다. 그들은 "서구 교회들이 지난 200년간 한 것–모던 세계의 정신과 체제에 사로잡히는 것–처럼 하지 말라"고 경고한다. "Global Gospel, Global Era: Christian Discipleship and Mission in the Age of Globalization," in https://www. lausanne.org/content/global-gospel-global-era-christian-discipleship-and-mission-in-the- age-of-globalization (2016년 10월 19일 접속).

오늘의 상황 속에서 그리스도의 제자로서의 사명을 수행하는 데 있어서 교회의 역할은 더욱 중요하다. 교회가 깨어서 대비하고 대처하지 않으면 세속주의의 물결 속에서 사회적 영향력을 잃어버리고 교회는 무기력한 집단으로 전락할 수 있다. 이러한 상황에서 먼저 요청되는 것은 교회 지도자들이 세속주의의 물결에 먼저 휩쓸린 점을 회개하고 철저하게 회개하는 것이다. 특히 평신도들을 훈련시키고 준비시켜서 교회 내에서뿐만 아니라 교회 밖의 가정과 일터, 그리고 사회 각 영역에서 그리스도의 제자로서의 삶을 실천할 수 있도록 하는 일이 절실히 요청된다. 성과 속을 분리하고 교회 안에서와 세상 속에서 다른 기준으로 사는 이원론적인 삶을 살 때 세속의 물결이 오히려 더 교회 속으로 침투하고 교회는 세상과 전연 구분이 안 되는 곳이 될 수 있다.

교회는 주님으로부터 부름 받고 세상으로 파송 받은 제자들의 공동체이다. 교회가 교회로서의 선교적 본질을 회복하고 주님께서 앞서 수행하시는 선교에 적극적으로 동참할 때 새롭게 전개되는 세속화와 세계화의 물결 속에서도 교회는 세상에 빛을 비추고 세상을 변화시키는 일을 감당할 수 있을 것이다. 하나님의 백성들은 마음을 새롭게 하고 하나님의 뜻을 분별하고 따라야 한다(롬 12:2). 특히 오늘날의 하나님의 백성들에게 요구되는 것은 복음을 말로만 전파하는 것이 아니라 삶으로 증거하는 것이다. 우리의 힘으로 이러한 삶을 살 수 없기 때문에 위로부터 주어지는 능력을 힘입어야 한다. 즉 선교의 영이시고 능력의 영이신 성령으로 충만하게 채움을 받아야 한다. 성령의 은사를 불 일 듯이 활용해서 하나님의 백성들이 각자 주어진 위치에서 자신들에게 주어진 사명을 온 몸과 마음과 정성을 다하여 수행하여야 한다. 하나님의 백성들이 그리스도의 제자들로서 삶의 한 복판, 공적인 삶의 각 영역에서 그리스도의 로드십에 순종하는 삶을 사는 것이 더욱 요청된다.

참고문헌

권희영. “한국사에서의 근대성의 출현.” 「정신문화연구」 21권 2호 (통권 71호), 1998.

김호기. 「한국의 현대성과 사회변동」. 서울: 나남출판, 1999.

로잔운동, 최형근 역. 「케이프타운 서약: 하나님의 선교를 위한 복음주의 헌장」. 서울: IVP, 2014.

______. “로잔언약.” 「케이프타운 서약: 하나님의 선교를 위한 복음주의 헌장」. 서울: IVP, 2014.

박영환. “로잔대회와 세속화—로잔대회를 통한 세속화의 의미와 과제, 그리고 세속화의 방향전환의 요인에 관한 소고—.” 「로잔운동의 선교동향」. 서울: 한국로잔위원회, 2016.

최윤식. 「2020/2040: 한국교회 미래지도」. 서울: 생명의 말씀사, 2013.

Berger, Peter L. *The Sacred Canopy: Elements of A Sociological Theory of Religion*. New York: Anchor Books, 1967.

______. “Epistemological modesty: An interview with Peter Berger.” *Christian Century* 114, No. 30, 1997.

Calvert, Robert. “Secularity: Dogma Meets Diversity in Europe.” in https://www.lausanne.org/content/secularity-dogma-meets-diversity-in-europe-2 (2016년 10월 19일 접속).

Guinness, Os. “The Impact of Modernization.” https://www.lausanne.org/wp-content/uploads/2007/06/283.pdf (2016년 10월 26일 접속).

Guiness, Os and David Wells. “Global Gospel, Global Era: Christian Discipleship and Mission in the Age of Globalization.” in https://www.lausanne.org/content/global-gospel-global-era-christian-discipleship-and-mission-in-the-age-of-globalization (2016년 10월 19일 접속).

Gustavsson, Stefan. “Dogma and Diversity: Can Evangelical Truth Effectively Face Up to Secularity in a Pluralistic World?” in https://www.lausanne.org/content/dogma-and-diversity-stefan-gustavsson-part-1 (2016년 10월 19일 접속).

______. “Dogma and Diversity: Can Evangelical Truth Effectively Face Up to Secularity in a Pluralistic World?” in https://www.lausanne.org/content/dogma- and-diversity-stefan-gustavsson-part-2 (2016년 10월 19일 접속).

Hwa Yung. "A 21st Century Reformation: Recovering the Supernatural." in http://www.lausanne.org/content/a-21st-century-reformation-recovering-the-supernatural (2016년 5월 27일 접속).

Lausanne Occasional Paper 8. "Christian Witness to Secularized People." in http://www.lausanne.org/content/lop/lop-8 (2016년 10월 19일 접속).

Lausanne Occasional Paper 27. "Modern, Postmodern, and Christian." in http://www.lausanne.org/content/lop/lop-27 (2016년 10월 26일 접속).

Shenk, Wilbert R. "Contemporary Europe in Missiological Perspective." *Missiology: An International Review* Vol. XXXV, no. 2, 2007.

Tennent, Timothy C. *Invitation to World Missions: A Trinitarian Missiology for the Twenty-first Century*. Grand Rapids: Kregel, 2010.

Tinker, Melvin. "Secularization: Myth or Menace? An Assessment of Modern 'Worldliness.'" *Themelios* 38, 3, 2013.

로잔운동 관점에서 본 작은 교회 운동

박형진 • 횃불트리니티신학대학원대학교

두 세 사람이 내 이름으로 모인 곳에는 나도 그들 중에 있느니라 (마 18:20)

Ⅰ. 들어가면서

오늘날 한국교회의 전반적인 수적 성장은 거의 기대해 보기 어렵다는 이야기들을 한다. 더구나 한국교회의 80%가 100명 미만의 교회라는 점을 감안해 볼 때 작은 교회들이 한국교회 대부분의 현실임을 인정하지 않을 수 없다. 이 냉엄한 현실에도 불구하고 많은 목회자나 평신도나 심지어는 비교인까지도 교회에 대한 인식이나 추구하는 방향이 다분히 대형교회 지향적이라는 지적이 있다. 그간 성장, 성취, 성공이라는 가치가 알게 모르게 지배적인 이데올로기로 국정, 경제, 사회, 문화 뿐 아니라, 교회 안에서까지 기승을 부리고 우리를 지배해왔던 것을 부인할 수 없다. 이토록 현실과는 괴리감 있는 멘탈리티에 관해, 송인규는 대형교회든 소형교회든 상반된 입장에 있다고 하지만 그 추구함에 있어선 "묘하게도 같은 배를 탄 것"이라고 일

침을 가하고 있다.[1)]

> 메가 처치와 작은 교회를 함께 거론한다고 해서, 우리나라 목회자들이 메가 처치와 대형 교회에 관심을 쏟는 것처럼 중형 교회나 소형 교회에 대해서도 어느 정도 균등한 관심을 기울이고 있다고 생각하는 것은 잘못이다. 실상은 전혀 그렇지 않다. 아직도 한국교회의 목회자들의 꽤 많은 수는 대형 교회(메가 처치까지는 아니라 하더라도)에 집착하고 있다.[2)]

결국 성장일변도로 치우쳐 왔던 세태로 볼 때, 우리 한국교회에는 대형교회의 목회자와 대형교회가 되지 못한 목회자 두 부류만 존재한다는 씁쓸한 이야기들을 한다. 물론 이러한 일반화는 교회의 사명에 대해 진지한 고민을 하는 목회자나 교인들을 폄하하는 위험스러운 이야기가 될 수 있지만, 이는 목회자들이나 교인들의 멘탈리티가 성장일변도적인 수적요소에 종속되어 있다는 것을 단적으로 말해주고 있다.

다행스러운 것은 한국교회 안에서 목회자들 스스로 교인의 수보다는 교회의 본질에 관한 진지한 고민들과 논의들을 나누기 시작했고 새로운 열정으로 참신한 시도를 하며 이곳저곳에서 영향력을 드러내는 움직임이 일어나고 있다. 이 소고에서는 이제 새롭게 부상하는 소위 '작은 교회 운동'을 바라보며 이를 세계복음주의의 대표적인 운동 가운데 하나인 로잔운동의 시각에서 조명해 봄으로 한국교회에 현재 일고 있는 새로운 교회에 대한 추이와 방향을 조망해 보고자 한다.

그러한 점에서 연구자는 먼저 로잔운동이 교회에 대해 무엇을 어떻게 말해주고 있는가를 살펴볼 것이다. 사실 로잔운동의 문건 가운데 '작은 교회'

---

1) 송인규, "대형 교회 멘탈리티와 작은 교회 모델," 「목회와 신학」 (2016.3), 148.

2) 위의 글.

에 대한 특정 주제를 갖고 논의한 문건은 아직 없다. 단지, 이 소고에선 연구 자료로 1, 2, 3차 국제 로잔대회 때 발표되었던 주요문서를 중심으로 살펴볼 것이다.[3] 그 다음으로는 실제 한국에서 일어나고 있는 작은 교회 운동들의 출현과 그러한 운동들이 배출한 자료들을 살피며 논의를 전개해나가고자 한다.

II. 국제 로잔대회 주요 문서들에서 말하는 교회

A. 교회의 지역적 사명 강조

로잔언약에서는 교회의 사명가운데 하나로 교회담장을 넘어 지역사회에 대한 관심과 접촉의 필요성을 다음과 같이 천명하고 있다:

> "우리는 우리 교회의 울타리를 헐고 비그리스도인의 사회에 스며들어가야 한다."[4]
>
> (로잔언약 6. 교회와 전도)

그간 한국교회는 교회의 프로그램이나 교회시설의 사용에 있어 교인위주의 내부적 목적으로 치중되어 온 것이 사실이다. 지역교회가 가지는 지역적 의미의 중요성에 대해 관심을 갖기 보단, 개인 영혼의 안녕과 축복, 실존적인 문제에 집중되어 온 것이 복음진영 교회의 모습들 가운데 하나이다.

---

3) 로잔언약(1974), 마닐라선언(1989), 케이프타운서약(2010).

4) 조종남, 『세계복음화를 위한 로잔운동의 역사와 신학』(서울: 선교횃불, 2013), 174.

개인전도도 지극히 개인적인 문제와 해결에 치중하였으며 교회가 위치한 지역공동체에 대한 목회적 사명이나 책임감이 없었기에 주변이웃과 불필요한 마찰을 쉽게 야기하기도 하였고, 교회성장을 위한 교회건물 구입이나 매각에 더 좋은 위치나 공간이 생기면 그간의 교회를 아랑곳없이 포기하고 보다 나은 곳으로 이동하는 일이 일반이었다고 본다. 한마디로 자본주의적 가치, 소비주의적 가치와 큰 차이가 없었다고 볼 수 있다.

그러한 와중에 세계선교의 열풍이 불어 닥치며 선교의 초점을 해외선교에 맞추다 보니 더 많은 에너지와 자원들이 교회내부 아니면 해외선교지에 치중됨으로 교회가 속한 지역사회는 마치 텅 빈 공동과 같은 구조를 만들어 내어 지역사회로부터 유기적 관계가 없이 더욱 격리되고 고립된 섬과 같이 교회는 단절되어 간 것은 아닌지 물을 필요가 있다. 로잔언약은 교회의 선교 협력에 있어 교회가 속한 지역적 사명을 간과할 수 없음을 강조하고 있다:

> "모든 교회는 자기가 속해 있는 지역을 복음화 함과 동시에 세계의 다른 지역에도 선교사를 보내…"[5]
>
> (로잔언약 8. 교회의 선교 협력)

이는 마닐라 선언에서도 한 번 더 강조되고 있는데, 지역사회에 대한 책임과 세계선교에 대한 사명이 어느 한쪽을 핑계로 서로에게 소홀히 되어서는 안 될 것을 강조하고 있다:

> "선교사를 보내는 교회가 그 교회가 속해 있는 지역을 소홀히 해서는 안 되며, 이웃을 복음화하는 교회가 세계 선교를 소홀히 해서는 안 된다."[6]
>
> (마닐라선언 8. 지역교회)

---

5) 위의 책, 176.

6) 위의 책, 203.

또한 교회가 가진 자원이 지역을 위해 쓰여야 함도 강조한다:

> "각 지역교회는 그 처해 있는 지역을 복음화해야 하며 또한 그렇게 할 자원을 가지고 있다."[7] (마닐라선언 8. 지역교회)

과연, 각 교회의 예산집행에 있어 지역공동체를 위해 쓰인 예산이 얼마인가를 면밀히 따져본다면 지역에 대한 무관심이 여실히 드러날 것이다. 아쉽게도 본질보다는 비본질적인 요소에 더 많은 노력과 자원을 활용해 온 점이다:

> "우리는 많은 교회들이 내부 지향적이어서 선교보다는 자체 유지를 위해 조직되어 있고"[8] (마닐라선언 8. 지역교회)

그렇다. 교회의 몸체가 커질수록 본질인 선교적 사명보다는 몸체를 유지하는데—not mission but maintenance—급급해 온 것이 사실이다. 소위 '크리스텐덤'(Christendom) 유형의 교회사역과 다를 바가 없었다.

B. 교회의 성장에 대한 성찰

로잔언약에서는 교회성장이 가져온 폐해에 대해서도 다음과 같이 언급하고 있다:

---

7) 위의 책, 202.

8) 위의 책, 203-204.

"우리는 때로 교회 성장을 추구한 나머지 교회의 깊이를 포기하는 결과를 가져왔고, 또한 전도와 신앙적 양육을 분리해 왔음을 고백한다."[9)]

(로잔언약 11. 교육과 지도력)

성장이라는 수적 요소와 성숙이라는 질적 요소가 병립되지 못한 부분을 지적하고 있다. 그러다 보니 전도와 아울러 분리될 수 없는 양육의 문제가 뒷받침되지 못하였거나 혹은 전도해서 교회로 인도하면 그만이요 더 이상의 양육은 필요 없는 것인 양 여긴 태도를 지적하고 있다. 전도는 수적으로 양적으로 눈에 띄는 부분이요, 성숙은 눈에 잘 드러나지 않는 성향이 있다. 우리는 눈에 보이는 현상에만 치중하고 만족해 온 것은 아닌가? 사실 한국교회가 받는 비난의 대부분은 성숙하지 못한 교인들의 삶과 지도자들의 모습에서 비롯된다. 성숙의 모습은 바로 '제자도'임을 강조하는 것이 케이프타운서약에서도 다음과 같이 강조되고 있다:

"성숙으로, 수적인 성장뿐 아니라 질적인 성장을 위하여 지속적인 성숙을 이루는 급진적인 순종의 제자도의 필요성."[10)] (케이프타운서약 결론)

성숙과 더불어 또 하나 강조되는 것은 연합이라는 부분도 아울러 지적하고 있다. 이러한 연합은 용서와 화해가 없이는 불가피한 십자가 정신의 구현임을 강조한다:

"연합으로, 그리고 믿음과 소망 안에서의 성장뿐 아니라 사랑 안에서의 성장으

9) 위의 책, 178.

10) 위의 책, 304.

로 이끄는 급진적인 십자가 중심의 화해의 필요성."[11] (케이프타운서약 결론)

그렇다. 케이프타운서약의 결론분에 강조하는 '성숙'과 '연합'은 한국교회가 직면하고 받아들여야 할 가장 큰 두 가지 도전으로 생각된다.

케이프타운서약 2부(우리가 섬기는 세상을 위하여: 케이프타운의 행동요청), E섹션(그리스도의 교회가 겸손과 정직과 단순성을 회복하기), 4장(성공이라는 우상을 거부하며 온전함 가운데 걸어가기), A절에서 성장과 성과와 성공의식에 사로잡혀 빚어낸 행태에 대하여 통렬한 성찰을 촉구하고 있다:

> 우리는 모든 교회와 선교 지도자들이 우리의 사역을 드러냄에 있어, 전적으로 진실하지는 않아도 된다는 유혹을 물리칠 것을 요청한다. 우리가 근거 없는 통계로 보고서를 과장하거나 또는 무엇인가를 얻기 위해 진리를 왜곡할 때는 언제나 부정직한 것이다. 우리는 정직함으로 정결케 되기를, 그리고 그러한 왜곡과 조작, 그리고 과장을 버리게 되기를 위하여 기도한다. 우리는 영적인 사역에 임하는 모든 이들이 측량 가능하고 가시적인 성과들에 대하여, 주어진 책임 이상으로, 비현실적인 요구를 하지 않기를 요청한다. 성실과 투명성이 충만한 문화를 위해 노력하자. 주님은 마음을 감찰하시고 정직을 기뻐하시므로, 우리는 하나님의 빛과 진리 가운데 걸어가기를 선택할 것이다.[12]
>
> (케이프타운서약 II.E.4.A.)

많은 통계의 수치들이 정직하지 않은 마음과 허탄한 탐심에서 비롯되고 있는 현실을 통렬히 지적하고 있다. 실상, 많은 교단, 선교회, 기독단체, 개

11) 위의 책, 304.

12) 위의 책, 294.

교회 등이 이러한 행태에서 완전히 자유롭거나 떳떳하지는 않을 것이다.

III. 작은 교회 운동의 출현

A. "작은 것이 아름답다"

작은 것의 가치가 부상했던 시점은 1973년에 출간된 E. F. Schumacher의 도서 *Small Is Beautiful: A Study of Economics As If People Mattered*[13]의 출간으로 생각해 볼 수 있다. 이 책은 1960년대에 횡횡했던 대량생산과 거대주의의 위기와 한계를 논하면서 적정기술(appropriate technology) 혹은 대체기술(alternative technology)과 같은 소위 '중간기술'(intermediate technology)이야말로 더 나은 해결방법임을 제시하고 있다. 소수의 사람들이 대량으로 생산하는 것 보다는 모든 사람이 소량으로라도 어떤 것이든 생산하는 것이 인간성을 존중할 수 있는 경제 철학임을 주장한다.

이와 비슷한 때에 비슷한 수사적 표현으로 *Small Churches Are Beautiful*이라는 도서가 1977년에 출간되었다.[14] 이 책에서 편자는 작은 교회를 200명 정도의 숫자로 본다.[15] 이 책은 작은 교회들의 가능성에 대해 여러 사례들을 모아 말해주고 있다.

---

13) E. F. Schumacher, *Small is Beautiful* (London: Blond and Briggs, 1973).

14) Jackson W. Carroll, ed., *Small Churches Are Beautiful* (San Francisco: Harper & Row, 1977); 잭슨 W. 캐롤 저, 권정희 역, 『작은 교회는 아름답다』 (서울: 신망애출판사, 1987).

15) 잭슨 W. 캐롤 저, 권정희 역, 『작은 교회는 아름답다』 (서울: 신망애출판사, 1987), 10.

그렇다면 오늘날 작은 교회는 어느 정도 숫자를 의미하는가? 미국적 맥락에서 연구된 수치로는 2013년에 실시된 바나 그룹(Barna Group) 설문조사에서 "미국 교회의 평균 출석교인 수는 성인 89명이며 전체 교회의 60%가 교인 수 100명 이하의 교회이고, 2%만이 교인 수가 1,000명이 넘는다."는 보고가 나왔다.[16] "미주한인교회의 74%가 주일 100명 이하 출석"라는 통계도 있다.[17]

한국의 경우(출석성도수 기준)를 보자. 교회성장연구소의 「한국교회 경쟁력보고서」를 보면 소형교회(100미만), 중소형(100~300명 미만), 준중형(300~600명 미만), 중형(600~1000명 미만), 중대형(1000~2000명 미만), 대형교회(2000명 이상)로 나뉘어 볼 때 "한국교회의 80% 가량은 성인출석 100명 미만"의 교회임을 보여주고 있다.[18] 송인규는 한국교회의 주요 6개 교단의 경우 평균교인 수(교단별 교인총수를 그 교단의 총교회수로 나눈 것)를 감안하여 타 교단까지 고려해 볼 때 출석수를 기준으로 하여 180명 이하를 작은 교회라고 보고 성인출석수만을 고려해 볼 땐 150명 이하로 보고 있다.[19]

작은 교회를 교인의 숫자로만 규정하는 것은 매우 단편적 이해일 것이다. 어떤 유형으로서의 작은 교회인가를 보는 것이 필요한데 이에 대해 송인규는 4가지로 나누어 설명하고 있다.[20] 첫째는 과정형 작은 교회로 대부분의 개척교회들이 이 유형에 속한다고 보며 이들은 중대형교회를 지향하

---

16) https://www.barna.com/research/small-churches-struggle-to-grow-because-of-the-people-they-attract/ (2016년 11월 14일 검색).

17) http://christiantoday.us/sub_read.html?uid=12789 (2016년 11월 14일 검색).

18) http://www.baptistnews.co.kr/ezview/article_main.html?no=3095 (2016년 11월 14일 검색).

19) 6개 교단의 평균교인 수는 다음과 같은 순이다(괄호안의 수치가 평균): 예장통합(323), 예장고신(255), 예장합동(246), 감리회(228), 기장(175), 예장합신(170). 참조) 송인규, "대형 교회 멘탈리티와 작은 교회 모델"「목회와 신학」(2016.3), 152.

20) 송인규, "대형 교회 멘탈리티와 작은 교회 모델,"「목회와 신학」(2016.3), 152-153.

는 과정 중에 있는 과도적 형태의 작은 교회라는 것이다. 둘째는, 외압형 작은 교회로 사회, 정치적 외압으로 인해 큰 교회가 될 수 없는 교회들로 공산권의 지하교회, 처소교회 같은 교회일 것이다. 셋째는, 상황형 작은 교회로서 비록 외압은 아니지만 환경, 인구적 요인등과 같은 상황으로 더 이상 발전이 어려운 교회들로 농촌교회, 이민교회 등을 예로 들 수 있다. 넷째는 의도형 작은 교회로서 목회적 이상을 위해 의도적으로 작은 수를 의도하는 교회들로 볼 수 있다. 요사이 일어나는 작은 교회 운동은 세 번째와 네 번째의 예에 해당하는 교회들이 모여 함께 목회방향을 꿈꾸는 운동으로 이해해 볼 수 있다.

B. 한국 내 작은 교회운동의 태동

한국교회는 1970-80년대 부흥과 양적 성장을 맞이했고 그러한 결과로 아시아 6대 교회 중 5위까지 한국교회들이 자리를 차지하였다.[21] 이러한 성장세 동안에 긍정적으로는 많은 교회개척을 유도하였지만, 부정적 결과로는 경쟁 구도, 신학생 양산, 목회자의 질적 저하, 과잉 공급, 교인간의 수평이동 등과 같은 현상들이 생겨났다. 1990년대 이후 마이너스 성장과 맞물리면서 교회의 성장도 난항에 부딪혔다. 다시 보면 한국교회는 자본주의의 흐름과 그 맥락을 같이 한 셈이다.

한국 내 작은 교회운동의 태동은 2000년대 이후에 나타난다. 이는 1990년대 말 경제위기를 맞으며 그 여파가 한국 사회 뿐 아니라 교회에도 미치기 시작한 때였다. 그러나 이는 위기상황에서의 생존을 위한 소극적 대응이

21) 이들 교회들은 순복음교회, 광림교회, 영락교회, 성락교회, 충현교회이다. 참조) John N. Vaughan, *The World's Twenty Largest Churches* (Grand Rapids: Baker, 1984).

라기 보단 교회의 본질에 대한 자성적 움직임과 적극적 대안의 방향으로 나타났다.

2004년에 "건강한작은교회연합"(건작연)이 시작되었고 교회 안의 소통문제, 건물 없는 교회, 건강한 작은 교회 만들기, 교회분립 등을 주제로 세미나를 개최하기 시작하였고 현재까지 약 10여개 단체가 소속되어 있다.[22)]

"교회2.0 목회자운동"도 출범한다. 이는 전술한 "건강한작은교회연합"(전, 개혁교회네트워크)에 참여하고 있는 목회자들이 2011년 6월에 만들었다. 이들은 '작은 교회'를 '의도적'으로 지향하는 자들로 교인 수 300명 이하의 작은 교회를 지향하는 목회자와 신학생들의 참여로 시작되었다. 2.0의 의미는 업그레이드 개념으로서 개방, 참여, 소통, 공유를 강조하고 있다.[23)] 이들은 다음과 같은 5가지 핵심가치들을 둔다: 1) 세속주의 배격, 2) 개교회 이기주의 배격, 3) 사제주의 배격, 4) 권위주의 배격, 5) 사회적 책임 지향.[24)]

또 하나의 출범은 "생평평화마당"이다. "생명평화 2010선언"을 선포하고 이를 이루기 위한 "생명평화마당"이 태동된 것이다.[25)] 매년 "작은 교회 박람회"가 생명평화마당 주최로 열리고 있으며 최근까지 약 60에서 70여개 단체가 참여하고 있다.[26)] 박람회 취지문에서 "한 마디로 성서 속 예수가 염려했듯 이 땅의 교회는 사람들, 곧 약자들을 위한 공동체이기를 포기했다.

---

22) http://www.newsnjoy.or.kr/news/articleView.html?idxno=197806 (2016년 11월 14일 검색).

23) http://www.goscon.co.kr/news/quickViewArticleView.html?idxno=27981 (2016년 11월 14일 검색).

24) http://www.newsnjoy.or.kr/news/articleView.html?idxno=197806 (2016년 11월 14일 검색).

25) http://www.newsnjoy.or.kr/news/articleView.html?idxno=199139 (2016년 11월 14일 검색).

26) 이들은 다음과 같은 주제를 갖고 매년 박람회를 개최해오고 있다: 제1회 박람회(2013. 10. 19. 감신대) "작은 교회도 희망이다"; 제2회 박람회(2014. 10. 11. 감신대) "생명평화교회가 대안이다"; 제3회 박람회(2015. 10. 9. 이화여고) "작은 교회가 대안이다"; 제4회 박람회(2016. 10. 3. 감신대)"작은 교회 세상의 희망."

이에 우리는 이번 모임에서도 성숙 없는 성장에 저항하며 평신도의 역할에 주목할 것이고 여성의 가치의 소중함을 일깨우고자 한다."고 선언함으로써 성숙 없는 성장에 대한 성찰을 요청하고 있다.[27]

C. 작은 교회들의 프로필

이들 운동 속에서 나타나는 작은 교회들의 모습을 한번 살펴보겠다. 이들 교회들의 특이한 명칭들을 보면 몇 가지 특성들이 나타남을 알 수 있다. 첫 번째는 지역친근성과 토착성이다. "가재울교회"는 서대문구 남북가좌동의 옛 이름인 '가재울'을 교회이름으로 내걸었다.[28] "언덕교회"는 골고다언덕과 고향의 언덕을 복합적으로 표현하여 교회의 보편성과 지역성을 같이 어우르려 하였다.[29] "이든교회"는 순수한 우리말로 '어질다'와 '착하다'는 의미를 갖고 있는 '이든'이란 말을 쓰면서도, 최초의 동산으로 하나님나라의 원형을 담고 있는 에덴(Eden)을 복합적으로 쓰고 있다.[30]

두 번째는 공동체성과 연합성이다. "동네 작은 교회"는 5개 공동체가 주일에는 예배공동체로 모이고 주중에는 소그룹공동체로 모이고 있는 형태이다. 이 교회의 특징은 기존의 전통교회가 공동체 아이디어를 빌려 소그룹으로 나누인 것이 아니라 처음부터 여기저기서 형성된 소그룹들이 모여 하나

---

27) 생명평화마당, 『작은교회가 대안이다』 2015 작은교회 박람회 참가교회소개서 (서울: 생명평화마당, 2015), 4.

28) 위의 책, 4.

29) 생명평화마당, 『작은교회 세상의 희망』 2016 작은교회 박람회 참가교회소개서 (서울: 생명평화마당, 2016), 142.

30) 생명평화마당, 『작은교회가 대안이다』 2015 작은교회 박람회 참가교회소개서 (서울: 생명평화마당, 2015), 148.

의 예배 공동체가 된 것이다.[31] 이들은 “사과나무의 열매는 사과가 아니라 또 하나의 사과나무”임을 교회의 표어로 내걸고 있다.[32] “가온교회”는 가운데의 옛말인 ‘가온’을 쓰고 있는데 이는 “보아라, 하나님의 나라는 너희 가운데 있다”(눅 17:21)는 말씀에서 그 공동체적 특성의 기초를 두고 있다.[33] “더불어한교회”는 교파와 교단을 넘어 함께 예배하는 공동체로 예장, 기장, 기감, 성공회 출신의 원로 성직자 4명이 공동목회자로 구성되어 있는 것이 특징이다.[34]

세 번째는 이미지를 통한 상징성이다. “바람길교회”는 전통적으로 모이기에 힘쓰는 교회의 패러다임에서 벗어나 흩어져있는 청년층을 찾아나서는 교회로서 사역의 방향을 모색하고 있다.[35] “겨자씨교회”는 평신도들이 만들고 운영하는 면을 강조하고 있으며,[36] “단비교회”와 “들녁교회”는 이름이 시사 하는 바처럼 농촌마을에서 시작된 농촌교회로 그 정체성을 규명하려 하였고, 예배당(단비교회의 경우)도 한옥형 구조로 지어졌다.[37] “색동교회”는 한국의 색동색깔을 빌려 창세기 9:12-16의 무지개 이미지가 상징하는 언약과 화해를 강조하고 있다.[38] “촛불교회”는 고난의 현장을 찾아 어두움의 시대를

31) 생명평화마당, 『작은교회가 대안이다』 2015 작은교회 박람회 참가교회소개서 (서울: 생명평화마당, 2016), 28.

32) 위의 책, 25.

33) 위의 책, 4.

34) 위의 책, 31.

35) 위의 책, 68.

36) 생명평화마당, 『작은교회가 대안이다』 2015 작은교회 박람회 참가교회소개서 (서울: 생명평화마당, 2015), 13.

37) 생명평화마당, 『작은교회가 대안이다』 2015 작은교회 박람회 참가교회소개서 (서울: 생명평화마당, 2015), 22; 생명평화마당, 『작은교회 세상의 희망』 2016 작은교회 박람회 참가교회소개서 (서울: 생명평화마당, 2016), 26, 57.

38) 생명평화마당, 『작은교회가 대안이다』 2015 작은교회 박람회 참가교회소개서 (서울: 생명평화마당, 2015), 71.

밝히는 교회로서의 정체성을 그 이름에서 천명하고 있다.[39] "타원형교회"는 두 점으로부터의 거리의 합이 일정한 점의 자취인 타원이 가진 특징으로 교회의 특성을 잘 설명해주고 있다: "타원형은 초점이 두 개여서 처음부터 나눠가질 수 있습니다. 서로 살림의 사랑을 실천할 수 있고, 중심을 차지하려고 싸우지 않습니다. 평신도와 목회자, 여성과 남성, 자연과 인간, 장애인과 비장애인이 함께 만들어나가는 세상을 만들고 싶어서 타원형교회라는 이름을 지었습니다."[40]

위에서 언급된 교회들은 그 상징적 이미지로 교회사역의 특징들을 잘 드러내주고 있으며 그들의 상징을 예배장식과 예전에 사용함으로써 특성화된 교회의 사명을 상기시키기도 한다. 이들의 특징적 활동을 보면 창조신앙, 생태수련회, 독서, 영화, 게스트하우스, 성서학당, 마을방송국, 사랑의 집수리, 마을배움터 등을 운영하고 있는데 공통적인 특징으로 이웃공동체와 유기적 관계를 맺으며 활동하고 있음을 보게 된다. 따라서 이들 작은 교회들의 특징을 함축해 본다면 지역성, 공동체성, 참여성이라고 해 볼 수 있다. 안영혁도 언급하길 "작은교회 박람회에는 사회의 약한 곳을 대변한다는 의미의 사회적 교회론과 삶의 시시콜콜한 부분을 단단하게 다져간다는 의미의 문화적 교회론이 함께 존재한다"고 평가하고 있다.[41]

39) 위의 책, 180.

40) 위의 책, 204.

41) 안영혁, "작은교회 존재 기초로서의 작은교회 교육목회 커리큘럼," 『2016년 추계 학술대회 자료집』(서울: 한국기독교교육정보학회, 2016), 111.

D. 작은 교회를 주제로 한 다양한 심포지엄과 학술대회

1. 이교다세미나

이러한 운동들과 발맞추어 다양한 세미나, 심포지엄과 학술대회가 작은 교회와 연관되어 활발히 진행되고 있다. “건강한작은교회연합”에서는 “이런 교회 다니고 싶다”(이교다)는 세미나를 2004년에 시작하여 지금까지 학자와 언론인, 목회자 등 다양한 강사들을 통해 “교회구조개혁과 교인의식개혁, 건강한교회의 영성과 사회적 참여”등을 논의하여왔고, 제도적 교회에 대해 ‘교회의 교권사제주의,’ ‘목회 세습,’ ‘물질지향의 기복신앙,’ ‘소통부재,’ ‘불투명의 재정운영,’ ‘무리한 건축,’ ‘사회참여 외면’ 등을 지적하며 대안을 모색해 가고 있다.[42)]

2. 미션얼공동포럼

‘미션얼공동포럼’은 교회2.0목회자운동, 도서출판CUP, 모험으로 나서는 미션얼이 주최하여 2016년 9월 26일에 “미션얼, 벽앞에서 다시 길을 묻다” 라는 주제로 포럼을 가졌다. 대부분의 참여교회들이 작은 교회인 이들은 자신들의 사역을 선교적 교회(missional church)와 접목하여 설명하고 있으며『2016 미션얼 공동포럼 발제문 모음집』에는 참여한 교회들의 진솔한 사례들이 잘 기술되어 있다.[43)]

---

42) 건강한작은교회연합,『이런 교회 다니고 싶다』(서울: 건강한 작은 교회 연합, 2015), 1.

43) 미션얼공동포럼,『2016 미션얼 공동포럼 발제문 모음집』(서울: 미션얼공동포럼, 2016). 여기서 소개된 사례들은 다음과 같다: “공동체성을 넘어 사회적 영성으로”(양민철, 희망찬교회); “부천, 역곡동에서의 마을 살이”(나유진, 작은나무교회, 뜰안에작은나무 도서관); “건강한 교회로 가는 길에서 만난 수많은 벽”(정성규, 예인교회); “동네작은교회 개척의 우사(어리석은 역사)”(김종일, 동네작은교회); “시골동네목사의 소박한 목회 이야기”(백두산, 영천교회); “예수가족교회 이야기”(국형준, 예수가족교회); “모험으로 나서는 교회”(손연국, 그십자가교회); “미션얼, 교회 밖으로 나오다”(박종현, 함께심는교회).

양민철(희망찬교회)은 "미셔널처치 운동에서 선교는 '삶의 모든 영역에서 모든 방법으로 복음을 나누는 일상'이다. 일상이 곧 선교가 되어야 한다. 사는 것이 곧 선교가 되려면 일상 이라는 문화 속에 복음이 베여있어야 한다."라고 논하며 선교적 삶을 위해서는 일상성이 강조되어야 함을 논하고 있다.[44)]

'뜰안에 작은 나무 도서관'을 섬기는 나유진(작은나무교회)은 그의 도서관사역의 중점을 교회를 위한 방편에 두지 않고 마을공동체의 필요에 두었다고 소개하고 있다:

> 그 과정에서 느끼는 건 지역사회는 '공간'을 필요로 한다는 것이다. 공간은 지역의 사람들이 모이게 하고, 소통하게 하며, 새로운 움직임들을 만들어내게 한다. 지역의 필요를 따라 시작된 공간은 '플랫폼' 역할을 하였고, 거기서 여러 일들이 시작되어 간다. 도서관은 강좌를 만들고, 공간과 강좌가 만나 '모임'을 만들어낸다. 잘 자리 잡은 모임들은 그 안에서 만남과 소통, 치유, 나눔이 시작된다. 그리고 그 사람들이 마을과 지역사회에 관심을 갖기 시작하는 게 변화의 시작이지 않을까. 어느덧 함께하는 마을 주민들이 마을 활동가들이 되어 진다. 그리고 그들과 함께하는 모임들은 또 다른 움직임들과 연대를 만들어간다. 이게 다 우리 도서관의 일이라고 말할 수 있을 까. 도서관과 지역의 일들은 구분이 없어져간다. 우리의 행사로, 모임으로 성격 지을 수 없는 일들이 늘어간다.[45)]

그는 또한 이러한 만남의 장에서 교회로서의 정체성과 복음의 소통도 존중되는 것을 체험하였다고 진술하고 있다:

---

44) 양민철, "공동체성을 넘어 사회적 영성으로," 『2016 미션얼 공동포럼 발제문 모음집』 (서울: 미션얼공동포럼, 2016), 4.

45) 나유진, "부천, 역곡동에서의 마을 살이," 『2016 미션얼 공동포럼 발제문 모음집』 (서울: 미션얼공동포럼, 2016), 7-8.

> 주민들이 도서관 운영의 이유를 (진지하게) 물어볼 때, 예수와 십자가를 이야기 해도 아무런 불편함이 없다. 그들은 우리의 그 (신앙적) 이유를 존중하고, 그들의 손을 거두지 않는다. 그들의 이유와 우리의 이유는 '일상의 언어'에서 만나게 되고, 충분히 삶의 길동무가 되어간다.[46]

결국, 진정한 교회의 평가는 목사나 교인 당사자가 아닌 타자에 의해 평가된다는 점을 강조하고 있다. 이러한 일련의 과정과 경험 속에서 그는 도서관 운영과 관련하여 이러한 조언을 주고 있다: "아주 단순화 시켜서 표현하면 이렇다. 지역 사회를 위하여 시작된 도서관은 어렵지 않게 자리 잡더라. 그러나 교회의 전도와 홍보를 위한 도서관은 어렵지 않게 자리가 사라지더라."[47]

위와 같은 맥락에서 동네작은교회의 김종일은 선교적 교회의 핵심은 "기독론-선교론-교회론"의 구조에 있다고 강조한다.[48] 그는 언급하길,

> 당신이 교회를 시작한다고 말하며 다녀보라... 1) 당신은 냉담한 일반인과, 개척을 말리는 친구 크리스천들과, 몇 명의 가나안 신자를 만나게 될 것이다.
> 당신이 누군가를 또는 무언가를 너무 사랑하는 마음으로 어떤 일(미션)을 시작해 보라... 1) 당신은 같은 관심을 갖는 일반인과, 그 일의 가치를 알고 돕는 친구 크리스천들과, 상당히 많은 수의 가나안 신자를 얻게 될 것이다.[49]

충남 당진에서 농촌목회를 하는 영천교회의 백두산도 언급하기를,

---

46) 위의 글, 8.

47) 위의 글, 8.

48) 김종일, "동네작은교회 개척의 우사(어리석은 역사)," 『2016 미셔얼 공동포럼 발제문 모음집』 (서울: 미셔얼공동포럼, 2016), 17.

49) 위의 글, 19.

> 처음 계획한 사역은 내가 사는 이 마을에 무엇이 필요한지, 내가 섬기는 이 할아버지 할머니들께서 무엇이 필요한지 모르고 했던 사역이었습니다. 하지만 1년을 그분들과 같이 살며 먹으며 같이 농사 짓고 여기저기 농산물을 팔아드리며 그분들이 어떻게 사시는지 그분들이 무엇이 필요한지 그때야 조금씩 보이기 시작했습니다.[50)]

이러한 예들에서 알 수 있듯이 진정한 사역은 나의 필요가 아닌 상대방의 필요를 채워주는 일에서부터 시작된다는 것을 보여주고 있다. 박종현(함께 심는 교회)은 "이웃을 전도대상으로 타자화하고 대상화하는 방식에서 벗어나 진짜 더불어 살아가는 존재로서 인식하고 인간으로서 함께 절대자로부터 부여받은 사명(미션)을 협력하여 감당하는 미션얼한 삶" 즉, 참여자적인 삶을 강조한다.[51)] 이는 교회 안에 머물지 않고 교회 밖으로 나오는 영성을 의미하며 교회담장 안에만 머무는 목회를 넘어 "마을목회"로 그 목회의 지경을 확장하는 참여적이고 침투적인 선교사역의 패러다임 전이를 말해 준다. 이것이 진정한 성육신적 삶이라는 것이다.

3. 생명평화 교회론 심포지엄

2016년 9월 27일에 감신대에서 있었던 "생명평화 교회론 심포지엄"에서는 한국적 맥락의 '작은 교회론'을 세 가지로 나누어 논의하였다. 첫째는 탈성장주의적 교회이다. 이는 자본주의, 성장주의에 대한 저항을 의미한다.[52)]

---

50) 백두산, "시골동네목사의 소박한 목회 이야기,"『2016 미션얼 공동포럼 발제문 모음집』(서울: 미션얼공동포럼, 2016), 21.

51) 박종현, "미션얼, 교회 밖으로 나오다,"『2016 미션얼 공동포럼 발제문 모음집』(서울: 미션얼공동포럼, 2016), 47.

52) 박득훈, "가난한 교회, 저항하는 교회,"『2016 생명평화 교회론 심포지엄』(서울: 생명평화마당 신학위원회, 2016), 4-15.

둘째는 탈 성직주의적 교회이다.[53] 성직중심적인 교회문화에 대한 저항을 의미한다. 셋째는 탈 성별주의적 교회이다.[54] 남성위주의 제도권에 대한 저항을 의미한다.

특히, 이들 논의들은 종교개혁 500주년을 바라보며 한국교회에 대한 성찰과 한국적 토양에서의 교회갱신을 촉구하고 있다. 박득훈은 "교회가 커야 하나님 나라의 일을 더 잘 하 수 있다"는 이유로 몇몇 국내외의 주요 목회자들이 대형교회를 지향하는 정당성을 제공하였다고 비판하고 있다. 교회는 단지 가난한 자들을 '위한' 교회가 되어서는 안 되고, 교회 '자체'가 가난함과 약함에 기반해야 한다고 그는 강조하면서 자본주의적 행태에 너무 편승해버린 한국교회를 향해 일침을 가하고 있다.[55] 김영철은 성직의 민주화를 이야기하면서 루터의 만인제사장설, 칼빈의 직업소명설 등을 상기하며 목회자와 평신도중 어느 한쪽으로 치우친 교회가 아닌 협력과 조화의 필요성을 강조하고 있다.[56] 이은선은 한국교회는 성별에 대한 인식에 있어서 고정적이고 차별적인 사고와 행태가 권위주의에 편승하여 억압적으로 나타나고 있다고 지적하고 있다.[57]

4. 작은 교회를 위한 기독교교육 심포지엄

목회사역자들을 중심으로 작은 교회에 대한 비상한 관심이 고조되고 있

53) 김영철, "성직의 민주화: 작지만 탁월한 지도력을 위하여," 『2016 생명평화 교회론 심포지엄』 (서울: 생명평화마당 신학위원회, 2016), 16-23.

54) 이은선, "한국적 교회, 성(聖) · 성(性) · 성(誠)의 여성교회," 『2016 생명평화 교회론 심포지엄』 (서울: 생명평화마당 신학위원회, 2016), 24-35.

55) 박득훈, "가난한 교회, 저항하는 교회," 『2016 생명평화 교회론 심포지엄』 (서울: 생명평화마당 신학위원회, 2016), 7.

56) 김영철, "성직의 민주화: 작지만 탁월한 지도력을 위하여," 『2016 생명평화 교회론 심포지엄』 (서울: 생명평화마당 신학위원회, 2016), 20.

57) 이은선, "한국적 교회, 성(聖) · 성(性) · 성(誠)의 여성교회," 『2016 생명평화 교회론 심포지엄』 (서울: 생명평화마당 신학위원회, 2016), 30.

는 가운데 그에 상응하는 교회교육과 기독교교육과 관련하여 한국기독교교육정보학회(KSCEIT)가 2016년 추계 학술대회를 "작은교회, 기독교교육의 길을 묻다"라는 주제로 열었다. 이 학술대회에서는 작은 교회들이 안고 있는 현실적인 문제들과 이러한 문제들에 대한 대안들을 거론하고 있다.

이 학술대회에서 "작은교회의 문을 두드리다: 기독교교육의 호교론적 테오프락시스접근(Knocking on Small Church's Door: An Apologetic Theopraxis Approach for Christian Education)"이라는 주제로 주제강연을 한 손원영은 근래 일고 있는 작은 교회 운동의 추이를 언급하면서 작은 교회운동이 수적이거나 규모적 측면에서의 '작아야 함'의 추구나 정당성을 추구하는 운동이 아니라, 대안적 가치를 추구하는 모든 "개혁지향의 대안적 교회"로서의 운동이라는 데에 그 정체성을 부여하고 있다.[58]

작은 교회의 목회자들에 대한 연구를 한 조혜정은 몇 가지 작은 교회 목회자들이 겪는 암울함과 우려를 명시하고 있다. 그의 연구에서 발견한 결과 가운데 하나는 "소형교회에 대한 사회적 편견"인데 이는 마치 일반대중으로부터 소기업이 대기업만큼 인정받지 못하는 것과 흡사하다는 것이다. 그러기에 더더욱 새 신자가 교회를 선택할 때 작은 교회는 심지어 고려대상도 되지 못한다는 것이다.[59] 그리고 "다수의 교회가 소형교회임에도 불구하고 이후에도 대형교회와 소형교회의 양극화 현상이 가속화될 전망"으로 우려스럽게 내다보고 있다.[60] 그러나 우리는 모든 대형교회는 무조건 성장지향주의적 교회로 일반화시켜 정죄해서는 안 될 것이고, 또한 모든 소형교회는

58) 손원영, "작은교회의 문을 두드리다: 기독교교육의 호교론적 테오프락시스접근 (Knocking on Small Church's Door: An Apologetic Theopraxis Approach for Christian Education)," 『2016년 추계 학술대회 자료집』(서울: 한국기독교교육정보학회, 2016), 4.

59) 조혜정, "소형교회 목회자 경험에 대한 질적 연구," 『2016년 추계 학술대회 자료집』(서울: 한국기독교교육정보학회, 2016), 49.

60) 위의 글, 47.

실패한 교회나 강자에 의해 피해자된 교회라는 자기연민에 빠져서도 안 될 것이다.[61] 중요하면서도 다행스러운 것은 대형교회와 소형교회가 각각의 다양성을 인정하고 양극화를 극복해 보고자하는 '동반성장'적 상생의 길을 모색하려는 움직임이 있다는 것이다.[62]

주일학교가 없는 교회들이 점점 많아지는 현실과 작은 교회가 갖는 여러 한계들에 대한 대안으로 이영운은 작은 교회의 교육을 위해서 개교회주의가 아닌 교회간의 '연합'을 통해서 적극적으로 문제를 해결해 나가야 할 것을 권유하고 있다.[63] 또한 주일학교가 만만치 않은 현실에서 "세대 간 통합예배"가 또 하나의 새로운 대안으로 제시되고 있다.[64]

Ⅳ. 나가면서

지금까지 로잔문서에서 언급하고 있는 교회에 대한 논의들과 현재 한국내에 일고 있는 작은 교회 운동의 추이를 살펴보았다. 위에서 언급된 작은 교회 박람회에 참여한 교회나 단체들은 복음주의 진영의 교회와 에큐메니컬 진영의 교회들 모두가 함께 참여하고 있다. 물량주의적이고 성공신화적인 가치가 교회 내에도 침투해 들어온 작금의 상황에서 생존이 아니라 본질

---

61) 위의 글, 47.

62) 위의 글, 47.

63) 이영운, "작은교회들의 연합활동으로서의 교육목회: 뭉치면 살고, 흩어지면 죽는다!" 『2016년 추계 학술대회 자료집』(서울: 한국기독교교육정보학회, 2016), 61-76.

64) 안영혁, "작은교회 존재 기초로서의 작은교회 교육목회 커리큘럼," 『2016년 추계 학술대회 자료집』(서울: 한국기독교교육정보학회, 2016), 107-123.

에 대한 고민을 갖고 대안을 마련하려는 데에 그 공통성이 있음을 본다. 모두가 한국교회의 위기에 임기응변적 대응이 아닌 본질적 대응으로 대안을 찾고 새로운 기회를 요청하고 있다. 다음의 두 가지 측면으로 로잔운동의 관점에서 본 작은 교회 운동을 평가해본다.

A. 장려적 평가

작은 교회운동이 보여주고 있는 긍정적인 부분은 적극적이고 진취적인 '역동성'에 있다. 그것은 참여성과 창의성에서 나타난다. 로잔운동이 1차, 2차, 3차 대회를 거치면서 더욱 부각된 것은 서두에서 언급된 것처럼 교회의 지역성이 강조되고 그 중요성이 한층 고조된 모습으로 나타나고 있기 때문이다. 작은 교회 운동은 커다란 야심보다는 각각의 은사를 창의적으로 활용하여 지역사회와 적극적인 유대관계를 맺고자 함을 보게 된다.

필자는 근래 어느 한 일본인 목회자와의 대화중에 한국교회에 대해 날카로운 지적으로 일침을 놓은 순간을 기억하고 있다. 그는 한국교회나 한국목회자들에게서 수사적으로 소위 '최초,' '최대,' 혹은 '최고'라는 수식어를 은근히 좋아하는 한국적 멘탈리티를 보았다는 것이다. 사실 그렇지 않은가? 이러한 표현들은 성과, 성취, 성공위주의 가치가 여전히 우리의 사고방식에 잠재되어 있음을 보여주는 지적이다.

작은 교회운동은 로잔운동이 낳은 직접적인 결과물은 아니더라도 많은 복음주의적 교회들에게 복음주의 안의 통렬한 반성을 촉구하며 로잔정신을 새로이 일깨우고 그 본질적 가치로 돌아가게 해주는 계기가 된다고 생각한다. 복음정신의 구현에 상응하기 위해 말보다는 삶으로 보여주는 것, 복음전도와 사회책임에 대한 긴장과 균형을 유지해 주는 것, 이 시대의 문화적 상황에 적절히 대응하는 것 등은 로잔정신과 맞물리는 점들이다.

B. 우려적 평가

로잔 정신과 한국의 작은 교회 운동에서 볼 때 우려적인 부분이 있다면 이제 작은 교회 운동이 일어나기 시작한지 겨우 20년도 채 안되었기에 쉽게 변하지 않는 현실 앞에 다소 너무 이상적이든가 아니면 감상적인 부분이 있을 수 있다는 것이다. "생명평화마당"의 이은선은 이렇게 언급하고 있다:

> 작은 교회가 과연 진정으로 우리의 희망인가? 일찌감치 어린 시절부터 주로 작은 교회에서 지내온 필자로서는 그것이 얼마나 초라하고 쉽게 흔들리고 '가난한' 삶인지를 잘 알기 때문에 이 말에 선뜻 동의하기란 쉽지 않고, 그것이 그렇게 간단한 일이 아니라는 것을 잘 안다. 더군다나 교회에의 소속 문제와도 갈등을 일으킬 것이므로 이 대답이 더욱 어려워지는 것을 예상할 수 있다.[65]

또 하나의 우려는 작은 교회 운동이 갖고 있는 절묘한 긴장성에 기인한다고 본다. 즉, 보편적 교회의 가치와 지역적 교회의 특수성인 것이다. 주지한 바와 같이 작은 교회 운동이 기존과 전통에 대한 통렬한 반성과 비판의 목소리를 내고는 있지만 그럼에도 불구하고 얼마나 성숙한 태도로 기존과 전통과 상호존중가운데 대화하며 상생적 협력을 이루어 나갈지에 미래의 전망이 달려있다고 생각한다. 다시 말해 기성의 전통교회나 대형교회로부터 불필요하게 오해받을 일이 없어야 한다는 것이다. 마찬가지로 독선적

---

65) 이은선, "한국적 교회, 성(聖) · 성(性) · 성(誠)의 여성교회,"『2016 생명평화 교회론 심포지엄』(서울: 생명평화마당 신학위원회, 2016), 24.

인 태도로 지나치게 대형교회나 기성교회를 오해해서도 안 될 것이다. 한국의 특정한 정황은 여러 가지로 분단과 대립과 양극화를 가져오고 있다. 작은 교회만이 이상적이고 건강하다는 논리도 또 하나의 대립과 분열을 낳을 수 있다. 이는 화해와 화합을 강조하는 로잔정신이 우려하는 교회의 모습인 것이다. 오직 겸손한 태도로 작은 교회 운동이 좋은 모델이 되어 교회의 본질을 회복시키고 실패감이나 상실감에 있는 목회자의 자존감을 회복시키고 건강한 목회자로 세울 수 있기를 기대해 본다.

결론적으로, 모든 국면에서 위기를 맞고 있는 우리의 현실과 교회의 현주소를 볼 때, 오늘의 위기를 수량적 가치에서 생명의 가치로, 성장에서 성숙으로 나아가게 만드는 기회로 삼고 감당한다면 이는 분명 한국교회를 향한 더 풍성한 축복이 될 것이다.

> 천국은 마치 사람이 자기 밭에 갖다 심은 겨자씨 한 알 같으니 이는 모든 씨보다 작은 것이로되... 천국은 마치 여자가 가루 서말 속에 갖다 넣어 전부 부풀게 한 누룩과 같으니라
>
> – 마 13:31-33

참고문헌

건강한작은교회연합. 『이런 교회 다니고 싶다』. 2004년-2015년. 서울: 건강한작은교회연합, 2016.

미션얼공동포럼. 『2016 미션얼 공동포럼 발제문 모음집』. 서울: 미션얼공동포럼, 2016.

생명평화마당. 『작은교회가 대안이다』. 2015 작은교회 박람회 참가교회소개서. 서울: 생명평화마당, 2016.

생명평화마당. 『작은교회 세상의 희망』. 2016 작은교회 박람회 참가교회소개서. 서울: 생명평화마당, 2016.

생명평화마당. 『2016 생명평화 교회론 심포지엄』. 서울: 생명평화마당 신학위원회, 2016.

송인규. "대형 교회 멘탈리티와 작은 교회 모델." 「목회와 신학」 (2016년 3월): 148-157.

잭슨 W. 캐롤 저. 권정희 역. 『작은 교회는 아름답다』. 서울: 신망애출판사, 1987.

조종남. 『세계복음화를 위한 로잔운동의 역사와 신학』. 서울: 선교횃불, 2013.

한국기독교교육정보학회. 『2016년 추계 학술대회 자료집』. 서울: 한국기독교교육정보학회, 2016.

Carroll, Jackson W. ed. *Small Churches Are Beautiful*. San Francisco: Harper & Row, 1977.

Schumacher, E. F. *Small is Beautiful*. London: Blond and Briggs, 1973.

Vaughan, John N. *The World's Twenty Largest Churches*. Grand Rapids: Baker, 1984.

로잔운동의 관점에서 본 목회자 이중직(Bi-Vocational Ministry) 문제

박보경 • 장로회신학대학교

Ⅰ. 들어가면서

목회자가 교회나 기관에서 전임으로 하는 사역 이외의 다른 직업을 통하여 생계를 위한 재정의 전체 혹은 일부를 충당하는 경우를 목회자 이중직이라고 말한다. 최근 들어와서 목회자들이 카페 교회를 운영하고 있는 경우가 많은데 이들은 카페를 주중에 운영하면서 주말에는 그 장소를 예배공간으로 바꾸어서 활용한다. 이러한 방식으로 적절한 수입을 창출하고 동시에 목회사역도 진행하니, 결국 이중 목회자의 대표적인 형태라고 하겠다. 다른 경우로는 목회자가 교회에서는 준전임 교역자나 파트 교역자로 사역하면서 주중에는 다른 종류의 기독교 관련 사역이나 일반 직업을 통해서 생계유지를 위한 추가적 재정을 충당하는 경우도, 약간의 차이가 있으나, 이중직의 한 형태라고 할 수 있다. 최근 교인수의 감소와 재정적 압박으로 인해 부담스러운 전임사역자보다는 준전임이나 파트사역자를 선호하는 경향이 증가하는데, 이 또한 이중직 목회자들이 더욱 급속도록 증가하는 요인이 되기도

한다.

이와 같이 다양한 요인으로 인해 급증하는 이중직 목회자들로 인해 목회자 이중직을 더 이상 무조건적으로 금지만 하도록 고집할 수 없는 상황이 되었다. 이에 목회자 이중직에 대한 본격적인 논의가 서서히 진행되고 있다. 예를 들어 2014년에는 "목회와 신학" 4월호에서 이 주제에 대하여 특집으로 다루어졌다. 또한 교단별로 이 주제에 대해 보다 본격적인 대책이 나타나기 시작하였다. 예장통합교단의 경우, 2014년 10월 17일에 목회자 이중직 세미나가 개최된 후, 1년 동안 특별위원회가 결성되어 2016년 현재까지 이 주제에 대하여 연구를 진행하고 있다. 또한 2016년 1월에는 감리교회가 최초로 목사이중직을 일부 허용하기로 결의하였다. 물론 이 결정이 이중직의 전면적 개방을 허용하는 것은 아니었으나, 이중직을 미자립 교회 목회자가 원할 경우, 직종과 근무지 근무시간을 서면으로 신청해 허락케 하였다. 결국 감리교는 한국교회 최초로 목회자 이중직을 부분적으로나마 허락하는 방향으로 그 길을 열었다고 하겠다.[1)]

사실 목사의 이중직에 대한 올바른 견해는 다양한 관점에서 연구되고 다루어져야 할 필요가 있다. 예를 들어, 개혁교회의 전통 안에서의 목사직에 대한 바른 이해가 필요하다. 개혁교회의 관점에서 볼 때, 목사직은 특별직제에 해당하기에, 특별직제로서의 목사직을 전문성을 가지고 바르게 수행하기 위해서는 전임사역이 바람직하다. 그러나 동시에 개혁교회 전통의 신학적 근간이 되는 만인 제사장설에서, 목회직은 거룩한 직업이며, 다른 세속적 직업은 거룩하지 않다는 이분법을 거부한다. 따라서 목사의 이중직의 허용과 금지에 대한 견해도 결국 어떤 신학적 기초에 근거하는가에 따라 다르게 접근될 수 있다. 여기서 우리는 개혁교회의 직제 이해가 과연 불변의

---

1) 정원희, "감리교, 교단 최초로 '목회자 이중직' 일부 허용,"『뉴스 미션』, 2016년 1월 14일자, http//www.newsmission.com/news/news/view.asp?seq=64243, 2016년 3월 15일 접속.

진리로 받아들여야 할 것인가라는 질문도 함께 해야 할 필요가 있다. 왜냐하면 목회환경의 변화 속에서 목사의 직무가 개혁교회의 전통을 유지하면서도 새롭게 해석될 필요가 있기 때문이다. 또한 이 문제는 신학교육현장과 직접적으로 연결되어있다. 신학교육의 목적이 과연 교회관련 전임사역자만을 배출하는 것을 신학교육이라고 말할 수 있겠는가? 결국 신학교육의 근본적 목적에 대한 새로운 관점이 신학교육현장에서 검토되어야한다.

필자는 목회자 이중직의 문제가 다양한 관점에서 조명되어야 함을 인식하면서, 이 글은 목회자의 이중직에 대한 논의를 로잔운동의 관점에서 조명하고자 한다. 세계복음화를 위한 선교운동으로서의 로잔운동은 선교인력의 발굴에 많은 관심을 쏟아왔다. 예를 들어 본국에서의 재정적 지원이 없이도 선교사역을 지속하기 위해서 자기 스스로 재정 충당을 하게 하는 자비량 선교사(Tentmaking Missionary)의 개념은 실제로 선교인력 발굴에 크게 기여하였다. 자비량 선교사는 자신의 직업을 가지고 선교사역에 참여함으로써, 후원자들의 지원이 없이 선교사역을 수행할 수 있었다. 이후 이 개념은 더 발전하여 "사업 그 자체가 선교"(Business as Mission) 개념이 소개되면서 로잔운동은 선교인력개발을 위한 새로운 장을 열었다. 또한 2000년을 넘어서면서 로잔운동 안에서 활발하게 전개되는 일터사역(Market Ministry)은 매일매일 평신도들이 만나는 일터 현장이야말로 진정한 의미의 선교현장 임을 인식하였다. 이러한 로잔운동의 선교전략들은 목회자 이중직과 관련되어, 새로운 통찰력을 제공할만한 단초가 될 수 있다.

이 글은 먼저 한국교회의 목회자 이중직의 실태와 이에 대한 찬반론, 그리고 그 신학적 근거들을 이미 선행된 연구들을 중심으로 간략하게 살펴볼 것이다. 다음으로 이 글은 로잔운동에서의 목회자 이중직에 대한 견해를 다룰 것이다. 먼저 로잔운동 안에서의 평신도선교사들의 자비량 선교 전략, 일터사역, 선교로서의 사업(Business as Mission) 전략을 중심으로 조명해볼 것이다. 마지막으로 로잔운동의 관점에서 목회자 이중직의 허용을 위한 실제적인 방안을 제시할 것이다.

II. 한국교회의 목회자 이중직에 대한 찬반론

한국교회는 1990년대에 성장이 멈추고 2000년을 넘어서면서 감소로 돌아섰다. 이러한 교회적 환경변화에도 불구하고, 목회자의 숫자는 꾸준히 증가하였다. 이에 최근 들어와서 목회자가 지역교회 및 기관사역이외에도 생계를 위해서 직업을 가지게 되는 경우가 많아졌고, 자연스럽게 목회자 이중직 문제가 대두되고 있다.

시대적 변화에 따른 목회자 이중직에 대한 인식도 크게 변화되고 있다. 한국교회의 목회자 이중직에 대한 목회자들의 인식을 어떠할까? 2014년 4월에 목회사회학연구소와 월간 『목회와 신학』이 공동주관으로 목회자 904명을 대상으로 설문조사를 실시하였는데, 설문조사 결과 목회자의 이중직에 대하여 높은 찬성률을 보이는 것으로 나타났다. 이 조사는 정재영 교수가 주도하여 65개 교단의 목회자들을 대상으로 설문조사를 실시하였다. 설문조사에 의하면, 경제적인 이유로 인한 목회자 이중직에 대한 의견은 52.4%가 찬성하였다. 여기에 적극적 찬성에 응답한 21.5%를 포함하면, 전체적으로 찬성이 73.9%로 나타났다. 이것은 반대를 표명한 26.1%와 비교할 때 크게 차이가 났다.[2] 이 조사에서 볼 수 있듯이 한국교회 목회자들은 불가

2) 목회와 신학 편집부, "목회자 이중직에 대한 설문조사분석," 『목회와 신학』 (서울: 두란노, 2014년 5월호), 62.

피한 경우 이중직을 할 수 있다고 생각하는 경향이 높다. 이것은 한국교회의 목회자에 대한 인식의 변화를 반영한다. 즉, 목회자가 생계를 위해서 다른 종류의 직업을 가질 수 있다는 의견이 과거에 비해 더 많이 높아졌고, 더 이상 목사는 무조건 목회에만 전념해야한다는 전통적인 생각은 더 이상 한국교회 안에 주도적이지 않다는 것을 의미한다.

또한 이 조사에서 밝혀진 것은 정부기관인 보건복지부가 정한 4인 가족 최저 생계비인 153만원에도 미치지 못하는 사례비를 받고 있는 목회자가 무려 66.7%에 이른 것으로 나타났다.[3] 결국 최저생계비에도 미치지 못하는 목회자들의 사례비를 받고 있는 목회자들에게 더 이상 다른 직업을 금지할 수 없음을 보여준다. 결국 한국의 많은 목회자들이 생계를 위해 다른 직업을 찾을 수밖에 없는 실정이며, 많은 목회자들이 이미 이중직을 하고 있고, 한국교회의 열악한 현실 속에서 목회자의 이중직은 불가피한 측면이 있다고 하겠다.

목회자 이중직을 반대하는 입장은 대체적으로 개혁교회 전통에서 특별직임으로서의 목사직에 대한 이해 때문이다. 전통적으로 목사는 설교, 성례의 집행, 축도 등을 수행하는 직임이다. 목사는 평신도와 그 직임이 엄연히 구별되어야 하는데, 이중직의 허용이 목회자와 평신도의 구분을 모호하게 하여, 궁극적으로는 직임의 혼돈을 유발할 수 있다는 우려 때문이다. 예를 들어 최윤배는 개혁교회의 전통에서 특별직제에 속하는 목사직은 원칙적으로 교회의 목회사역에 전념하는 것임을 강조한다. 물론 그는 특수한 상황에서는 선교적 차원에서 목회자 이중직의 가능성에 대해 신중히 검토해야한다고 유보적 입장을 보이긴 하지만,[4] 전반적으로 직임의 혼란이 야기할 문

3) 박경수, “목회자 이중직을 보는 관점과 태도,”『좋은 교회(Good Church)』, (2016. 1월), 4, http://goodchurch.re.kr/, 2016년 3월 12일 접속.

4) 최윤배, ‘개혁신학의 관점에서 본 목사 이중직, “예장통합 총회 국내선교부 목회자이중직위원회 제출논문, (2015.5.4.), 5.

제 상황을 더 깊이 우려한다. 결국 목회자의 이중직은 근본적으로 개혁교회 전통에서 볼 때 특별 직임으로서의 목사직에 대한 혼돈을 장기적으로는 초래할 수 있다는 것이다.

목회자의 이중직을 반대하는 또 다른 이유는 직업 윤리적 관점에서 제기된다. 목회자의 이중직은 직업 윤리적 관점에서의 볼 때, 그 전문성이 약화될 수 있다. 그리고 더 나아가 목사직에 대한 헌신도의 약화를 초래할 수 있다. 목회자가 다른 종류의 직업을 통해 얻게 될 금전적 이익이 목회자의 소명을 약화시킬 수 있다는 주장이다. 목회자로서의 자신의 정체성을 약화시키고, 목양으로의 부르심에 대한 영적해이를 초래할 수 있다. 전문성에 있어서도 목회자가 지녀야할 다양한 역량에 있어서 전문성의 결여가 결국 목회자의 질적 약화를 초래할 것이라는 우려도 있다. 사실, 목회자는 목양을 위한 리더십, 설교, 행정능력, 상담, 영적통찰, 상담 기술 등의 목회자로서 갖추어야할 다양한 요소들이 있고, 이를 위한 오랜 시간의 훈련이 필요하다.[5] 임성빈은 목회자 이중직의 허용이 초래할 수 있는 위험성으로 목회자에게 주어진 책무(Accountability)의 약화로 언급하였다. 교회는 목회자가 생활문제로 목회활동을 하는데 지장을 받지 않도록 할 의무가 있다. 목회는 24시간 대기상태에 있는 풀타임사역이다. 다양한 목회사역은 설교, 장례 심방, 결혼, 사건 사고, 교회행사 등의 많은 에너지가 소요되는 활동이며, 이러한 일들이 이중직의 허락으로 인해 명백하게 약화될 수밖에 없다는 것이다. 결국 목회자들에게 생활까지 책임지도록 하는 것은 바람직하지도, 윤리적이지도 않다는 것이다.

그러나 목회자의 이중직은 불가피한 일이기에 허락해야하며, 개혁교회 전통에도 위배되는 것이 아니라는 주장도 만만치 않다. 오늘날 교회성장이

---

5) 임성빈, "목회자의 이중직 문제, 어떻게 보어야 하는가? 2부 찬반 논변과 대안제시, www.circum.org/924, 2016년 3월 5일 접속.

멈추고, 이제는 감소로 돌아선 상황에 여전히 목회자 수는 늘어가는 이러한 상황과 목회자 수급불균형의 현실적 상황 속에서 턱없이 부족한 임지로 인해 필연적으로 무임목회자들과 적은 사례비로 생계를 이어가는 목회자들의 현실적인 대안이 된다. 목회자의 이중직을 지지하는 입장은 단순히 현실적인 이유뿐 아니라 신학적으로도 개혁교회가 이어온 만인제사장설과 직업 소명설은 목회자의 이중직을 금지하지 않는다고 주장한다. 예를 들어 개혁교회 전통의 근간을 이루는 만인제사장설은 목회는 거룩한 일이며, 그 외의 일은 세속적인 일이라는 이분법적 도식을 인정하지 않는다. 목회자 이중직의 허락을 주장하는 김승호는 목회자의 이중직을 허락해야한다는 입장을 대체적으로 만인 제사장설과 직업 소명설, 하나님의 선교 개념 등을 근거로 주장한다. 김승호에 의하면, 이 두 가지 개념은 실제 목회자 이중직의 가능성을 열어놓고 있다고 주장하였다 즉, 만인 제사장직과 직업 소명설 개념은 목회자가 어떤 상황에서도 이중직을 수행할 수 없다는 전면적 거부를 함축하지 않고 있다는 것이다. 오히려 루터가 행한 것처럼 목회자가 가족의 생계문제 해결을 위해 목회직과 세속직을 동시에 수행하는 모습 자체가 책임윤리적 차원에서 긍정적으로 평가할 수 있다고 하였다.[6]

목회자의 이중직에 대하여 긍정적인 박경수는 하나님의 선교의 관점에서 이 문제를 조명한다. 그는 모든 그리스도인들이 하나님의 선교에 동참하도록 부름 받았고, 그들의 일터는 선교의 현장이며, 그들은 하나님이 보내신 선교사가 되고, 모든 일터가 하나님의 선교 현장임을 강조한다. 그는 거룩한 직업과 세속적 직업의 경계는 사라지고, 개인이 이중소명을 받은 경우, 목회직과 세속직을 동시에 수행하는 데에는 문제가 없다고 본다.[7] 박경

---

6) 김승호, "목회자 이중직에 대한 신학적 고찰," 『신학과 실천』 47호, 571-594 (2015년 11월), 590.

7) 박경수, "목회자 이중직을 보는 관점과 태도," 예장통합 총회 국내선교부 목회자 이중직 위원회 제출 미간행 논문 (2015. 4), 2.

수는 불가피하게 나타나는 이중직이 피할 수 있는 상황이 아니라면, 그저 수동적으로 방관하기 보다는 능동적으로 수용하여, 하나의 목회유형으로 인정하는 것이 바람직하다고 주장한다. 그는 이중직이 전통적인 전임목회를 대체할 수는 없으나, 생계형 이중직에서 선교형 이중직으로의 패러다임을 전환하고, 교회개척의 첫 단계나 선교의 접점을 마련해야 할 첫 걸음에 이중직 목회를 적극 활용하는 것도 포스트모던적 사회 안에서의 적합한 선교전략이라고 강조한다. 이로 인해 은밀하게 혹은 위축된 마음으로 두 가지 일을 하는 이중직 목회자들의 자존감을 세우는 일이 필요함을 강조한다.[8)]

목회자 이중직에 대한 찬반론이 각자의 관점에서 설득력 있는 주장이기 때문에 한 입장만을 지지하는 것은 결코 쉽지 않다. 최근 목회자 이중직에 대한 보다 균형 잡힌 관점이 예장통합교단의 이중직연구위원회에 의해서 제시되었다. 예장통합교단은 2014년부터 현재까지 이중직(자비량목회) 연구위원회를 구성하여 연구를 지속하고 있다. 목회자와 신학자로 구성된 연구위원회는 1년 간의 연구 끝에 이중직 연구위원회 보고서를 1차적으로 작성하여 총회에 보고하였다. 이 보고서는 그 동안의 이중직문제에 대한 보다 균형 있는 관점을 제공하고 있다. 이 보고서는 "모든 직업이 하나님이 부르심 즉 소명에 따른 것이며, 직업은 생계를 위한 수단을 넘어서 하나님의 뜻을 이루기 위한 거룩한 부르심"임을 천명한다. 뿐만 아니라, "직업을 통해 일하고 노동하는 것이 곧 거룩의 실천이며, 목회와 마찬가지로 세속적 직업 또한 소명에 따른 것이며, 세속적 직업도 거룩한 것이다."

더 나아가 이 보고서는 "목회자나 세속의 직업을 가진 사람이나 모두 하나님의 일을 하는 사람이며" "모든 직업이 곧 하나님의 부르심이며, 일터가 곧 선교지이기에, 거룩한 직업과 세속적 직업의 경계는 사라지게 된다"고 천명한다. 그럼에도 불구하고, 특별직제로서의 목사직에 대한 차별화도 고

8) 위의 글, 3.

수한다. 보고서는 "목회자의 부르심은 회중이나 기관의 청빙이 있을 때 그것을 하나님의 부르심으로 여기고 자신을 청빙한 공동체와 기관으로 가서 하나님을 위해 충성하는 것이며, 따라서 회중이나 기관의 청빙이 없을 경우, 목회자나 목사 후보생은 일정기간 청빙을 기다릴 수 있으나, 계속하여 청빙이 없을 경우, 혹은 청빙이 중단된 경우, 일정한 기간 이후에는 목사직을 면직하도록 해야 한다"고 결론 내린다. 또한 "개혁교회 전통에 따르면 목회자는 임기가 끝나면 일반인과 다르지 않으며, 세속 직업도 목회와 같이 거룩한 일이기에 다른 직업을 찾는 일에 죄책감을 느끼거나, 그런 일을 하는 것을 두려워할 필요가 없다"고 천명함으로써 이중직보다는 다른 직업을 찾도록 하는 것이 바람직하다고 하였다.

또한 보고서는 현재 한국교회의 이중직 목회자 현실을 인식하고 이에 대한 보다 구체적인 대응을 위한 제안을 하고 있다. 즉, "청빙을 받은 목회자가 생계 문제를 해결하지 못할 경우에는 목회 관계의 다변화를 통해 풀어가도록 다양한 목회 관계를 모색하도록 제안하고 있다. 즉, "지역교회나 기관 혹은 노회가 목회자의 생활비를 감당하지 못할 경우, 목회 관계를 준전임(half-time)이나 시간제(part-time)의 관계로 설정하여 사역토록 한다." 이는 이중직의 현실을 부분적으로 인정하고, 이에 근거한 목회 관계의 다변화를 모색하도록 길을 열어놓은 것이다. 더 나아가, 이 보고서는 생계형 이중직과 구별하여 "소명형 이중직"을 공식적으로 인정하고 있다. "소명형 이중직"이란 목회자가 하나님으로부터 목회직의 소명과 세상 직업의 소명을 함께 받았다면, 원칙적으로 이중직을 수행하는 것인데, 그럼에도 불구하고 소명형 이중직도 제한된 시간 안에 두 가지 사역을 동시에 감당해야 하기 때문에 양쪽 모두를 제대로 감당하지 못하는 직업윤리적 차원의 위험성을 경고한다. 따라서 소명형 이중직을 허용하기 위해서는, 이중직 수행에 필요한 구체적

지침을 마련하고, 제한된 범위에서만 소명형 이중직을 허용해야한다.[9)]

여기서 말하는 소명형 이중직은 자비량형 목사와 유사하다. 자비량형은 전도와 선교를 위해, 기존의 전문직 직종의 종사자가 신학교육을 받아 자비량으로 목회하는 경우도 있고, 기독교 관련 기관에 근무함으로써, 교회사역과 병행하는 경우이다.[10)] 이러한 유형 중에서 좀 더 적극적으로 직업 활동 자체를 선교활동의 일부로 인식하는 선교형 이중직의 경우에는 이중직이 단순히 생계를 위한 수단이 아니라, 하나님의 선교에 참여하기 위한 과제로 인식된다.[11)]

이상과 같이 목회자 이중직은 2000년도에 들어서면서 감소세로 돌아선 한국교회 안에서 부득이하게 나타나는 현상이다. 그리고 이에 대해 더 이상 무조건적 금지만을 고집할 수 없다는 입장이 있는가 하면, 이중직의 무조건적 허용으로 나갈 경우, 개혁교회 전통 안에서 특별 직임으로서의 목사직의 독특성이 사라지게 되고, 목사의 전문성 결여를 초래할 수 있다는 우려가 함께 나타나고 있다.

---

9) 예장통합교단 이중 목사직(자비량 목회) 연구위원회 최종 보고서. 2015년 9월에 총회에 보고함. 자료는 예장통합교단 국내선교부에서 제공받음. 목사이중직 (자비량 목회자)연구위원회 최종 보고서, 1, 4, 5.

10) 임성빈, "목회자의 이중직 문제, 어떻게 보아야 하는가?: 책임 윤리적 관점에서: 1부 현실과 신학적 근거," www.cricum.org/923#footnotes_923_1, 2016년 3월 5일 접속.

11) 정원희, "목회자 이중직, 어떻게 바라볼 것인가?," 뉴스미션, 2016년 2월 8일자, http//www.nesmission.com/news/news-view.asp?seq=64596, 2016년 3월 10일 접속.

III. 로잔운동에서 본 목회자 이중직과 관련된 견해들

로잔운동은 목회자 이중직에 대하여 어떤 입장을 보이는가? 로잔운동은 세계복음화를 위한 온 교회의 참여를 강조한다. 목회자와 선교사 뿐 아니라, 일반 평신도들의 선교사역에로의 참여를 강조한 로잔운동은 만인 제사장설에 근거한 "모든 성도가 사역자"를 주장하면서, 일찍부터 평신도 전문인에 의한 자비량선교(Tentmaking Mission), 더 나아가 일터신학(Market Ministry)을 발전시켰다. 최근에는 Business as Mission 개념을 도입하여 선교전략의 획기적인 접근을 시도하였다. 이러한 관점은 필자가 논하는 목회자 이중직에 대한 중요한 관점의 단초를 제공한다. 본 장에서는 이러한 개념들이 어떻게 전개되고 어떻게 목회자 이중직과 연결되는지 살펴보고자한다.

A. 세계복음화를 위한 평신도의 역할 강조

로잔운동은 세계복음화의 과제를 달성하기 위한 평신도의 역할을 지속적으로 강조하여 왔다. 로잔운동에 있어서 평신도의 역할을 본격적으로 강조하기 시작한 것은 마닐라 대회에서부터였다.[12] 2차대회에서부터 또렷하게 두각을 드러낸 로잔운동의 모토인 "모든 교회(Whole Church)가, 온전한 복음(Whole Gospel)을, 온 세상(Whole World)속으로"에서, 특히 모든 교회(Whole Church)"는 목

12) 1974년 로잔대회 때에만 해도 평신도의 역할을 따로 자세히 언급할 만큼 이 주제에 대하여 본격적으로 다루지 못했다. 따라서 로잔선언문에는 평신도의 역할을 강조하는 어떤 문구가 나타나지 않고 있다.

회자나 선교사 뿐 아니라, 평신도를 포함해야한다는 것이다.

마닐라 선언문 1부 12항에서는 "우리는 하나님이 모든 교회와 모든 성도들에게 그리스도를 온 세계에 알리는 과제를 부여하셨음을 믿기에 평신도나 성직자나 모두가 다 이 일을 위해 동원되고 훈련되어야함"을 단언하였다. 또한 마닐라 선언문 2부의 B-6의 "증인들"이라는 항목에서는 좀 더 구체적으로 평신도와 목사의 관계를 설명하면서, 하나님이 원하시는 것은 전도사, 선교사, 목사뿐 아니라, 온 교회와 모든 성도들의 모두 증거자가 되도록 부르신다고 선언한다. 선언문은 이어서 언급한다.

> 목사와 교사의 사명은 하나님의 백성을 성숙한 자로 이끌고 그들이 사역을 감당할 수 있도록 양육하는 일이다. 목회자들은 사역을 독점할 것이 아니라, 오히려 다른 사람들로 하여금 그들이 받은 은사를 사용하도록 격려하고, 제자 삼는 일을 하도록 훈련함으로써 사역을 증폭시켜야한다. 성직자가 평신도를 지배하는 것은 교회역사에 있어서 커다란 악이었다. 이는 하나님이 의도하신 평신도나 성직자의 역할을 제대로 하지 못하게 하고, 또 성직자를 좌절시키고, 교회를 약화시켜 마침내 복음전파의 방해가 되었다. 무엇보다 이것은 근본적으로 비성경적이다. 그러므로 여러 세기동안 만인제사장직을 주장해온 우리는 이제 또한 '모두가 사역자임'을 주장한다.

2004년 파타야 대회에서도 평신도의 역할을 여전히 중요한 주제였다. 특히 파타야 대회 "일터사역(Marketplace Ministry)" 이슈그룹에서는 선교사역을 위한 성직자와 평신도의 역할을 비교하면서 평신도야말로 진정한 의미의 전임사역자들이라고 하였다. 그 내용을 좀 더 살펴보면,

> 이것이 바로 교회가 자신의 사업을 하는 방식이다. 전문적 직업으로서의 목회

> 자는 대체로, ... 복음을 전할 때는 교회나 다른 건물 안에서 말할 기회를 얻는다. 이때 다른 이들은 대중 속으로 숨어버린다. ... 그러나 평신도들은 매일의 직업의 현장으로 들어가서, 이웃과 친구와 동료들과 자신의 생애의 과정에서 만난 친구들을 공적영역에서 만난다. 이들은 위협적이지도 않고, 항상 그곳에 존재한다. 그리고 기회만 되면 다른 이들에게 그리스도에 대하여 대화할 수 있다. 이것이 진정한 의미의 전임 기독교사역이다.[13]

로잔운동이 세계복음화를 위한 전도 사업에 평신도의 역할을 중요시한 것은 그동안의 선교 사업이 지나치게 목회자와 선교사 중심으로 진행된 것에 대한 반성에 기인한 것이다. 즉, 하나님의 선교에 참여하는 것이 결국 온 교회를 구성하는 평신도에게 주어진 과제임을 인식한 것이다. 이것은 로잔운동이 만인제사장설에 철저하게 근거하고 있음을 보여준다. 사실 목회자 이중직이라는 표현 자체가 '특별직임'으로서의 목사직과 '일반직임'으로서의 평신도 직을 구별한다는 전제하에서 등장한 개념이다. 따라서 로잔운동안에서 평신도의 역할을 강조하는 것은 목회자 이중직의 전제인 "목사와 평신도는 다르다"는 관점을 거부하고, "목회자와 평신도는 다르지 않다"는 관점을 더 부각시키며, 개혁교회의 '만인제사장설'을 더 엄격하게 적용하는 운동이다.

B. 일터사역(Marketplace Ministry)

로잔운동에서 목회자 이중직과 관련된 매우 중요한 단초는 일터사역 네

---

13) Alan Nicols (ed.), *The Whole Gospel for the Whole World* (Lausanne /Regal, 1989), 49-51; LOP 40번 10쪽에서 재인용.

트워크를 통해서 제시되고 있다. 로잔운동에서 말하는 일터란, 사람들이 일하는 모든 환경, 즉, 사업, 정부, 교육, 의료, 미디어, 가정에서의 자녀양육, 비정부기관 등등을 포함한다. 간단히 말해, 교회와 기독교 관련 기관을 제외한 모든 영역을 의미한다.[14] 2004년부터 본격적으로 등장한 일터사역 네트워크가 강조하는 것은 새로운 선교 현장에 대한 관심이다. 로잔운동은 지속적으로 '세상 전체가 하나님의 선교의 현장'임을 강조하여 왔다. 특히 일터사역에서는 세상의 평신도들이 매일매일 부딪치는 일터의 전 영역이 선교의 장이며, 그 현장에서 하나님의 사람들 전체가 하나님의 선교에 참여하는 것을 목표로 한다.

일터사역은 근본적으로 두 가지 확신에 근거한다. 첫째, 모든 신자들은 매일의 삶의 환경 안에서 전임사역자(Full-time minister)로서 그리고 선교사(missionary)로 살아가도록 해야 한다는 확신과, 둘째, 오늘날의 기독교 문화 안에서 여전히 잔존하는 성속의 구분을 깨고, 또 성직자와 평신도를 분리시키고 있는 직업의 위계(hierarchy of vocations)를 깨뜨려야만 한다는 확신이다.[15]

그런데 일터사역 이슈그룹 안에서 처음으로 이중직, 혹은 자비량목회에 대하여 언급한 것은 2004년 파타야 대회부터였다. 즉, "이중직(bi-vocational) 혹은 자비량 목회(tentmaking ministry)는 이윤을 창출하는 사업 혹은 직업을 함께 가지고 있으면서도 선교사역을 함께 진행해야하기 때문에 절대적으로 시간이 부족할 수밖에 없다는 압박에 시달린다. 그럼에도 불구하고 목회자로 하여

14) Capetown Committment, II-A-3: 'Truth and the Workplace' William Messenger, "Mission in the Workplace: Encouraging Access and Transformation Through Workplace Ministry," Lausanne Global Analysis Vol 2. Issue 3, 특히 메신저는 일터현장이야말로 불신자들을 만날 수 있는(Access) 장소로 복음을 전할 수 있는 기회를 얻을 수 있고, 둘째로 일터현장이야말로 변혁(Transformation)의 장소이다. 일(Work) 자체는 창조 때부터 하나님의 계획안에 있었으며, 우리의 바른 일터에서의 실천을 통해서 더 좋은 공동체를 만들어낼 수 있다.

15) https://www.lausanne.org/networks/issues/workplace-ministry, 2016년 3월 30일 접속.

금 일터의 구체적 상황을 직접 경험하여 이해할 수 있는 장점이 있다. 만약 목회자가 교회 밖에서의 경험이 부족할 경우, 소위 세속일터에서 일어나는 다양한 상황, 즉, 그 가능성과 압박요소들을 이해하는데 어려움이 있을 수 있다"[16]고 하였다.

평신도의 일터사역의 중요성은 3차 로잔대회에서도 강조되었다. 2010년 케이프타운대회를 위해 미리 발표된 원고(Advanced Paper) 중에서 윌리 코티우가(Willy Kotiuga)는 "People At Work: Preparing to be the Whole Church"라는 제목으로 글을 발표하였다. 이 글에서 코티우가는 "우리는 전 세계 속으로 부름을 받았다. 그 곳은 하나님이 우리로 하여금 머물도록 하신 그곳을 포함함을 강조한다. 그의 주장을 좀 더 살펴보면,

> 이 부르심은 교회나 혹은 기독교 단체안의 전문적 기독교사역자와 일반 직업인들 간의 구분을 짓지 않는다. 비록 예수께서 자신의 직업으로 목수로 사시다가, 자신의 생애의 10%를 하나님의 나라를 대중에게 선포하는 전임사역을 하신 것처럼 말이다. 성경에는 이러한 삶은 살아낸 수많은 위대한 영웅들의 이야기로 가득 차 있다. 이들은 한결같이 자신들의 신앙의 여정과 전문인으로서의 여정이 분리되지 않았고, 신앙과 일은 상호 의존적이었다. 이들에게 있어서는 일과 영성이 다른 것이 아니며, 그들은 신앙을 따라 24시간, 일주일에 7일 동안 진행되는 것이었다.[17]

로잔운동에 있어서 일터에서 평신도의 역할에 대한 중요성은 케이프타운 서약문에서 나타났다. 케이프타운 서약의 2부에는 직업의 현장에서 진

16) LOP 40번, 42.

17) https://www.lausanne.org/content/people-at-work-preparing-to-be-the-whole-church, 2016년 3월 25일 접속.

리를 증거하는 일터사역을 강조한다. 이 서약문은 “인간의 노동”에 관하여, “우리들은 여러 소명을 통해 하나님을 섬기듯이, 우리의 노동 전체를 하나님을 섬기는 삶으로 제시한다”고 선언한다. 또한 서약문은 그동안 역사 속에서 지속되었던 “성속의 분리”라는 잘못된 견해가 교회의 사고와 행동에 스며들어왔고, 이러한 이분법으로 인해 결국, 종교적 활동은 하나님께 속해 있고 세상적 활동은 하나님께 속해 있지 않다고 말하게 되었음을 한탄한다. 그 결과 많은 그리스도인들이 소위 세속적 일을 하며 대부분의 시간을 보내면서도 이러한 이분법에 깊이 영향 받는다고 지적하였다. 서약문은 하나님이 삶의 모든 영역을 주관하는 분이심을 강조한다. 서약문은 또한 “비그리스도인들과 함께 하는 일터는 복음전도와 변혁을 초래할 중요한 장소임에도 불구하고 소수의 교회만이 그 기회를 포착하기 위해 신자들을 구비시키려는 비전을 갖고 있음”을 한탄한다. 그리고 아래와 같이 구체적인 행동강령을 서약한다.

> A) 이러한 성속의 분리는 하나님의 선교를 위해 하나님의 모든 백성들을 동원하는 것을 방해하는 주요 장애물로, 우리는 전 세계 그리스도인들이 이러한 비성경적인 가정들을 거부하고 그 해로운 영향들에 저항할 것을 촉구한다...
>
> B) 우리는 모든 신자들이 일상사역과 선교를 하나님이 불러 세우신 모든 일터로 받아들이며 이를 확증하도록 촉구한다.
>
> C) 우리는 삶 전체의 제자도 안에서 하나님의 모든 백성들을 집중적으로 훈련시키도록 노력한다. 이것은 일상적인 생활과 일터에서 선교적 효율성을 추구하며 성경적 세계관으로 살아가고, 생각하고, 일하고 말하는 것을 의미한다... “텐트메이커들”과 비즈니스 종사자들의 일터 사역은 지역 교회들의 사역의 한 영역으로서 그 가치를 인정받아야 한다.
>
> D) 우리는 교회 지도자들이 일터사역의 전략적 영향력을 이해하고 교인들을

선교사로 동원하고 구비하여 지역공동체의 일터와 전통적으로 복음증거를 거부하는 국가들에 파송할 것을 촉구한다.

E) 우리는 선교 지도자들이 "텐트메이커들"을 세계적 선교 전략 안에 통합할 것을 촉구한다.[18]

요약해보면, 일터사역은 모든 그리스도인들의 삶의 현장이 철저하게 선교 현장이며, 그곳이 복음에 의해 변혁되어야할 장소임을 강조하고 있다. 과거 성과 속의 잘못된 구분으로 인해 평신도의 열등한 지위를 발생시켰고, 또한 평신도의 일터현장을 선교현장으로 인식하지 못함으로써 온 세상을 향한 하나님의 선교에 있어서 중요한 현장을 무시하게 되었다. 이제 로잔운동은 불신자들과의 매일매일의 접촉 현장인 일터 속에서 평신도가 구체적으로 어떻게 증인의 삶을 살아내야 하는지 고심한다. 그리고 이것이야말로 진정한 의미의 복음증거의 삶이다. 그런데 일터신학에서는 바로 이러한 일터의 현장에서 그리스도인으로서 살아가는 것이 어떤 것인지를 삶으로 보여줄 수 있는 긍정적 존재가 바로 자비량목회자임을 명시하고 있다.

C. 선교로서의 사업(Business As Mission)

로잔운동안에서 선교와 비즈니스간의 관계를 새롭게 규정하고 비즈니스가 곧 선교라는 다소 과격해 보이는 새로운 선교전략을 제시한 대회는 2004년 파타야 대회였다. 선교와 비즈니스를 통합해서 선교전략으로 제시한 저서들은 2000년대 초부터 등장하기 시작하였으나, 로잔운동 내에서 이것을

18) Capetown Committment, II-A-3. https://www.lausanne.org/docs/CapeTownCommitment.pdf, 23. 2016년 10월 1일 접속.

본격화한 것은 2004년 로잔포럼에서 BAM이라는 용어를 소개하고 논의의 장을 처음으로 열게 된 것이다.[19]

BAM 선교전략은 원래 기독교선교의 최대 장애물인 10/40창문 지역에 위치한 이슬람 미전도종족을 위한 창의적 선교전략으로 주목받았다. 복음전도가 불가능한 지역에서 극심한 빈곤과 높은 실업률, 만성적 질병과 같은 사회적 곤경을 선교가 더 이상 외면할 수 없다는 통전적 선교 이해와 함께 기독교 선교사들을 향한 적대감이 높은 지역에서 안정적인 거주를 위한 비자 획득 등을 위해 다양한 사업을 펼칠 수 있도록 하고, 이것을 통해서 지역사회의 경제적 살림을 증진시키는 등의 효과가 있다. 지역주민들의 체감적 필요를 충족시킴으로써 복음전도를 위한 효과적인 전략적 접근이 되기도 한다. BAM 선교전략은 다소 실험적인 선교전략으로서 검토되어야 할 내용들이 있는 것이 사실이다. 예를 들어, 하나님 나라의 비즈니스라는 이 개념은 과연 실제로 어떻게 실현될 수 있는가 하는 문제이다. 하나님 나라의 가치를 잃어버린 비즈니스로 전락할 때 이 전략은 수익창출을 위한 이기심과 탐욕의 산물이 되며, 따라서 이것은 선교로 이해될 수도 없고, 오히려 하나님의 선교의 걸림돌이 될 수 있기 때문이다.

2004년에 새롭게 제시된 BAM 선교전략은 2009년에 이르러 훨씬 구체화되었다. 2009년에 이르러 로잔운동은 "총체적 부르심으로서의 비즈니스(Business as Integral Calling)이라는 주제로 2009년 10월에 대회가 열린 것이다. 그리고 그 결과로 휘튼 선언문이 발표되었다. 이 모임은 2004의 파타야 대회에서 본격화된 Business as Mission의 후속모임으로 진행되었다. 이 모임에서 기업 전문가, 비영리기관들, 신학자 등이 모여서 사업과 경제활동, 그리고 선교와 관련된 심도 있는 토론이 진행되었다. 이 모임에서 그리스도의 주되

19) 최형근, "21세기 선교의 새로운 패러다임, BAM," 목회와 신학 편집부 역, 『21세기 선교』 (서울: 두란노 아카데미, 2010), 200.

심이 전 세계의 모든 영역에서 선포되어야하며, 그것은 경제활동의 핵심 영역인 비즈니스 영역에서도 마찬가지임을 천명하였다. 이 선언문은 그동안의 비즈니스가 그리스도의 소명을 따라 살아내는 수단으로 이해되지 못한 점을 지적하면서, 과거 기독교사업이 지나치게 비영리적 접근을 강조하여, 오히려 의존(Dependency)과 낭비(Waste), 혹은 인간 존엄의 불필요한 상실(Unnecessary Loss of Human Dignity)을 만들어냈고 한탄한다. 또한 이 선언문은 비즈니스는 노동의 존엄성을 제공하고, 경제적 살림을 향상시켜 지역공동체를 변혁시킬 수 있다. 이 선언문은 비즈니스를 하나님나라를 선포하고 드러내는 총체적 부르심으로 이해될 수 있다고 주장하였다.[20] 또한 비즈니스는 개인이 자신의 창의성과 생산성을 극대화하여, 변혁의 강력한 기회를 제공하며, 풍성한 삶의 경험을 통해 하나님의 나라를 꿈꿀 수 있게 하고, 하나님의 창조세계를 그 부패한 상태에서부터 회복할 수 있도록 사용될 수 있다.[21]

2010년 케이프타운 서약문에 BAM 선교전략은 일터사역과 통합되어 언급되었다. 예를 들어, “우리는 삶 전체의 제자도 안에서 하나님의 모든 백성들을 집중적으로 훈련시켜나가도록 노력한다. 이것은 일상적인 생활과 일터에서 선교적 효율성을 추구하며 성경적 세계관으로 살아가고, 생각하고, 일하고 말하는 것을 의미한다. 다양한 기술과 무역과 사업이라는 전문 분야를 통해 그리스도인들은 전통적인 교회개척자들과 복음전도자들이 갈 수 없는 곳으로 갈 수 있다. 이러한 “텐트메이커들”과 비즈니스 종사자들의 일터 사역은 지역 교회들의 사역의 한 영역으로서 그 가치를 인정받아야 한다.[22]

---

20) Business can be an integral calling to proclaim and demonstrate the Kingdom of God by honoring God, loving people, and serving the world. 이 선언문은 비즈니스를 그리스도인의 하나님나라의 선포와 드러냄과 관련한 총체적 부르심이라는 차원으로 이해한 점은 선교에 있어서 비즈니스의 역할을 가장 적극적으로 해석한 선언문이다.

21) https://www.lausanne.org/content/statement/wheaton-declaration-on-business-as-integral-calling, 2016년 3월 20일 접속.

22) Capetown Committment, II-A-3, https://www.lausanne.org/docs/CapeTownCommitment.

로잔운동안에서의 선교로서의 사업(Business as Mission) 전략은 목회자 이중직에 대한 매우 중요한 관점을 제공한다. 목회자 이중직은 기본적으로 성과 속의 구별이 전제되어있는데 반해, BAM전략은 이러한 구분을 정면으로 도전한다. 소위 세속적 직업 자체가 하나님 나라를 위한 사업이 될 수 있다는 것이다. 이것은 자비량 목회자가 참여하는 세속적 직업 자체에 신학적 의미를 부여할 수 있게 한다. 이 관점에서 볼 때 목회자는 자신의 생계를 위해 목회 이외의 직업을 가지는 것을 것 자체가 하나님 나라를 위한 사업으로 해석될 수 있기 때문이다.

D. 신학교육현장에서의 일 신학(Theology of Work)의 개발과 훈련

로잔운동안에서 목회자이중직에 대한 보다 구체적인 입장은 일 신학을 어떻게 구체적으로 신학교육의 현장에 적용하여 가르칠 수 있을지에 대한 관심으로 최근 전개되었다. 그것은 2013년에 쿠알라룸푸르에서 열린 '일 신학의 가르침을 위한 로잔 지역 대회(the Lausanne Regional Consultation on the Teaching of Theology of Work)'에서 구체적으로 나타났다. 이 대회들은 선교지도자들로서의 텐트메이커들이 대부분의 시간을 일터에서 보낼 때 어떻게 하면 이들을 하나님의 사람들로 세울 수 있을지, 이들을 위한 신학교육의 새로운 접근이 필요성을 함께 토론하고자 하였다.

이 대회는 케이프타운 선언문에서 언급된 일 신학을 어떻게 가르쳐야할지를 다룰 뿐 아니라, 대부분 일터현장에서 시간을 보내는 하나님의 백성들을 바로 세우기 위한 신학교육의 중요성을 인식하는 자리가 되었다. 또한 이 대회를 마무리하면서 선언문이 발표되었다. 그런데 이 대회에서 마련된

---

pdf, 23-24. 2016년 10월 1일 접속.

선언문은 일터 사역을 위한 신학적 근거를 제시하는 일 신학(Theology of Work)의 개발과 구체적 교육과정안으로의 적용을 강조하였다. 예를 들어, 이 선언문은 적어도 필리핀, 말레이시아, 동아시아 지역의 일부 신학교육안에서 일 신학을 신학교육의 현장에서 가르치기 시작하였다고 언급하였다. 또한 비정부기관들이 일 신학의 특정 측면을 가르치거나 옹호하는 기관들도 등장하였음을 언급한다.

이 선언문은 이중직 혹은 자비량 목회자의 등장에 대하여 언급하고 있는데, 자비량목회자들은 일 신학(Theology of Work)을 가르치고, 자신들의 삶의 모범을 통해서 역할 모델을 제공할 수 있다고 하였다. 자비량 사역자들은 세상의 일터 현장과 교회 안에서의 리더십역할을 함께 발휘함으로써, 일 신학을 실천하고 가르치는데 매우 중요한 역할을 하고 있다고 하였다.[23)]

결국 로잔운동은 이중직 목회자들이야말로 가장 효과적으로 일터 신학을 제공할 통로로 인식하고 있다. 자비량목회자들은 자신들이 받은 신학교육을 통해서 어떻게 평신도들이 세상을 변혁시켜야하는지 역할 모델이 된다. 일터 현장에서의 선교사로서의 부르심을 받은 목회자는 이제 동일한 동역자들인 평신도들에게 일 신학(Theology of Work)의 관점을 제공할 책임적 존재이다. 일터 사역의 관점에서 볼 때, 이중직목회자는 생계를 위해 일터 현장에 있지만, 동시에 일터 사역 현장에서 영적 리더로 존재한다.

이상의 토론을 중심으로 로잔운동이 가진 목회자 이중직에 대한 견해를 정리해보자. 로잔운동은 세계복음화를 위한 교회의 총체적 노력에 목회자 및 선교사 뿐 아니라, 평신도의 역할을 강조하고 있다. 심지어 로잔운동은 '평신도야말로 진정한 복음전도자로서의 전임사역자'로 이해한다. 더 나아가 일터 사역(Marketplace Ministry) 네트워크를 통해서 평신도의 삶이 현장이야말로 가

23) https://www.lausanne.org/content/statement/consultation-statement-theology-of-work, 2016년 3월 15일 접속.

장 중요한 선교현장으로 인식한다. 각종 직업의 현장이야말로 진정한 선교현장이며, 진정한 의미의 '온 세상'의 현장이다. 또한 로잔운동에서 개발된 Business as Mission은 실제 비즈니스 자체가 선교가 될 수 있다는 획기적인 전략으로 주목받고 있다. 이것은 경제활동을 통해 이윤을 추구하는 행위인 사업이 하나님의 나라를 위한 선교로 이해될 수 있다는 관점이다. 로잔운동의 BAM 선교전략은 목회자가 목회관련 이외의 생계를 위한 직업을 가질 수 있는지에 대한 질문에 긍정적 대답을 해준다. 한 걸음 더 나아가 자비량목회자들은 신학교육을 통하여 일 신학을 가르치고 평신도를 세울 수 있는 전략적 위치에 있기에 이중직 목회자는 지양되어야할 대상이 아니라 삶의 터전 속에서 하나님의 나라를 확장하기 위한 영적리더의 역할을 한다.

이런 관점에서 볼 때, 로잔운동은 목회자 이중직이라는 개념이 제공하는 전제, 즉, 목회자와 평신도는 다른 직책을 수행하는 것이라는 전제에 근본적인 문제제기를 하고 있다고 볼 수 있다. 또한 로잔운동은 실제 이중직을 수행하는 목회자들이야말로, 평신도와 목회자간의 긴밀한 협력을 위한 다리역할을 할 수 있다고 기대하고 있다. 또한 이중직에 있는 현재의 상황이 하나님의 선교에 어떻게 공헌할 수 있는지를 살피고 있다. 이러한 관점은 목회자 이중직의 허용은 평신도와 목회자간의 직임의 혼란을 야기하는 위험성보다는 실제로 세계복음화를 위한 동반자로서의 관계를 정립하는데 기여할 수 있을 것이다. 목회자 이중직은 신학교육을 받은 목회자들이 교회현장이 아닌 일반 평신도들의 삶의 현장인 직업의 현장으로 들어가 일을 하게 되는 경우를 말한다. 따라서 신학적 훈련을 받은 목회자가 목양의 소명뿐 아니라, 전문직에서의 소명을 함께 감당하면서 선교적 책임을 다할 수 있게 된다. 결국 이중직 목회자, 혹은 자비량 목회자들은 평신도와 목회자간의 불필요한 경계를 극복하고, 하나님의 선교를 위해 함께 일하는 진정한 동역자 의식을 배양할 수 있다는 점에서도 긍정적이다. 특히 로잔운동이 목회자와 평신도

간의 차이를 강조하지 않는 것은 '모든 신자의 제사장직'(the Priesthood of all Believers) 만이 주장되고, 다른 직제는 무용하고, 불필요한 것으로 인식하는 직제무용론을 적극 수용하기 때문이다. 대부분의 개신교회가 직제 유용론을 채택하는 반면, Para-church 운동 속에 자주 나타나는 직제무용론이 더 설득력 있게 로잔운동 안에 자리 잡은 것은 로잔운동 자체가 다양한 선교단체와 선교운동을 위한 개인 혹은 교회들의 연합운동이기 때문이다.[24)]

Ⅳ. 목회자 이중직을 위한 실제적 방안

목회자 이중직은 지역교회에서의 목양의 직임을 우선적 과제로 인식하는 목회자들이 다른 직업을 통해서 선교적 과업을 감당하는 경우를 말한다. 자비량 목회자는 현실적으로 더 이상 목사직을 교회에서 수행할 수 없는 상황 때문이든지, 아니면 직업의 현장 속으로 부르신 주님의 소명 때문이든지 간에, 교회목회가 아닌 다른 직업을 통해서 그리스도를 증거하는 선교적 소명을 지닌 자들이다. 이러한 자비량 목회자들은 로잔운동의 관점에서 볼 때 매우 긍정적이다.

---

24) 최윤배는 직제 혹은 직분에 대한 입장이 크게 세 가지로 나누어질 수 있는데, 직제절대론의 입장을 가진 로마가톨릭교회와, 직제 무용론을 지지하는 Para-church 운동과 셋째는 직제 유용론, 즉, 직제는 교회 구축과 성장과 하나님 나라 확장을 위해 필요하며 유기한 도구가 된다는 입장을 보이는 개신교회들의 입장으로 나누어진다고 하였다. (최윤배, 『개혁신학입문』(서울: 장로회신학대학교출판부, 2015), 441), 필자가 판단하기에 로잔운동이 세계복음화를 위한 운동으로 그 성격을 규정하고, 다양한 선교단체들이 함께 연합하며 선교운동을 이끌고 있는데, 바로 이러한 측면 때문에 로잔운동이 직제무용론의 입장과 직제 유용론의 입장을 동시에 받아들이지만, 교회론을 강조하는 개신교회보다는 무용론에 더 가깝다.

세계복음화를 위한 공동의 협력을 강조하는 로잔운동의 관점에서 본다면, 목회자의 이중직은 신학교육을 받은 목회자가 더 적극적으로 세상 속으로 들어가는 통로가 되며, 그리스도를 증거하는 새로운 형태의 선교의 기회가 된다. 이러한 이중직 목회자들이야말로 하나님의 선교를 위한 선교인력 발굴의 지름길이 된다. 따라서 필자는 신학교육 또한 지역교회에로의 부르심을 일차적 목적으로 이해하던 종래의 목적에서 한 걸음 더 나아가 이제는 하나님의 선교에로의 참여를 위한 바른 신학적 분별을 위한 신학교육과정으로 바뀔 필요가 있다고 생각한다.

로잔운동은 일찍이 세계복음화를 위한 과제는 교회의 일부그룹에 의해서가 아니라 모든 그리스도인에게 주어진 과제임을 인식하였고, 또한 하나님의 선교의 대행자는 목회자와 평신도를 포함한 모든 그리스도인임을 천명하였다. 선교의 현장이 이제 평신도들의 매일의 삶의 현장임을 밝힌 일터신학은 자비량 목회자의 역할을 긍정적으로 평가하기도 하였다. 더 나아가 세속적 경제활동이 곧 거룩한 선교 활동이 될 수 있다는 선교로서의 사업(Business as Mission) 전략은 세속의 현장에서 수행되는 경제활동도 충분히 선교적 측면을 지닐 수 있음을 보여주었다.

이상의 논의를 통해서 필자는 한국교회에 직면한 자비량 목회자의 문제는 금지, 혹은 마지못한 부분적 허용이 아니라, 보다 적극적으로 수용하여 새로운 목회자의 유형으로 받아들이고, 이러한 활동을 격려할 필요가 있다고 주장한다. 특히 자비량 목회자의 존재는 목회자와 평신도간의 위계적 관계가 특별히 강화된 한국교회의 특성상, 평신도와 목회자간의 상호 수평적 소통을 위하여도 매우 바람직한 모델이 된다. 평신도의 치열한 삶의 현장을 이해하지 못하고 온실 속에서 자란 화초처럼 교회 안에만 머무르는 일부 목회자들의 비현실적이며 권위적 태도는 오히려 평신도들에게 거부감을 줄뿐이다. 평신도의 삶의 현장을 이해하고 그 속에서 참 그리스도인의 증인의 삶이 무엇인지 몸소 실천하는 목회자는 평신도들에게 진정한 존경심을 일으키게 한다. 바로 여기에 진정한 목회자의 영적 권위가 발휘된다. 이러한 관점에 근거하여 이제 필자는 자비량 목회에 대한 보다 적극적이고 바람직한 해결방안을 구체적으로 제안한다.

첫째, "이중직 목회자"라는 용어를 지양하고, 보다 긍정적 용어인 "자비량 사역자" 혹은 "자비량 목회자"로 명칭을 개선하고, 다원화된 사회 속에서 일반 직업을 통해 복음을 소개하고 나누는 새로운 형태의 목회 영역임을 공식적으로 인정할 필요가 있다. 이중직이라 용어 자체가 평신도와 성직자를 구분하는 이분법적 사고 속에서 발생한 개념이다. 또한 목회자는 교회현장에로만 부름을 받았고, 평신도는 세상의 현장으로만 부름을 받았다는 식의 사고는 온 세상이 하나님의 선교의 대상이며, 이러한 하나님의 선교에 모든 그리스도인들이 함께 동참하도록 요청받았다는 신학과 위배된다. 더욱이 전 세계 곳곳에서 복음 증거의 최첨단 현장에서 일하고 있는 자비량 선교사들이 넘쳐나는 오늘날, 자비량 사역자 혹은 자비량 목회자들은 세상에서의 어떤 직업이라도 그 직업에 충실한 것 자체가 하나님의 선교에 동참하는 것임을 증명하는 것이다. 따라서 자비량 목회자의 새로운 목회유형을 인정하여 이들이 당당하게 삶의 현장에서 목양의 리더십을 발휘하도록 허락하고 격려할 필요가 있다.

둘째, 자비량 목회자의 바람직한 모델을 지속적으로 개발하고, 그들의 장점을 부각하여 격려하고, 불필요한 죄책감을 느끼지 않도록 교단적 차원의 지원이 필요하다. 예를 들어, 로잔운동에서 Business as Mission이라는 전략을 개발한 것처럼, Business as Ministry와 같은 개념을 발전시키며, 일반 직업을 가진 목회자들과의 네트워크를 시도할 필요가 있다. 물론 오랫동안 한국교회가 지켜온 목회자에 대한 관점 즉, "목사는 목회에만 전념해야한다"는 전통적인 이해가 아직도 한국교회 안에 팽배하다. 따라서 갑작스럽게 자비량 목회자를 인정하기는 것은 쉽지 않을 것이다. 그러므로 급격한 변화를 최소화하기 위해 각 교단별로 과도기적 형태로의 부분적 허용이 우선되어야할 것이다. 예를 들어 예장통합교단이 '소명형 이중직'이라는 개념을 인정하거나, 기감교단이 개척교회 목회자의 한시적 이중직 허용 같은 것이다.

셋째, 신학교육현장에서의 목사직에 대한 인식의 변화가 필요하다. 또한 신학교육의 교과과정 안에 자비량 목회자들을 위한 맞춤형 교육과정이 개발될 필요가 있다. 실제로 이러한 교육과정들이 시도되고 있는데, 예를 들어, 싱가포르에 있는 Bible Graduate School of Theology에서는 전문기업인들과 사업가들을 대상으로 "소명, 일, 사역(Vocation, Work, and Ministry)"라는 제목의 과목으로 수업이 개설되고 있다. 이 수업은 일터 신학에 대한 신학적 토론을 제공하고 있다. 이러한 과목들은 실제 신학교육현장에서 어떻게 직업과 교회사역을 함께 할 수 있을지에 대한 열린 토론의 장을 마련해준다. 이러한 자비량 목회자들을 위한 특화된 교육과정이 신학교 안에서 개설되고, 신학교육이후에도 지속적으로 자신들의 전문영역에서 어떻게 영적 리더십을 발휘할 수 있을지 토론할 수 있고, 또한 자비량 목회자로서 어떻게 하나님의 선교에 어떻게 동참할 수 있을지 고민하고 성찰하는 통로가 될 수 있다.

V. 나가는 말

S 전도사는 IVP 캠퍼스 간사로 사역하다가 목회자로서의 부르심을 인식하여 장신대 신대원에서 수학하였다. 그는 졸업과 동시에 선교적 교회개척을 꿈꾸었다. 몇 명의 신자들과 함께 교회개척을 위한 본격적 준비를 하던

중, 여러 가지 여건의 어려움으로 결국 기존교회 파트 타임 전도사로 사역을 전환하였다. 그는 파트 타임 사역을 하면서 동시에 새로운 직업을 가지고 있다. 그는 사회적 협동조합 "청년지갑 트레이닝 센터"의 이사이며 지갑트레이너이다. 그는 청춘희년운동본부의 집행위원이며, 희년은행의 공동설립멤버이고, 기독생활경제교육 개발 책임자이다. 그는 자신을 이렇게 소개한다. "캠퍼스사역을 하며 하나님 나라 운동의 꿈을 품었고, 신대원에서 교회를 사랑하게 된 전도사, 교회개척을 준비하다가 기관개척으로 연결된 꿈많은 개척자." 참으로 새로운 사역의 장을 개척하는 도전적인 목회자 후보생들은 더 이상 교회 안에 머무르는 것으로 만족하지 않고 하나님의 나라의 확장을 위한 새로운 사역을 장을 찾고 있다.

"목회자는 오직 교회 안에서만 전임으로 사역해야한다"는 경직된 관점으로는 S 전도사와 같은 인물들이 교회가 아닌 세상의 현장에서 새로운 목양 리더십을 발휘할 창의적 접근이 어렵다. 그러나 만약 자비량 목회자의 새로운 길이 열린다면, 이들은 자신의 신학적 훈련을 활용하면서 새로운 직업의 현장에서 그리스도를 증거하는 삶을 살 수 있을 것이다. 그리고 자비량 목회자라는 공식적 지위를 통해 교회와 사회를 연결하는 통로가 될 수 있을 것이며, 삶의 현장에서 치열하게 자신의 소명을 따라 살아가는 평신도들에게 보람 있고 존경받는 목회자의 소명을 감당할 수 있을 것이다. 바로 이러한 새로운 사역의 창의적 시도들을 통해서 침체의 늪에 빠진 한국교회가 다시 일어날 수 있기를 기도한다.

참고문헌

김승호. “목회자 이중직에 대한 신학적 고찰.”『신학과 실천』 47호 (2015. 11), 571-594.

목회와 신학 편집부. “목회자 이중직에 대한 설문조사분석.”『목회와 신학』. 서울: 두란노, 2014년 5월호.

박경수. “목회자 이중직을 보는 관점과 태도.” 예장통합 총회 국내선교부 목회자 이중직 위원회 제출 비간행 논문, 2015. 4.

______. “목회자 이중직을 보는 관점과 태도.”『좋은 교회(Good Church)』. 2016. 1.

임성빈. “목회자의 이중직 문제, 어떻게 보아야 하는가?: 책임 윤리적 관점에서: 1부 현실과 신학적 근거.” http://www.cricum.org/923#footnotes_923_1.

______. “목회자의 이중직 문제, 어떻게 보어야 하는가? 2부 찬반 논변과 대안제시.” http://www.cricum.org/924.

예수교장로회 통합교단 국내선교부, “목사이중직 (자비량 목회자)연구위원회 최종 보고서.”

정원희. “감리교, 교단 최초로 ‘목회자 이중직’ 일부 허용.”『뉴스 미션』. 2016년 1월 14일자, http//www.newsmission.com/news/news/view.asp?seq=64243.

______. “목회자 이중직, 어떻게 바라볼 것인가?.”『뉴스미션』. 2016년 2월 8일자, http//www.nesmission.com/news/news-view.asp?seq=64596.

최윤배. ‘개혁신학의 관점에서 본 목사 이중직, “예장통합 총회 국내선교부 목회자이중직위원회 제출 미간행 논문, 2015. 5. 4.

______.『개혁신학입문』. 서울: 장로회신학대학교출판부, 2015.

최형근. “21세기 선교의 새로운 패러다임, BAM.” 목회와 신학 편집부 역.『21세기 선교』. 서울: 두란노 아카데미, 2010.

Alan Nicols (ed.). *The Whole Gospel for the Whole World*. Lausanne: Regal, 1989.

William Messenger. “Mission in the Workplace: Encouraging Access and Transformation Through Workplace Ministry.” *Lausanne Global Analysis* Vol. 2. Issue 3.

https://www.lausanne.org/networks/issues/workplace-ministry.

https://www.lausanne.org/content/people-at-work-preparing-to-be-the-whole-church.

https://www.lausanne.org/content/statement/wheaton-declaration-on-business-as-integral-calling.

https://www.lausanne.org/content/statement/consultation-statement-theology-of-work.

로잔운동 관점에서 본 이슬람교의 "할랄"과 한국교회

소윤정 • 아세아연합신학대학교 선교대학원

Ⅰ. 들어가면서

중소기업중앙회는 2016년 9월 22일, 서울 여의도 중소기업중앙회에서 '성공적인 할랄시장 진출, 중소기업은 무엇을 원하는가?'라는 주제로 '제4회 할랄비즈(Halal Biz)[1] 중소기업 포럼'을 개최했다. 100여명의 중소기업 대표 등이 참석한 가운데 이날 포럼에서는 농식품부 전한영 수출진흥과장의 〈할랄 · 코셔 시장 수출 확대 정책 방향 및 지원사업〉 발표에 이어, 연구계, 중소기업계 등 할랄 시장 관련 전문가들의 패널토론이 이어졌다. 농식품부 전한영 수출진흥과장은 할랄 시장 수출 확대정책으로 할랄 인증제도, 신시장 정보 제공 및 할랄 전문분석기관 운영, 할랄 화장품 원료 연구, 의료관광활성화 등 다각적으로 할랄 산업을 육성하기 위한 지원사업을 진행 중이라고

1) '할랄비즈(Halal Biz) 중소기업 포럼'은 할랄에 대한 정보제공과 성공적인 해외시장 진출을 돕기 위한 목적으로 2015년 11월 중소기업중앙회가 발족한 할랄전문가 연구회 조직이다.

설명했다.[2)]

이에 앞서 정부는 2016년 7월 7일 서울청사에서 제10차 무역투자진흥회의를 열고 정부가 무슬림과 유대인을 위한 할랄(Halal) · 코셔(Kosher) 산업을 대표 신산업으로 꼽고 시장 개척에 박차를 가하기로 했다고 투자 활성화 대책을 확정하여 발표했다. 인증 지원 등 사업 환경 개선을 바탕으로 3조 4000억 달러(추정) 규모 시장으로의 민간 투자를 이끌겠다는 것이다.[3)] 이와 같은 활성화 정책 발표는 2016년 상반기 5월까지 농림축산식품부의 통계에 의하면 할랄 식품 수출액이 3억 6000만 달러로 전체 농식품 수출액(25억 4000만 달러)의 14.2%를 차지하는 데 그쳤기 때문이다. 한마디로 수출 실적이 부진했다는 것이다. 이에 따라 정부는 우선 할랄 · 코셔 인증 여건을 개선하기로 결정하고 대책을 확정 발표한 것이다. 먼저 국내 식품 · 축산물 · 화장품 시험검사기관 104곳 중 국제기준(ISO 17025)을 만족하는 5곳을 선정하여 2017년 상반기 중 걸프협력기구 인정센터(GAC), 두바이 인증센터(DAC) 등의 할랄 실험실(할랄 랩) 등록을 추진한다는 것이다. 국제 할랄 인증 방식이 현장 실사에서 실험실 검사 방식으로 바뀌고 있는 데 따른 조치이다. 두 번째로는 다른 국가와의 할랄 인증 교차 인정을 확대한다는 방침이다. 현재 전 세계에는 약 300여 개 정부 · 민간 할랄 인증이 있고, 국내에서는 한국이슬람교중앙회(KMF)가 이 업무를 맡고 있다. 그러나 이처럼 국가마다 인증 기준이 다르다 보니 기업이 국가별 인증을 각각 취득해야 하는 문제가 발생한다. 그러므로 이와 같은 문제를 해결하기 위하여 정부는 2016년 하반기부터 통상 협력 및 외교 채널을 활용해 KMF와 주요국 할랄 인증 간 교차 인정을 확대 추진할

---

2) http://www.mhj21.com/sub_read.html?uid=100671, 2016년 9월 23일. 〈문화저널 21〉 2016년 9월 23일 기사, "중소기업 할랄시장 진출 지원 및 개선방안 논의 – 중기중앙회, 제4회 할랄비즈 중소기업 포럼 개최".

3) http://www.edaily.co.kr/news/NewsRead.edy?SCD=JA11&newsid=02246806612712224&DCD=A00101&OutLnkChk=Y, 2016년 9월 23일. 〈이데일리〉 2016년 7월 7일 기사, "[투자 활성화 대책] "무슬림 · 유대인 지갑 열자"…할랄 · 코셔 산업 육성"

계획이라는 것이다. 세 번째로 2015년과 비교하여 괄목할 만한 변화는 이번 활성화 대책에서 할랄과 함께 코셔시장 개척을 위한 정책을 확정 발표하였다는 것이다. 그간 할랄보다도 한국 국민들에게 더 생소했던 코셔 인증 지원도 강화한다는 방침이다. 시장 동향, 인증 정보 제공 등을 통해서다. 한국식품연구원 식품수출지원센터는 올해부터 코셔 시장 진출을 위한 주요 코셔 원재료 정보를 제공할 예정이라고 한다. 정부는 이와 같은 국제교류활성화를 위하여 중동 관광객 유치 촉진 대책도 내놨다. 관광 비자 발급 요건을 완화하고, 중동권 관광 통역 안내사 확대, 할랄 식당 · 기도실 등 편의시설 확충 등을 추진한다는 것이다. 직업과 학력이 확실하면 자산증명서 등 서류 제출을 면제하고, 중동 국비 환자의 동반 입국 가족 모두와 간병인에게도 완화한 비자 발급 · 연장 기준을 적용하겠다는 것이다.

그러나 이와 같은 정책발표는 정부가 산업 육성에만 치중하고 국내 여론은 전혀 의식하지 않는다는 지적이다. 강원도, 전북 익산, 경남 창원 지역 시민단체 등이 할랄 자본 유치 및 전용 식품 단지 조성을 반대하는 등 기독교 단체를 중심으로 한 반(反) 이슬람 정서가 만만치 않은 상황에서 국민여론을 무시하고 발표한 이번 중동 관광객 유치 촉진 방안은 이슬람국가(IS)가 2015년 9월 한국을 IS에 맞선 '십자군 동맹국'으로 규정하고 테러위협 수위를 높인 점을 고려할 때 크게 국민 정서를 거스르고 있다는 지적이다. 이찬우 기획재정부 차관보는 "이번 대책은 종교와 무관하게 신시장 개척에만 초점을 맞춘 것"이라며 "테러 단체 등의 우려는 관계 부처 간 정보 공유, 검문검색 강화 등 대책을 마련해 국민 불안이 없도록 하겠다"고 말했다.[4] 그러나 정부의 이와 같은 항변은 2015년부터 지금까지의 할랄산업관련 정부시

---

4) http://www.edaily.co.kr/news/NewsRead.edy?SCD=JA11&newsid=02246806612712224&DCD=A00101&OutLnkChk=Y, 2016년 9월 23일. 〈이데일리〉 2016년 7월 7일 기사, "[투자활성화 대책] "무슬림 · 유대인 지갑 열자"…할랄 · 코셔 산업 육성"

책발표를 정리해 볼 때 기독교인들의 할랄이해 수준에 비해 충분한 연구와 이해 없이 행해지고 있는 국가정책임을 알 수 있다. 그러므로 이찬우 기획재정부 차관보의 말에 신뢰성이 떨어진다고 하여도 과언이 아닐 것이다.

필자는 2015년 1월 정부의 할랄산업 육성계획발표와 3월 박근혜 대통령의 중동4개국 순방시 이루어진 UAE와의 MOU체결이후 2015년 8월 21일 CTS 기독교 TV "한국교회를 논하다"에 출연하여 할랄문제를 논하기에 앞서 시청자들에게 먼저 이슬람교의 할랄에 관하여 설명하였다. 방송중 필자는 이슬람의 할랄이 유대교의 코셔에서 비롯되었으며 할랄을 이해하기 위하여서는 유대교의 코셔를 이해해야한다고 언급하였고 코셔와 할랄의 차이를 도표로 설명하였다. 뿐만 아니라 함께 패널로 참석한 장훈태 교수와 유해석 선교사는 할랄 인증기관의 다양성과 기준의 가변성에 관한 문제와 할랄산업육성을 통한 무슬림유입으로 인한 국가안보문제에 관하여 언급한바 있다.[5] 이는 이번 2016년 7월 7일 정부가 발표한 투자활성화 대책의 시점과 비교하여볼 때 기독교계의 우려와 견해가 무익하지 않았음을 증명해준다고 할 수 있다.

또한 정부의 할랄관련 정책과 시행들은 기독교계의 이슬람연구자들이 언급하고 있는 문제점들을 사전에 인지하지 못한 채 '선 시행, 후 대책'식으로 추진되고 있는 듯하다. 필자는 연이어 2015년 8월 26일 〈CTS뉴스플러스〉 "할랄산업 우려 대담"에 출연하여 기독교인이기에 앞서 대한민국 국민으로서 국가의 미래를 우려하는 차원에서 국가안보와 경제적손해로 인한 혼란의 가능성을 언급한 바 있다.[6] 이는 기독교가 반국가적 입장이 아닌 애국적 입장에 서있음을 강조하고 싶어서였다. 필자뿐 아니라 장훈태 교수는

5) http://www.cts.tv/prog/program/korea/review.asp, 2015년 8월 21일 방송, 〈한국교회를 論하다 77부〉 "할랄산업 확산, 왜 우려하는가"

6) http://www.cts.tv/prog/program/korea/review.asp, 2015년 8월 21일 방송, 〈한국교회를 論하다 77부〉 "할랄산업 확산, 왜 우려하는가"

이보다 앞서 2012년 「복음과 선교」 제17집에 수록된 그의 논문 "현대 이슬람의 한국 포교전략과 기독교의 대응"에서 할랄산업에 대하여 설명하면서 코셔에 관하여서도 언급한 바 있다.[7] 그리고 최원진 교수는 "이슬람자본과 음식에 대한 한국교회의 선교적 대응"을 통하여 할랄산업이 단지 외관상 국제통상과 경제수익의 차원에서만 접근할 수 없는 깊은 종교적의미가 있음을 피력하였다.[8] 이어서 김남일 교수도 "할랄식품 공장 건립을 통한 이슬람의 한국선교전략에 관한 연구"에서 구약성서 레위기와 신명기의 음식법과 비교를 통하여 할랄의 종교적 의미를 증명하였고 이에 따른 한국의 이슬람화에 대한 우려를 강하게 표명하였다.[9] 이처럼 기독교 복음주의노선에서 연구되고 발표된 입장들은 단지 근본주의적인 종교적 차원에서 이슬람교를 비방하고 맹목적으로 할랄산업 활성화를 반대하는 것이 아닌 할랄의 근본과 이해적 차원을 발판으로 한국사회의 구조적 변화를 초래할 할랄산업 활성화에 대하여 기독교 선교적 입장에서 우려를 표명하고 있는 것이다. 이는 기독교 공동체의 특성상 하나님의 교회가 한국에 국한된 것이 아니라 전 세계에 흩어져 있으며 무엇보다도 복음적인 기독교 공동체는 "온 교회가 온전한 복음을 온 세계에 전파하여 세계 복음화를 성취한다.[10]"는 선교적 목표를 가지고 있기 때문이다. 이러한 복음주의 선교적 운동은 한국의 할랄산업 활성화 방안과 정책시행에 대하여 전 세계의 기독교공동체 네트워크를

7) 장훈태, "현대 이슬람의 한국 포교전략과 기독교의 대응," 「복음과 선교」 제17집 (2012), 145-148.

8) 최원진, "이슬람자본과 음식에 대한 한국교회의 선교적 대응," 「복음과 선교」 제31집 (2015), 223-235.

9) 김남일, "할랄식품 공장 건립을 통한 이슬람의 한국선교전략에 관한 연구," 「복음과 선교」 제34집 (2016), 13-50.

10) https://www.lausanne.org/content/covenant/lausanne-covenant, 2016년 9월 26일 접속. 1974 Lausanne Covenant - 6. THE CHURCH AND EVANGELISM. "World evangelization requires the whole Church to take the whole gospel to the whole world."

동원한 정보수집과 할랄의 기원연구를 발판으로 한국사회에 현실적으로 기여하여 경제적 혼란을 방지하고 무분별한 '중동 관광객 유치 촉진 방안'을 통한 무슬림증가와 이에 따른 테러의 위험요인 증가에 우려의 목소리를 내고 있는 것이다. 물론 할랄산업 활성화 방안으로 인하여 한국사회의 변화가 가져다줄 기독교 교회가 당면할 과제들도 간과할 수 없는 문제이다. 그러나 역사적으로 기독교 교회는 한 사회의 문제에 대하여 도외시 하지 않았으며 전 세계 복음주의 운동의 핵심 축이라 하여도 과언이 아닌 로잔운동은 무엇보다도 사회참여부분을 강조하여 왔다. 또한 1974년 '로잔언약' 선언이후, 2010년 제3차 케이프타운 대회를 통하여 교회의 사회적 책임에 관한 문제는 더욱 구체화되었으며 '총체적 선교(Integral mission)'[11] 개념으로 발전되었다. 그러므로 한국 정부는 기독교 교계의 소리를 종교적 특수주의[12]로 일축할 것이 아니라 기독교 복음주의 운동에 입각한 바람직한 사회참여의 일환으로 받아드리고 협력방안을 구축하여 한국사회 발전에 이바지해야 할 것이다.

이에 필자는 로잔운동 관점에서 이슬람의 '할랄'의 기원을 꾸란 구절 연구를 통하여 유대교 '코셔'와 기독교 성경 레위기, 신명기에 근거한 음식법과 비교하고 한국사회에서 거론되고 있는 할랄산업 활성화 정책에 대하여 이슬람 학자들의 선행연구결과를 언급하고 문제점들을 논하고자 한다. 이

11) https://www.lausanne.org/content/ctc/ctcommitment, 2016년 9월 26일 접속. The Cape Town Commitment, Part I For the Lord we love: The Cape Town Confession of Faith – 7. We love God's world – A) We love the world of God's creation. 내용중 "Integral mission means discerning, proclaiming, and living out, the biblical truth that the gospel is God's good news, through the cross and resurrection of Jesus Christ, for individual persons, and for society, and for creation. All three are broken and suffering because of sin; all three are included in the redeeming love and mission of God; all three must be part of the comprehensive mission of God's people." 여기서 혹자는 'integral mission'을 '통전적 선교'라고 지칭하기도 하지만 필자는 '총제적 선교'라는 용어를 사용하기로 한다.

12) 필자는 기독교 선교학에서 '포용주의', '다원주의'에 상반되는 개념으로 '배타주의'라는 용어를 사용하는 대신 특수주의라는 용어를 사용하기로 한다.

러한 연구과정중 로잔운동의 관점에서 할랄산업 육성화 정책에 당면한 한국교회가 '하나님이 창조하신 세상을 사랑'하는 차원에서 한국사회 발전을 위하여 그리고 하나님의 교회를 위하여 나아갈 방향에 대하여 생각해보고자 한다.

II. "할랄(halal)" vs. "하람(haram)"[13]

A. 꾸란

꾸란은 2장 173절, 5장 4절, 16장 115절, 6장 145절에서 다음과 같이 금지된 음식들과 금지된 음식이지만 허용되는 경우에 대하여 설명하고 있다.

(Sura 2:173) 죽은 고기와 피와 돼지고기를 먹지 말라[14] 또한 알라[15]의 이름으로 도

---

13) 본래 이슬람의 "할랄"과 "하람"은 음식뿐만 아니라 이슬람법에서 허용된 것과 금지된 것들을 의미하지만 본 연구논문의 주제에 국한하여 본 단원에서는 음식에 관한 "할랄"과 "하람"만을 언급하고자 한다.

14) 최영길, 『성 꾸란 의미의 한국어 번역』(사우디아라비아, 메디나; 파하드 국장 성 꾸란 출판청, 1999). (Sura 2:173) 각주내용. 173-1) 죽은 고기라 함은 육식동물로써 식용으로 도살된 고기가 아니며 어떤 이유로 인하여 죽은 동물의 고기. 물론 바다의 물고기 또는 바다동물의 고기는 허용되는 것으로 대다수 학자들은 풀이하고 있으나, 일부 학자들은 육식동물과 유사한 바다 동물의 죽은 고기도 허용되지 않는 것으로 풀이하고 있다.

15) 최영길, 『성 꾸란 의미의 한국어 번역』에서는 삼위일체가 아닌 이슬람교의 유일신관을 이야기 하면서 '알라'라는 이슬람교의 고유 신명칭 대신 '하나님'이라는 단어를 사용하여 기독교인들과 일반인들에게 많은 혼란을 야기 시키고 있는바 필자는 본 논문에서 최영길, 『성 꾸란 의미의 한국어 번역』에서 꾸란 구절 인용시 "하나님"으로 사용된 이슬람교의 신명칭을 독자들의 혼란을 피하기 위하여 "알라"로 사용하기로 한다.

살되지 아니한 고기도 먹지 말라[16] 그러나 고의가 아니고 어쩔 수 없이 먹을 경우는 죄악이 아니라 했거늘 하나님은 진실로 관용과 자비로 충만하심이라.

(Sura 5:4) 허락된 것이 무엇이냐 그대에게 묻거든 좋은 것들이라 말하라 또한 알라의 가르침에 따라 육식동물이 너희를 위해 사냥하여 온 것도 허락된 것이거늘 이는 알라가 너희에게 가르친 것이라.[17] 알라의 이름을 염원하고 알라를 두려워하라 알라는 계산에 빠르시니라.

(Sura 16:115) 죽은 고기와 피를 금지하셨고 돼지고기와 알라의 이름으로 도살되지 아니한 것도 금지하셨으므로 필요에 의한 불가항력으로 한계선을 넘지 아니한 것에 대하여는 알라는 관용과 자비를 베푸시니라[18]

(Sura 6:145) 일러 가로되 내가 말씀으로 계시를 받은 것 가운데서 죽은 고기와 피와 돼지고기와 알라의 이름으로 도살되지 아니한 고기를 제외하고는 먹고자 하는 자가 먹지 못하도록 금지된 것을 발견치 아니했노라 그러나 필요하여 또는 알지 못하여 금지된 것을 먹었을 경우에는 죄악이 아니거늘 실로 알라는 관용

---

16) 최영길, 『성 꾸란 의미의 한국어 번역』(Sura 2:173)의 각주내용. 173-2) 제단에 올리기 위해

17) 최영길, 『성 꾸란 의미의 한국어 번역』(Sura 5:4)의 각주내용. 4-1) 도살하는 이슬람 도살법은 "바쓰밀라", 즉 알라의 이름으로 라는 말을 암송하게 되어있다. 이것은 창조주가 주신 짐승이므로 알라께 감사하는 것과 또한 그 짐승은 알라로부터 와서 다시 알라께 귀의함을 의미한다. 그렇다면 길들인 짐승이 잡은 고기는 어떻게 해석되어지는가? 이슬람에서는 다음과 같이 해석하고 있다. 길들인 짐승이 사냥한 고기는 허용되나 다음 사항에 준해서이다. 첫째는 주인이 사냥하도록 짐승을 훈련시킬 때 단순한 주인의 식욕이나 어떤 사냥의 오락으로 길들여진 짐승이 아니라 주인의 식량으로 사냥하도록 길들어져야 하며, 둘째는 길들인 짐승에 의하여 쫓기는 사냥감에 대해 "타크비르"즉, "알라후 아크바르"(알라는 가장 위대하시다)라고 암송해야 하는 것으로 풀이되고 있다. (The Holy Quran, Text, Translation & Commentary, Yusuf Ali, 241) 길들인 짐승이 사냥하여 사냥된 짐승의 일부분이라고 먹었다면 그것은 다음 하디스에 근거하여 허용되지 않는 것으로 풀이되고 있다. "너희가 길들인 사냥개를 보내어 그 사냥개가 사냥을 하여 먹지 아니하였을 경우에 양식으로 하되 그 사냥개가 일부분을 먹었을 경우는 음식으로 취하지 말라"

18) 최영길, 『성 꾸란 의미의 한국어 번역』(Sura 5:4)의 각주내용. 115-1) 제2장 173절, 제5장 4-5절, 제6장 121절, 138-146절 및 해설참조.

과 은혜로 충만하심이라.[19]

그리고 꾸란은 5장 5절에서는 다음과 같이 음식을 허락하고 있다.

(Sura 5:5) 오늘날 너희에게 좋은 것들이 허락되었으니 성서를 받은 자들의 음식이 허락되었고[20] 또한 너희의 음식도 그들에게 허락되었으며......[21]

특별히 꾸란 6장 146절에서는 다음과 같이 유대교 '코셔'에 대하여 언급하고 있고 이어지는 각주해설에서 하나님이 유대교인들에게 '코셔'를 통해 금지시킨 이유와 기독교 성경 레위기의 내용을 비교설명 하고 있다.

(Sura 6:146) 유대의 율법을 따르는 이들에게 금기하사 굽이 갈라지지 아니한 모든 짐승은 먹지 말라 하고 소와 양의 지방질도 금기하되 등에 붙어 있는 것과 장에 붙어 있는 것과 뼈와 섞어 있는 것은 제외했노라 이것은 그들이 저지른 대가에 대한 보상이거늘 알라의 말씀은 질리라 하였노라.

(146-1) 유대인들이 선지자들을 살해하고 이자놀이와 부정하게 타인의 재산을 몰수하는 죄악으로 인하여 하나님께서 그들에게 이와 같은 벌을 내린 것으로 풀이된다. 구약 레위기 11장 3-8절에서도 잘 나타나고 있다. "짐승 중 무릇 굽이 갈라져 쪽발이 되고 새김질하는 것은 너희가 먹되 새김질 하는 것이나 굽이 갈라진 짐승중에도 너희가 먹지 못할 것은 이러하니 약대는 새김질을 하되 굽이 갈라지지 아니하였으므로 너희에게 부정하고 사반도 새김질을 하되 굽이 갈라지지 아니하였으므로 너희에게 부정하고 토끼도 새김질을 하되 굽이 갈라지지

19) 최영길, 『성 꾸란 의미의 한국어 번역』 제2장 173절, 제5장 4절, 제16장 115절, 제6장 145절.

20) 필자가 강조함.

21) 최영길, 『성 꾸란 의미의 한국어 번역』 제5장 5절 상반절.

지 아니하였으므로 너희에게 부정하고 돼지는 굽이 갈라져 쪽발이로되 새김질을 못하므로 너희에게 부정하니 너희는 이 고기를 먹지 말고 그 주검도 만지지 말라 이것들은 너희에게 부정하니라"(레위기 11장 3-8절) 한편 유대인 율법에서 식용으로 금기된 낙타와 집토끼 및 산토끼가 이슬람에서는 허용되고 있다(꾸란 4장 160절 비교). 소의 기름에 대하여서도 레위기 7장 23-24절에서 예시하고 있다. "여호와께서 모세에게 일러 가라사대 이스라엘 자손에게 고하여 이스라엘 너희는 소나 양이나 염소의 기름을 먹지 말 것이요, 스스로 죽은 것의 기름이나 짐승에게 찢긴 것의 기름은 달리는 쓰려니와 결단코 먹지 말지니라" 또 기름과 내장에 덮인기름 및 지방질에 관하여 레위기 7장 3-5절은 "그 모든 기름을 드리되 곧 그 기름진 꼬리와 내장에 덮인 기름과 두 콩팥과 그 위에 기름 곧 허리근방에 있는 것과 간에 덮인 커플을 콩팥과 함께 취하고 제사장은 그것을 다 단위에 불살라 여호와께 화제로 드릴 것이니라."[22]

위의 꾸란 구절들에 대하여 Yusuf 'Ali의 해설을 살펴보면 다음과 같다. 2장 173절의 '죽은 고기'를 뜻하는 'maytah'는 이슬람 종교법인 '피크(Fiqh)안에서 좀 더 광의적인 의미를 가지고 있다고 한다. 단지 '죽은 고기' 자체만을 의미한다기보다 '타크비르(Takbir)' 즉, "알라후 아크바르"(알라는 가장 위대하시다)라고 외치지 않은 고기를 의미한다는 것이다. 단지 이때 예외가 되는 경우는 물고기와 같은 바다 동물인데 Yusuf 'Ali는 생선과 메뚜기와 같은 곤충들은 '타크비르' 통하여 할랄로 만들 수 없기 때문에 그 자체로 합법적이라고 설명하고 있다.[23]

그리고 5장 4절과 5절의 해설에 있어서 Yusuf 'Ali는 금지된 음식에 관

22) 최영길, 『성 꾸란 의미의 한국어 번역』 제6장 146절, 146-1) 각주내용.

23) 'Abdullah Yusuf 'Ali, *The Meaning of The Holy Quran* (Beltsville: Amana Publication, 1991), 68. (Sura 2:173) 각주 173)

하여 부정적으로 5장 3절에 언급하고 있는 것과 연관하여 5장 4절과 5절은 긍정적으로 합법적인 음식에 관하여 가르치고 있다고 설명하면서 합법적인 음식은 한마디로 순수하고 좋은, "good and pure"한 것이라고 설명하고 있다. 이는 한국어 꾸란에서는 단순히 '좋은 것들'로 번역되어 있고 다른 부연 설명이 없지만 합법적인 음식은 "good and pure"한 것이라고 Yusuf 'Ali는 설명하고 있다. 물론 '타크비르' 과정을 거친 고기를 의미하지만 여기서 주목할 것은 Yusuf 'Ali는 "good and pure" 한 '좋은 먹거리'라는 관점에서 이것은 기독교인들의 법과 일치한다고 설명하고 있다는 점이다. 그러므로 위에서 필자가 강조한 한국어 번역 꾸란 구절, "성서를 받은 자들의 음식이 허락되었고"가 나올 수 있는 것이다. Yusuf 'Ali는 사도행전 15장 29절[24]에 근거하여 기독교인들이 우상의 제물과 피와 목매어 죽인 것을 금하는 것과 같은 이치라고 설명하고 있다.[25] Yusuf 'Ali의 설명을 통하여 우리는 이슬람의 할랄에 있어서 '타크비르'는 단순한 과정이 아니고 분명한 종교적 행위이며 예배행위 임을 알 수 있다. 또한 Yusuf 'Ali에 의하면 우상의 제물을 금하고 피와 목매어 죽인 것을 금하는 조건에서 성서의 백성으로 지칭되는 유대교인과 기독교인의 음식은 허용이 되는 것이다. 그렇다면 과연 한국에서 많은 기독교인들이 신앙적으로 음식을 처리하고 있고 음식법을 기독교적으로 준수한다고 가정할 때 우상의 제물이 아니고 피를 제거하고 목매어 죽인 것이 아니라면 굳이 할랄산업을 육성하지 않더라도 충분히 무슬림들에게 음식을 제공할 수 있는 것이 아닐까 생각된다. 음식의 질적 측면에서 좋은 먹거리로 "good and pure"한 것을 추구한다면 말이다. 그런데 무슬림들이 할랄산업육성을 지지하고 추진하는 이유는 무엇보다도 '타크비르'의 이슬람 종교

24) "우상의 제물과 피와 목매어 죽인 것과 음행을 멀리할지니라. 이에 스스로 삼가면 잘되리라 평안함을 원하노라." (개역개정판: 사도행전 15장 29절)

25) 'Abdullah Yusuf 'Ali, *The Meaning of The Holy Quran*, 244-246. 각주 699)

의식의 중요성 때문일 것이다.

다음으로 Yusuf 'Ali는 16장 115절에 관하여서는 별다른 부연설명 없이 5장 4절-5절과 6장 121절 그리고 138절에서 146절을 참조하라고 하고 있다.[26] 그러므로 6장 121절과 위에서 언급한 145절을 중심으로 138절과 146절을 살펴보면 121절에서는 아무런 언급이 없고 145절에서는 간단히 피를 제거한 것이 구별된 것이라고 강조하고 있다.[27] 그러므로 모든 동물들은 도살후 모든 피를 쏟게 하는 과정을 통하여 정결해진다는 것이다.

또한 6장 146절에서 직접적으로 유대교의 '코셔'를 언급하고 성경의 레위기와 비교하면서 할랄과 하람에 대하여 설명하고 있는 것을 보면, 꾸란은 할랄이 코셔와 레위기와 무관한 것이 아님을 이야기 하고 있으며, 이는 할랄이 깊은 종교적 의미를 내포하고 있음을 보여주는 것이다. 무엇보다도 '죽은 고기'의 의미를 광의적으로 해석하여 '타크비르'를 거치지 않은 것은 '죽은 고기'로 치부한다는 것은 '타크피르'가 이슬람의 예배행위의 일환임을 말해준다고 할 수 있다. 한 가지 꾸란 5장 5절에서 "성서를 받은 자들의 음식이 허락되었고"를 어떻게 해석할 것인지 이슬람 학자들의 해석들을 살펴볼 필요가 있겠다.

꾸란 6장 146절과 관련하여 Yusuf Al-Qaradawi는 유대인들에게 금지된 이와 같은 음식들이 기독교인들에게도 금지되었다. 왜냐하면 'Injil'이라고 하는 복음서에서 예수님은 모세의 율법을 폐하러 온 것이 아니라 완성케 하기 위하여 왔다고 하였기 때문이라는 것이다. 그러나 현재 기독교인들은 율법서에서 금지된 모든 것들을 허용하고 있는데 이는 사도바울의 가르침 때문이라는 것이다. 우상에게 바친 제물을 제외하고는 모든 먹거리들이 다 허용되었다는 것이다. 왜냐하면 정결케 된 사람들에게는 모든 것들이 정결

26) 'Abdullah Yusuf 'Ali, *The Meaning of The Holy Quran*, 667. 각주 2152)

27) 'Abdullah Yusuf 'Ali, *The Meaning of The Holy Quran*, 337. 각주 969)

하기 때문이라는 것이다. 따라서 기독교인들은 율법서에서 돼지고기를 금하고 있음에도 불구하고 현시대에서 돼지고기를 섭취하는 것이 허용되었다는 것이다.[28] 이슬람 꾸란에는 사도바울의 이야기가 없다. 뿐만 아니라 사도바울을 사도로 인정하지 않고 있으며 지금의 기독교를 이슬람의 관점에서 '옳은 길에서 벗어난 사람들' 이라고 지칭하는데 이는 사도바울 때문이라고 한다. 그러므로 이슬람에서는 사도바울에 의해 쓰인 서신들을 인정하지 않고 있으며 무슬림들이 언급하고 있는 기독교의 범주는 사도바울의 가르침이 배제된 'Injil'까지이다.

그러므로 Yusuf 'Ali는 위에서 언급한 것처럼 사도행전 15장 29절[29]에 근거하여 이슬람교 '할랄'이 기독교인들의 율법과 일치한다고 명시하고 있는 것이다.[30] 그리고 최영길은 한국어 번역본 꾸란에서, "짐승을 식용으로 도살하는 방법은 이슬람이나 기독교 및 유대교가 엄숙하게 창조주에게 경의를 표시하고서 도살한다는 점과, 이교도들이 제단에 올리기 위해서 잡은 고기를 먹지 않는 다는 측면에서 기독교와 일치하고 있다(다만 우상의 더러운 것과 음행과 목매어 죽인 것과 피를 멀리하라고...사도행전 15장 20절)[31]라고 설명하면서 사도행전 15장 20절에 근거하여 이슬람 '할랄'의 종교적 의미를 강조하고 기독교와 일치한다고 말하고 있다. 그렇다면 한국적 상황에서 이슬람교도인 무슬림이 아닌 기독교인들이 도축한 고기는 무슬림들에게 합법적인 것인가? 또한 최영길의 해설처럼 과연 기독교는 이슬람처럼 창조주 하나님께 경의를 표시하고 도살하고 있는가라는 의문점이 생긴다. 이슬람이 최종적으로 이슬람의

---

28) Yusuf Al-Qaradawi, *The Lawful and The Prohibited in Islam - Al Halal Wal Haram Fil Islam* (Indiana,Plainfield: American Trust Publications, 1994), 40.

29) "우상의 제물과 피와 목매어 죽인 것과 음행을 멀리 할지니라 이에 스스로 삼가면 잘되리라 평안함을 원하노라." (개역개정판: 사도행전 15장 29절)

30) 'Abdullah Yusuf 'Ali, *The Meaning of The Holy Quran*, 244-246. 각주 699)

31) 최영길, 『성 꾸란 의미의 한국어 번역』 제5장 5절, 5-1) 각주내용.

할랄을 주장하고 유대교의 코셔나 레위기를 동등한 가치로 인정하지 않는 데는 이슬람법의 특징인 '나쉬크(Naskh)'교리가 적용되기 때문일 것이다. 나중 계시가 먼저계시를 무효화 한다는 것이다. 그러므로 이슬람보다 먼저 있었던 유대교의 가르침이나 기독교의 가르침보다 이슬람의 가르침이 최종 가치를 지닌다는 것이다. 그러므로 이슬람의 '할랄'과 '하람'을 이해하려면 이슬람법의 특성을 이해하고 서로 상충되는 꾸란 구절들에 대한 이슬람의 변호를 들어볼 필요가 있다.

B. 이슬람 법

루아이 파투히(Louay Fatoohi)는 유대교 율법이 꾸란에 의해 대치된 것뿐만이 아니라 꾸란에서는 무함마드가 받았던 먼저 계시와 율법이 나중 계시와 율법에 의해 대치되고 있다는 것, 그것이 일반적으로 꾸란 구절의 '폐지'에 관한 정의라고 하지만 그것은 사실이 아니라고 주장한다. 불변의 율법이 있고 변할 수 있는 율법이 있다는 것이다. 이를 위해 무슬림이 된 유대교인들이 수 세기에 걸쳐 노력하여 '나쉬크'교리와 같이 최종 계시가 우선시 되는 율법조항과 절대불변의 이슬람 율법 조항을 구축하였다는 것이다. 특별히 최종계시가 우선되는 법적인 변화 양상은 오직 무함마드 생존 시대에만 일어났으며 그의 사후에는 알라와 소통할 방법이 없으므로 더 이상 변화가 없었다고 한다. 그리고 꾸란이 계시된 22년이라는 매우 짧은 기간 중 대부분의 이슬람율법이 소개된 시기는 무함마드가 메디나에 거주하고 있었던 10년 동안이었다고 한다. 그리고 사후 아주 짧은 기간 동안만 무슬림으로 개종한 유대교인들에 의하여 법 개정이 이루어졌다는 것이다. 그렇다면 무함마드 사후에 이슬람법 개정에 참여한 무슬림이 된 유대교인들이 그렇게 짧은 기간 이슬람법을 다루면서 어떻게 어떤 법은 14세기가 지난 오늘까지 영원히 불변해야한다고 주장할 수 있었겠냐는 것이다. 그러므로 먼저계시를 폐지하고 나중계시로 대치하는 것은 비역사적이지만, 시대적 변화에 따라 오늘까지도 변화가 가능한 폐지하고 대치할 수 있는 율법들이 있다는 것이다.[32] 그러므로 필자는 이와 같은 이유로 이슬람의 할랄이 결과적으로 시대적 변화와 다양한 상황 속에서 기준이 가변적일 수 있다고 생각하다. 이슬람학자들도 이러한 가변성에 대하여 전혀 문제시 하지 않고 실제적으로 현재 전 세계적으로 할랄 인증 기관은 각 국가의 종교기관과 민간기관을 포함하여 150여개에서 200여개가 있는 것으로 보고되고 있다. 심지어 영국과 같은 경우 한 국가 내에 인증기관이 20개 이상 존재하는 경우도 있다.[33] 각 이슬람 학파의 다른 샤리아 법 해석에 따라 그리고 종파와 해당지역의 관습에 따라 할랄기준이 다르므로 이슬람 시장에 진출하는 업체마다 각 지역별 달리 적용되는 할랄 인증을 받아야하며 그 특정지역의 기준 또한 가변적일 수 밖에 없다.

200여개의 인증기관 중 전 세계적으로 인정받고 있는 공인인증기관으로는 말레이시아의 '자킴(JAKIM)', 브루나이의 '브루나이 할랄(Bruneihalal)', 미국의 '이판카(IFANCA)', 독일의 '할랄 콘트롤(Halal Control EU)', 이태리의 '할랄 이탈리아(Halal Italia)', 남아공의 '남아공 국립 할랄 당국(South African National Halal Authority)', 터키의 '스믹(SMIIC)', 파키스탄의 '합(HAP)' 등으로 보고되고 있다.[34] 이들 이슬람 국가들은 각기 다른 '파트와(Fatwa)[35]'와 그의 해석에 따라 각기 다른 할랄기준을

---

32) Louay Fatoohi, *Abrogation in the Quran and Islamic Law: A Critical Study of the concept of Naskh and its impact* (Kuala Lumpur: Islamic Book Trust, 2013), 336-337.

33) 엄익란, "이슬람 식품 시장의 할랄 인증제도 의무화에 따른 한국 기업의 대응 방안," 「한국이슬람학회 논총」 제23-3집 (2013), 38.

34) 엄익란, "이슬람 식품 시장의 할랄 인증제도 의무화에 따른 한국 기업의 대응 방안," 38.

35) http://100.daum.net/encyclopedia/view/47Xb23p1151n1507, 2016년 9월 28일 접속. '파트와'는 이슬람의 법률 권위자인 '무프티'의 공식적인 법적 견해이다.: "무프티는 개인이나

내놓고 있다. 특별히 '자비하'도축방법이나 동물의 사육, 그리고 포장과 물류에 대한 의견차를 좁히기 어려운 것으로 보고되고 있다.[36] 각기 다른 할랄 인증기관들 중에 이견을 보이고 있는 항목은 젤라틴, 식품의 향신료, 동물효소, 인산염에 관하여 그리고 기계식 도축방법과 동물에 대한 기절방식, 알코올에 대한 허용기준들이며 순니파의 경우에도 내부에서 학파들간 다른 기준을 적용하고 있다.

알코올을 예를 들어 볼 때 '샤피(Shafii)'학파에 따르면 알코올을 포함한 모든 것을 불결한 것으로 간주하여 소비가 허용되지 않고 있다. 그럼에도 불구하고 바닐라와 같은 액체 향신료에는 알코올이 포함되어 있다. 향신료의 추출과정에서 재료의 침전을 위하여 알코올의 사용은 매우 일상적이라고 한다. 그렇다면 '샤피'학파 추정자들은 어떻게 하여야 할 것인가? 그들은 전체 음식 메뉴에서 알코올을 내포하고 있는 모든 음식 품목을 제한다. 또는 에틸 알코올대신에 곡물 알코올이나 합성 알코올과 같은 허가된 제품을 사용한다는 것이다. 이에 '하나피(Hanafi)'학파는 천연 바닐라와 같은 향료에 포함되어 있는 알코올은 제조된 것이 아니고 취하게 만드는 것도 아니므로 순

재판관들이 제기한 질문에 대해 공식적인 법적 견해를 밝히는 이슬람교의 법률 권위자를 말한다. 무프티의 공식적인 법적 견해인 파트와는 경전의 해석이나 판례집 외에 〈코란〉과 예언자 마호메트의 생애와 말씀에 관한 이야기인 하디스에 대한 지식이 있어야 내릴 수 있다. 또한 파트와는 법적 사건에 대한 최종판결의 역할을 하는 경우도 있다. 오스만 제국 시대에는 이스탄불의 무프티가 이슬람교의 최고 법률 권위자로 이론상 모든 법률과 신학의 위계를 관할했다. 그러나 대부분의 이슬람 국가에서 법률의 정비와 함께 파트와는 유산, 결혼, 이혼 등의 사적 사건들로 축소되는 경향을 보인다. 현대에는 이슬람 국가마다 공식적인 파트와를 발행하는 기관인 다르 알이프타를 설치하여 파트와 남발을 규제하고 있다."; https://ko.wikipedia.org/wiki/%ED%8C%8C%ED%8A%B8%EC%99%80, 2016년 9월 28일 접속. "이란 및 사우디아라비아등 중동의 철저한 율법주의 국가에서는 파트와의 준수 여부가 생사를 가른다고 생각하는 반면, 인도네시아에서는 정치와 개인의 자유를 종교로 부터 철저히 분리하고 있다."

36) Halim, M. A. A., & Sall도, M. M. M (2012). "The Possibility of Uniformity on Halal Standards in Organization of Islamic Countries (OIC)". *World Applied Science Journal*, 17. 이희열, 정장호, "할랄 인증제도와 할랄 인증 강화에 따른 우리의 과제," 「중동연구」 제33-1집 (2014), 110에서 재인용.

수한 것으로 간주하여 식재료로 허가하고 있다.[37] 이러한 학파들간의 차이는 실제적으로 수출기업들이 제품을 생산하는 과정에서 수출대상 국가의 어느 학파의 의견과 할랄 인증 기관의 기준을 충족시킬 것인지 많은 혼란을 야기 시킬 수밖에 없다. 더군다나 인증 유효기간이 영구적인 것이 아니라 1년에서 2년을 단위로 갱신해야 한다는 측면에서 수출대상국 대상기관의 인증기준이 가변적인 것이 더욱 문제이다.

할랄 인증 검사의 표준도 각기 다른 상황에서 도축 절차의 예를 들어볼 때 대부분의 이슬람국가들은 할랄 도축을 위하여 반드시 무슬림이 도축자가 되어야 한다고 하는 반면에 사우디아라비아와 아랍 에미리트의 경우에는 피치 못할 경우에는 '성서의 백성'이라고 규정되는 유대교인이나 기독교인도 도축자가 될 수 있다고 한다. 조건은 유대인이나 기독교인 도축자가 '타크비르(Takbir)' 즉, "알라후 아크바르"(알라는 가장 위대하시다)라고 외치고 도축해야한다.[38] 그러나 앞서서 필자가 언급한 것처럼 '타크피르'는 종교행위로써 유대인과 기독교인이 '타크피르'를 하는 경우는 기독교입장에서 이해할 때 이미 기독교인의 정체성을 상실한 것으로 보아야 할 것이다.

또한 도축전 기절에 관한 사항도 논란의 대상 중에 하나이다. 일반적으로 '자비하'도축의 기본원리는 가축을 기절시키지 아니하고 경동맥을 한 번에 끊어서 심장이 멈출 때 까지 동물의 피를 모두 제거하는 것으로 알려져 있고 그 과정에서 동물이 극심한 고통 가운데 있게 되어 이에 동물보호 단체들의 반대가 있어왔다. 그러나 현대의 대부분 국가들은 동물을 도축하기 위하여 도축전에 동물을 기절시키는 방법을 사용하고 있다고 한다. 기절시키는 방법으로는 크게 두 가지가 있는데 첫 번째는 전기충격에 의한 방법이고 두 번째는 물리적 가격방식에 따라 뭉치와 같은 것으로 때려서 기절시키

37) 이희열, 정장호, "할랄 인증제도와 할랄 인증 강화에 따른 우리의 과제," 111.
38) 이희열, 정장호, "할랄 인증제도와 할랄 인증 강화에 따른 우리의 과제," 112.

는 것이다. 최근 들어 가스에 의한 방법까지 사용하고 있다고 하는데 이는 많은 학자들 간 논쟁이 되고 있으며 국가별 허용기준도 통일되어 있지 않다고 한다. 그리고 전기충격에 비해 뭉치와 같은 것으로 가격하는 기절방식은 국가와 지역에 따라 허용하지 않는 경우가 많은데 가격하는 정도에 따라 기절이 아니라 소가 사망하는 경우가 있어서 그럴 경우 '죽은 고기'가 되므로 '하람'이 되기 때문이라고 한다. '타크피르'의 경우도 편의를 위하여 일일이 사람이 도축하지 아니하고 기계식 도축을 하는 상황에서 무슬림 사원에서 녹음한 것을 틀어 놓는 경우가 있는데 일부는 이러한 방식을 허용하고 있지만 호주의 경우 호주의 인증기관은 더 이상 녹음에 의한 '타크피르'를 허용하지 않는다고 한다.[39]

그리고 루아이 파투히와 같은 이슬람 학자의 가변적인 이슬람법 샤리아의 특성에 관한 설명은 근본적으로 샤리아의 법원(法源)인 꾸란 "계시"의 본질과 성경 계시의 본질 차이를 이해할 때 납득되어질 것이다. 김용선의 정의처럼 "꾸란은 신들인 한 사람의 영적 인간이 '엑스터시'상태에서 말을 던진 언어의 집대성이다."[40] 문체도 무함마드가 자신도 모르는 알라의 소리를 신들린 상태로 강렬한 어조로 표현하였다는 것이다. 문체에서 타자의식적인 신들린 무당적 발상법이 형식상 남아있으며 초기에는 말의 형식이 아닌 울부짖는데 가까운 형태에서 점차 스토리 중심으로 전개되었고 설화체적인 산문화가 되면서 현실주의에 이행되었다는 것이다.[41] 특별히 주목할 만한 것은 위에서 루아이 파투히도 언급하고 있는 것처럼 무함마드가 메디나로 이주하여 10년 동안 지낼 때에 가장 많은 율법개정이 이루어졌는데 김용선의 꾸란해설에 의하면 메디나에는 유태인이 많이 살고 있었고 메디나에서

39) 이희열, 정장호, "할랄 인증제도와 할랄 인증 강화에 따른 우리의 과제," 113.

40) 김용선, 『코란(꾸란)』(서울: 명문당, 2006), 22-23.

41) 김용선, 『코란(꾸란)』, 25.

유태인들로부터 구약성경지식을 많이 얻었으며 그 중에서도 구약성경의 율법재정에 있어서 핵심이 된 모세의 이야기가 무함마드의 상상력을 많이 자극하였다는 것이다.[42]

이러한 이슬람교 꾸란의 "계시"적 관점은 객관적 역사 흐름 속에서 대속을 위하여 이 땅에 오신 예수 그리스도를 계시의 본질과 핵심으로 하고 있는 성경적 계시관과 근본을 달리한다고 볼 수 있다. 성경에는 역사와 문화가 있다. 그러므로 시대적인 역사적 흐름 속에 문화적 다양성을 포용하면서도 절대적인 진리인 예수 그리스도, 계시의 본질은 변함이 없으며 하나님의 율법도 변하지 않는다.

이슬람에서 "할랄"과 "하람"은 '샤리아(Shariah)'라고 하는 이슬람법의 총체적인 법적 구조라고 할 수 있다.[43] "할랄"은 만족할만한 것들인 반면에 "하람"은 삶에 있어서 불필요한 것들이라는 것이다.[44] 또한 "하람"에 이바지하는 모든 것들이 그 자체로 "하람"이다.[45] 총 114장 6,236절로 되어있는 꾸란의 내용중 이슬람법인 '샤리아'의 기초가 되는 구절들이 있는데 이 구절들을 해석하는 과정에서 의견의 차이가 나타났고 이러한 차이가 이슬람내 학파를 만들게 되었고 때로는 정교일치의 이슬람사회 특수성가운데 최고 통치권자인 '칼리파(Khalifah)'와 해석의 충돌을 일으켜 이슬람 법학자들이 압제에 시달리기도 하였다. '샤리아'법은 역사적 발전과정의 특이성 때문에 이슬람세계의 법질서에 대하여 언급할 때에 통일된 법전이 없음에도 불구하고 있

42) 김용선, 『코란(꾸란)』, 25.

43) Yusuf Al-Qaradawi, *The Lawful and The Prohibited in Islam – Al Halal Wal Haram Fil Islam*, 6.

44) Yusuf Al-Qaradawi, *The Lawful and The Prohibited in Islam – Al Halal Wal Haram Fil Islam*, 27.

45) Yusuf Al-Qaradawi, *The Lawful and The Prohibited in Islam – Al Halal Wal Haram Fil Islam*, 28.

는 것처럼 오해되는 경우가 있다고 한다.[46] 우마이야 왕조 후기에 점차 법학자의 수가 증가하고 전문화됨에 따라서 법학파가 형성되었는데 이는 지역마다 다른 관습법을 기초로 법이론을 정립한 것이기에 법의 원리나 원칙에 관한 해석방법의 차이에서 형성된 것이 아니고 지리적 위치에 따는 차이에서 법학파가 형성되었다. 이러한 과정 중에 학자들은 지역적 차이를 인지하고 '합의(이즈마 ijma)'를 이루기 위하여 노력하면서 되도록 모든 학파의 동의를 얻어 모순을 최대한 없게 하려고 노력하였다고 한다.[47] 문화적 발달정도에 따라서 많은 법률학파들이 생겼지만 오늘날까지도 중요한 역할을 하는 학파는 '말리크파', '하나피파', '샤피파', '한발리파'라고 한다.[48]

샤리아는 AD. 8-9세기에 걸쳐서 체계화된 이슬람의 성법(聖法)이라고 정의된다. 이렇게 체계화되는 과정에서 각 법학자들의 주장에 의해 각각의 학파가 생성된 것이다. 샤리아에서는 4가지 분야를 언급하고 있는데, 첫째, 무함마드의 언행록인 '하디스', 둘째, 꾸란의 주석학인 '타프시르(tafsir)', 셋째 신학인 '칼람(kalam)', 그리고 마지막으로 법학인 '피크(figh)'이다.[49] 샤리아의 법원(法源; 우술-Usul)으로는 가장 기본적으로 1) 꾸란, 하디스에서 기록하고 있는 관습인 2) 순나(Sunna), 이슬람공동체가 합의한 3) 이즈마(ijma), 그리고 유추를 통하여 추론하는 4) 키야즈(Qiyas)를 일반적으로 제시하고 있다.[50] 초기의 이슬람 국가는 법과 종교가 분리되어 있었으며 로마식이나 페르시아식의 통

46) 박규환, 『아랍세계의 법문화: 코란, 샤리아, 이슬람국가의 법』 (서울: 한국학술정보, 2014), 40-41.

47) 한스 큉, 『한스 큉의 이슬람』, 손성현 역 (서울: 시와 진실, 2012), 399f: 박규환, 『아랍세계의 법문화: 코란, 샤리아, 이슬람국가의 법』, 41에서 재인용.

48) 한스 큉, 『한스 큉의 이슬람』, 496ff: 박규환, 『아랍세계의 법문화 : 코란, 샤리아, 이슬람국가의 법』, 41에서 재인용.

49) 박규환, 『아랍세계의 법문화: 코란, 샤리아, 이슬람국가의 법』, 44.

50) http://100.daum.net/encyclopedia/view/b16a4180a, 2016년 9월 29일 접속. Daum백과사전, "우술알피크 - usul al-fiqh"

치 질서와 유사한 구조를 가지고 있었다. 그러나 유대교에서 개종한 독실한 무슬림 학자들에 의해 법이 재해석되기 시작하면서 이러한 해석의 기준으로 '우술'이 확립되었다. 샤리아학 중에서는 법학인 '피크'가 샤리아와 동일시될 만큼 우월적인 지위를 인정받았고 여기서 이슬람 법학의 연구방법론으로 확립된 학문[51]이 '우술 알 피크(Usul al-figh)이다.

할랄 인준에 있어서 다양한 법해석을 보이면서 각기 다른 기준에 영향을 끼치는 '샤리아'의 법원(法源; 우술-Usul)중 이슬람공동체가 합의한 '이즈마(ijma)'와 유추를 통하여 추론하는 '키야즈(Qiyas)'를 주목할 필요가 있다. 이슬람법의 독자적인 해석 전문가들을 '무즈타히드(Mujtahid)'라고 하는데 각기 다른 국가에 살고 있는 다른 인종과 출신배경 그리고 성장환경이 다른 동시대의 모든 '무즈타히드'가 현대의 새로운 상황들에 직면하여 새롭게 해석하여 규범적으로 정립한 내용들에 모두 동의해야만 '이즈마(합의)'에 이르렀다고 하고 이것이 '우술'이 된다. 또한 '이즈마'는 성립방식에 따라 순수한 합의와 침묵의 합의로 분류된다. 진정한 합의에 속하는 순수한 합의는 '무즈타히드'들이 분명한 의견을 개진하여 판결에 동의한 경우를 의미하며 침묵의 합의는 의견개진 없이 침묵한 경우를 의미하는데 침묵이 동의인지 반대인지를 알 수 없으므로 '이즈마' 성립의 정당성에 문제가 제기되기도 한다, 다음으로 '키야즈'는 유추로써 기본적인 꾸란의 가르침을 근거로 새로운 상황에 대하여 해답을 유추하여 제시하는 것을 의미한다. 예를 들어 꾸란에서는 포도주가 금지되어 있는데 대추야자로 만든 술은 마셔도 되는지에 대하여 판단을 의뢰하면 포도주를 금지하는 꾸란 규정을 유추하여 금지하게 하는 것, 그리고 꾸란에 상속인이 피상속인을 살해한 경우 상속에서 제외된다는 규정이 있는데 이 규정에 근거하여 유언자의 경우도 유추하여 동일하게 상속인을 유산상속에서 제외시키는 경우 등을 의미한다. '키야즈'가 성립하기 위해서는 4

51) 이원삼, 『이슬람법사상』(서울: 아카넷, 2001), 24f.

가지 구성요소가 충족되어야 하는데 기본구성요건(asl), 유사구성요건(far), 기본구성요건과 그 효과(hukm al-asl), 그리고 기본구성요건으로 인한 결과 발생의 이유(illah)가 구성요건이 된다. 그러므로 위의 예에서 포도주는 기본구성요건이 되고 대추야자로 만든 술은 유사구성요건이 된다. 여기서 꾸란의 포도주 금기 조항은 기본구성요건과 그 효과가 되어지고 마지막으로 '사람을 취하게 한다'는 측면에서 기본구성요건으로 인한 결과 발생의 이유(illah)가 같다는 측면에서 대추야자로 만든 술도 금지된다는 것이다. 여기서 기본구성요건과 그 효과(hukm al-asl)가 기본구성요건으로 인한 결과 발생의 이유(illah)로 무분별하게 확대되는 것을 방지하기 위한 조건으로는 첫째, 행위에 대한 법 해석이 있어야 하며, 둘째, 이성을 통해 그 이유를 알 수 있어야 하고 셋째, 그 해석 대상이 다른 대상에 적용될 수 없는 성질의 것이 아니어야 한다. 또한 마지막 'illah'의 중요성을 감안할 때 이 내용의 확정을 위하여 'illah'의 정의, 조건, 종류, 절차를 세분화하고 있다. 위의 포도주를 예를 들면 포도주의 경우 취하게 하는 작용이 정의이고 조건은 기본구성요건에 부합하는 명백한 성질이 대상에 있는 가이다. 적용 가능한 성질, 즉 대추야자 술의 경우 기본구성요건이 '취한다'는 성질이 조건이 된다. 그리고 절차는 'illah'의 인식에 이르는 방법을 의미하는데 꾸란이나 '순나'에서 'illah'의 성질이 제시된 경우 무즈타히드들은 그것을 근거로 판정하고 때로는 무즈타히드들이 판단을 위하여 꾸란과 '순나'의 근본원칙을 고려하여 어떠한 성질을 확정한 경우 그리고 기본구성요건에서 'illah'가 될 수 있는 성질을 탐색하고 구분하여 확정하는 경우로 구분된다.[52]

그렇다면 2016년 현시대에도 '무즈타히드'들에 의하여 '이즈마'에 이르고 '우술'이 확립되고 있을까? 아니다. 10세기에 이르러 각 법학파들은 본질적인 법적 문제들이 충분히 논의되어졌으며 최종적인 형태로 법 결정이 이루

52) 박규환, 『아랍세계의 법문화: 코란, 샤리아, 이슬람국가의 법』, 62-66.

어졌다고 판단하기에 이른다. 각 법학파들은 이슬람법이 구체적인 형태를 이루었으며 이후로는 더 이상 종교법에 독자적인 법 판단과 결정이 불필요하다고 보았다. 그러므로 법학자들의 역할과 활동은 이미 결정된 법에 대한 해석과 적용, 설명과 판단을 하는데 그치는 것이 역할이 되었다. 이것은 곧 '이즈티하드의 문의 봉쇄'를 의미하였고 사실상 이것이 샤리아의 완성단계를 의미하는 것이었다. 결과적으로 그 이후로 오늘날까지 순니 4대 법학파의 법체계와 이론이 천년이상 그 모습대로 존속되어 오고 있다는 것이다.[53)] 그렇지만 10세기 이후 전 세계의 문화와 삶의 방식이 변하고 사회구조가 변화한 상황에서 새로운 사건들이 발생하고 현실적인 문제들이 대두 되었을 때 이슬람 법학에 기초한 실제적인 해결책이 필요하게 되었다. 이러한 일들이 '무프티(Mufti)[54)]'의 일이 되었다. '무프티'는 법에 관한 최고의 지식과 세련된 법적용의 지혜와 경험을 가지고 있는 법학자들로 공식 임명된 지위를 가지고 있느냐 없느냐의 관계없이 무슬림공동체에서 공식인정하는 최고의 법 전문인에게 주어지는 호칭이며 지위이다. '무프티'의 임무는 난해하고 판단하기 어려운 법문제에 대하여 권위 있는 법 견해인 '파트와(fatwa)'를 공포하는 것이다. 이때 '파트와'는 단지 이성적인 견해가 아니라 '이즈티하드'의 결과로써 기존의 판례들을 숙고하고 통달하여 도달한 법 견해이며 법 결정이다. '무프티'들은 공식적으로 그리고 개인적으로 법에 관한 결정을 의뢰받으면 '파트와'를 내놓는다. 그러므로 샤리아가 통치하는 이슬람국가에서 무프티의 권위는 대단하다고 볼 수 있다. 국가에서 공식 임명해 온 국가 최고 무프티의 대표적인 사람은 오스만 터키의 '쉐이크 알 이슬람' 이었으며 이는 오

53) J. Schacht, "Law and Justice," in *The Cambrige History of Islam*, ed. P. M. Holt, Ann Lambton, B. Lewis, Vol. II, Cambridge: Cambridge University Press, 1970, 563-564. 손주영, 『이슬람』(서울: 일조각, 2005), 336에서 재인용.

54) http://100.daum.net/encyclopedia/view/b08m0555a, 2016년 9월 28일 접속. '무프티(Mufti)'-개인이나 재판관들이 제기한 질문에 대해 공식적인 법적 견해(fatwā)를 밝히는 이슬람교의 법률 권위자.

스만 제국내의 종교문제 최고수장의 자리였다고 한다.[55] 오늘날에도 대부분 이슬람국가는 '무프티'제도를 시행하고 있으며 국가 최고의 '무프티'가 '그랜드 무프티'이다. 그러나 현대에 와서 서구의 법체계를 국가 구성법을 채택하고 있는 이슬람 국가에서는 '무프티'의 '파트와'가 법적 구속력을 가지지 않으면서 종교적인 문제들에 한정하여 영향과 권위를 한정하고 있는 경우도 있다. 그러나 '할랄'은 종교적인 '타크피르'를 기초로 하는 만큼 할랄 인증 기준에 있어서 '무프티'의 결정은 할랄 인증 기준의 변화를 초래하고 다양한 법해석으로 할랄 기준의 가변성에 주체가 되고 있다고 해도 과언이 아니다.

샤리아에 의하면 인간의 행위를 다섯 범주로 나누고 있는데 첫째, '파르드(fard)'라고 하는 의무적인 행위들, 둘째, '만두브(mandub)'라고 하는 의무적인 것은 아니나 권장 받는 행위들, 셋째, '무바흐(mubah)'라고 하는 해도 좋고 안 해도 좋은 법과 무관한 행위들, 넷째, '마크루흐(makruh)'라고 하는 금지된 것은 아니지만 피하도록 권고 받는 행위들 그리고 다섯째, '하람(harma)'으로 금지된 행위들로 절대해서는 안 되는 금지를 말한다. 그러므로 크게 볼 때 그 행위가 해도 좋은 것이냐 또는 해서는 안 되는 금지된 것이냐를 기준으로 '할랄'과 '하람'으로 나누고 '하람'을 기준으로 금지된 행위를 엄격히 규제하고 있다. 그러나 어떤 '무프티'가 '무바흐 – 해도 좋고 안 해도 좋은 것 –'을 '마크루흐 – 금지된 것은 아니지만 피하도록 권고 받는 것'으로 해석하거나 '하람'으로 해석하여 금지할 수 있는 것이다. 그런데 현 생활에서 대부분의 행위가 '무바흐'에 해당하는 것들이 많다는 것이다.[56] '할랄' 의 경우에도 '무바흐'에 해당하는 것들을 간과할 수 없고 '무프티'의 법해석 경향에 따라 '하람'이 되므로 이슬람 사회 내부적 논란의 대상이며 나아가서 외부적 관점에

55) Schacht, "Law and Justice," 564. 손주영, 『이슬람』 (서울: 일조각, 2005), 337에서 재인용.

56) 손주영, 『이슬람』, 324-325.

서 할랄산업을 추진하고 있는 대상 국가나 기업들에게 상당한 변수로 작용하고 또 많은 경제적 위험요소로 작용한다고 볼 수 있겠다.

Ⅲ. 할랄산업 육성정책

2015년 1월 정부의 할랄산업 육성계획발표와 3월 박근혜 대통령의 중동 4개국 순방시 이루어진 UAE와의 MOU체결이후 2016년 9월에 이르기까지 전북익산 할랄단지 조성계획으로 대두된 할랄산업 이슈는 한국사회에 뜨거운 이슈로 자리매김하고 있다. 기독교단체들의 적극적 반대활동이 외면적으로 이슬람교의 확장만을 고려한 배타적인 종교적 입장으로 해석되고 있는듯하여 유감스럽다. 2016년 다문화사회로 전향하고 있는 한국사회의 변화에 있어서 기독교단체들은 맹목적으로 무슬림들의 유입을 반대하고 저지하는 것이 아니다. 이슬람교도인 무슬림들 중 근본주의 성향을 띠고 테러를 주동하고 있는 과격파 무슬림들의 입국을 반대한다는 측면도 있지만 무엇보다 무슬림이 아닌 이슬람의 교리가 한국사회의 토양을 변화시키고 사회적으로 경제적 혼란을 야기 시킬 것을 우려하는 것이다. 이는 기독교 복음주의 선교운동의 표본인 로잔운동에 기초하여 볼 때 하나님이 만드신 세상을 사랑하고 인류애를 실천하여 총체적 선교방법으로 인류를 복음화하려는 기독교입장에서 심각한 도전임에 틀림없다. 이에 필자는 본 단원에서 할랄산업을 육성하고 있는 정부의 정책을 경제적 측면에서 살펴보고 종교적 측면에서 숙고하여 문제점을 이야기해보고자 한다.

A. 경제적 측면

글로벌 할랄 시장이 2조 3천억 달러 규모로 추정되고 있는 가운데 연간 12%의 성장률을 보이고 있는 것으로 보고되고 있다. 전 세계의 57개국 약 16억 명에 이르는 무슬림 인구가 향후 20년 동안 지속적으로 증가할 것을 추산하면 현재보다 35% 인구 증가하여 약 22억 명이 될 것으로 예측하고 있다. 이러한 영향으로 할랄 시장의 규모가 지속적으로 성장할 것이라고 이야기 한다. 최근 무슬림 인구의 이주현상도 급증하고 있는 상황에서 무슬림들의 지역 분포가 넓어지고 있으며 이에 따라 할랄 제품에 대한 수요의 규모 및 지역적 분포도 넓어질 것으로 예상된다는 것이다. 할랄시장이 성장하고 있다는 이야기이다. 또한 성장하고 있는 할랄시장에 있어서 가장 우선적인 조건이 할랄에 대한 이해와 인증을 획득하는 것이라고 한다.[57] 이와 같은 연구보고서들이 발표된 가운데 한국정부는 최근 2016년 9월 22일, 서울 여의도 중소기업중앙회에서 '성공적인 할랄시장 진출, 중소기업은 무엇을 원하는가?'라는 주제로 '제4회 할랄비즈(Halal Biz) 중소기업 포럼'을 개최했다.[58] 한국의 경제 발전적 측면에서 지속적인 할랄산업을 육성화 하고자 하는 정부의 다각도적 노력이 엿보인다.

할랄 인증 대상이 되는 산업으로는 화장품과 제약보다 식품이 61%로 단연 주목을 받고 있는데 특히 할랄 식품 산업은 2013년 기준 1,450조원으로 규모로 집계되었고 2019년까지 매년 연평균 16%의 증가율을 보일 것으로 경제전문가들이 예상하고 있다는 것이다. 그리고 그 중 아시아 지역이 할랄 식품시장에서 차지하는 비중이 약 63%로 가장 크다고 한다. 무슬림 소비자

---

57) 현재훈, "할랄시장의 부상과 다국적 기업의 대응전략: 네슬레 말레이시아의 할랄전략을 중심으로,"「Korea Business Review」제20권 제3호 (2016), 1.

58) 각주 1), 2) 내용 참조바람.

들 약 89%가 식품구매 시 할랄 인증 로고를 확인한다고 답하였으며 약 97% 소비자들이 할랄제품을 선호하는 것으로 나타났다. 가격보다 인증 여부가 제품구매에 있어서 보다 중요한 요인이라고 답한 비율도 97.9%였으며 소비자들은 할랄식품일 경우 일반식품보다 높은 비용을 지불할 의사가 있다고 한다.[59] 소비자들은 왜 이 같은 소비성향을 보이면서 할랄식품에 주목하고 있는 것일까? 그것은 바로 할랄식품이 몸에 좋은 웰빙식품이라고 알려졌기 때문이다. 동물의 피를 제거하고 도축하여 고기 맛이 좋고 몸에 좋다고 하고 돼지고기를 사용하지 않고 식품법이 까다롭다는 이유에서이다.

그러나 한국에서의 상황은 경제적 이익만을 추구한 나머지 무분별한 할랄식품이 시중에 판매되고 있어 논란의 대상이 되고 있는 실정이다. 2016년 10월 2일 MBC 뉴스데스크 보도에 따르면 건강식이라고 요즈음 인기를 끌고 있는 할랄식품이 정말 위생적이고 청결하다는 할랄의 기준에 적합하게 유통되고 있는지 의심스러운 현장들이 곳곳에서 발견되고 있다. 서울 용산의 한 식당가에는 건물 1층, 2층, 3층 모두 할랄이라고 쓰여 있는 간판들이 난무하는 가운데 인근 슈퍼마켓이나 정육점에서도 할랄마크가 부착된 고기들을 쉽게 볼 수 있었다. 심지어는 수입이 아닌 국내산 생닭에 할랄마크가 부착되어있었고 이에 할랄식품 마트 직원은 "닭은 한국 닭인데 무슬림들이 닭을 잘라서 할랄입니다."라고 답변하였다. 과연 국내산 생닭에 부착된 할랄마크의 정체는 무엇인가? 보도 자료에서 단국대 연구소 연구원인 엄익란 박사는 국내산 생닭에 찍힌 할랄마크는 업체에서 자체 표시를 한 것이라고 설명하였다. 심지어 보도 자료에 의하면 2015년에는 무슬림들이 먹지 않는 돼지고기가 섞인 식품에까지 할랄마크가 부착되어 유통된 사건이 있었다고 한다. 이와 같은 이유는 한국사회에서 할랄제품에 부착된 인증표시가

59) 현재훈, "할랄시장의 부상과 다국적 기업의 대응전략: 네슬레 말레이시아의 할랄전략을 중심으로," 3-4.

식품을 수입한 국가와 이슬람 종교 분파마다 각기 다른 점을 이용하여 철저한 검증 없이 형식만 갖추면 권위 없는 인증기관들이 종이 한 장 밖에 안 되는 규정을 가지고 인증기관이 되어 할랄 인증 마크를 난발하고 있기 때문이라고 한다.[60]

이러한 현상은 머지않아 적지 않은 법적 소송에 까지 이를 수 있을 것으로 보인다. 뉴스 보도 말미에 이러한 혼란을 감안하여 정부가 하루 빨리 공식적으로 할랄 인증 기준을 확립하고 관리 감독에 나서야 할 필요가 있다고 강조하고 있는데 이는 앞서서 필자가 본 연구논문에서 강조하고 있는 것처럼 샤리아의 해석적 측면에서 각각의 무프티들이 각기 다른 국가별 지역별 파트와를 선포하고 이를 식품 할랄에도 적용하고 실행하여 다양한 기준들이 할랄시장에 있는 현실에서 한국정부가 과연 어느 국가 어느 종파의 기준에 맞출 수 있을 건이지 정부의 대책이 기대되는 바이다. 뿐만 아니라 자율경제체제의 한국사회에서 정부가 하나의 통일된 기준을 제시한다면 나머지 다른 기준에 부합한 상품수출기업들과 유통기업들은 그로인한 혼란과 경제적 손실을 감수해야만 할 것이다. 더군다나 한국이 이슬람 국가가 아닌 현실을 직시하여야 한다. 이슬람 국가에는 엄연히 이슬람법 샤리아가 존재하고 이에 따라 국가의 샤리아법 해석의 최종 권위를 가지는 '그랜드 무프티'가 있어 논쟁시 법적인 해석을 통하여 해답을 제시해준다. 그런데 한국은 '무프티'가 없으며 샤리아 법정도 없고, 샤리아는 더군다나 한국에서 국가법 준수에 있어서 우선권을 선점할 수조차도 없다. 이렇게 한국 사회의 구조가 이슬람사회와 다른 점을 감안할 때 정부 입장에서 통일된 기준을 제시하고 관리 감독 한다는 것은 사실상 불가능하며 무의미해 보인다.

---

60) http://imnews.imbc.com/replay/2016/nwdesk/article/4130000_19842.html, 2016년 10월 3일 접속. 2016년 10월 2일, 서유정 기자, MBC뉴스데스크 "〈집중취재〉 몸에 좋은 '할랄 식품'이라는데, 진짜일까?"

또한 한국은 관광산업 발전에 있어서도 할랄 인증이 강조되고 있는데 할랄 인증과 할랄식품 개발과 할랄식당의 중요성을 강조하고 있는 배경에는 다음과 같은 통계가 있다. 할랄 푸드 시장은 세계 식품 시장의 약 20%를 차지하고 있고, 2012년 기준 1조 880억 달러(1천196조원) 규모에서 2018년에는 1조 6천 260억 달러(1천788조원)까지 성장할 전망이라고 한다.[61] 그리고 2012년 세계 관광 산업은 약 1조 달러 규모로 집계되었으며 이 중 할랄 관광산업이 1,370억 달러로 13% 이상을 차지하고 있다고 한다.[62] 또한 2018년에는 1,800억 달러 규모로 성장할 것을 전망하면서 한국내 이슬람 관광산업의 경우, 무슬림 관광객 수가 2012년 52만 명, 2013년 62만 명, 2015년 73만 명으로 연평균 18.6%씩 증가하고 있다는 것이다. 그러므로 2018년 평창 올림픽을 고려하여서 국비 26억5천만 원 등 2년간 총 53억 원을 투자하여서 강릉 · 평창 · 양양에 무슬림 관광객을 위한 관광 · 숙박 · 병원 등을 조성하고 있다.[63] 아울러 강원도는 아시아의 할랄시장을 공략하기 위하여 '동아시아 할랄포럼'을 '세계이슬람경제포럼(WIEF)'과 연계하여 공동 개최하고, 2017년 총 3천명 규모의 세계 이슬람 경제 포럼을 유치할 계획에 있었다. 그러나 유치 9개월만인 2016년 7월 강원도가 개최하려 했던 '세계이슬람경제포럼(WIEF)'이 테러위험 고조로 인한 우려로 인하여 취소됐다. 강원도 관계자는 7월 21일 "최문순 강원도지사가 국민안전과 국민정서를 고려해 WIEF 개최를 철회하기로 했다"면서 "최근 테러가 연이어 발생하면서 국민들 사이에서

---

61) http://www.yonhapnews.co.kr/bulletin/2015/04/22/0200000000AKR20150422053200062.HTML?input=1179m, 2016년 9월 28일 접속. 2015년 4월 22일 연합뉴스, "강원도 무슬림 시장 공략… '할랄타운' 조성"

62) 현재훈, "할랄시장의 부상과 다국적 기업의 대응전략: 네슬레 말레이시아의 할랄전략을 중심으로," 4.

63) http://www.yonhapnews.co.kr/bulletin/2015/04/22/0200000000AKR20150422053200062.HTML?input=1179m, 2016년 9월 28일 접속. 2015년 4월 22일 연합뉴스, "강원도 무슬림 시장 공략… '할랄타운' 조성"

테러에 대한 우려감이 높아지고 있는 점과 평창 동계올림픽을 앞두고 있는 상황을 감안했다"고 설명했다. 이를 위하여 강원도는 7월 18일 말레이시아에 위치한 WIEF 재단 사무국에서 철회를 위한 협상을 진행했으며 최문순 강원도 지사가 이슬람 관련 사업을 공식 철회했기 때문에 강원도의 할랄사업도 당분간 추진할 수 없게 될 전망이다.[64] 그러나 강원도는 '동아시아 할랄포럼'계획에 대한 공식적 철회를 밝힌바 없어 9월 개최예정이었던 '동아시아 할랄포럼'의 개최여부가 현재 확인되지 않았다. 현재까지 관련 보도 자료가 없는바 '동아시아 할랄포럼'도 무산된 것으로 보인다. 이슬람 관광 산업과 관련하여 지속적으로 무슬림관광객들이 증가하고 있다고 강조하면서 '할랄'식품 개발과 인증, 그리고 할랄식당의 확충을 제안하고 있지만 사실상 무슬림관광객 수의 증가는 '할랄'식품 개발과 인증, 그리고 할랄단지개발에 있어서 원동력이 될 수 없다. 그 이유는 관광객이 증가한다 하여도 관광객의 특성상 무슬림 관광객은 방문객일 뿐 한국에 거주하는 무슬림들이 아니고 관광객이 회전되기 때문에 같은 시기에 관광객들이 집중되는 상황이 아니므로 현재 인증 받고 수출되고 있는 할랄식품 활용과 수입 '할랄'육을 이용하여도 충분한 문제 해결이 될 것이라고 생각된다. 뿐만 아니라 오히려 한국을 찾아온 무슬림들이 한국문화를 접하면서 한국음식을 받아들이기 보다 자신의 문화적 입장에서 '할랄'음식만을 고집하는 것은 한국을 찾아오는 관광객으로서 예의에 어긋나는 행위라고 생각된다. 이는 세계 관광길에 나선 한국인이 관광지에서 김치와 된장을 고집하는 것과 다를 바 없는 자문화 중심주의적 발상이다. 한국의 문화를 접하기 위해 한국에 온 것이 아닌가? 그렇다면 한국의 음식을 접하는데 있어서 거리낌이나 주저함이 없어야 할 것

---

64) http://news.kmib.co.kr/article/view.asp?arcid=0923591399&code=23111111&cp=du, 2016년 9월 28일 접속. 2016년 7월 21일 국민일보, "강원 '이슬람경제포럼' 테러 우려로 취소"

이다. 만약 문화적 입장에서 한국을 방문한 무슬림들이 한국음식을 자유롭게 대하지 못한다면 그것이야 말로 종교적 이유가 분명하고 종교적인 신념으로 '할랄'음식을 고집하는 바, 한국정부가 특정종교 편향정인 정책을 펼치는 것은 객관적인 입장에서 더욱 용납되지 않는 것이라고 생각된다. 기독교인들이라 할지라도 문화적인 다양성 포용적 차원에서 중동지역이나 이슬람권을 방문하면서 '할랄'음식을 거부하지 않는 것은 '할랄'이 종교적의미를 가지고 있음에도 불구하고 다문화를 존중하는 인격적 차원에서 수용하는 것이다.

2016년 2월 22일 방송된 CTS 특집 르포 '할랄푸드, 이슬람이 온다'에서 명지대학교 경영대학 국제통상학과 김태황 교수는 할랄식품은 생산성 측면에서 생산기술과 생산시설 설비구축을 통한 생산비 초과로 인하여 외국에서 수입되고 있는 할랄제품과 비교하여 절대적으로 비교우위에 있지 않으므로 할랄시장이 크다고 하여 한국 경제 성장에 있어서 블루오션이라고 판단하고 경제적 수익도 클 것이라고 낙관적으로 생각하는 것은 정치적으로 성급한 판단이라고 한다. 대한민국 국민의 0.4%에 그치고 있는 무슬림 인구를 위하여 막대한 예산을 투자하여 할랄식품 단지를 조성하고 인증기관 및 기준 등을 확립하는 것은 경제적으로 막대한 손실을 가져올 수 있다는 것이다.[65] 뿐만 아니라 가변적인 할랄기준과 1년 혹은 2년마다 갱신시 발생되는 추가 비용 등을 고려할 때 한국정부가 할랄산업육성을 위하여 무역개발과 수출증진을 목적으로 중소기업들의 할랄 인증에 정부의 예산을 투자하는 것은 한마디로 밑 빠진 독에 물을 붓는 격이라고 볼 수 있다. 그간 정부가 정책적으로 할랄산업을 육성하지 않아도 이미 한국기업들은 다양한 품목을 이슬람 국가에 수출하면서 수출대상 국가의 기준에 부합한 할랄 인증을 취득하여 수출무역을 시작한지 오래이다. 그러므로 각 기업이 지금의 형

65) CTS 특집 르포 '할랄푸드, 이슬람이 온다', 2016년 2월 22일 방송.

태로 한국식품의 수출이 요구될 때에 해당국가와 지역의 기준에 부합하도록 자율정책을 쓰는 것이 바람직해 보인다. 이는 만일의 경우 해당 수출국가의 급격한 할랄 인증 기준의 변화로 인하여 수출무역 손해가 발생할 경우 그 피해액이 해당 기업에 국한되고 한국경제 전반에 영향을 끼치지 않도록 자구책을 마련하는 것이며 무엇보다 무역수익이 확실치 않고 도리어 불확실한 할랄산업에 전 국민의 동의 없이 그리고 충분한 연구와 토론 없이 국민의 세금을 사용하는 것은 국민의 의사를 무시한 정부의 월권적 정책이라고 생각된다.

B. 종교적 측면

2016년 말 완공예정이었던 전라북도 익산의 할랄단지 조성과 관련하여 2016년 1월 전면백지화가 기사화 되었다. 이는 2015년 전북 익산의 할랄단지 조성과 관련하여 한국교계의 우려의 목소리가 높았기 때문이다. 그러나 농림축산부의 보고서에 따르면 완전 백지화가 아니라 향후 수출이 확대되고 수요가 급증하고 충분한 공감대가 형성되면 신중하게 다시 검토하겠다는 내용이 명시되어 있다.[66] 사실 할랄식품 단지조성을 위해 정부는 식품기업들의 입찰을 유도하였으나 단, 3개의 기업만이 입찰하여 단지조성이 불가하게 된 원인이기도 하다.

한국교회가 이슬람의 할랄단지 조성에 있어서 적극적으로 반대운동을 벌여온 것은 경제적 손실과 국가안보 차원에서 테러위험률 증가를 고려한 것이기도 하지만 종교적 측면도 절대적으로 간과할 수 없다. 앞에서 살펴본 것처럼 이슬람의 도축방식인 '자비하' 도축방법은 철저한 이슬람 종교행위

66) CTS 특집 르포 '할랄푸드, 이슬람이 온다', 2016년 2월 22일 방송.

로 간주되는바 이슬람식 제사음식을 선택의 여지없이 경제적 이유로 받아드려야 한다는 점이 문제이다. 또한 할랄을 앞세워 무슬림들이 대거 유입되어 한국 이슬람확산에 기여할 것이 자명한 사실이기에 한국교계가 적극 나설 수밖에 없다. 할랄단지 조성과 관련하여 한국이슬람교중앙회 홈페이지에 게시된 내용을 참고하면 익산에 이슬람 할랄 단지가 조성되면 무슬림가족 30만 명이 유입될 것이라고 홍보하고 있다.[67] 이는 할랄사업 정착에 있어서 필수적인 현상이므로 할랄과 이슬람교 확산을 결코 무관한 것이라고 말할 수 없다는 것이다.

한국정부는 서론에서도 필자가 언급하고 있는 것처럼 한국 기독교계가 그간 연구해온 이슬람의 할랄에 관한 지식과 정보보다도 미미한 이슬람 이해 가운데 할랄 육성정책을 펼쳐왔다. 심지어 할랄시장 관련 일반 이슬람학 전공자들의 학술연구 결과물에서도 '할랄'과 '하람'에 관한 샤리아 법에 관한 간략한 소개까지만 다루고 있을 뿐, 할랄산업 육성을 위한 시장개발 관련 방법과 정책개발 제안에만 집중되어 있고 정작 샤리아의 근간이 되는 꾸란 구절에 대한 언급이 없는 실정이다. 이는 이슬람에 관한 총체적 이해가 결여된 양상으로 보인다. 뿐만 아니라 이슬람과 중동학 관련 전공학자들의 '할랄'에 관한 기본토대연구가 부실하다는 측면이 매우 유감스럽다. 단지 경제적 수익에 초점을 맞추어 내면에 숨겨진 이슬람의 토대를 보지 못하고 있다는 것이다. '할랄'기준이 가변적이고 지역과 국가마다 다른 양상과 더불어 무슬림들의 신앙의 표준인 '할랄' 관련 꾸란 구절들에 대한 깊은 연구가 병행되어야 비로소 수출시장개척에 있어서 소비자를 파악하였다고 할 수 있을 것이다.

---

67) http://www.christiantoday.co.kr/news/288875, 2016년 9월 30일 접속, 2016년 2월 4일, 크리스챤 투데이, "할랄단지, 정부는 "무슬림 대거 유입 없다"는데… 이슬람은 "30만 거주 예정"

그리고 필자는 할랄에 관한 선행연구물 조사에서 오직 단 한편의 '코셔'에 관한 연구결과물[68]을 접하였을 뿐 할랄의 원조인 '코셔'에 대한 연구가 부족한 가운데 정부는 2016년 7월에 이르러야 '할랄'과 '코셔'를 동일 선상에 놓고 시장개발 정책을 추진하겠다고 발표한 바 있다. 이와 같은 현상은 한국정부가 정작 '할랄'과 '코셔'에 관하여 외면적으로 드러나는 경제적 논리로만 접근하고 있으며 장기적이고 이론적인 측면에서 '할랄'과 '코셔'를 표방하고 있는 이슬람과 유대교에 관하여 진정한 관심과 이해가 부족함을 보여준다고 해도 과언이 아니다. 한국교회는 '할랄'이슈 이전부터 이슬람에 관한 다양한 연구가 활발히 진행된 한국사회에 있어서 선각자 집단이라고 할 수 있다. 물론 이슬람교 확산에 기여하는 이슬람학 전공자들의 꾸준한 연구결과들이 학계에서 발표되어 왔으나 이는 내부자적 관점에서의 이해가 대부분이고 외부자적 관점에서의 객관적 이해를 위하여 한국교계는 학문적으로 많은 노력을 해 왔던 것이 사실이다.[69] 그러므로 정부는 할랄산업 육성정책을 발표하기에 앞서 '할랄'로 부각되고 있는 이슬람교에 관하여 총체적 이해가 선행되도록 힘써야 할 것이다. 이를 위하여 현실적으로 '할랄'산업이 육성화 되었을 시 이익집단이 될 수 있는 무슬림 학자들의 내부자적 입장만 견지할 것이 아니라 객관적 입장에서 연구하고 '할랄'산업과 관련하여 이익과 무관한 기독

68) 서민교, "코셔(Kosher)인증을 활용한 한국기업의 코셔시장 진출전략" 「무역통상학회지」 제15권 제4호 (2015. 12), 399-415. "현재까지 주요 서구권 국가의 식품시장에서는 약 40%에 달하는 제품이 코셔식품이며 시장 규모는 약 2500억 달러에 달할 것으로 추정하고 있다. 또한 미국 내 코셔식품 시장규모는 2013년 기준으로 130억 달러, 캐나다는 5억 7500만 캐나다 달러이며, 영국내 코셔준수 인구가 약 300만 명에 달하는 것으로 나타났다. 코셔식품의 가장 확실한 소비자층이라고 할 수 있는 유대인의 인구수는 전 세계적으로 약 1400여만 명으로 극소수를 차지하고 있지만 전 세계에 걸쳐 형성된 유대인의 네트워크를 바탕으로 시장이 형성되고 있으며 유럽, 미국등 유대인이 많이 분포되어 있는 지역을 중심으로 시장이 형성되고 있다."

69) 한국선교학계를 대표하는 한국복음주의 선교신학회와 한국선교신학회는 그간 〈복음과 선교〉와 〈선교신학〉 학술지를 통하여 2000년도 초반부터 꾸준한 연구물을 출판하여 오고 있다.

교 학자들의 외부자적 입장에도 귀를 기울여야 할 것이다. 또한 '할랄'문제에 만 국한된 지엽적인 시각을 탈피하여 이슬람화를 경험한 서구 유럽의 사례들을 상세히 조사하고 정책 답습이 아닌 발상의 전환으로 진정한 국익에 앞장서는 것이 정부의 바람직한 역할이 될 것이라고 생각한다.

Ⅳ. 총체적 선교와 '할랄'

A. 하나님이 사랑하시는 대한민국

한국의 이슬람화 측면에서 우리는 이슬람 포교 전략인 '다와(Dawah)'에 관하여 인지하여야 한다. 이슬람은 기독교와 달리 '할랄'과 '수쿠크'와 같이 경제논리를 통하여 한 사회에 접근하여 경제적 이익을 앞세워 이슬람교를 포교한다. 특별히 '할랄'은 이슬람의 문화적 특수성을 앞세워 종교적 신념을 강요하는 차원에서 고차원적인 '다와'정책이라고 볼 수 있다. 이에 무슬림들은 적극적으로 교차문화적인 '다와'전략을 통하여 이슬람포교[70]를 강조하고 있는바 한국이 복음화에 있어서 무슬림들의 '다와'전략에 기만당하지 않도록 유의해야 할 것이다.

로잔 케이프타운 서약내용과 같이 "우리는 여러 나라와 문화가 공존하는 이 세계를 사랑한다."[71] 기독교 선교적 차원에서 각 지역의 토착문화를

70) Imtiyaz Yusuf, *Doing Cross-Cultural Da'wah in Southeast Asia* (Kuala Lumpur: A.S.NOORDEEN, 2007) 1-38.

71) https://www.lausanne.org/content/ctc/ctcommitment, 2016년 9월 30일 접속.

존중하고 모든 문화들이 하나님의 영광을 드러내고 예수 그리스도의 충만함을 빛나게 하는 것을 보기 원한다. 그러나 먼저 선행되어야 할 것은 문화를 접함에 있어서 비판적인 분별이 있어야 한다는 것이다. 모든 문화는 하나님의 형상이 인간의 삶에서 드러나는 긍정적인 면 뿐 만이 아니라 죄로 인해 타락한 죄성이 드러나는 부정적인 흔적도 보여주고 있기 때문이다. 그러므로 문화 속에 잠식해 있는 죄성을 인식하고 복음으로 새롭게 되기를 갈망해야 한다.[72] 이러한 측면에서 '할랄' 속에 내재되어 있는 종교적 의미에 직면하여야 한다. 단순히 할랄 식품을 문화로 인식하는 것은 '할랄' 속에 잠식해 있는 이슬람 '다와'의 진정한 모습을 보지 못하는 것이고, 이는 한국이 하나님께 범죄하고 우상숭배 하는 제사를 보편화 시킬 수 있는 통로를 제공하는 것이라고 할 수 있다. 그러므로 하나님이 사랑하시는 대한민국이 하나님께 범죄하지 않도록 기독교는 '할랄'의 내면적 의미와 의도를 알리고 '할랄'로 인한 무슬림 증가로 이슬람화가 이루어지지 않도록 한국을 수호해야 할 영적 책임이 있다고 할 수 있다. 또한 하나님의 창조물을 돌보고 보존해야할 책임 앞에서 침묵해서는 안 된다. '할랄'도축 방식으로 인해 극심한 고통 속에 동물들이 희생당하는 것은 하나님의 창조세계에 하나님의 통치가 아닌 죄의 통치를 선포하는 것이다.

B. 하나님이 사랑하시는 한국교회

박보경 교수는 로잔의 수정된 공식 입장을 케이프타운 서약에서 발견하였다고 한다. 2010년 케이프타운 대회의 전반적인 흐름에서는 명백하게 감지되지 않았지만 에큐메니컬 진영의 지배적 의제인 "화해"가 대회의 중심

72) https://www.lausanne.org/content/ctc/ctcommitment, 2016년 9월 30일 접속.

적 토론의제가 되었다는 점[73]과 최형근 교수가 명백한 변화를 간파한 증거로 로잔의 핵심단어인 "온전한 복음", "온 세상", "온 교회"의 순서가 케이프타운에서 바뀌어서 "온전한 복음", "온 세상", "온 교회"로 전환되었다는 것이다. 최형근 교수는 이러한 전환을 2차대회보다 상대적으로 세상을 강조하는 신학적 변화로 인식하였다.[74] 무엇보다도 케이프타운 서약문 전반에 걸친 괄목할만한 변화는 '전도의 우선성(Primacy of Evangelism)'이라는 표현을 배제하고 '우선성'이라는 단어를 전도와 연결하여 사용하기보다는 하나님의 은혜와 관련하여 '하나님의 은혜의 우선성'이라는 표현으로 일축하고 있다. 또한 '전도(Evangelism)'라는 단어의 사용 역시 과거의 선언문들에 비하여 확연하게 줄었다는 것이다. 로잔선언문에서 '전도'라는 단어가 15번 사용되어졌고 마닐라 대회에서는 16번이나 사용되었는데 케이프타운 서약에서는 7번으로 줄었으며 7번 중 3번은 1차대회 로잔선언문을 인용하면서 사용된 것이라는 것이다.[75] 그렇다면 로잔이 교회의 전도에 대한 중요성을 간과한 것일까? 필자는 2차 마닐라 선언문에서 강조되어왔던 교회의 전도가 Doing에 초점을 맞춘 것이라면 3차 케이프타운에서 강조된 것은 교회의 전도가 Being에 초점을 맞춘 것으로 이해된다. 이는 박보경 교수가 그의 글에서 이어서 설명하고 있는 케이프타운 서약문에 있어서 '전도와 사회적 책임'의 관계에서 명확해진다고 할 수 있다.

케이프타운 서약문에서 전도와 사회적 책임의 관계를 말하고 있는 부분은 제1부 10항, '하나님의 선교'부분이며 여기서 10항은 총체적 선교(Integral

---

73) 박보경, "로잔운동에 나타난 전도와 사회적 책임의 관계," 한국로잔연구교수회 편, 『로잔운동과 선교』 (서울: 올리브나무, 2014), 95. 각주 35).

74) 최형근, "제3차 로잔대회 케이프타운 서약의 특징과 의의," 『로잔자료집』, 제1회 로잔캠프, 2012년 11월 23-24일, 88, 91, 97 참조. 박보경, "로잔운동에 나타난 전도와 사회적 책임의 관계", 95. 각주 35)에서 재인용.

75) 박보경, "로잔운동에 나타난 전도와 사회적 책임의 관계," 95-96.

Mission)라는 소제목을 사용하고 있다.

> 총체적 선교는 복음을 선포하는 것인 동시에 복음을 실천하는 것이다. 이는 단순히 복음전도와 사회참여가 서로 나란히 이루어져야 한다는 뜻이 아니다. 우리의 선포는 우리의 삶의 모든 영역에서 사랑과 회개를 요청하는 것이기에, 총체적 선교 안에서 우리의 선포는 사회적 중요성을 내포한다. 또한 우리의 사회참여는 사람과 사회를 변화시키는 예수 그리스도의 은혜를 증거하는 것이기에 복음전도의 중요성을 갖는다. 세상을 무시하는 것은 세상을 섬기기 위해 우리를 보내신 하나님의 말씀을 배반하는 것이다. 하나님의 말씀을 무시하면서 세상에 무엇인가를 줄 수 있을 것이라 생각해서는 안 된다.(주55)[76]

여기서 복음을 실천하는 교회는 이전의 '전도' 개념에서 선포하는 'Doing' 보다 교회의 참된 본질을 회복하여 'Being'이 될 때 가능하며 결과적으로 더욱 역동적인 복음증거가 일어날 것으로 기대된다. 그리고 사회참여가 사람과 사회를 변화시키는 예수 그리스도의 은혜를 증거하는 차원에서 한국사회에 당면한 이슬람 "할랄"문제에 대하여 교회가 침묵하는 것은 예수 그리스도의 은혜를 증거할 수 있는 통로를 차단하는 것이라고 할 수 있다. 그리고 사회참여에 있어서 교단과 교파의 활동도 중시해야하지만 하나님의 성전인 기독교인 각 사람이 교회로서 충실히 사회에서 복음을 실천하면서 복음을 드러내는 것이 중요하다고 생각된다. 이러한 차원에서 케이프타운 서약은 총체적 복음의 관점에서 정치참여 부분에 대하여 다음과 같이 언급하고 있다.

> "복음전도는 하나님과의 화해를 위해 개인적으로 그리스도께 나아오도록 설득

76) https://www.lausanne.org/ko/content-ko/ctc-ko/ctcommitment-ko#p1-10, 2016년 10월 1일 접속.

하는 것이며, 동시에 구세주이자 주님이신 역사적이고 성경적인 그리스도에 대한 선포이다…복음전도의 결과는 그리스도에 대한 순종, 그리스도의 몸 된 교회의 연합, 그리고 세상에서의 책임감 있는 봉사 등을 포함한다…우리는 복음전도와 사회적 · 정치적 참여 모두가 그리스도인의 의무임을 확증한다.[77] 이 둘은 모두 하나님과 인간에 관한 우리의 믿음과 이웃에 대한 우리의 사랑, 그리고 예수 그리스도에 대한 순종의 필수적인 표현 방식이다…우리가 선포하는 구원은 개인과 사회 전체를 변화시켜야 하는 통전적인 복음이다. 행함이 없는 믿음은 죽은 것이다."(주54)[78]

위의 단락은 순서상 각주 76) 단락 바로 앞에 나온다. 필자가 교회의 본질 회복을 강조하는 'Being'을 통한 복음실천을 강조하기 위하여 의도적으로 앞서 설명하였다. 그러므로 사회적 중요성을 인식하고 총체적 선교를 통해 사람과 사회를 변화시키기 위하여서는 우리가 살고 있는 대한민국에서 활발한 사회참여와 정치참여를 그리스도인의 의무로 확신하고 '세상에서의 책임감 있는 봉사'에 힘써야 한다는 것이다. 그것이 교회가 본질을 회복하여 'Being'이 충만하여져서 역동적으로 복음을 드러낼 수 있는 방법이 될 수 있다. 케이프타운 서약에서도 설명하고 있는 것처럼 총체적 선교가 단순히 복음전도와 사회참여가 나란히 이루어져야 한다는 뜻이 아니라 사랑과 회개를 통하여 활발한 사회참여, 정치참여가 이루어져야 한다는 것이다. 이러한 측면에서 한국교회가 이슬람 '할랄'문제에 직면한 한국사회에 오해를 무릅쓰고 공익을 위하여 사회의 안정과 경제적 손실의 위험성을 경고하면서 지속적인 사회활동을 펼치는 것은 로잔운동 관점에서 고무적인 일이 아닐 수

77) 필자가 강조함.

78) https://www.lausanne.org/ko/content-ko/ctc-ko/ctcommitment-ko#p1-10, 2016년 10월 1일 접속.

없다. 이를 위하여 한국교회 성도 한 사람 한 사람이 사명감을 가지고 각자 삶의 현장에서 교회의 본질을 회복하는 'Being'이 충만할 수 있도록 격려해야 할 것이다. 'Being'이 충만하여지면 역동적으로 복음이 사회 속에서 선포되어진다.

V. 나가는 말

로잔운동에 앞장서고 있는 한국의 복음주의 교회들은 정부의 할랄산업 육성 정책과 관련하여 전 세계의 기독교공동체 네트워크를 통한 정보수집과 '할랄'관련 연구를 발판으로 한국사회에 현실적으로 기여하고 역동적 사회참여, 정치참여를 통하여 하나님이 사랑하시는 대한민국에 경제적 혼란과 테러로 인한 사회불안요소를 예방하기 위하여 다각도로 힘쓰고 있다. 그럼에도 불구하고 한국정부와 일부 사회에서 기독교 교계의 소리를 종교적 특수주의로 일축하여 이슬람교와 기독교의 종교적 갈등으로 오해하고 있는 상황이다. 그러나 역사적으로 기독교 교회는 우리가 살고 있고 하나님이 통치하시는 이 세상의 사회문제에 대하여 도외시 하라고 가르치지 않고 있으며 무엇보다도 전 세계 복음주의 운동의 핵심 축이라 하여도 과언이 아닌 로잔운동은 계속적으로 사회참여 부분을 강조하여 왔다. 또한 1974년 '로잔언약' 선언이후, 2010년 제3차 케이프타운 대회를 통하여 교회의 사회적 책임에 관한 문제는 더욱 구체화되었으며 '총체적 선교(Integral mission)' 개념으로 발전되었다. '총체적 선교'는 단순히 복음전도와 사회참여가 나란히 이루어져야 한다는 개념이 아니라 교회가 본질을 회복하여 'Being'이 충만하여져서 역동적으로 복음을 드러낼 수 있는 방법이다. 우리가 살고 있는 사회에서 사랑과 희생으로 사회참여, 정치참여를 함으로써 삶가운데 복음을 드러내는 선교를 의미한다. 그러므로 '할랄'산업 육성화 정책에 대한 기독교계의 목소리는 한국사회발전을 위한 건전한 사회참여, 정치참여 활동이라고 생각된다. 무엇보다 이슬람을 총체적으로 충분히 이해하지 못하고 '선 이행, 후 대책'식의 방법으로 '할랄'산업 육성화 정책을 실행중인 한국정부는 '할랄'산업 육성화로 실제적인 이익집단이 될 이슬람공동체의 내부자적 목소리에만 귀 기울일 것이 아니라, 이미 이슬람화와 어려움을 경험한 서구교회들과 네트워크되어 있는 한국 기독교 공동체의 외부자적 견해에 귀를 기울여야 할 것이다. 이슬람법 샤리아 법정이 존재하지 않는 한국사회에서 각각의 수출대상 국가들의 '무프티'가 선포하는 '파트와'에 따라 종횡무진(縱橫無盡) 방황하고 경제적 혼란을 야기 시키지 않도록, 그리고 결과적으로 한국사회가 이슬람화 되는데 마중물이 되지 않도록 한국교회는 불필요한 오해를 감수하고라도 끊임없이 총체적 선교차원에서 사회참여에 힘써야 한다고 생각한다.

참고문헌

1. 국외문서

Al-Qaradawi, Yusuf. *The Lawful and The Prohibited in Islam - Al Halal Wal Haram Fil Islam*. Indiana, Plainfield: American Trust Publications, 1994.

Fatoohi, Louay. *Abrogation in the Quran and Islamic Law : A Critical Study of the concept of Naskh and its impact*. Kuala Lumpur: Islamic Book Trust, 2013.

Halim, M. A. A., & Salleh, M. M. M (2012). "The Possibility of Uniformity on Halal Standards in Organization of Islamic Countries (OIC)". *World Applied Science Journal*, 17.

Schacht, J.. "Law and Justice," in *The Cambrige History of Islam*, ed. P. M. Holt, Ann Lambton, B. Lewis, Vol. II, Cambridge: Cambridge University Press, 1970.

Yusuf 'Ali, 'Abdullah. *The Meaning of The Holy Quran*. Beltsville: Amana Publication, 1991.

Yusuf, Imtiyaz. *Doing Cross-Cultural Da'wah in Southeast Asia*. Kuala Lumpur: A.S.NOORDEEN, 2007.

2. 국내문서

김남일. "할랄식품 공장 건립을 통한 이슬람의 한국선교전략에 관한 연구." 「복음과 선교」 제34집 (2016): 13-50.

김용선. 『코란(꾸란)』. 서울: 명문당, 2006.

박규환. 『아랍세계의 법문화 : 코란, 샤리아, 이슬람국가의 법』. 서울: 한국학술정보, 2014.

박보경. "로잔운동에 나타난 전도와 사회적 책임의 관계." 한국로잔연구교수회 편. 『로잔운동과 선교』. 서울: 올리브나무, 2014.

서민교. "코셔(Kosher)인증을 활용한 한국기업의 코셔시장 진출전략." 「무역통상학회지」 제15권 제4호 (2015. 12): 399-415.

손주영. 『이슬람』. 서울: 일조각, 2005.

엄익란. "이슬람 식품 시장의 할랄 인증제도 의무화에 따른 한국 기업의 대응 방안."

「한국이슬람학회 논총」 제23-3집 (2013): 33-56.

이원삼. 『이슬람법사상』. 서울: 아카넷, 2001.

이희열, 정장호. “할랄 인증제도와 할랄 인증 강화에 따른 우리의 과제.” 「중동연구」 제33-1집 (2014): 101-140.

장훈태. “현대 이슬람의 한국 포교전략과 기독교의 대응.” 「복음과 선교」 제17집 (2012): 137-173.

최영길. 『성 꾸란 의미의 한국어 번역』. 사우디아라비아, 메디나: 파하드 국왕 성 꾸란 출판청, 1999.

최원진. “이슬람자본과 음식에 대한 한국교회의 선교적 대응.” 「복음과 선교」 제31집 (2015): 207-240.

한스 큉. 『한스 큉의 이슬람』. 손성현 역. 서울: 시와 진실, 2012.

현재훈. “할랄시장의 부상과 다국적 기업의 대응전략: 네슬레 말레이시아의 할랄전략을 중심으로.” 「Korea Business Review」 제20권 제3호 (2016): 1-20.

3. 인터넷 자료

1) 로잔관련자료

https://www.lausanne.org/content/covenant/lausanne-covenant, 2016년 9월 26일 접속. 1974 Lausanne Covenant - 6. THE CHURCH AND EVANGELISM. “World evangelization requires the whole Church to take the whole gospel to the whole world.”

https://www.lausanne.org/content/ctc/ctcommitment, 2016년 9월 26일 접속.

https://www.lausanne.org/content/ctc/ctcommitment, 2016년 9월 30일 접속.

https://www.lausanne.org/ko/content-ko/ctc-ko/ctcommitment-ko#p1-10, 2016년 10월 1일 접속.

2) 신문기사 및 방송

http://www.mhj21.com/sub_read.html?uid=100671, 2016년 9월 23일. 〈문화저널21〉 2016년 9월 23일 기사, “중소기업 할랄시장 진출 지원 및 개선방안 논의 - 중기중앙회, 제4회 할랄비즈 중소기업 포럼 개최”.

http://www.edaily.co.kr/news/NewsRead.edy?SCD=JA11&newsid=02246806612712224&DCD=A00101&OutLnkChk=Y, 2016년 9월 23일. 〈이데일리〉 2016년

7월 7일 기사, "[투자활성화 대책] "무슬림 · 유대인 지갑 열자"…할랄 · 코셔 산업 육성"

http://www.edaily.co.kr/news/NewsRead.edy?SCD=JA11&newsid=02246806612712224&DCD=A00101&OutLnkChk=Y, 2016년 9월 23일. 〈이데일리〉 2016년 7월 7일 기사, "[투자활성화 대책] "무슬림 · 유대인 지갑 열자"…할랄 · 코셔 산업 육성"

http://www.cts.tv/prog/program/korea/review.asp, 2015년 8월 21일 방송, 〈한국교회를 論하다 77부〉 "할랄산업 확산, 왜 우려하는가"

http://imnews.imbc.com/replay/2016/nwdesk/article/4130000_19842.html, 2016년 10월 3일 접속. 2016년 10월 2일, 서유정 기자, MBC뉴스데스크 "〈집중취재〉 몸에 좋은 '할랄식품'이라는데, 진짜일까?"

http://www.yonhapnews.co.kr/bulletin/2015/04/22/0200000000AKR20150422053200062.HTML?input=1179m, 2016년 9월 28일 접속. 2015년 4월 22일 연합뉴스, "강원도 무슬림 시장 공략… '할랄타운' 조성"

http://news.kmib.co.kr/article/view.asp?arcid=0923591399&code=23111111&cp=du, 2016년 9월 28일 접속. 2016년 7월 21일 국민일보, "강원 '이슬람경제포럼' 테러 우려로 취소"

http://www.christiantoday.co.kr/news/288875, 2016년 9월 30일 접속, 2016년 2월 4일, 크리스챤 투데이, "할랄단지, 정부는 "무슬림 대거 유입 없다"는데… 이슬람은 "30만 거주 예정"

3) 사전

http://100.daum.net/encyclopedia/view/47Xb23p1151n1507, 2016년 9월 28일 접속. '파트와'

http://100.daum.net/encyclopedia/view/b16a4180a, 2016년 9월 29일 접속. Daum 백과사전, "우술알피크 – usul al-fiqh"

http://100.daum.net/encyclopedia/view/b08m0555a, 2016년 9월 28일 접속. '무프티(Mufti)'

4. 기타

CTS 특집 르포 '할랄푸드, 이슬람이 온다', 2016년 2월 22일 방송.

로잔 신학의 관점에서 본 북한 선교의 방향[1)]

안승오 • 영남신학대학교

Ⅰ. 들어가면서

통일은 우리 민족이 이루어야 할 가장 중차대한 과제이며, 북한은 한국 교회가 감당해야 할 가장 중요한 선교 지역 중 하나이다. 이런 점에서 한국 교회는 통일과 북한 선교에 대하여 지대한 관심을 가져왔다. 그러나 북한 선교를 바라보는 시각은 진보 진영과 복음주의 진영 간에 상당한 차이를 보여 왔다. 좀 더 단순화시켜 표현하자면 진보 진영은 남북 교류와 협력을 통하여 화해와 평화를 이루어 민족 통일을 이루는 것에 깊은 관심을 가지는 반면, 복음주의 진영은 다양한 방법을 통하여 북한에 복음을 전하고 신앙공동체를 세우는 것에 깊은 관심을 갖는 경향을 지닌다. '북한 선교'를 바라볼

1) 본 연구에서 '북한 선교'라는 용어는 통일과 복음화를 모두 포함하는 용어로 사용될 것이다. 북한 선교는 통일과 복음화를 함께 생각하지 않고는 불가능하기 때문이다. 통일과 복음화를 함께 생각하면서도 통일에 우선순위를 두는 견해는 '통일 선교'라는 용어를 선호하고, 복음화에 우선순위를 두는 견해는 '복음 통일'이라는 용어를 선호하는 경향이 있는데, 본 연구에서는 후자와 가까운 경향이 있지만 보편적으로 수용되는 용어인 '북한 선교'라는 용어를 사용할 것이다.

때 진보 진영은 '통일'에 방점을 찍고 복음주의 진영은 '복음화'에 강조점을 두는 경향을 두는 것이다.[2)]

좀 더 구체적으로 허성업은 한국 기독교 내에 존재하는 북한 선교 운동을 크게 네 가지로 구분하였는데, 첫 번째 운동은 한국교회협의회를 중심으로 하는 진보적 성향의 운동으로서 조선그리스도연맹과 동역하면서 통일을 통하여 남북을 치유하자는 통일 지향적 성향이다.[3)] 두 번째는 한기총을 중심으로 하는 다소 보수적인 성향의 교회 중심으로 하는 운동으로서 북한 지하 교회를 육성하는 일과 통일 후 북한 교회 재건 등에 관심을 가지며 인도적 차원에서 북한 동포 돕기 등을 수행하는 성향이다.[4)] 세 번째는 위의 두 가지 성향을 동시에 추구하지만 북한선교 사역에 관심을 갖는 한기총의 방향보다는 평화통일운동에 관심을 갖는 한교협의 방향에 좀 더 기울어진 성향으로써 주로 대한예수교장로회 통합교단을 중심으로 추진되고 있다.[5)] 네 번째는 NGO를 통한 선교구조로서 빈곤, 기아, 질병, 문맹으로 시달리며 고통을 겪는 북한 사회를 지원함으로써 삶의 질과 환경을 개선하는 것에 관심을 갖는 성향이다.[6)]

북한 선교에 대하여 이상과 같이 다양한 견해가 존재하는 가운데 본 연구는 선교의 양대 진영 중 하나인 로잔운동의 관점에서 북한 선교의 방향성을 찾아보고자 한다. 로잔운동이 북한 선교를 직접적으로 거론하지는 않지

---

2) 임희모, 『한반도 평화와 통일선교』 (서울: 다산글방, 2003), 104-105. 박영환은 이러한 차이에 대하여 "1990년대 기도회 중심의 반공주의 운동으로 대표되는 기독교 보수 세력의 북한이해와 북한 중심 통일운동으로 대표되는 기독교 진보 세력의 북한이해는 기찻길처럼 평행선을 이루고 있었다."라고 평가한다. 박영환, "기독교 진, 보수 세력의 북한이해를 통한 북한선교의 접근방법론의 유형," 「복음과 선교」 19집 (2012), 209.

3) 허성업, "남북관계에서 본 북한 선교정책 전망: 한국교회의 북한 선교 방향성 고찰," 「선교신학」 Vol. 39 (2015), 407-409.

4) 위의 글, 409-410.

5) 위의 글, 411.

6) 위의 글, 412.

만 로잔은 북한 선교를 방향을 잡는데 일정 부분 중요한 나침반을 제공한다고 할 수 있다. 그렇다면 로잔운동의 핵심사항은 무엇일까? 김승호는 지난 40여 년간 로잔의 선교신학에 나타난 이슈들을 세 가지 그룹으로 나누었는데, 첫째 그룹은 40년 동안 변화가 없었던 이슈들 즉 핵심적이라 할 수 있는 이슈들로, 여기에 속한 이슈들은 1) 예수 그리스도의 유일성 2) 복음전도의 우선순위 3) 미전도 종족 선교 등이다. 둘째 그룹은 40년 동안 상당한 발전과 진전이 있었던 이슈들인데, 여기에 속한 이슈들은 1) 그리스도인의 사회적 책임 2) 타종교의 책임과 타종교인들에 대한 기독교인의 임무 3) 전도에서의 성령의 사역, 4) 평신도 사역 등이다. 셋째 그룹은 앞의 대회들에는 나타나지 않았지만 후의 대회들에 새롭게 나타난 이슈들인데 1) 유대인들에 대한 전도 2) 여성들의 역할 3) 디아스포라 선교 등이 여기에 속한다.[7]

이상과 같은 로잔의 핵심 이슈들 중에서 본 연구는 북한 선교에 지침을 제공해 줄 수 있는 요소들로서 1) 복음전도의 우선순위와 미전도 종족 선교 2) 선교에서의 성령의 사역과 기도 3) 그리스도인의 사회적 책임 4) 선교에서의 협력 5) 평신도 사역과 디아스포라 선교 등의 주제를 중심으로 북한 선교의 방향성을 찾아보고자 한다.

7) 김승호, "로잔운동의 선교사상의 발전," 한국로잔연구교수회 편, 『로잔운동과 선교』(서울: 올리브나무, 2014), 22-43. 한편 홍기영은 로잔신학의 주요 주제들을 1) 하나님의 목적, 2) 성서의 권위와 능력, 3) 그리스도의 유일성과 보편성, 4) 전도의 성격, 5) 기독교의 사회적 책임, 6) 교회와 전도, 7) 전도에서의 협력, 8) 복음전도에 동역하는 교회들, 9) 복음전도의 긴박성, 10) 복음전도와 문화, 11) 교육과 리더십, 12) 영적 갈등, 13) 자유와 박해, 14) 성령의 능력, 15) 예수 그리스도의 재림 등으로 구분하였다. 홍기영, "로잔 세계 복음화 운동에 나타난 주요 선교신학적 주제들," 한국로잔연구교수회 편, 『로잔운동과 선교』(서울: 올리브나무, 2014), 131-150.

II. 복음전도의 우선순위와 미전도 종족 선교

로잔 신학의 가장 주된 관심 중의 하나는 복음전도이다. 로잔 언약 7항은 "교회가 희생적으로 해야 할 일 중에서 전도가 최우선이다."라고 선언하였고, 마닐라 선언문 역시 "우리의 주된 관심은 복음에 있으며, 모든 사람이 예수 그리스도를 구주로 영접할 기회를 갖도록 하는데 있기 때문에 복음전도가 우선이다."(마닐라 선언문 1장 4항)라고 선언하였다. 또한 3차 대회인 케이프타운 서약에서도 "예수님의 제자로서 우리는 복음의 사람이다. 우리의 정체성의 핵심은 예수 그리스도를 통한 하나님의 구원 사역이라는 성경의 기쁜 소속에 대한 우리의 열망에 있다."(케이프타운 서약 2부 8항)라고 언급함으로써 로잔 신학의 핵심적인 관심이 바로 복음전도에 있음을 나타내고 있다. 이와 같은 경향을 보면서 김승호는 "3차에 걸친 로잔대회에서 복음전도(evangelism)와 함께 그리스도인의 사회적 책임(social responsibility)은 동시에 강조되었지만 그럼에도 불구하고 로잔운동의 특징은 변함없이 '전도의 우선순위'를 강조해 왔다."[8]고 정리하고 있다. 로잔 신학은 복음전도에서도 특별히 미전도 종족 전도에 깊은 관심을 갖고 있는데, 케이프타운은 다음과 같이 언급한다.

> 우리는 그리스도에 대한 증거를 통해 아직도 그러한 지식에 도달하지 못한 수천 개의 미전도 종족들이 이 세상에 존재하고 있다는 것을 안타깝고도 수치스

---

8) 김승호, "로잔운동의 선교사상의 발전," 26. 홍기영 역시 "로잔언약, 마닐라선언, 그리고 케이프타운 헌신은 공히 하나님의 선교는 세계복음화라고 하는 분명한 명제를 다른 무엇과도 타협하지 않고 주장하면서 이 목표를 이루기 위한 순순한 동기와 겸손한 태도와 효과적인 방법들을 논의하고 제시하였다."고 기술하고 있다. 홍기영, "로잔운동에 나타난 주요 선교신학적 주제들," 149.

럽게 인정한다. 이 종족들 가운데 신자들도 없고 교회도 없다는 점에서 이들은 복음을 듣지 못한 사람들이다. 현재 우리가 알고 있는 바와 같이, 교회가 없거나 그들과 복음을 나누려는 시도를 하는 선교단체도 없다는 점에서, 미전도 종족들 가운데 많은 종족들이 선교에서 소외된 종족들이다. 실로 아주 미미한 퍼센트의 교회 자원(인적, 물질적 자원)이 가장 소외된 미전도 종족들에게 사용되고 있다.(케이프타운 서약 2부 4항)[9]

전 세계 국가들을 대상으로 '기독교 박해지수'를 발표하고 있는 오픈도어선교회 김성태 대표에 따르면 현재 북한 신자는 40만 명 정도로 추산된다. 이 숫자는 북한 전체 인구의 약 1-2% 정도가 기독교인인 셈이며 복음 전파가 매우 어려운 미전도 종족 지역에 속한 것이다.[10] 한편 북한의 성도들 약 1/10은 혹독한 환경의 정치범 수용소에 갇혀 있고, 6~8만 명은 오지로 강제 추방되어 처참한 삶을 살아가고 있다. 연속해서 8년째 기독교 박해지수 1위 국가가 될 정도로 북한의 기독교 박해는 심각한 수준이다.[11] 로잔 신

9) 마닐라 선언문 역시 미전도 종족 선교에 관심을 표현하면서 "현재 2,000여개의 큰 민족들 속에 그와 같은 약 12,000여 개의 미전도 종족이 있으며 그들을 전도한다는 과제는 전혀 불가능한 것이 아니다. 그러나 현재 전체 선교사의 겨우 7퍼센트만이 이 일에 전념하고 있으며, 나머지 93퍼센트는 세계의 절반이 되는 지역, 곧 이미 복음화된 지역에서 일하고 있다. 이와 같은 불균형을 시정하려면 선교 인력을 전략적으로 재배치해야 할 것이다(마닐라 선언문 2부 11항)"라고 언급하였다. 마닐라 선언 2부 11항, Lausanne Movement, *The Cape Town Commitment: Study Edition*, 최형근 역, 『케이프타운 서약』(서울: IVP, 2014), 257.

10) 미전도 종족(the unreached people or Least-Reached peoples)의 정의에 대하여는 다소 논란의 소지가 있지만 일반적으로 특정 종족 안에 복음적인 그리스도인이 2% 미만인 경우 또는 전체 기독교인 숫자가 5% 미만인 경우를 미전도 종족이라고 본다. Ralph Winter, "Unreached Peoples: Recent Developments in the Concept," *Mission Frontier* (August-September, 1989), 2-3.

11) Lausanne Global Analysis는 전 세계적으로 약 55억의 사람들이 종교적 핍박이 있는 나라에 살며 이것은 전 세계 인구의 약 77%에 이른다고 보고하면서 핍박이 심한 나라들로 중국, 사우디아라비아, 북한, 미얀마, 베트남, 수단, 파키스탄 등을 거론하였다. Thomas Harvey, "The State and Religious Persecution," Lausanne Global Analysis, Vol.5 /

학의 관점에서 보면 미전도 종족이며 극심한 박해 가운데 있는 북한을 향한 가장 주요한 과제 중의 하나는 바로 복음전도가 될 것이다.

물론 북한 선교에 있어서 통일과 복음전도는 분리할 수 없는 긴밀한 연관성을 지니고 있다. 통일이 되어야 복음전도가 효율적으로 수행되어질 수 있고, 복음전도가 잘 되면 이것이 통일의 중요한 밑거름이 될 수 있다. 복음이야 말로 북한을 개방으로 이끄는 가장 강력한 햇볕이 될 수 있는 것이다. 통일과 복음전도는 북한 주민들의 행복과 민족 번영을 위하여 상호 보완적인 필수 과제인 것이다. 북한의 온전한 복음화는 통일을 생각지 않고는 불가능하며, 동시에 한국교회의 통일 운동이 통일로만 끝나서는 안 된다. 북한 주민들을 위한 진정한 복은 통일만이 아니라 하나님의 자녀 됨을 누리는 것이다. 오랜 세월 동안 인본주의적 사회주의 계급투쟁과 김일성의 주체사상, 그리고 잘못된 통치 이데올로기에 의해 몸과 마음이 철저하게 병들고 지친 저들에게 복음은 참된 치유와 회복을 줄 수 있는 것이다.[12] 기독교의 통일 운동은 이것을 바라보아야 한다. 그래야 기독교 외의 다양한 통일 운동과 차별성을 지니는 기독교의 통일 운동이 되는 것이다.

이상과 같이 통일과 복음전도를 함께 바라보면서도 복음전도에 우선순위를 두는 북한 선교는 다양한 전략을 통하여 수행될 수 있을 것이다. 북한 당국 및 조선그리스도연맹과의 접촉 및 협력, 각종 경제 협력 및 인도적 대

Issue2 (March 2016).
https://www.lausanne.org/content/lga/2016-03/state-and-religious-persecution. 2016년 5월 19일 접속.
김성태에 의하면 "북한 정부는 기독교의 확산을 막지 못하면 동유럽과 소련에서처럼 정부를 붕괴시킬 수 있는 혁명적 기운으로 발전할 것으로 생각, 이를 두려워한다"며 "기독교인 색출을 위해 가짜 교인과 교회를 만들기도 한다"고 설명했다. 김성태, "8년째 기독교박해 1위국 북한 지하 교회 도움 절실," 2016년 4월 23일 접속.
http://www.jtntv.kr/?mid=interview_people&sort_index=regdate&order_type=desc&document_srl=12483

12) 최원진, "통일 한국을 향한 한국교회의 선교적 과제,"「복음과 선교」제26집 (2014), 171.

북 지원 사역, 조선족 및 탈북자를 통한 복음전도 사역, 방송이나 풍선 등을 통한 전도 사역,[13] 통일 후 북한에 자립 교회를 세우는 사역 등, 통일과 복음전도를 위해 필요한 모든 사역을 총체적으로 수행해야 할 것이다. 그리고 이 모든 사역은 늘 통일을 넘어서 북한이 복음화 되고 북한 전역에 건강한 자립 교회가 세워지는 것까지를 내다보는 선교가 되어야 한다.

Ⅲ. 성령의 사역과 기도

로잔은 선교에 있어서의 성령의 사역을 강조한다.[14] 로잔 언약 14항은 "우리는 성령의 능력을 믿는다. 아버지 하나님은 아들을 증거하라고 그의 영을 보내셨다. 그의 증거 없는 우리의 증거는 헛되다."[15]고 언급하였고, 마닐라 선언 역시 1부 10항에서 "우리는 그리스도에 대한 성령의 증거가 복음전도에 있어서 절대 필요하며, 따라서 성령의 초자연적인 역사가 없이는 중

13) 북한의 진실을 알리는 것은 북한 정권을 끝내게 하는 가장 중요한 일이다. 이런 일을 위해 라디오 비디오, USB, 종이삐라, 음성삐라(소형MP3형 오디오장치), 성경수첩 및 한류 컨텐츠 등을 북한으로 유입시키는 것이 필요하다. 특별히 풍선에 들어있는 전단지는 북한 정권의 허구성과 기독교 복음 등이 들어있는데, 이것의 효과는 아주 강력하여 북한은 이 전단지들을 미국의 미사일보다 더 큰 위협으로 생각한다고 한다. 현재 북한을 붕괴시키는 가장 큰 잠재적 적은 미국이나 남한이 아니라 기독교라 할 수 있다. 김성욱, 『북한을 선점하라!』, 220.

14) 로잔운동은 2004년 파타야에서 세계복음화를 위한 로잔 회의를 열고 이 때 Lausanne Occasional Paper의 주제를 "전도 속의 기도"(Prayer in Evangelism)로 잡고 기도에 대한 종합적인 연구를 담았다. 기도에 대한 로잔의 관심을 보여주는 대목이 아닐 수 없다. Lausanne Movement, "Prayer in Evangelism," Lausanne Occasional Paper, No. 42. https://www.lausanne.org/wp-content/uploads/2007/06/LOP42_IG13.pdf.

15) 로잔언약 14항, 로잔운동, *The Cape Town Commitment: Study Edition*, 최형근 역, 『케이프타운 서약』(서울: IVP, 2014), 226.

생이나 새로운 삶이 불가능하다는 것을 단언한다."[16]고 말함으로써 선교에 있어서 성령의 역사가 필수 불가결임을 선언한 후 11항에서 "우리는 영적인 싸움을 위해서는 영적 무기가 필요하므로, 성령의 능력으로 말씀을 선포하며, 정사와 악의 권세를 이기신 그리스도의 승리에 참여할 수 있도록 항상 기도해야 함을 단언한다."[17]라고 함으로써 세상의 악한 권세를 이기는 그리스도의 승리에 참여하기 위해서는 기도가 필요함을 선포함으로써 성령과 기도를 긴밀하게 연결시키고 있다. 케이프타운 서약은 다음과 같이 성령의 사역 범위를 좀 더 확장시키고 있다.

> 따라서 우리의 선교 사역은 성령의 임재와 인도와 능력이 없이는 의미도 없고 열매도 없다. 이것은 선교의 모든 차원, 곧 복음전도, 진리 증거, 제자 훈련, 화평케 함, 사회 참여, 윤리적 변혁, 창조세계를 돌봄, 악한 세력을 물리침, 악한 영의 축출, 병든 자의 치유, 박해 아래 겪는 고난과 인내에 모두 해당된다. 우리가 그리스도의 이름으로 행하는 모든 것은 성령의 인도하심과 능력을 받아야만 한다.[18]

케이프타운 서약은 선교사역의 모든 차원 즉 복음화에 해당되는 사역뿐 아니라 인간화에 해당되는 사역까지도 모두 성령의 역사가 있을 때 가능하다는 점을 강조하는 것이다. 통일과 북한 복음화의 문제는 참으로 복합적인 일이 아닐 수 없다. 현재의 북한 체제 하에서 복음을 전한다는 것은 거의 불가능에 가까운 일이라 해도 과언이 아니다. 또한 통일 문제 역시 참으로 복합적인 문제이다. 통일의 문제는 남북한의 문제이자 동시에 미국 중국 러시

16) 마닐라 선언 1부 10항, 로잔운동, *The Cape Town Commitment: Study Edition*, 232.

17) 마닐라 선언 1부 11항, 232.

18) 케이프타운 서약 1부 5항 C, 로잔운동, *The Cape Town Commitment: Study Edition*, 37-38.

아 일본 등 주변 강대국들의 이해관계가 복합적으로 얽혀져 있는 문제이다. 따라서 주변 강대국들의 협력이 통일에 필수적이다.[19] 또 시기적으로 보아도 남한의 준비가 미흡한 상황에서 너무 빨리 통일이 되거나 혹은 너무 늦어질 때 분단이 고착화될 수 있다. 따라서 통일은 역사를 주관하시는 하나님의 역사하심으로 하나님의 때에 맞추어져 이루어야 하는 일이다. 이런 점에서 볼 때 참된 북한 선교는 철저하게 성령의 도우심이 있어야 하고 이를 위해 한국교회는 눈물의 기도를 쌓아야 하는 것이다.

독일의 통일 과정을 보아도 통일의 과정에 있어서 기도의 역할은 참으로 중요한 것이었다. 물론 통일을 가져다 준 다양한 요인들이 있었지만 하나님의 강권적 역사하심과 이것을 위한 독일 교회들의 기도가 결정적인 역할을 했다는 것은 부인할 수 없다. 특별히 동독의 라이프치히(Leipzig)에 있는 니콜라이 교회(St. Nicholas Church)는 1983년부터 통일을 외치는 동독 젊은이들의 은신처가 되었고, 1989년 5월에는 동독 공산당 지방선거에서 부정선거로 인하여 시위가 일어날 당시 니콜라이 교회(St. Nicholas Church)에서 시작된 자그마한 촛불 기도회는 통일을 위한 하나의 중요한 도화선이 되었다. 즉 니콜라이 교회에서 시작된 작은 촛불 기도회가 베를린 장벽을 무너뜨리고 독일에 통일을 안겨준 결정적인 역할을 했던 것이다.[20]

---

19) 주변 강대국들의 한반도 통일에 관한 셈법은 매우 복잡하다. 예를 들어 통일연구원은 "... 미국의 입장에서 통일 이후 한미동맹이 약화되고 한국의 외교 정책이 친중(친중)적으로 선회하며 미중관계가 긴장 관계가 될 경우 미국에게 큰 안보비용이 발생하는 것으로 분석하였다." 김규륜 외,『한반도 통일의 미래와 주변 4국의 기대』(서울: 통일연구원, 2013), 169.

20) 최원진, "통일 한국을 향한 한국교회의 선교적 과제," 157. 1983년 가을, 50여 명의 동독 청년들이 동서독에 핵무기가 배치되는 것을 반대하여 라이프치히 광장에서 촛불 시위를 벌였다. 경찰이 체포하려고 하자, 그들은 니콜라이 교회로 피신했다. 이때부터 니콜라이 교회는 동독에서 자유와 평화, 그리고 통일을 위한 중심지가 되었고, 동독 재야인사들의 최후 보루(堡壘)가 되었다. 그 후 1986년 여름, 라이프치히 교구가 보네베르거를 월요평화기도회의 지도자로 임명하자 보네베르거는 니콜라이 교회의 퓌러와 함께 평화기도회를 주관했다. 동독 정권은 이 기도회를 열지 못하도록 많은 방해를 하였지만, 1989

언뜻 생각하면 통일을 위한 성령의 사역이나 이를 위한 기도와 같은 것은 통일에 있어서 효과가 매우 미미한 사역처럼 보일 수 있다. 그러나 독일 통일에서 볼 수 있듯이 서독과 동독 교회의 기도는 어려워보였던 통독의 물꼬를 터준 마중물과 같은 결정적인 역할을 감당했던 것이다. 따라서 한국교회는 북한 선교를 위하여 그 어떤 다른 사역보다 기도에 더 많은 관심을 갖고 헌신해야 한다. 특별히 북한에서 목숨을 걸고 신앙생활을 하는 지하교회 성도들과 지도자들 그리고 북한 강제노동 수용소에 있는 성도들을 위해 기도해야 한다. 마지막 승리를 얻을 때까지 목숨을 건 신앙의 사투를 잘 견딜 수 있는 힘을 달라고 기도해야 한다. 또 북한에 들어가서 전도를 하는 탈북자들이나 중국 방문자들이 처절한 핍박과 순교를 각오하고 수행하는 복음 사역을 잘 감당할 수 있도록 기도해야 할 것이다. 또 북한으로 들어가는 인도적 지원이 북한 주민들의 실제적인 문제를 해결하는데 도움이 될 수 있도록 기도해야 할 것이다.[21] 아울러 북한 정권이 하나님의 선하신 인도하심 가운데 정리되고 민족에 의한 자주적이고 평화로운 통일이 하나님의 계획 가운에서 이루어지고 그 후에 북한 교회의 교회 재건 사역이 잘 이루어질 수 있도록 기도해야 하는 것이다.

년 9월 4일 월요평화기도회에서부터 분위기가 바뀌기 시작했다. 동독 청년들이 동유럽을 통하여 서독으로 탈출하면서 참석자의 수가 2,000여 명으로 급증했고, 이런 과정을 통하여 독일 통일에 결정적인 기여를 하였다. Thomas Mayer, *Der nicht aufgibt-Christoph Wonneberger*, 이규영 감수, 『포기하지 않는 자』 (서울: 사단법인 우리민족교류협회, 2015), 113-114.

21) 김성태에 의하면 북한 당국자들은 북한 지하 교회의 실체를 알면서도 모르는 체 방치하다가 교인으로 위장하여 외부 성도들을 끌어들이기도 하고, 지하 교회의 존재를 알게 되었음에도 일망타진하기 위해 함정을 파놓고 기다리며 다른 사람들을 끌어들이는 경우도 있다고 말한다. 기독교 박해 지수가 8년 연속 세계 1위인 북한에서 신앙생활을 한다는 것은 최악의 고난의 터널을 지나는 것이므로 기도가 절실히 요구된다. 김성태, 『북방 선교의 실상』 (서울: 생명의 말씀사, 1994), 207.

Ⅳ. 선교에서의 협력

선교에 있어서의 협력 이슈는 에큐메니컬 선교의 주된 강점이지만 로잔 진영 역시 선교에 있어서 협력을 강조한다. 로잔 언약 7항은 "이는 우리의 불일치가 우리가 전하는 화해의 복음을 손상시키는 것 같이, 우리의 하나 됨은 우리의 증거를 더욱 힘 있게 만들기 때문이다."[22]라고 언급한 후 "우리는 교회의 선교 사역을 확장하기 위해, 전략적 계획을 위해, 서로 격려하기 위해 그리고 자원과 경험을 서로 나누기 위해 지역적이며 기능적인 협력을 개발할 것을 촉구한다."[23]고 선언하였다. 마닐라 선언 17항도 "우리는, 교회와 선교 단체 그리고 그 외 여러 기독교 기관들이 복음전도와 사회 참여에 있어 경쟁과 중복을 피하면서 상호 협력하는 것이 절실히 필요함을 단언한다."[24]고 선언한다. 케이프타운 헌신 역시 "선교에서 남과 북, 동과 서의 참된 상호 관계, 서로 주고받는 상호의존, 존중과 존엄성을 추구하자. 그것이야말로 진정한 우정과 참된 동반자 됨의 특징이다."[25]

이상과 같은 로잔의 협력 정신은 북한 선교를 위해서도 좋은 지침이 된다. 북한 선교를 위한 협력을 생각할 때 우선 생각할 수 있는 것은 북한 선교를 행하는 기구들 간의 협력일 것이다. 앞에서도 보았듯이 북한 선교를 평화 통일이나 자주 통일 등의 관점에서 생각하는 진영과 북한 선교를 주로 북한의 복음화 방향에서 보는 진영이 존재한다. 두 진영 사이에는 상당한

---

22) 로잔언약 7항, 로잔운동, *The Cape Town Commitment: Study Edition*, 221.

23) 위의 글, 222.

24) 마닐라 선언 1부 17항, 로잔운동, *The Cape Town Commitment: Study Edition*, 233.

25) 케이프타운 헌신 IIF-2-B, *The Cape Town Commitment: Study Edition*, 123.

견해 차이와 갈등이 존재한다. 그러나 넓게 보면 모두 북한 선교를 하는 것이므로 서로 정죄하는 것을 피해야 한다. 각자 나름대로 북한 선교를 위해 기여하는 것으로 이해할 필요가 있다. 양 진영이 서로 질타하면서 적대감을 갖기 보다는 긴밀한 협력을 한다면 북한 선교는 훨씬 더 효율적으로 이루어질 것이다. 물론 현실적으로 이 둘 사이에는 관점의 차이가 매우 크기 때문에 긴밀한 협력이 이루어지기는 쉽지 않을 것이다. 또 협력이 좋다고 해서 무조건 무리하게 양 진영을 합하거나 의견이 일치된 사역만을 하려 하는 것만이 능사는 아니다. 로잔 역시 협력의 필요성을 강조하면서도 "조직적인 일치단결은 여러 형태가 있고, 그것이 반드시 복음전도를 진척시키지 않을 수도 있음을 인정한다"[26]라고 언급한 바 있다. 따라서 현 상태에서는 양 진영의 입장 차이가 있음을 인정하고 각 진영이 나름대로 기여하는 바가 있음을 서로 인정하는 것이 좋을 것이다. 그러면서 함께 할 수 있는 인도적 차원의 지원과 같은 사역을 함께 하면 될 것이다.[27]

다음으로 생각할 것은 북한 선교의 파트너인 북한 교회와의 협력이다. 북한 교회는 북한 정권의 지지를 받는 조선그리스도교연맹(이하 조그련)과 그 지도를 받는 가정교회가 있고, 북한 정권의 철저한 탄압을 받는 지하 교회로 구성되어 있다. 가정 교회는 약 1만 3천여 명 정도 되고 지하 교회는 약 10만~30만 정도 되는 것으로 추산되고 있다.[28] 한국의 진보 진영은 주로 조

26) 로잔언약 7항, 로잔운동, *The Cape Town Commitment: Study Edition*, 221.

27) 예를 들면 1994년 12월에 120 여개 교단이 모여 북한동포 돕기 운동과 북한교회 재건운동을 합하여 '한국기독교 평화 통일 추진위원회'를 결성하였는데, 이것은 기독교 진, 보수 세력이 연합된 최초의 남한기독교의 북한 선교 조직체였다. 박영환, "기독교 진, 보수 세력의 북한이해를 통한 북한선교의 접근방법론의 유형," 209.

28) 북한의 지하교회는 10여명 혹은 20~30명 많게는 70여명의 네트워크 형태로 구성된 것으로 알려져 있다. 지하교회는 철저히 가족 혹은 친척 위주로 구성되어 있고 숫자를 파악하는 것이 매우 어렵다. 존스톤은 다양한 정보를 종합하여 지하교회의 성도들을 28만에서 최대 35만까지 추측하였다. 현재 북한의 지하 교회는 평양에서부터 중국 접경지역까지 거의 전 지역에 분포된 것으로 알려져 있고 1995년 이후로 최소 4천여 명이 처형을 당했지

그련과 가정 교회와의 협력을 추구하는 반면, 복음주의 진영은 주로 지하교회와의 협력을 통하여 북한 내의 복음화에 깊은 관심을 갖는다. 그런데 북한 선교는 이 두 가지 형태의 교회 모두와 협력을 해야 할 것이다. 조그련과 여기에 속한 교회들을 완전히 무시하고 북한 선교를 하는 것은 현실적으로 쉽지 않은 면이 있다.[29] 한편 조그련에 속한 교회들은 현실적으로 선전용으로 사용되고 정치적으로 이용되고 있으며, 북한 정권의 요청에 따라 북한 정권을 위해 움직이는 교회라는 것도 기억할 필요가 있다.[30] 따라서 조그련 계통의 교회들과의 협력은 상당히 신중할 필요가 있다. 이러한 협력을 통해 엄청난 액수의 헌금이 보내지지만 이 돈이 북한 정권의 유지를 위해 사용될 수도 있기 때문이다.[31] 북한 교회와의 협력은 고난 가운데 있는 지하교회 성도들의 신앙을 북돋아주고 교회들이 든든히 서갈 수 있는 방향으로의 협력이 필요할 것이다.[32] 바람직한 북한 선교는 일방적인 물량 공세나 우월의식

만 현재도 급속도로 증가하고 있는 것으로 보고되고 있다. Patrick Johnstone, *Operation World*, 죠이선교회 역, 『세계기도정보』 (서울: 죠이선교회, 2002), 363.

29) 홍기영은 북한 선교를 위하여 조그련에 속한 교회들과 지하교회 모두와 협력해야 할 이유에 대하여 "한국교회가 긴급구호나 장기 프로젝트를 통하여 지원할 때 조그련을 통하여 지원함으로써 상호 신뢰를 쌓아가야 한다. 특히 조그련이 가정교회를 관할하기 때문에 조그련을 통하여 가정교회를 지원하고 가정교회가 부흥하고 성장할 수 있도록 지원하는 것이 바람직하다. 한편 조선족 교회를 통하여 다양한 방법으로 지하교회를 지원하고 돕는 것이 중요하다. 왜냐하면 지하교회가 유형이든 무형이든 미래의 북한선교의 그루터기이기 때문이다."라고 강조한다. 홍기영, "통전적 모델을 통한 효과적인 북한선교전략," 「선교신학」 제18집 (2008), 295-296.

30) 박영환, 『북한 선교의 이해와 사역』, 278. 박영환은 조그련에 속한 교회들이 북한 정권에 의해 움직이는 교회들임을 말하면서도 그래도 이 교회를 인정하고 이 교회를 세워주어야 한다고 강조하면서 이 교회가 북한 선교의 못자리이며, 원동력이며, 정책과 전략이라고 강조한다. 박영환,『북한 선교의 이해와 사역』, 269.

31) 김성욱은 "북한의 가짜교회 봉수교회로 흘러가는 남한 교계의 이른바 '선교헌금' 용처도 마찬가지다. 39호실을 거쳐 무기개발, 대남공작에 사용된다."고 강조한다. 김성욱, 『북한을 선점하라!』, 116.

32) 남한교회에는 지하교회를 부인하고 이들을 위한 지원은 남북 충돌의 소지가 있으므로 금지되어야 한다는 주장이 있는가 하면, 지하교회야 말로 진정한 교회이며 이들을 돕는 것이 북한복음화의 핵심이라고 주장하는 입장이 대치되고 있다. 김홍수 류대영 공저, 『북한

에 사로잡힌 선교 방식이 아니라 북한 교회를 인정하고 존중하는 협력 선교가 되어야 할 것이다.[33] 현 상황에서 북한 교회는 여러 가지로 미약한 가운데 있지만 그럼에도 불구하고 북한 선교의 주역은 북한 교회임을 잊어서는 안 될 것이다.

다음으로 생각할 것은 통일 이후의 협력에 관한 것이다. 북한 선교의 바람직한 방향은 통일 이후 북한 지역에 건강한 교회가 서고 이 교회들을 통하여 북한의 복음화가 왕성하게 일어나며 이들이 세계 복음화의 일꾼으로 성장하게 되는 것이다. 이러한 협력은 북한 교회 재건론에 잘 나타나고 있는 것으로 보이는데, 북한 교회 재건론의 주요 원칙을 보면 1) 남한 교회와 해외 동포 교회가 연합체를 구성하여 북한 교회 재건을 추진해야 한다는 연합의 원칙 2) 북한에 하나의 단일한 개신교 교단을 만들어야 한다는 단일의 원칙 3) 북한에 자립하는 교회를 설립하여 남한 교회로부터 독립된 교회를 세워야 한다는 자립의 원칙 등이 강조된다.[34] 특별히 북한 교회 재건을 위하여 모든 교회가 연합해야 한다는 협력 원칙의 이유를 임희모는 다음과 같이 정리하고 있다.

> 1) 남북통일이 이루어지면 북한 지역에 수많은 선교사들이 몰려들어 경쟁함으로써 효과적인 선교가 이루어지지 않고 부정적 결과를 맺어 북한 주민들을 복음화 할 수 없을 것이라는 염려 2) 남한 교회가 북한에 자교회를 세운다는 차원에서 교회를 개척할 우려 3) 남한교회가 돈 선교를 함으로써 선교지를 오염시키고 타락시킬 염려도 있다는 것이다. 이러한 부작용은 이미 중국 조선족 선교와 러시아 선교에서 익히 드러났다는 것이다 그러므로 이러한 여러 염려를 불

종교의 새로운 이해』(서울: 다산글방, 2002), 315-316.

33) 김성태, 『북방 선교의 실상』, 194.

34) 임희모, 『한반도 평화와 통일선교』, 108-109.

> 식하고 효과적인 선교를 하기 위하여 교단 간에 협력하여 창구를 일원화하여야 한다는 것이다. 4) 대(對)북한 창구를 일원화해야 한다는 것이다. 남한에 존재하는 특정 기구를 통하여 질서 있게 북한에 들어가서 교회 설립을 추진하도록 해야 한다는 것이다.[35]

바람직한 북한 선교의 방식은 모두의 마음과 뜻이 잘 모아지는 협력선교이며 특별히 북한 선교의 가장 중요한 주체는 외부인이 아니라 미약하지만 북한 교회요 북한 성도들임을 인식하고 저들을 존중하고 저들과 힘을 합하는 협력 선교임을 기억해야 할 것이다.

V. 기독교인의 사회적 책임

로잔운동은 복음전도와 사회적 책임을 그리스도인의 양대 의무로 강조하고 있다. 로잔 언약은 "물론 사람과의 화해가 곧 하나님과의 화해는 아니며 또 사회 참여가 곧 복음전도일 수 없으며 정치적 해방이 곧 구원은 아닐지라도, 우리는 복음전도와 사회 정치적 참여는 우리 그리스도인의 의무의 두 부분임을 확언한다."[36]고 언급한다. 마닐라 선언 역시 8, 9, 18, 21항 등에서 그리스도인의 사회적 책임을 언급했고 특별히 4항에서 "신빙성 있는 참된 복음은 변화된 성도들의 삶 속에 뚜렷이 나타나야 한다. 우리가 하나님의 사랑을 선포할 때, 우리는 사랑의 봉사에 참여해야 하며 우리가 하나님

---

35) 임희모, 『한반도 평화와 통일선교』, 108-109.

36) 로잔언약 5항, 로잔운동, *The Cape Town Commitment: Study Edition*, 219-220.

나라를 선포할 때, 우리는 정의와 평화에 대한 그 나라의 요청에 헌신적으로 응답해야 한다."[37]라고 언급하였고, 케이프타운 서약 역시 "우리의 모든 선교가 이루어지는 장소는 우리가 살아가는 세상, 곧 죄와 고통과 불의와 창조 질서의 왜곡으로 가득한 세상이며, 이런 세상으로 하나님은 그리스도를 대신해 사랑하고 섬기도록 우리를 보내신다."[38]라고 말하면서 사회적 책임을 강조한다. 물론 로잔 진영 안에서 사회적 책임의 정도에 관한 이견들이 여전히 존재하고 있지만[39] 사회적 책임이 그리스도인의 핵심 의무로 인식되고 있다.

북한 선교에 있어서도 나눔과 인도적 지원 등은 말씀을 증언하는 선교이다. 나누고 섬기는 것은 복음의 실천적 행동이다. 이러한 나눔은 복음 증거의 결실을 바로 거두는 데는 다소 한계가 있을 수 있지만 기독교에 대한 이미지를 향상시켜 장기적으로 복음 복음화에 도움이 될 수 있다. 이런 점에서 한국교회와 기독교 관련 NGO 단체들은 북한을 위한 인도적 지원 사역을 많이 행해왔다. 복음주의 성향의 교회들도 1992년 남북교류에 대한 협의서가 시행된 이래 인도주의적 협력과 지원을 행해왔다. 이러한 행동은 구체적인 조직체로 나타났는데, 1993년에 진보와 보수가 연합하여 평화와 통일을 위한 남북 나눔 운동'을 조직하였고, 1994년에는 북한동포 돕기 운동과 북한교회 재건운동이 합하여 '한국 기독교 평화 통일 추진 위원회'가 결성되

---

37) 마닐라 선언 1장 4항, 로잔운동, *The Cape Town Commitment: Study Edition*, 240-241.

38) 케이프타운서약 1부 10항, 로잔운동, *The Cape Town Commitment: Study Edition*, 60-61.

39) "로잔운동 내부에서 어떤 이들은 그리스도인의 사회적 책임에 대한 1-3차 문서들의 내용이 아직 충분치 않다고 생각하기도 하며(예를 들면 올란도 코스타스, 레네 파딜랴, 사무엘 에스코바와 같은 급진적 복음주의자들), 어떤 이들은 로잔이 본래의 목표보다 너무 많이 나갔다고 생각하는 이들도 있다. 현재 로잔의 참여자들 중에는 로잔이 본래의 목표이었던 '전도'에 분명한 초점을 맞추길 원하며, 전도를 교회의 다른 책임들과 산만하게 하기를 원치 않는 자들이 있다. 사회적 책임 이슈는 앞으로도 계속 로잔운동 안에서 핫 이슈가 될 전망이다."라고 김승호는 정리하고 있다. 김승호, "로잔운동의 선교사상의 발전," 33.

어 진보와 보수를 아우르는 북한선교 조직체가 시작되었다.[40)]

한국교회는 식량난을 겪고 있는 북한에 쌀, 옥수수, 밀가루 등을 보내고 빵공장, 국수공장, 떡 공장, 두유공장 등을 설립해주기고 하고, 비료나 농기계 등을 보내기도 하였다.[41)] 또 영양 부족과 의약품 부족으로 절대 다수가 건강이 좋지 않은 상태에 있는 북한에 의약품과 의료기기 등을 지원하는 사역을 해왔다. 특별히 아이들을 돕는 사역은 아무리 강조해도 지나치지 않을 정도로 중요하다. 영양실조로 뼈는 앙상하고 배만 볼록 튀어나온 아이들이 제대로 살기 어렵고 혹 산다 해도 정상적인 생활을 하기 어려운 상황이다. 이 아이들의 문제는 통일 한국의 큰 불행이 될 것이다. 한국교회는 이들의 영양공급과 치료를 위한 원조에 더 많은 역량을 쏟아 부어야 할 것이다.

그런데 모든 일을 함에 있어서 그렇듯이 북한을 위한 원조를 함에 있어서는 특히 지혜가 필요하다. 그것은 북한이 독특한 사회 체계를 지니고 있기 때문이다. 북한은 원조를 원하지만 그것이 체제에 위협이 되는 것을 원치 않는다. 따라서 북한 정권은 남한 교회의 대북 지원 사업이 자신들의 체제를 위협하는 것으로 인식하고 철저하게 경계한다. 이런 이유로 2006년 봄에 기독교서적과 관련 문건들을 색출하고 공개적으로 거부한 일도 있었다.[42)] 북한은 공개된 교회들을 통하여 많은 원조를 받지만 다른 한편으로는 지하 교회를 철저하게 탄압하는 이중적 모습을 보이는 것이다.[43)] 한국교회

---

40) 박영환, "기독교 진, 보수 세력의 북한이해를 통한 북한선교의 접근방법론의 유형," 209.

41) 박영환, 『북한 선교의 이해와 사역』, 165-168. 기독교 NGO 활동들도 그 활약상이 두드러진다. "월드비전은 예수 그리스도의 정신과 사랑으로 북한에 국수공장, 채소생산사업, 수경재배, 씨감자생산 사업 등을 하고 있다. 47) 유진벨은 예수 그리스도 의 사랑을 가지고 북한 결핵병원과 결핵요양소에 의약품과 진단기구와 영양제를 공급하고 있다. 한민족복지재단은 의약품을 지원하고, 수십 차례에 걸쳐 많은 한국교회의 지도자들이 방북할 수 있도록 하였으며 제약공장설립과 병원설립에 재정적으로 지원하였다." 허성업, "남북관계에서 본 북한 선교정책 전망: 한국교회의 북한 선교 방향성 고찰," 414.

42) 박영환, 『북한 선교의 이해와 사역』, 287-288.

43) 평양에는 선전을 위한 전시용 교회가 3개 있고 이를 통하여 많은 원조를 받지만 10만 명

가 지혜롭지 못하게 원조하면 그것은 북한 주민과 어린이들의 문제를 해결하기 보다는 오히려 김정은 체제만 더 공고하게 만들 수 있는 가능성도 있는 것이다.[44] 따라서 인도적인 차원의 지원이나 경제협력을 하되 분배의 투명성이 최대한 보장되는 범위에서 시행해야 한다. 또 단순 구호 차원의 도움보다는 빈곤 문제 등이 근본적으로 해결되고 북한 주민들의 삶의 질을 향상시킬 수 있는 중장기적 개발 구호적 차원의 원조 방향으로 나가야 한다.[45]

Ⅵ. 디아스포라와 평신도 선교

로잔 신학에 있어서 '디아스포라'에 대한 관심은 3차 케이프타운 대회에서 나타났다. 즉 앞의 로잔 1차와 2차 대회에서는 랄프 윈터(Ralph Winter)와 도널드 맥가브런(Donald MacGavran), 그리고 루이스 부시(Louis Bush) 등에 의하여 미전도 종족에 대한 관심이 높았다면, 3차 대회에 오면 미전도 종족 이슈에 더하여 '디아스포라'선교에 대한 관심이 높게 나타났다. 케이프타운 서약은 디아스포라를 다음과 같이 정의한다.

정도의 지하교인들이 정치범 수용소에 억류된 것으로 알려지고 있는데 종교에 대한 북한의 이중성을 보여주는 것이라 하겠다. Patrick Johnstone, *Operation World*, 죠이선교회 역, 『세계기도정보』(서울: 죠이선교회, 2002), 364.

44) 대북 지원의 효과에 대하여 김성욱은 미국 북한인권위원회 장윤옥 연구원의 설문조사 등을 바탕으로 하여 "현재 이뤄지는 대북지원은 돌고 돌아 북한의 조그련, 조불련이나 통전부를 통한 정권(政權)에 대한 지원으로 귀결된다. 정권에 대한 지원은 주민에 대한 폭압을 강화시키는 동력이 된다. 현금이 아닌 현물 역시 북한의 특권층이 독식하거나 군부대가 전용한다. 남는 게 있어도 장마당에 내다팔아 특권층의 배만 불린다. 결과는 마찬가지다."라고 말한다. 김성욱, 『북한을 선점하라!』, 98-104.

45) 최원진, "통일 한국을 위한 한국교회의 선교적 사명," 175.

> '디아스포라'(diaspora)라는 말은 어떤 이유에서건 자신들의 출생지를 떠난 사람들을 가리키는데, 그리스도인을 포함하여 다양한 종교적 배경을 지닌 수많은 사람들이 디아스포라로 살고 있다. 일자리를 찾는 경제적 이주자들, 전쟁이나 자연재해로 인한 국내 이주민들, 난민과 망명자들, 인종청소의 희생자들, 종교적 폭력과 박해를 피해 도망친 사람들, 가뭄이나 홍수, 전쟁으로 인한 기근 패해자들, 도시로 이주한 빈농들이 모두 그런 이들이다.[46]

이어서 케이프타운 서약은 다양한 종교 문화적 배경 하에서 이루어지는 증거는 "이방인을 사랑하고, 외국인의 처지를 변호하며, 갇힌 자를 돌아보고, 환대를 실천하고, 우정을 나누고, 그들을 우리의 가정으로 초청하고, 돕고 섬기라는 성경의 풍부한 명령들에 순종함으로써 이루어진다."[47]라고 말하면서 선교에 있어서 디아스포라들을 향한 섬김을 강조하였다.

북한 선교의 관점에서 보면 디아스포라는 탈북자라 할 수 있다. 그런데 탈북자는 케이프타운 서약이 강조하는 것과 같이 우리의 선교에 있어서 돌봄의 대상이기도 하지만 동시에 북한 선교를 위한 최적의 일꾼이기도 하다. 마닐라 선언은 선교에 있어서 평신도의 중요성에 대하여 "복음전도자이신 하나님은 그의 백성에게 "하나님과 함께 일하는 자"(고후 6:1)가 되는 특권을 주신다. 그러므로 여러 세기 동안 "믿는 자 모두의 제사장직"을 주장해 온 우리는 이제 또 믿는 자 모두가 사역자임을 주장한다."[48]고 강조하였는데,

---

46) 케이프타운서약 IIC-5항, 로잔운동, *The Cape Town Commitment: Study Edition*, 97.

47) 케이프타운서약 1부 10항, 로잔운동, 98. 한편 Lausanne Global Analysis는 UN 개발프로그램을 인용하여 전 세계적으로 2억1천4백만의 디아스포라가 있으며 세계의 인구, 경제, 정책, 문화, 사회 등에 영향을 미친다고 보았다. Sadiri Joy Tira, "Diasporas from Cape Town 2010 to Manila 2015 and Beyond," Lausanne Global Analysis, Vol.4/ Issue2 (March 2015). http://mail2.daum.net/hanmailex/Top.daum#ReadMail, 2016년 5월 19일 접속.

48) 마닐라선언 2부 6항, 로잔운동, 244-245.

북한 선교에 있어서 탈북자들은 디아스포라 평신도들로서 북한 선교를 위한 귀한 잠재력을 지닌 사역자들이다. 이러한 탈북자들이 한국에 약 30,000명 정도 들어와 살고 있다.[49] 이들이 북한 선교를 위하여 지닌 잠재력을 살펴보자.

첫째, 한국교회는 탈북자들에 대한 선교를 통하여 북한 선교가 어떤 것인지를 미리 이해하는데 큰 도움을 얻을 수 있다. 북한 주민들은 자본주의 사회와는 완전히 다른 사회주의 사회에서 살아온 사람들이다. 또한 '김일성 주체사상'이라는 특별한 사상 교육을 받으며 완전히 통제된 사회에서 살아온 사람들이기 때문에 같은 민족이고 같은 언어를 사용한다고 하지만 사고와 가치관과 문화가 완전히 다른 이들이다. 어떤 면에서 보면 타민족보다 훨씬 더 이질적인 문화 특징을 지닌 사람들이기도 하다. 이들은 한국에 나와서도 너무 다른 문화 차이로 인하여 혼란과 갈등을 느끼면서 한국 사회에 제대로 정착하지 못하고 불행한 삶을 살아가는 경우가 많다. 따라서 작은 숫자로 우리 곁에 온 탈북자들을 잘 돌보면서 선교를 한다는 것은 사랑의 실천이며 동시에 앞으로 통일 이후에 이루어질 북한 복음화를 미리 익히는 선교가 될 것이다.[50]

---

49) 현재까지 국내에 입국한 북한이탈주민의 현황은 다음과 같다. 통일부, "북한 이탈주민 현황," http://www.unikorea.go.kr/content.do?cmsid=3099 접속일: 2016년 4월 22일.

구분	~'98	~'01	'02	'03	'04	'05	'06	'07	'08	'09	'10	'11	'12	'13	'14	16.3 (잠정)	합계
남(명)	831	565	510	474	626	424	515	573	608	662	591	795	404	369	305	77	8,580
여(명)	116	478	632	811	1,272	960	1,513	1,981	2,195	2,252	1,811	1,911	1,098	1,145	1,092	265	20,557
합계(명)	947	1,043	1,142	1,285	1,898	1,384	2,028	2,554	2,803	2,914	2,402	2,706	1,502	1,514	1,397	342	29,137
여성비율	12%	46%	55%	63%	67%	69%	75%	78%	78%	77%	75%	70%	72%	76%	78%	77%	71%

50) 임희모, 『한반도 평화와 통일선교』, 127-128. 조은식은 "우리 주변에 북한 이탈주민이 있다는 것은 축복이다. 이들과 부대끼고 살면서 우리는 앞으로 통일된 후 북한에 있는 동포들과 이질감을 줄이고 화합할 수 있는 방법을 배우게 될 것이다."고 말하면서 우리 곁에 있는 탈북자들을 향한 관심을 강조한다. 조은식, 『통일선교: 화해와 평화의 길』 (서울: 미션아카데미, 2007), 161.

둘째, 탈북자들은 남한과 북한을 연결해주는 연결망과 같은 역할을 하고 있다. 통일을 위해서는 북한 주민들의 의식이 점진적으로 깨어나서 남한과 유사한 정도의 문화를 갖는 것이 중요한데 탈북자들이 그런 역할을 하고 있는 것이다. 탈북자들은 자신의 가족이나 친척을 한국 선교단체와 알려주고 연결해주는 통로의 역할도 하고 있다. 한국에 들어온 탈북자 80%는 북한에 있는 가족과 친척에게 전화 통화를 하고, 탈북자 59%는 자신의 가족들을 위하여 북한으로 1년에 한 번이라도 송금하는 것으로 나타나고 있다.[51] 북한과 같이 외부세계와 철저히 단절된 세계에 외부세계의 소식이 북한이탈주민들을 통하여 전해지고 있으며, 이런 점에서 북한이탈주민들은 통일의 마중물 역할을 감당하고 있는 것이다.

셋째, 탈북자들은 누구보다 북한을 잘 알기에 북한 선교를 위한 최적의 사람들이다. 북한에 오랜 세월 동안 살았기에 북한 복음화를 위해 최적의 잠재력을 갖추고 있다. 탈북자들은 급격한 가치관의 붕괴와 심리적인 불안 그리고 외부의 도움에 대한 갈구 등으로 인해 복음의 수용성이 높은 사람들이며, 이런 점에서 복음에 대하여 수용성이 높다. 그리고 일단 복음으로 무장이 되면 이들은 북한으로 들어가 복음을 전할 수도 있으므로 북한 복음화를 위한 직접적인 사역을 감당할 수 있는 최적의 사람들이라 할 수 있다.[52] 이러한 탈북자 선교는 주로 동북삼성에서 조선족 선교를 하던 선교사들이 탈북자들에게 신앙 훈련을 시키는 형태로 선교를 하였다. 특별히 중국을 단기간 방문한 북한 주민들에게 강한 신앙 훈련을 시킨 후 성경책, 찬송가,

---

51) 소피아 대학교(Sofia University) 산드라 페이(Sandra Fahy) 교수 역시 한국경제연구소(KEI) 주최 학술회의에서 탈북자들의 역할을 긍정적으로 평가했는데, "....최근 탈북자들은 북한에 남은 가족들과 핸드폰과 송금을 통해 연락을 유지하고 있는데, 이를 통해 탈북자들이 북한 사람들과 일종의 연결망(network)을 형성 · 확대해 가고 있다."고 언급하였다. JTBC 뉴스, "휴대전화로 탈북자-가족 연락…통일에 긍정적 효과," http://news.jtbc.joins.com/article/ArticlePrint.aspx?news_id=NB10829613, 접속일: 2016년 4월 24일.

52) 김성태, 『북방 선교의 실상』, 212.

MP3(성경), 라디오, CD 등을 가지고 다시 북한으로 돌아가 지하교회를 시작하게 하는 사역도 은밀히 진행되는 것으로 알려져 있다. 이들의 신앙생활이 발각될 경우 저들은 강제수용소로 보내지거나 처형을 당하게 되는데 그럼에도 불구하고 저들의 복음 열정은 수그러들지 않고 오히려 더 강하게 타오르고 있는 것으로 알려지고 있다.[53]

넷째, 탈북자들은 현재 탈북자들의 신앙생활을 가장 잘 지도할 수 있는 목회 적임자들이다. 탈북자들이 남한에 나와서 남한의 자본주의 사회에 적응하며 산다는 것은 보통 버거운 일이 아니다. 그들이 살아온 방식과 남한의 삶의 방식이 너무나 다르기 때문이다. 또한 신앙생활 역시 쉬운 일이 아니다. 따라서 탈북자들을 위한 목회자가 필요한데, 탈북자들을 위한 목회자로서는 탈북자가 가장 적임인 것이다. 아울러 통일 이후에도 북한 지역 복음화를 위한 최적의 목회 적임자들은 바로 탈북자들이다.[54] 남한의 목회자들이 북한에 가서 선교를 하는 것보다 탈북자 출신 목회자들이 북한에 가서 선교를 한다면 그 효과는 말로 할 수 없이 클 것이다. 이런 점에서 탈북자들 중에서 신학 훈련을 시켜서 탈북자 교회를 세우게 하고, 또 통일 후에는 북한에 들어가서 북한 주민들을 위하여 목회할 수 있도록 준비시키는 것은 북한 복음화를 위해 가장 중요한 준비 중 하나가 될 것이다.[55]

이처럼 탈북자들은 북한 선교에 있어서 직접적인 선교 대상이고 동시에 가장 중요한 북한 선교 인력이지만 현실적으로 탈북자들을 위한 선교는 많은 문제점들을 안고 있는 것도 또한 사실이다. 한국교회는 탈북자 문제에

---

53) 이러한 사역은 특별히 모퉁이돌 선교회가 잘 감당하고 있는데 알려진 바로는 현재 1,200개 지하교회 가운데 500-600개 교회가 모퉁이돌 선교회의 사역을 통하여 세워진 것으로 알려져 있다. 김영호, "북한의 선교 현황과 한국교회의 북한 선교 전략 및 준비,"「선교와 교회」 Vol. 3 (2015), 55. (50-82).

54) 조은식, 『통일선교: 화해와 평화의 길』, 156.

55) 홍기영, "통전적 모델을 통한 효과적인 북한선교전략,"「선교신학」 제18집 (2008), 281.

관한 한 다른 종교나 기관에 비해 훨씬 많은 노하우를 축적하고 실제로 많은 성과를 내기도 하지만 동시에 많은 문제를 일으키기도 하였다.[56] 조천현은 탈북자 선교의 문제점을 다음과 같이 보고하였다.

> '복음화'는 뒷전이고 소속 단체나 교단의 깃발을 먼저 흔들기 위해 여러 가지 이벤트에만 치중했다. 새로운 탈북자를 찾아 복음화를 하는 게 아니라 타 교단에서 보호하는 탈북자를 빼가는 일이 비일비재했다. 선교사들끼리도 서로 시기하고 질투하는 등 탈북자들에게까지도 웃음거리가 되었다. 비기독교적인 필자는 이들이 선교사인지, 이벤트 기획자인지, 인권활동가인지, 정보원인지, 스파이인지 구분하기 힘들었다.[57]

한국교회는 이러한 문제가 더 이상 발생하지 않도록 철저한 평가와 감독과 협력을 하여 탈북자 선교가 제대로 효과를 발휘할 수 있도록 지속적으로 노력해야 한다. 아울러 이미 남한 사회에 와서 발을 붙이고 살고 있지만 여전히 제대로 안착하지 못하고 방황하고 있는 탈북자들을 보살필 수 있는 방안을 찾아야 한다. 탈북자들의 이러한 모습은 북한 선교의 큰 과제가 아닐 수 없다.[58] 탈북자들은 우리 곁으로 하나님이 보내주신 북한 선교의 마중물이므로 이들을 잘 섬기고 훈련시키는 것은 북한 선교의 가장 중요한 과제 중 하나가 되는 것이다. 탈북자 선교를 제대로 하지 못하면 북한 선교는 더더욱 어려운 과제가 될 것이다.

---

56) 조천현, "탈북자 선교 10년 그 명과 암,"『월간 말』, 2007년 6월호, 104-105.

57) 위의 글, 98.

58) 박영환,『북한 선교의 이해와 사역』, 363.

Ⅶ. 나가는 말

지금까지 로잔 신학의 관점에서 북한 선교의 방향을 고찰하여 보았다. 로잔 신학의 변치 않는 핵심 사항 중 하나는 복음화의 우선순위와 미전도 종족 선교에 있다. 따라서 로잔 신학의 관점에서 보는 북한 선교는 통일과 북한 복음화를 모두 선교의 핵심사항으로 여기며 모두를 선교에 포함시키지만 여전히 복음화에 최종적인 관심을 두는 선교라고 할 수 있다. 서언 부분에서 허성업은 남한의 북한 선교 운동을 1) 진보 진영의 통일 운동 2) 복음주의 진영의 복음화 및 교회 재건 운동 3) 위의 양자를 통합적으로 추구하면서도 평화 통일에 기울어진 운동 4) NGO 중심의 지원 운동 등으로 구분하였는데, 로잔 신학의 관점에서 보는 북한 선교의 방향은 3번의 통전적인 운동의 성격을 지니면서도 복음화 방향에 더 우선순위를 두는 방향이라고 정리할 수 있을 것이다.

그리고 이와 같은 선교를 친히 인도하시고 가능케 하시는 분은 바로 성령이시며 여기에 우리의 간곡한 기도가 북한 선교를 가능케 하는 원동력이 되는 것이다. 기도의 무릎들이 있을 때에 북한 선교는 가능해지는 것이다. 북한 선교는 또한 복음의 전달과 함께 우리의 것을 사랑으로 겸손하게 나누는 섬김을 통해서 가능해진다. 지혜롭지 못한 물량공세는 절제하고 투명한 관리가 가능한 지원을 한다는 기본 원칙하에 남한 교회는 인내심을 가지고 지속적으로 섬겨야 한다. 그리고 모든 선교가 그렇듯이 북한 선교는 협력선교가 되어야 한다. 남한 내에 있는 모든 교회와 선교 단체들이 협력해야 하고 지금은 비록 미약하지만 북한 선교의 핵심 주체인 북한의 다양한 교회들과 협력해야 한다. 기구와 제도의 통일보다 더 중요한 것은 사람과 사람 사이의 화합과 조화이므로 협력하는 영성을 지금부터 훈련해야 하는 것이다. 또한 자유를 찾아 북한 땅을 떠날 수밖에 없었던 탈북자들은 돌봄의 대상이기도 하지만 동시에 가장 큰 잠재력을 지닌 선교의 일꾼임을 알고 저들과 함께 북한 선교를 추진하고 통일과 그 이후를 준비해야 할 것이다.

참고문헌

김규륜 외. 『한반도 통일의 미래와 주변 4국의 기대』. 서울: 통일연구원, 2013.

김성욱. 『북한을 선점하라!』. 서울: 도서출판 세이지, 2010.

김성태. 『북방 선교의 실상』. 서울: 생명의 말씀사, 1994.

김승호. "로잔운동의 선교사상의 발전." 한국로잔연구교수회 편. 『로잔운동과 선교』. 서울: 올리브나무, 2014.

김영호. "북한의 선교 현황과 한국교회의 북한 선교 전략 및 준비." 「선교와 교회」 Vol. 3. 2015.

김홍수 · 류대영 공저. 『북한 종교의 새로운 이해』. 서울: 다산글방, 2002.

박영환. 『북한 선교의 이해와 사역』. 서울: 올리브나무, 2011.

______. "기독교 진, 보수 세력의 북한이해를 통한 북한선교의 접근방법론의 유형." 「복음과 선교」 19집. 2012년. (191-228).

임희모. 『한반도 평화와 통일선교』. 서울: 다산글방, 2003.

조은식. 『통일선교: 화해와 평화의 길』. 서울: 미션아카데미, 2007.

조천현. "탈북자 선교 10년 그 명과 암." 『월간 말』, 2007년 6월호.

최원진. "통일 한국을 향한 한국교회의 선교적 과제." 「복음과 선교」 제26집. 2014.

허성업. "남북관계에서 본 북한 선교정책 전망: 한국교회의 북한 선교 방향성 고찰." 「선교신학」 Vol. 39. 2015.

홍기영. "로잔 세계 복음화 운동에 나타난 주요 선교신학적 주제들." 한국로잔연구교수회 편. 『로잔운동과 선교』. 서울: 올리브나무, 2014.

_____. "통전적 모델을 통한 효과적인 북한선교전략." 「선교신학」 제18집. 2008.

Harvey, Thomas. "The State and Religious Persecution." Lausanne Global Analysis, Vol.5 /Issue2 (March 2016). https://www.lausanne.org/content/lga/2016-03/state-and-religious-persecution.

Johnstone, Patrick. *Operation World*. 죠이선교회 역. 『세계기도정보』. 서울: 죠이선교회, 2002.

Lausanne Movement. "Prayer in Evangelism." Lausanne Occasional Paper, No. 42. https://www.lausanne.org/wp-content/uploads/2007/06/LOP42_IG13.pdf.

____________________. *The Cape Town Commitment: Study Edition*. 최형근 역. 『케이프타운 서약』. 서울: IVP, 2014.

Mayer, Thomas. *Der nicht aufgibt-Christoph Wonneberger*. 이규영 감수. 『포기하지 않는 자』. 서울: 사단법인 우리민족교류협회, 2015.

Tira, Sadiri Joy. "Diasporas from Cape Town 2010 to Manila 2015 and Beyond." Lausanne Global Analysis, Vol.4/ Issue2 (March 2015). http://mail2.daum.net/hanmailex/Top.daum#ReadMail

Winter, Ralph. "Unreached Peoples: Recent Developments in the Concept." Mission Frontier August-September. 1989.

김성태. "8년째 기독교박해 1위국 북한 지하 교회 도움 절실." 2016년 4월 23일 접속. http://www.jtntv.kr/?mid=interview_people&sort_index=regdate&order_type=desc&document_srl=12483

김정우. "인민군 장교나 국가안전보위부 요원들로부터 성경 요청 늘어." 월간조선 기사. http://cafe.naver.com/biitchurch/384

통일부. "북한 이탈주민 현황" http://www.unikorea.go.kr/content.do?cmsid=3099

JTBC 뉴스. "휴대전화로 탈북자-가족 연락…통일에 긍정적 효과." http://news.jtbc.joins.com/article/ArticlePrint.aspx?news_id=NB10829613, 접속일: 2016년 4월 24일.

로잔운동과 한국교회 리더십

김성욱 • 총신대학교

Ⅰ. 서론

오늘의 한국교회는 총체적 변화를 통하여 한국사회 속에서 진정한 교회의 역할을 회복해야하는 시기에 놓여있다. 종교개혁 500주년 기념을 앞두고 한국교회는 이 시대의 참교회상을 회복하고 묵은 때를 씻어내는 개혁의 길을 찾는 운동이 계속해서 추구되고 있다. 종교개혁의 기본 원리는 "개혁교회는 항상 개혁되어야 한다"(Ecclesia reformata semper est reformanda)는 전통을 잊지 않고 성경의 진리에 따라 하나님 앞에서의 삶을 회복하는 한국교회가 되어서 21세기 위대한 한국교회의 선교와 사역을 감당할 수 있다고 본다.

오늘의 한국교회 문제들과 리더십에 대해서 학자들의 다양한 시도들이 있었다.[1] 한국교회의 정체된 교회성장의 요인으로 세속화의 영향, 교회 리

1) 한국선교협의회(KWMA)의 2016년 여름 논문집 주제가 "선교와 리더십"으로 이루어졌으며, 한국복음주의신학회 제63차 학술주제도 "한국교회와 리더십"으로 리더십에 대한 연구와 관심이 집중되고 있다. 권성찬, "선교변화에 따른 리더십의 변화," 『한국선교 KMQ』 제58호 (2016년 여름), 31-39; 변진석, "범세계적 교회(Global Church)시대의 선교적 리더십

더십의 부정적 이미지 등 모든 영역에서 문제들이 산재하고 있어서, 이런 문제에 대해서 성경적으로 그 문제들을 살펴볼 필요가 있다. 특히 한국교회의 문제로 나타난 리더십의 부재에 대한 관심은 신학적 연구의 대상이 되어왔다. 지난 제63차 한국복음주의신학회(2014년 4월 26일)의 주제는 "한국교회와 리더십"으로 온전한 리더십은 한국교회 회복에 절실한 것으로 강조되었다. 주제발제자로 나선 박득훈 목사는 한국교회는 지금 개혁되지 않으면 안 되는 절체절명의 위기 상황에 놓여 있으며, 한국교회 회복에 우선적으로 필요한 리더십의 요건은 개혁자 느헤미야의 영성(느 1:1-2:20)[2]이라고 주장하였다.

한국복음주의신학회에서 강조한 것으로, 오늘의 한국교회의 만연한 왜곡된 탐욕의 복음과 세상의 빛과 소금과 분리된 반쪽 복음에 대한 저항으로서 십자가의 복음의 회복을 주장하였다. 일찍이 리차드 포스터(Richard Foster)는 물질이 중립적인 것이 아니라 돈의 뒤에 악령의 세력이 숨어있음을 지적하고 현대교회에 경고하였다.[3] 오늘의 한국교회의 물질주의 문제에 대해서 박득훈 목사는 구약의 예레미야 5장 30-31절을 인용하며, 한국교회의 지도자와 교인들 모두의 문제들로 진단하였다(렘 5:30-31)[4]. 그는 오늘 한국교회가 예레미야 시대를 방불케 하는 정도라고 하면서, 선지자의 정신과 삶을 이어받아야 할 지도자들이 하나님의 뜻을 받들어 두렵고 떨리는 마음으로 교인들

과 선교훈련," 『한국선교 KMQ』 제58호 (2016년 여름), 19-30; 27. 박기호, "선교적 관점에서 본 지도자 개발," 『한국교회와 리더십』, 제63차 한국복음주의신학회논문집 (2014년 4월 26일), 28. 박득훈, "한국교회 회복에 필요한 리더십," 『한국교회와 리더십』, 제63차 한국복음주신학회논문집, 2014년, 37-47.

2) 박득훈, "한국교회 회복에 필요한 리더십," 『한국교회와 리더십』 (제63차 한국복음주신학회논문집, 2014년), 56; 느헤미야의 리더십으로 1) 무너진 교회에 대한 눈물어린 사랑, 2) 통렬한 회개, 3) 흔들림 없는 희망, 4) 구체적인 기도를 언급하였다. 37-47.

3) John Foster, 『돈, 섹스, 권력』 (서울: 두란노, 1996), 33.

4) "이 땅에 무섭고 놀라운 일이 있도다. 선지자들은 거짓을 예언하며 제사장들은 자기 권력으로 다스리며 내 백성은 그것을 좋게 여기니 마지막에는 너희가 어찌 하려느냐."(렘 5:30-31).

을 섬기기보다는 그들 위에 군림하여 자기 뜻대로 권세를 부리고 있는데, 더욱 놀랍고 가슴 아픈 것은 교인들이 그런 지도자를 오히려 좋아하고 잘 따르고 있어서, 한국교회의 개혁과 회복은 요원해 보인다고 한국교회의 문제점을 제기하였다.[5)]

손봉호 교수는 오늘의 한국교회가 돈과 명예, 세속적 물질주의와 성공주의에 깊이 오염되었다고 통렬하게 비판하였다. "개신교 역사상 지금의 한국교회만큼 타락한 교회는 없었다. 기독교가 타락했을 때 매관매직이 성행했다. 현재의 한국 개신교는 내가 아는 한 가장 타락한 교회이다."[6)] 양낙흥 교수도 오늘의 문제로 한국교회의 불균형적 물질관을 지적하였다.[7)]

교회역사에서 중세 로마교회는 마치 구약의 사사시대처럼(삿 2:10; 21:25)[8)], "영적인 암흑기"(The Dark Age)로 선교역사가 스티븐 니일(Stephen Neill)과 K. S. 라투렛(K. S. Latourette)은 평가하였다.[9)] 그리고 종교개혁사를 저술한 루이스 W. 스피츠(Lewis W. Spitz)도 그 중세교회가 재산도 늘어나고 유복해 보이는 그 당시의 성직에 대해 대중의 인기를 얻으면서, 성직매매가 교황층과 고위 성직자들과 그들의 친척들을 중심으로 이어지게 되었다고 증언하였다. "교황 레오 10세(1513-1521) 하에서 돈 주고 살 수 있는 성직의 수는 사상 최고에 달하였으며,"[10)] 그 당시 사회 속에서 상하를 막론하고 돈으로 사지 못할 것은 없는

---

5) 박득훈, "한국교회 회복에 필요한 리더십," 36.

6) 손봉호, "한국교회, 개신교 역사상 가장 타락했다," 『시사저널』 (2011년 2월 28일).

7) 양낙흥, 『깨끗한 부자 가난한 성자』 (서울: IVP, 2012), 23.

8) 사사시대의 불순종과 세상과의 타협이 악순환 되면서 각 세대들이 겪었던 심판과 하나님의 구원의 메시지를 제시한다. "그 세대 사람도 다 그 조상들에게로 돌아갔고 그 후에 일어난 다른 세대는 여호와를 알지 못하며, 여호와께서 이스라엘을 위하여 행하신 일도 알지 못하였더라."(2:10); 우상숭배와 윤리적인 범죄가 사사시대의 마지막기록에 나타난 것은 "그 때에 이스라엘에 왕이 없으므로 사람이 각기 자기의 소견에 옳은 대로 행하였더라"(21:25; 17:6)라고 그 시대의 암흑상에 대해 증언한다.

9) Stephen Neill, *A History of Christian Missions* (London: Penguin Books, 1986). 53.

10) Lewis W. Spitz, *The Reformation*, 서영일 역, 『종교개혁사』 (서울: 기독교문서선교회,

사회로 묘사하면서, 교리적 탈선과 함께 물질주의와 황금만능주의의 타락한 교회 모습을 종교개혁이 일어나게 된 요인으로 제시하였다.

본 논문은 이러한 시대적 필요에 따라 한국교회의 문제들과 한국교회에 대한 불신과 반교회적 반응을 분석하면서, 참된 한국교회의 위상과 온전한 리더십에 대해 연구할 필요성에서 시작된 것이다. 필자는 본 논문에서 오늘의 한국교회리더십의 실상과 문제들에 대해 논하고, 바람직한 한국교회의 부흥과 온전한 리더십의 위상회복을 추구하기 위해, 성경적 리더십과 리더십 연구동향, 그리고 선교적 관점에서 선교리더십, 그리고 로잔선교운동에서 나타난 로잔언약(Lausanne Covenant, 1974), 마닐라선언(Manila Manifesto, 1989), 그리고 케이프타운 서약(Capetown Commitment, 2010)에 나타난 선교리더십을 연구하고자 한다.

II. 한국교회와 리더십

지난 70-80년대 한국교회의 성장은 세계적인 일로 기록될 만한 하나님의 은혜로 한국교회가 크게 일어난 시기였다. 세계선교역사에서 존 네비우스(John Nevius)의 "3자 원리"(Three Self Fomula) 가운데 "자립하는 교회"의 대표적인 사례로 인정되는 한국교회의 성장과 선교적 확장에 대해서 김승호 교수는 일곱 가지 성장 요인을 분석하며 제시하였다. 1) 지상명령의 비전의 원리, 2) 섬기는 리더십의 원리, 3) 평신도를 사역자로 세우는 원리, 4) 문화적인 목회원리, 5) 생명력 있는 예배의 원리, 6) 상황화된 설교의 원리, 7) 기

1991), 30.

도와 회개의 원리를 들었다.[11] 명성훈 박사는 한국교회 성장의 요인들로 1) 문화적 요인, 2) 신학적 요인, 3) 선교전략적인 요인, 4) 사회구조적인 요인, 5) 교회의 지도력의 요인, 6) 영적인 요인을 들기도 하였다.[12] 그러나 오늘의 한국교회는 여러 가지 부정적인 환경에서 놀라운 교회성장은 이제 정체와 감소의 시기를 맞이하고 있다. 그 문제들 가운데 하나로 한국교회 리더십과 관련된 부정적인 요인들이 지속적으로 드러나고 있어서, 하나님의 영광을 가리게 되고 전도의 문을 닫아 버리는 안타까운 상황이다.

한국교회와 리더십에서 자주 나타나는 부정적인 면은 세속화된 리더십, 사회적 책임을 외면하고 교회 집중적 리더십, 그리고 "독재형 권위주의적 리더십"으로서 한국의 유교적 문화에서 나오는 가부장적 리더십으로 나타난다.[13] 세속적 리더십으로는 거대주의, 물질주의, 성공주의를 추구하며 사치스런 교회당건축으로 과시욕에 사로잡힌 물질주의가 있다. 한국교회 리더십에서의 전형적인 현상은 유교적 문화 속에 나타난 계급적인 리더십인데, 한국에서 권위주의 리더십을 가지지 않으면 목회에 성공할 수 없으며, 겸손히 섬기는 리더십을 가지면 교회가 되지 않는다는 의식을 가지고 있다.[14] 유교의 핵심적 가치인 삼강오륜에 나타난 리더십은 유교적 철학과 윤리적 배경에서 가부장적인 제도의 리더십으로 아버지가 자녀를 돌보듯 아랫사람을 돌보는 관계이며, 일방적 윗사람에 대한 아랫사람의 충성을 요구하는 구조이다. 이러한 문화구조 속에서 한국교회 목회자의 리더십은 중세

---

11) 김승호, "한국교회성장을 위한 일곱 가지의 원리에 대한 고찰," 『개혁주의교회성장』 제3호 (2008:2): 96-127.

12) 명성훈, "한국교회성장의 실상분석과 미래를 위한 대책," 『영산 조용기목사 성역 40주년 기념논총 2』 (서울: 서울말씀사, 1996), 82-83.

13) Jurgen Hendricks 외, "한국교회 성장을 위한 리더십연구," 김성욱 역, 『신학지남』 제288호 (2006년 가을), 230-251.

14) Jurgen Hendricks 외, "한국교회 성장을 위한 리더십연구," 김성욱 역, 『신학지남』 제288호 (2006년 가을), 230-251.

의 계급적 사제주의(Sacerdotalism)를 지향하면서 중세시대의 가톨릭교회화 하는 경향을 가진다고 할 수 있다. 목회자의 권위주의적 자세는 교인들이 그들을 존경하지 않는 이유가 되고 있고, 이것 때문에 많은 교인들이 상처를 받는 것으로 나타나기도 한다. 한국교회의 성도들의 신행의 불일치, 신뢰도의 상실, 그리고 권위주의 중심의 리더십으로 인해 한국교회 리더십은 더욱 많은 문제들을 양산하고 있다고 본다.

최근에 한국의 미래학자 최윤식 박사는 "한국교회 잔치는 끝났다! 한국교회는 성장이 잠시 주춤한 것이 아니라 이미 쇠퇴기에 접어들었다. 뼈를 깎는 노력으로 갱신하지 않고 그냥 그대로 가면 2050-2060년경에는 400만 아니 300만 명대로 교인수가 줄어들 수도 있다"[15]고 경고하였다. 이러한 한국교회의 성장의 정체와 교인 수 감소의 이면에는 한국사회 속에서의 교회에 대한 실망과 교회의 이미지실추도 자리 잡고 있다. 기독교윤리실천운동에서 발표한 한국의 대표적인 종교단체의 신뢰성에 대한 설문조사의 결과는 가장 신뢰하는 종교로서 가톨릭(29.2%), 불교(28%), 기독교(21.3%), 유교(2.5%), 원불교(1.3%), 기타종교(0.6%)의 순으로 나타났다. 기독교를 신뢰하지 않는 이유로 1) 언행일치가 되지 않아서(93건), 2) 교회의 내부적 비리와 부정부패(81건), 3) 강압적 선교방식(43건) 등으로 문제점들이 들어났는데, 여기서 교회 지도자의 리더십의 문제는 한국교회 신뢰회복의 핵심요인임을 알 수 있다.

정용암 박사는 한국교회의 문제를 보다 구체적으로 세 가지로 축약하여 설명하였다.[16] 첫째, 한국교회는 대형교회로의 편중이 문제의 근원이다. 소위 대형교회의 물적, 인적 자원들을 통해 개척교회나 작은 교회의 어려움을 가중시키고 있다는 것이다. 둘째, 한국교회는 시대변화에 따른 대처능력의

15) 최윤식, 『2020-2040 한국교회미래지도』 (서울: 생명의 말씀사, 2013), 39-40.

16) 정용암, "한국교회의 문제점이해와 교회개척자의 개척준비에 관한 연구," 『개혁주의교회성장』 제2호 (2007, 2월), 392-396.

미비점이라고 주장한다. 70-80년대 한국교회는 정치, 경제, 사회적 혼란 속에서 기독교를 통한 위로와 희망을 찾았지만, 현재는 여가선용의 대체종교화가 가속화되고 있다는 점이다. 셋째, 교회의 부정적 대사회 이미지가 한국교회의 문제임을 주장하였다. 박기호 교수는 한국교회의 현실을 진단하면서 한국교회의 리더십을 이렇게 주장하였다: "한국교회는 한 때 뜨겁고 열정적이고 부흥하고 성장하였을 뿐만 아니라 사회적으로 존경과 신뢰를 받았다. 그러나 이제 한국교회는 열정이 식었고 부흥도 안 되며 쇠퇴의 길로 접어들었을 뿐 만 아니라 사회적으로도 공신력을 잃어 비판의 대상이 되고 있다. 한국교회의 이러한 영욕의 중심에 한국교회 목회자들이 있다."[17]

오늘의 한국교회의 부흥과 영적인 갱신, 그리고 회복사역을 위해서, 한국교회의 리더십의 연구는 참으로 절실한 연구주제이다. 소아시아 일곱 교회를 향한 예수님의 간절한 충고와 정확한 교회 상황에 대한 진단이 오늘 우리 한국교회에도 크게 울려 퍼져야 하리라고 본다(계 2:4; 3:3; 3:18).

Ⅲ. 리더십의 정의와 연구동향

A. 현대교회 리더십 연구 동향

리더십은 20세기 한 세기 동안 현대 사회와 교회의 뜨거운 관심사로 진행되고 연구되었다. 지난 한 세기 동안에 이루어진 리더십연구에 대한 전

17) 박기호, "선교적 관점에서 본 지도자 개발,"『한국교회와 리더십』, 제63차 한국복음주의신학회논문집 (2014년 4월 26일), 28.

반적인 흐름은 다음과 같이 진행되었다. 1900-1929년까지는 리더십에서의 “지배”(Domination)리더십이 중심이었고, 1930년대의 리더십이론의 흐름은 “특성”(Traits)리더십으로 나타났다. 1940년대는 “행동”(Behaviors)리더십 이론이 중심이었고, 1950년대에는 “관계”(Relationship)와 “효과”(Effectiveness) 리더십이었으며, 1960년대에는 “공유된 목표”(Shared Goals)가 리더십의 중심이었고, 1970년대에는 “조직의 행동”(Organizational Behavior)이 리더십의 중심 주제였으며, 전성기를 맞은 1980년대는 “영향력(Influence), 탁월성(Excellence), 그리고 변혁(Transformation)”이 리더십의 핵심개념들로 논의되고 발전되었다고 할 수 있다.[18]

여기 나타난 핵심이론들을 중심으로 특성이론,[19] 행동이론,[20] 상황적응론,[21] 변혁적 이론[22] 등의 리더십 이론들이 연구되었다. 특성론과 행위론은 어떤 상황이나 조직에도 보편타당하게 적용할 수 있는 유일 최선의 리더의 특성이나 행동에 있다는 전제하에 그것을 찾으려고 하였고, 상황론은 상황을 달리함에 따라 최선의 것이 다른 리더십 유형을 찾으려는 것이다. 변혁적 리더십은 리더와 추종자와의 관계만이 아니라 동료들이나 하위 리더들 간의 영향력 과정도 포함될 수 있으며, 조직 내의 어느 위치에 있는 사람에게서도 발휘될 수 있는 리더십이론이다. 지금까지의 리더십연구는 다양한 핵심개념들과 이론들을 중심으로 논의되며 발전되어 왔다. 리더십의 기본 요소들로서 지도자와 추종자들과 상황에 관한 이해와 연구, 영향력의 수단

18) Peter G. Northouse, *Leadership: Theory and Practice* (London: Sage Publication of Thousand Oaks, 2013).

19) 특성론은 리더의 능력이 타고난 것이며, 리더와 비리더를 구별할 수 있는 능력이 존재한다는 이론이다.

20) 행위론은 리더십효과는 리더의 행동과 관련되며, 성공적인 리더와 비성공적인 리더는 그들의 리더십 유형에 의해 구별한다는 이론이다.

21) 상황적응론은 리더가 상황에 의해 영향을 받는다는 이론이며, 상황에는 리더와 부하들의 특성, 과업의 성격, 집단 구조 등이 있다.

22) 변혁적 리더십은 최근의 중요한 리더십이론으로 권위주의적 지배, 통제보다도 적응력을 길러주는 리더십이론이다.

에 대한 이해와 연구, 리더십철학과 원리 및 가치에 대한 연구와 결과들은 리더십연구의 주제들로 발전해 왔다. 각 주제들의 영역을 요약하면 다음과 같다: 1) 리더십은 과정이다. 2) 리더십은 영향력을 수반한다. 3) 리더십은 그룹들 안에서 발생한다. 4) 리더십은 공동 목표들을 포함한다.

B. 리더십의 정의

한국교회와 한국선교의 미래는 영적인 리더십 개발에 달려있다고 본다. 존 맥스웰은 "사람을 키우고 개발하는 일은 리더십에 있어서 최고의 소명"이라고 주장한다.[23] 예수님의 공생애 사역의 핵심은 제자양육 곧 리더십 개발에 있었다(막 3: 14-15). 예수님의 지상명령도 제자양육의 명령과 함께 세계선교사역을 말씀하셨다(마 28:19-20). 예수님은 실제로 오늘의 모든 리더의 본이 되는 진정한 리더십을 보여주셨다. 마 7:28-29[24]에는 산상수훈을 통해서 예수님은 그 당시 모든 지도자들과는 차별되는 참된 인격과 영성과 삶의 모본을 통해 말씀하시고 교회를 세우시고 지금도 성령으로 함께 하시면서 역사하신다. 사도바울은 이러한 예수님의 교훈을 실천하면서 빌 2:5-8[25]에서 예수님의 리더십의 핵심을 섬기는 종의 리더십임을 강조하였다. 그리고 바울 자신도 그리스도의 종으로서 섬기는 리더가 되고 또한 많은 제자들을 양육

23) John Maxwell, *Developing the Leader Within You,* 임윤택 역, 『당신의 주위에 있는 사람을 키우라』(서울: 두란노, 1997), 160.

24) "예수께서 이 말씀을 마치시매 무리들이 그의 가르치심에 놀라니 이는 그 가르치시는 것이 권위 있는 자와 같고 그들의 서기관들과 같지 아니함일러라"(마 7:28-29).

25) "너희 안에 이 마음을 품으로 곧 그리스도 예수의 마음이니 그는 근본 하나님의 본체시나 하나님과 동등됨을 취할 것으로 여기지 아니하시고 오히려 자기를 비워 종의 형체를 가지사 사람들과 같이 되셨고 사람의 모양으로 나타나사 자기를 낮추시고 죽기까지 복종하셨으니 곧 십자가에서 죽으심이라"(빌 2:5-8).

하여 교회의 지도자로 세우는 사역을 감당하였다. "내가 그리스도를 본받는 자 된 것같이 너희는 나를 본받는 자가 되라(고전 11:1)."

오늘날 리더십에 대한 학자들의 다양한 정의가 850가지 이상이라고 한다.[26] 제임스 맥그리거 번즈(James McGregor Burns)는 리더십이야말로 지상에서 가장 많이 언급되면서도 가장 이해가 부족한 주제라고 설명한다.[27] 현대리더십이론의 대가 피터 드러거는 리더십을 가르칠 순 없으나 배울 수는 있다고 주장하면서,[28] 아무나 리더가 될 수는 없겠으나 그렇다고 리더가 될 수 있는 사람이 정해져 있는 것도 아니라고 하면서 리더십이론의 습득과 연구의 중요성을 강조하였다. 그리고 조지 바나(George Barna)는 리더십에 대해 리더가 추종자와 함께 공유된 목표를 향해 그들을 움직이는 과정으로 소개하면서, 리더는 먼저 추종자들을 동원하고 주어진 목적을 제시하여 그들을 따르도록 움직이는 사람으로 정의하였다.[29]

C. 성경적 리더십

로버트 클린튼(Robert Clinton)은 하나님께서 하나님나라 확장을 위해 항상 하나님의 백성들을 훈련하고 사용하신다고 강조하면서 성경적 리더십의 정의

---

26) Henry & Richard Blackaby, *Spiritual Leadership*, 『영적리더십』 (서울: 두란노, 2013), 31.

27) James McGregor Burns, *Leadership* (New York: Harper Torchbooks, 1978), 2.

28) Henry & Richard Blackaby, *Spiritual Leadership*, 『영적리더십』 (서울: 두란노, 2013), 33, 재인용.

29) George Barna. "Nothing is more important than leadership," in *Leaders on leadership*, George Barna, ed, (Ventura, CA: Regal, 1997), 23: "Leadership is mobilizing others toward a goal shared by the leader and followers. A leader is one who mobilizes; one whose focus is influencing people; a person who is goal driven; someone who has an orientation in common with those who rely upon him for leadership; and someone who has people willing to follow them."

를 다음과 같이 주장하였다. "리더십은 하나님이 주신 능력을 가지고 특정집단의 하나님의 사람들을 움직여 하나님의 목적을 이루도록 나아가는 과정"임을 주장하였다.[30] 로버트 클린튼(Robert Clinton)은 하나님께서 리더의 걸음을 이끄심을 자세하게 설명하면서, 하나님께서 한 사람을 영적 지도자로 세우시는 과정으로 리더십개발 6단계를 강조하였다. 클린튼(Robert Clinton)에 의하면, 리더십 1단계는 주권적 기초(Sovereign Foundation), 2단계는 내면생활의 성장(Inner Life Growth), 3단계는 사역의 성숙(Ministry Maturing), 4단계는 인격의 성숙(Life Maturing), 5단계는 수렴(Convergence), 그리고 6단계는 회상 또는 축제(Afterglow or Celebration)단계로 탁월하게 제시하였다.[31] 그리고 참된 리더는 바른 세계관을 가지고 진로를 열어가는 자로 정의하고 온전한 리더는 일생동안 배우는 삶을 산다고 주장하고 실제로 리더의 일생을 다섯 단계로 설명하였다.[32] 1) 기초사역단계(16-26년), 2) 초기사역단계(5-12년), 3) 중기사역단계(8-14년), 4) 후기사역단계(12년+), 그리고 5) 성공적인 사역완수(Finishing Well)로 제시하고 있다.[33]

헨리 블랙커비(Henry Blackaby)는 훌륭한 리더로 준비되기 위해서 하나님의 소명에 비추어 리더십을 이해해야 한다고 주장하면서, "하나님을 알고 기독교 방식으로 이끌 줄 아는 그리스도인 리더들은 하나님 없이 노력하고 유

---

30) J. Robert Clinton, *The Making of a Leader* (Colorado Springs: Navpress, 1988), 14; "Leadership is a dynamic process in which a man or woman with God-given capacity influences a specific group of God's people toward His purposes for the group."

31) J. Robert Clinton, *The Making of a Leader* (Colorado Springs: Navpress, 1988), 70; 1단계 주권적 토대에서 하나님께서 장차 영적 지도자로 쓸 사람을 위해 기초적인 요소들을 섭리 가운데 마련해 놓으신 단계이다. 2단계는 속사람 성장의 단계이며, 3단계는 사역성장의 단계, 그리고 4단계는 생의 성숙단계, 5단계는 수렴현상단계로 지도자가 하나님의 인도를 받아 자신의 은사와 경험 및 기질에 맞는 역할로 인도하여 그의 사역을 극대화시키는 단계이다. 그리고 6단계 회상 또는 축제의 단계는 전 생애를 통한 사역의 열매와 성장이 하나로 융화되어 인정받는 시기로, 광범한 영역에 걸쳐서 간접적인 영향력을 행사하는 단계로 설명하였다.

32) J. Robert Clinton and Richard W. Clinton, "The Life Cycle of a Leader," in *Leaders on Leadership*, George Barna (Ventura, CA: Regal Books, 1997), 149-182.

33) J. Robert Clinton and Richard W. Clinton, "The Life Cycle of a Leader," 180-181.

능한 리더들보다도 훨씬 탁월한 역량을 발휘하게 될 것"이라고 주장한다.[34)]
조지 바나(George Barna)는 그리스도인 리더의 정의로서 "사람을 이끌도록 하나님께 부름 받은 자(소명), 그리스도인의 성품으로 이끄는 자(성품), 리더십을 위해 기능적 능력을 발휘하는 자(능력)"로 설명하면서, 이 시대에 리더십만큼 중요한 것은 없다고 강조한다(Nothing is more important than leadership).[35)] 오늘의 미국교회가 죽어가는 이유는 강력한 리더십의 부족함에 있으며, 오늘의 풍부한 사회와 기회가운데에서도 교회는 점점 더 그 영향력을 잃어가고 있다는 것이다. 그런 점에서 리더십의 중요성은 더욱 더 필요하다고 주장한다.[36)]

조지 바나(George Barna)는 성경적 리더십의 필요성을 다음과 같이 주장하였다. 1) 하나님은 그의 백성들을 신앙적으로 온전하게 인도하기 위해 지금까지 수많은 리더들을 세워주셨다. 2) 만일 성도들의 깊이 있는 영적인 삶과 기독교적인 양육을 위해 리더가 필요 없었다면, 하나님께서 리더를 보내시지 않았을 것이다. 그러나 하나님은 지금까지 지속적으로 리더를 세우시고 백성들을 인도하셨기에 리더는 더욱 더 필요한 존재인 것임을 주장한다. "만일 리더가 필요 없었다면, 하나님께서 성경을 통하여 위대한 리더십의 교훈들을 주시지도 않았거나, 리더에 합당한 영적인 은사들을 공급하시지도 않았을 것이다. 그리고 성령께서 성경의 저자들에게 영감을 불어넣어 강력한 리더십을 세우게 하시지도 않았을 것이다."[37)]

---

34) Henry & Richard Blackaby, *Spiritual Leadership*, 『영적리더십』 (서울: 두란노, 2013), 11.

35) George Barna. "Nothing is more important than leadership," in *Leaders on leadership*, George Barna, ed (Ventura, CA: Regal, 1997), 23.

36) George Barna. *Leaders on Leadership* (Ventura, CA: Regal Books, 1997), 18: "The central conclusion is that the American church is dying due to a lack of strong leadership. In this time of unprecedented opportunity and plentiful resources, the church is actually losing influence. The primary reason is the lack of leadership. Nothing is more important than leadership."

37) George Barna. *Leaders on Leadership*, 18: "God has provided us with leaders year after year to attempt to guide His people forward spiritually. If leaders were not required

성경적 리더십은 예수님을 닮은 인격적인 리더의 자세를 추구한다. 성경적 리더십을 연구한 학자들은 인격이 리더십의 기초임을 강조하였다. 앤디 스탠리(Andy Stanley)도 그의 저서 "성품은 말보다 더 크게 말한다"(Louder than Words)에서 인격이 리더십의 골격임을 강조한다.[38] 1) 당신의 성품이야말로 당신의 참 모습이다. 2) 당신이 평생 얼마나 많은 일을 이룰지는 성품의 영향을 입는다. 3) 당신이 남들이 알만한 가치가 있는 사람인지도 성품으로 결정된다. 4) 당신의 모든 인간관계는 성품 때문에 잘 되기도 하고 깨지기도 한다고 주장한다.[39] 앤디 스텐리는 리더의 성품은 하나님의 성품을 닮아가는 것으로 정의하면서, "성품이란 일신상에 어떤 대가가 따르더라도 하나님 기준의 옳은 길을 가려는 의지"[40]라고 주장한다. 그리고 좋은 성품의 리더가 되는 길은 첫째로, 성품은 각자에게 어떤 대가가 따르더라도 옳은 길을 가려는 각오를 필요로 하며, 둘째로, 리더는 옳고 그름의 절대기준이 있음을 인정해야 함을 주장한다.

비기독교 리더십은 예수님이 아닌 자기를 따르게 하는 리더십이라면(호 8:4)[41], 성경적 리더십은 예수 그리스도 안에서 구속과 성화에 초점을 두면서, 그리스도인으로 좀 더 깊은 하나님의 사랑과 용서를 체험하여 그리스도를 닮아가게 한다. 오스왈드 샌더스(J. Oswald Sanders)는 리더십을 한 사람이 다른

---

for us to progress in spiritual depth and Christian formation, He would not have sent them. He would not continue to send them. Therefore, leaders must be necessary. If leaders were not necessary, He would not have included leadership among the spiritual gifts; the Bible would not provide so many incredible principles of leadership; the Holy Spirit would not have inspired the authors of the Bible to incorporate so many examples of strong leadership."

38) Andy Stanley, *Louder than Words*, 윤종석 역, 『성품은 말보다 더 크게 말한다』 (서울: 디모데, 2005), 6.

39) Andy Stanley, *Louder than Words*, 『성품은 말보다 더 크게 말한다』, 17.

40) Andy Stanley, *Louder than Words*, 『성품은 말보다 더 크게 말한다』, 27.

41) "그들이 왕을 세웠으나 내게서 난 것이 아니며 그들이 지도자를 세웠으나 내가 모르는 바이며…"

사람에게 영향을 줄 수 있는 능력으로 정의하면서, 예수님의 진정한 섬기는 리더십에 대해 소개하면서, 성경적이고 영적인 리더십의 원칙을 제시하였다(막 10:43-44).[42] "아담의 자손인 우리가 위대해지려고 했기 때문에, 그분은 작은 자가 되셨도다. 우리가 굽히기를 거절했기 때문에 그분은 스스로를 낮추셨도다. 우리가 지배하려 했음으로 그분은 섬기러 오셨도다."[43]

오늘의 리더십 이론 가운데, 인격이 리더십의 토대이고 본질인 점을 간과하는 경향이 있다. 리더십을 기술에 너무 의존하느라고 참된 인격적인 리더십의 교훈을 잊어버릴 때가 있다. 기본적으로 리더십하면 기능의 차원으로 보고, 인격에 관련된 것으로 보지 않고, 인격보다 기능으로 가는 경향이 있는데, 그것은 기능이 인격보다 눈에 잘 띄기 때문이다. 그러나 리더십은 인격적인 영향력임을 부정할 수 없다. 인격문제를 겪지 않고 성공한 리더는 없다. 이제 리더십은 성경적 리더십 본질에 초점을 맞춰야 할 때이다. 인격을 중심으로 하는 본질에 중심을 두지 않으면 진정한 리더십의 열매를 맺을 수 없다는 점이다(마 7:17)[44].

존 맥스웰(John Maxwell)은 리더십은 영향력임을 누구보다도 강조하면서 어느 누구나 누군가에게 영향력을 미치고 있다는 사실을 제시하였다.[45] 그런데 문제는 많은 사람들이 그 사실을 인지하지 못하고 있다는 점을 지적한다.[46] 그리고 리더십은 리더의 영향력으로 추종자들을 얻을 수 있는 능력이

42) J. Oswald Sanders, *Spiritual Leadership* (Chicago: Moody Press, 1980), 21.

43) J. Oswald Sanders, *Spiritual Leadership*, 21: "Because we children of Adam want to become great, He became small. Because we will not stoop, He humbled Himself. Because we want to rule, He came to serve."

44) "이와 같이 좋은 나무마다 아름다운 열매를 맺고 못된 나무가 나쁜 열매를 맺나니"(마 7:17)

45) John Maxwell, *Developing the Leader Within You* (Nashville, TN: Thomas Nelson, 1993), 1.

46) John Maxwell, *Developing the Leader Within You*, 3. "Everyone influences someone. We never know who or how much we influence."

며(Leadership is the ability to obtain Followers), 리더십의 진정한 척도는 영향력임을 강조한다.[47] 맥스웰은 리더십에서 미래에 대한 가장 확실한 투자는 합당한 영향력의 배양이며, 이러한 영향력은 충분히 개발되고 발전될 수 있음을 강조하였다.[48]

헨리 블랙커비는 영적 리더십에 대해 "사람들을 움직여 하나님의 일을 하게 하는 것으로 정의를 내리고 면서, 영적 리더십의 다섯 가지 특징을 다음과 같이 주장하였다.[49] 첫째, 영적 리더는 사람들을 움직여 현재의 자리에서 하나님이 원하시는 자리로 가게 한다. 둘째, 영적 리더는 성령께 의존한다(출 3:7-10). 셋째, 영적 리더는 민감한 책임감이 필수다. 넷째로, 영적 리더는 하나님의 사람들뿐 아니라 불신자에게도 영향을 미친다. 다섯째, 영적 리더는 하나님의 계획에 따라 일한다.

Ⅳ. 21세기 선교리더십의 특징

오늘의 한국교회 선교사역은 한국교회의 소망이라고 할 수 있다. 어려운 여건 속에서도 한국교회는 지금까지 세계 선교현장에 27,000여명의 선교사들을 파송하고 하나님나라 확장의 탁월한 사역을 수행하고 있다. 보다

47) John Maxwell, *The 21 Irrefutable Laws of Leadership: Follow Them and People Will Follow You*,『리더십 불변의 법칙』(서울: 비즈니스북스, 2010), 46.

48) John Maxwell, *Developing the Leader Within You*, 4. "The best investment in the future is a proper influence today. Influence is a skill that can be developed."

49) Henry & Richard Blackaby, *Spiritual Leadership*,『영적리더십』(서울: 두란노, 2013), 35-39.

지속가능한 선교사역을 위해 이제 한국교회는 하나님의 선교사역을 효과적으로 수행하기 위해 선교리더십을 필요로 한다. 선교사의 모델이 되는 사도 바울의 선교리더십은 타문화상황에 잘 적응하는 사역이다(고전 9:16-23). 선교리더십의 핵심은 타문화 상황에 대한 온전한 이해와 수용적인 타문화권 현지인들의 복음전도이다. 자문화중심주의(ethnocentrism)에 매이지 않고 타문화권에서 하나님의 절대적인 계시의 말씀을 그 문화에 전파하는 상황화의 전문가이어야 한다는 점이다.

GMTC 변진석 원장은 다양한 글로벌 시대에 선교리더십과 선교훈련에 대해, GMTC의 훈련방향과 리더십을 소개하였다. 먼저 세계화시대 속에서 선교훈련의 일곱 가지 목표를 다음과 같이 제시한다. 1) 성경적인 가치관과 세계관의 형성, 2) 합리적이고 체계적인 사고의 방향제시, 3) 정상적인 생활을 위한 상식과 습관형성, 4) 가족들 간의 원만한 관계유지, 5) 성경적인 이상과 현실 세계에 대한 적절한 균형유지, 6) 세계성(globalness)과 지역성(localness)에 대한 적절한 균형유지, 7) 정상적인 자아의식 및 자존감 형성을 설명하고 있다. 그리고 오늘의 선교현장에서 요구되는 리더십으로 1) 기본적인 인격을 갖춘 사람, 2) 계속 발전을 꾀하는 사람, 3) 신앙과 행위가 일치하는 사람, 4) 과거와 미래를 연결시키는 사람, 5) 이론과 사역을 통합하는 사람, 6) 세계화에 민감한 사람, 7) 한국교회를 잘 아는 사람으로 열거하였다.[50]

장성배 교수는 글로벌 시대의 선교리더십으로 여섯 가지를 제시하였다.[51] 첫째, 선교사는 다양한 영성이 혼재되어 있는 이 시대를 헤쳐가기 위해 더욱 굳건한 영성(spirituality)으로 무장해야 한다. 세속적인 리더십은 스스로의 의지력과 능력에 의존하지만, 영성 깊은 리더십은 하나님과의 관계에서

50) 변진석, "범세계적 교회(Global Church)시대의 선교적 리더십과 선교훈련,"『한국선교 KMQ』 제58호 (2016년 여름), 25.

51) 장성배, "세계선교동향과 선교리더십 패러다임의 변화,"『로잔운동과 선교신학』(서울: 한국로잔위원회, 2015), 344-355.

속에서 시작된다는 점을 강조한다. 둘째, 선교사의 깊은 영성은 섬김의 자세(character)에서 표현된다(마 20:28). 섬김은 리더 중심이 아니라 섬김을 받는 대상중심이 되는 것이며, 리더의 목적을 성취하는 것이 아니라 섬김의 대상이 풍성한 생명을 얻도록 최선을 다해 노력하는 것이다.

셋째, 선교현장에서의 섬김은 전지구적인 글로벌 시각(direction)을 갖고 구체적인 지역에서 실천할 때 가장 바람직한 열매를 거둘 수 있다. 결국 선교사는 글로컬한(glocal) 사고방식과 삶의 패턴에 익숙해야 한다. 이 과정에서 중요한 것이 글로벌(global)과 로컬(local) 양축의 균형이라고 주장한다. 넷째, 글로벌 선교비전은 소셜 네트워크(net working)를 통해 효과적으로 열매 맺게 된다. 소셜 네트워크 시대에 선교사는 전 세계에 흩어져 있는 다양한 선교단체들이나 사람들과 네트워킹하고 함께 운동을 벌이는 것에 익숙해야 한다. 다섯째로, 선교를 수행하면서 글로벌 네트워킹과 협력이 가능하려면 자신과 다른 입장에 있는 사람이나 집단을 인정하고 수용하는 태도(receptor-oriented attitude)가 필요하다. 편협하고 배타적인 자세로는 협력을 이뤄낼 수가 없기 때문이다. 마지막으로, 선교사는 선교의 비전과 함께 사역을 수행할 수 있는 능력(capacity)이 없으면 열매를 맺을 수 없다. 말씀과 기도, 전도와 제자훈련 등의 기본적인 능력뿐만 아니라 전문인선교, 비즈니스선교, 전방개척선교 등 자신과 연관된 분야에서 전문적인 능력을 준비해야 한다.

그리고 위클리프 권성찬 선교사는 많은 변화가 일어나는 근본적인 패러다임의 변화를 요청하는 상황에서, 오늘의 선교리더십을 "본질로의 전환이 요구되는 리더십"으로 부르면서, 1) 오늘의 리더십은 역량과 성품의 균형이 갖춰진 리더십이어야 하며, 2) 선교리더십은 다중적 리더십(polycentric leadership)으로 가야하고, 3) 선교리더십은 여럿이 함께 한 몸을 이루는 상호의존적(interdependent)이며, 서로 관련됨(interconnected)을 강조하는 리더십이 되어야 함을

강조하였다.[52)]

요약하면, 오늘의 한국교회가 세계선교사역의 선두주자로서 지속가능한 선교적 역량을 위해서 갖추어야 할 선교리더십의 가장 중요한 다섯 가지 요소는 다음과 같이 요약할 수 있다. 1) 국제선교사회에 호환이 가능한 인격함양의 필요성, 2) 범세계적인 안목의 필요성, 3) 선교사역에 대한 전문성 축적, 4) 국제 선교 무대에서의 동역의 필요성, 5) 선교학에 대한 계속적인 숙지의 필요성을 들 수 있다.

V. 로잔선교운동에 나타난 선교리더십

한국교회 리더십문제와 선교리더십을 함께 연구하면서, 국제로잔선교운동에 나타난 리더십을 살피는 작업은 실제로 선교리더십의 실제적인 교훈을 얻을 수 있다. 국제 로잔선교운동은 현대교회 선교운동에 있어서 탁월한 리더십을 소유한 지도자들이 힘을 함께 모아서 성경적 선교운동을 힘쓰고 오늘의 목회현장과 선교현장에서 일어나는 많은 문제들에 대해 연구하고 토의하며 21세기의 성숙하고 활발한 선교사역과 교회목회성장을 이끌어 왔다고 볼 수 있기 때문이다.[53)] 2010년 제3차 로잔대회이후에 국제로잔운동의 리더십은 이제 한국계 미국인 마이클 오(Michael Oh) 선교사로 선임되었다. 겸손과 온유함과 선교학자로서 젊은 리더를 국제총재로 삼게 됨으로 한국

52) 권성찬, "선교변화에 따른 리더십의 변화," 『한국선교 KMQ』 제58호 (2016년 여름), 31-39.

53) 조종남, 『로잔운동의 역사와 신학』 (서울: 선교횃불, 2013), 143.

교회의 세계선교리더십의 사명은 커지고 있다고 본다. 효율적인 선교사역을 위해 섬김과 단순한 삶을 주장하면서 오늘의 로잔운동을 진두지휘하고 있다. 2013년 아시아선교지도자모임을 한국에서 유치하여 중국인 가정교회 리더들을 불러서 중국선교와 리더십에 대한 모임도 탁월하게 수행하였다.

양낙흥교수는 한국교회의 불균형적 물질관에 대한 문제를 언급하면서, 해결책으로 로잔언약 5항의 검소한 그리스도인의 삶의 필요성을 언급하고 인용하였다.[54] "우리 모두는 수많은 사람의 가난에 충격을 받고 그것을 유발하는 불의에 마음이 상한다. 우리 가운데 부유한 사람들은 구제와 복음전도 양자 모두에 더 관대하게 기부할 수 있기 위해 검소한 생활방식을 개발할 의무가 있다는 것을 받아들인다." 이 선언의 의미를 분명히 하기 위한 1980년에 개최된 "검소한 생활방식에 대한 로잔국제협의회"에서 이것은 "검소한 생활방식에 대한 복음주의의 헌신"임을 강조하며, John Stott는 검소한 삶은 주의 깊은 향유와 양립가능하며, 금욕자체를 위한 금욕은 창조주의 선한 선물을 거부하는 것이라고 주장한다.[55] 로잔선교운동은 성경적 선교운동과 검소한 균형 있는 선교리더십을 제시하고 있다.

A. 제1차 로잔선교대회 로잔언약(1974)에 나타난 리더십

제1차 로잔선교대회(스위스 로잔, 1974)의 로잔언약에서 선교지도자들은 성경적인 선교사역을 완성하기 위해 복음전도의 우선성과 교회간의 상호협력의 리더십을 가져야 할 것을 제시하였다. 특히 로잔언약 제11항목에서 발표된

---

54) 양낙흥, 『깨끗한 부자 가난한 성자』(서울: IVP, 2012), 68.

55) John Stott, *Decisive Issues facing Christians Today*, 『현대사회문제와 기독교적 답변』(서울: CLC, 1992), 294.

"교육과 리더십개발"에서 그동안의 리더십교육에 소홀함을 고백하면서 신학교육을 통한 리더십의 중요성을 언급하고 있다. 그리고 신학교육을 통한 리더 양육은 성경적인 기준을 따라 교리, 제자도, 복음전도, 교육 및 봉사에 대한 전반적인 것으로서 목회자와 평신도 리더십을 위한 교육임을 강조하였다.

> 우리는 때로 교회 성장을 추구한 나머지 교회의 깊이를 포기하는 결과를 가져왔고 또한 전도와 신앙적 양육을 분리해 왔음을 고백한다. 또한 선교단체들 중에는 현지 지도자들이 그들의 마땅한 책임을 감당할 수 있도록 준비시키고 격려하는 일에 매우 소홀했음을 인정한다. 그러나 이제 우리는 상황화 원칙을 믿고 있으며 모든 교회가 현지 지도자들을 세워, 지배자가 아닌 봉사자로서 기독교지도자상을 제시할 수 있기를 갈망한다. 우리는 신학교육, 특히 교회 지도자들을 위한 신학교육이 개선되어야 할 필요가 있다는 점을 인정한다.[56]

B. 제2차 로잔선교대회 마닐라선언(1989)에 나타난 리더십

제2차 마닐라 로잔선교대회(필리핀 마닐라, 1989)에서도 모든 교회가 모든 구성원이 참여하여 모든 지역으로 선교함을 주장하면서, 특히 제12항에서 목회자와 평신도리더십을 강조하고 있다. "우리는 하나님이 모든 교회와 모든 성도들에게 그리스도를 온 세상에 알리는 과제를 부여하셨음을 믿기 때문에 평신도나 성직자나 모두가 다 이 일을 위해 동원되고 훈련되어야 함을 단언한다." 제14항에서도 목회자와 함께 평신도 모두는 "성령의 은사가 남

56) Lausanne Movement, *Capetown Commitment*, 최형근 역, 『케이프타운 서약』 (서울: IVP, 2014). 225.

자든 여자든 하나님의 모든 백성에게 주어져 있으므로, 복음전도에 있어 동반자적 협력을 통해 선을 이루어야 한다"고 선언하고 있다.

마닐라선언 후반부 "온 교회"의 증인들의 역할에서 효율적 복음전도를 위해 경쟁과 중복을 피하고 상호협력하는 것과 교회안의 평신도 리더십의 중요성을 강조하면서 지난날에 평신도지도자를 소홀히 함에 대해 참회의 선언도 담고 있다. 목회자들은 하나님의 백성들을 성숙한 신앙에도 이끌며 그들의 사역을 감당할 수 있도록 양육하는 일이 우선적임을 주장하면서, 목회자가 사역을 독점하고 평신도지도력을 무시한 점에 대해 통렬한 회개를 선언한다. 1) 목회자는 사역을 독점할 것이 아니라 오히려 다른 사람들로 하여금 그들이 받은 은사를 사용하도록 격려하고 제자 삼는 일을 할 수 훈련함으로써, 사역을 증폭시켜야 한다. 2) 성직자가 평신도를 지배하는 것은 교회역사에 있어서 커다란 악이었다. "우리는 평신도 사역, 특히 여성과 젊은이들의 사역에 실망을 준 일에 대하여 회개한다."[57]

그리고 세계선교를 위해 섬기는 겸손한 리더십의 모습을 마닐라선언에서 천명하였다.[58] 마닐라선언 21개항의 고백문 가운데 제15항에서 선교리더십의 중요한 삶을 통한 빛과 소금되는 리더십을 강조한다. "우리는, 복음을 선포하는 사람들이 거룩함과 사랑을 생활 속에서 드러내야 함을 단언한다. 그렇지 않으면 우리의 증거는 그 신빙성을 잃게 될 것이다." 그리고 16항에서도 "우리는, 모든 교회의 성도들이 자신이 속한 지역사회 속에서 복음증거와 사랑의 봉사로 눈을 돌려야 함을 단언한다." 마닐라선언 후반부 제2항 "온 교회"의 증인의 신실성에 대해서 보다 구체적으로 선교리더십의 신행일치의 삶을 통한 복음전도를 강조한다.

---

57) Lausanne Movement, *Capetown Commitment*, 『케이프타운 서약』, 246-247.

58) Lausanne Movement, *Capetown Commitment*, 『케이프타운 서약』, 232-233.

우리는 그리스도인 개인의 삶에서나 교회에서 그리스도인다운 언행의 일관성이 없음을 뉘우친다. 즉 우리들 사이에 있었던 물질적인 탐욕, 직업적인 교만이나 경쟁, 기독교사역에서의 경쟁, 젊은 지도자들에 대한 시기, 선교에서의 가부장적인 자세, 상호책임의 결여, 성에 대한 기독교적 기준의 상실, 인종적 사회적 성적 차별에 대해 개탄하는 바이다."[59]

C. 제3차 로잔선교대회 케이프타운 서약(2010)에 나타난 선교리더십

제3차 로잔선교대회(남아공 케이프타운, 2010)에서 발표한 케이프타운 서약 제9장 "우리는 하나님의 백성을 사랑한다"에서 참된 사랑은 하나됨을 추구하며 "정직성을 요청한다"고 밝힌다. 예수님처럼 그리고 구약의 선지자들처럼 하나님의 백성들을 진정으로 사랑하는 지도자들이 오늘 날도 나타나야함을 강조한다. "하나님의 교회를 향한 사랑 때문에 우리는 사랑하는 주 예수 그리스도의 얼굴을 욕되게 하고, 그분께로 너무도 절박하게 인도되어야 할 이 세상으로부터 그분의 아름다움을 가리는 우리의 추악함을 슬퍼하며 아파한다."[60]

케이프타운서약 제2부 행동강령 "우리가 섬기는 세상을 위하여" 제1장에서 참된 지도자의 인격으로서 예수 그리스도의 인격과 진리를 추구함을 밝힌다. "예수 그리스도의 제자로서 우리는 진리의 사람으로 부름 받았다. 우리는 진리를 살아내야 한다. 진리를 살아낸다는 것은 어두운 마음을 지닌 이들을 향해 우리가 복음의 영광을 계시하시는 예수님의 얼굴이 되는 것이

59) Lausanne Movement, *Capetown Commitment*, 『케이프타운 서약』, 248.

60) Lausanne Movement, *Capetown Commitment*, 『케이프타운 서약』, 56.

다."[61] 그래서 사람들은 이러한 예수님의 제자로 살아가는 지도자들을 통해 참 진리 되시는 예수님을 만나게 될 것이다. 계속해서 "바울이 그러했듯이, 우리는 교회 지도자들과 목회자들 및 복음전도자들이 성경적 복음의 충만함을, 그 우주적인 범위와 모든 진리를 설교하고 가르칠 것을 촉구한다."[62]

케이프타운 서약의 행동강령 2장에서 죄악 되고 윤리와 도덕이 무너지고 고통 받는 창조세계에서 올바른 리더십을 가진 지도자가 되어야 할 것을 명시한다. HIV(후천성면역결핍증)과 같은 질병의 원인이 무질서한 윤리생활에서 온 것이기 때문에, 그리스도인은 성경적 가정생활의 교훈에 충실하여 병든 사회 속에서 온전한 그리스도의 삶의 필요성을 제시하였다. "우리는 모든 목회자들이 바울이 명한 것처럼 성적 순결과 신실함의 모범이 되며, 결혼만이 성적 연합을 위한 공간임을 분명하게 더 자주 가르칠 것을 권고한다."[63] 세상에서 타종교인들을 향한 기독교인들의 자세에 대해서 온전한 복음전도활동을 추구할 것을 명시한다. "우리는 우리의 모든 복음전도활동이 윤리적인 행위가 되도록 세심한 주의를 기울인다. 우리의 증거는 온유와 존중과 선한 양심을 가진 모습으로 드러나야 한다."[64] 그래서 강제적이거나 비윤리적이거나 속임수를 사용하거나 상대를 존중하지 않는 복음증거는 어떤 형태이든지 거부함을 밝힌다.

미전도족속들을 선교하기 위해서 그들의 언어와 문화, 특히 그들과의 의사소통을 위해서 구술문화와 각 종족의 세계관에 대한 이해를 넓히는 작업이 필요하다고 주장한다. 그리고 이러한 미전도종족 선교지에서는 온전히 헌신된 지도자들이 부족하기 때문에 철저한 그리스도 중심의 리더십의 함양

61) Lausanne Movement, *Capetown Commitment*, 『케이프타운 서약』, 68.
62) Lausanne Movement, *Capetown Commitment*, 『케이프타운 서약』, 69.
63) Lausanne Movement, *Capetown Commitment*, 『케이프타운 서약』, 88.
64) Lausanne Movement, *Capetown Commitment*, 『케이프타운 서약』, 92.

이 필요하다고 주장한다. 이런 지역에서 리더들은 "세속적인 권력과 높은 신분을 얻기 위해, 그리고 개인적인 축재를 위해 그들의 지위를 이용하기 때문에,"[65] 종종 하나님의 백성들은 고통을 당하고 그리스도의 교회는 수치를 당하고, 복음전도는 훼손되고 있다고 밝힌다. 그래서 미전도종족 선교를 위해서 리더십훈련은 매우 중요함을 언급하면서, 1) 훈련을 통해 지도자들은 경건하고 그리스도를 닮은 사람으로 만드는 것보다, 이미 성숙한 그리스도인의 제자도에 충실한 삶을 살고 있는 준비된 자들을 리더로 세워야 한다고 주장한다. 세속적 리더십은 약화된 제자훈련과, 피상적인 교회교육의 결과임을 알고, 지도자는 무엇보다 예수 그리스도의 제자임을 강조하면서, 더 많은 제자훈련 보다 바른 제자도의 실천의 중요성을 제시한다. 2) 리더십 훈련 프로그램의 내용에 있어서, 지식과 기술전달 방법론보다 경건한 성품훈련이 필요함을 강조한다. 온전한 기독교지도자의 모습으로 "종의 심성, 겸손, 온전함, 순결함, 탐욕 없는 마음, 기도, 하나님의 성령에 대한 의존, 인간에 대한 깊은 사랑을 지닌 그리스도를 닮은 사람"으로[66] 제시하였다.

케이프타운서약 행동강령에서 오늘의 리더십 문제 가운데 하나로 심도 있는 제자훈련의 부재임을 주장하고 리더십문제를 위한 보다 구체적인 제자훈련의 프로그램을 제시하였다. 1) 우리는 제자 삼는 사역이 크게 강화되는 것을 보기를 원한다. 새 신자들이 온전한 제자훈련과 양육을 받아 성숙하고 섬기는 종의 리더십을 소유한 선교지 교회의 지도자가 되기를 강력하게 주장한다. 2) 우리는 지도자들을 위한 기도에 헌신할 것을 새롭게 다짐한다. 하나님께서 성경에 순종하고 그리스도를 닮으려는 열망을 최우선으로 삼는 지도자들을 보내시고 세우시도록 기도한다. 3) 기독교 지도자의 위치에 있는 우리는, 자신의 연약함을 인정하고 그리스도의 몸 안에서 지체들

---

65) Lausanne Movement, *Capetown Commitment*, 『케이프타운 서약』, 105.

66) Lausanne Movement, *Capetown Commitment*, 『케이프타운 서약』, 106.

이 제공하는 권고(accountability)의 은사를 받아들이고 이러한 권고에 대해 순종할 것을 권면한다. 4) 우리는 신학교들과 리더십훈련 프로그램을 실시하는 모든 이들이 단지 지식 전달이나 점수를 매기는 것이 아니라, 영성과 인격 형성에 좀 더 집중할 것을 강하게 권고한다. 그리고 우리는 이미 그것을 실천하면서 포괄적인 '전인적'리더십 계발을 추구하고 있는 사람들로 인해 기뻐한다.[67]

케이프 타운서약 행동강령 제 IIE항에서 그리스도의 교회는 "겸손과 정직과 단순성을 회복하는 삶"을 실천하여야 할 것을 강조한다. 세상 속에서 하나님의 백성으로서 구별된 삶의 리더십을 강조한다. "그리스도인과 비그리스도인의 행위에 아무런 차이가 없다면, 예를 들어, 부패와 탐욕, 성적 방종과 이혼율, 기독교 이전의 종교로 돌아감, 소비주의적인 삶의 방식에서 구별되지 않는다면, 세상이 우리 기독교신앙의 실효성에 대해 의문을 가지는 것은 당연하다."[68] 세상 속에서 우상숭배의 죄를 버릴 수 있도록 선지자적인 삶의 자세를 가지고 증거하여야 함을 주장하고, "성경적 삶이 없이는 성경적 선교도 없다"고 강조하면서 긴박한 마음으로 성경적 삶에 재헌신함을 밝힌다. 그리고 주변세상의 문란한 윤리관과 타락한 세속주의에 대해서 목회자와 성도들에게 거룩한 가정생활과 윤리적인 삶의 모범을 보일 것을 촉구한다.

그리고 케이프타운 행동강령 제 IIE항에서 권력의 우상, 성공의 우상, 탐욕의 우상을 멀리하고 겸손과 정직함과 검소함의 리더십을 강조한다. 곧 "권력의 우상을 거부하고 겸손으로 걸어가기," "성공의 우상을 거부하고 정직함 가운데 걸어가기," 그리고 "탐욕의 우상을 거부하고 검소함 가운데 걸어가기"를 선언한다. "우리의 타락과 죄로 인해 권력은 종종 다른 사람들을

67) Lausanne Movement, *Capetown Commitment*, 『케이프타운 서약』, 107.

68) Lausanne Movement, *Capetown Commitment*, 『케이프타운 서약』, 112.

학대하고 착취하는 데 사용한다."[69] 그리고 "우리는 부정직의 기초위에 진리의 하나님 나라를 세울 수 없다. 그러나 우리는 성공과 성과를 갈망한 나머지 정직을 희생하라는 유혹을 받는다. 그리고 탐욕의 우상을 버리고 검소함 가운데 걸어갈 것을 선언한다."[70]

VI. 결론

지금까지 한국교회 리더십의 문제들과 로잔선교운동에 나타난 선교리더십에 대하여 살펴보았다. 한국교회의 부흥과 갱신을 요구하는 소리가 넘치는 시기에 바람직한 한국교회 리더십에 대해 연구하고 기도하는 많은 움직임이 필요한 때이다. 성경적 리더십의 교훈을 정리하고 바르게 증거하는 작업이 그 어느 때보다 절실한 시대이다. 예수님의 종으로 섬기는 리더십에서 찾는 영적인 리더십의 모델을 통해서 다시 한국교회의 회복과 선교사역의 부흥을 추구해야 할 것이다.

한국교회가 필요로 하는 리더십으로 세계를 선교적 안목으로 보고 글로벌선교를 추구하는 선교리더십은 시기적으로 더욱 필요한 리더십으로 본다. 선교사의 모델이 되는 사도 바울의 선교리더십은 타문화상황에 잘 적응하는 사역이다. 선교리더십의 핵심은 타문화 상황에 대한 온전한 이해와 수용적인 타문화권 현지인들의 복음전도이다. 자문화중심주의에 매이지 않고 타문화권에서 하나님의 절대적인 계시의 말씀을 그 문화에 전파하는 상황

69) Lausanne Movement, *Capetown Commitment*, 『케이프타운 서약』, 116.

70) Lausanne Movement, *Capetown Commitment*, 『케이프타운 서약』, 116.

화의 전문가이어야 한다는 점이다.

로잔선교운동은 에큐메니컬의 급진적인 선교신학에 대응하면서 성경적인 선교운동으로 자리 잡고 있다. 로잔 선교운동은 현대교회 선교운동에 있어서 탁월한 리더십을 소유한 지도자들이 성경적 선교운동에 힘써 왔으며, 오늘의 목회현장과 선교현장에서 일어나는 많은 문제들에 대해 연구하고 토의하며 21세기의 성숙하고 활발한 선교리더십과 교회목회성장을 이끌어 왔다.

오늘의 한국교회의 부흥과 회복을 향한 갈망은 참된 교회 리더십의 출현에 깊은 관심을 가지게 한다. 성경에 나타난 예수님의 리더십을 실천하는 제자도의 교육과 신학교육을 통해서 미래 한국교회의 리더십을 준비해야 한다. 그리고 지금 한국교회가 필요로 하는 리더십은 겸손과 섬김의 리더십, 그리고 세상에서의 "빛과 소금"(마 5:13-16)되는 교회의 모습을 실천하는 리더십으로 한국사회에서 영향력을 펼치고, 그리고 더 나아가 "이방의 빛"(사 42:6; 행 13:47)으로 온 세계에 선교적 리더십의 영향력을 발휘하여 한국교회의 참된 선교사역을 수행하여야 할 것이다.

참고문헌

Barna, George. *Leaders on Leadership*. Ventura, CA: Regal Books, 1997.

Blackaby, Henry & Richard. *Spiritual Leadership*. 『영적리더십』. 서울: 두란노, 2013.

Burns, James McGregor. *Leadership*. New York: Harper Torchbooks, 1978.

Clinton, J. Robert. *The Making of a Leader*. Colorado Springs: Navpress, 1988.

Clinton, J. Robert and Richard W. Clinton. "The Life Cycle of a Leader." in *Leaders on Leadership*. George Barna, Ventura, CA: Regal Books, 1997, 149-182,

Foster, Richard J. *Money, Sex, and Power*. 『돈 섹스 권력』. 서울: 도서출판 두란노, 1996.

Lausanne Movement. *The Capetown Commitment*. 최형근 역. 『케이프타운 서약: 하나님의 선교를 위한 복음주의 헌장』. 서울: IVP, 2014.

Maxwell, John, C. *Developing the Leader Within You*. 임윤택 역. 『당신의 주위에 있는 사람을 키우라』. 서울: 두란노, 1997.

Maxwell, John, C. *The 21 Irrefutable Laws of Leadership: Follow Them and People Will Follow You*. 『리더십 불변의 법칙』. 서울: 비즈니스북스, 2010.

Neill, Stephen. *A History of Christian Missions*. London: Penguin Books, 1986.

Northouse, Peter G. *Leadership: Theory and Practice*. London: Sage Publication of Thousand Oaks, 2013.

Sanders, J. Oswald. *Spiritual Leadership*. Chicago: Moody Press, 1980.

Stanley, Andy. *Louder than Words*. 윤종석 역. 『성품은 말보다 더 크게 말한다』. 서울: 디모데, 2005.

Stott, John. *Decisive Issues Facing Christians Today*. 『현대사회문제와 기독교적 답변』. 서울: CLC, 1992.

양낙흥. 『깨끗한 부자 가난한 성자』. 서울: IVP, 2012.

조종남. 『로잔운동의 역사와 신학』. 서울: 선교횃불, 2013.

최윤식. 『2020-2040 한국교회미래지도』. 서울: 생명의 말씀사, 2013.

권성찬. "선교변화에 따른 리더십의 변화." 『한국선교 KMQ』 제58호 (2016년 여름), 31-39.

김승호. “로잔신학과 로잔정신을 통한 한국교회의 갱신.”『로잔운동의 선교동향』. 한국로잔연구교수회. 서울: 한국로잔위원회, 2016, 231-256.

김승호. “한국교회성장을 위한 일곱 가지의 원리에 대한 고찰.”『개혁주의교회성장』 제3호. 2008, 2월, 96-127.

명성훈. “한국교회성장의 실상분석과 미래를 위한 대책.”『영산 조용기목사 성역 40주년기념논총 2』. 서울: 서울말씀사, 1996, 82-83.

박기호. “선교적 관점에서 본 지도자 개발.”『한국교회와 리더십』. 제63차 한국복음주의신학회논문집 (2014년 4월 26일), 28.

박득훈. “한국교회 회복에 필요한 리더십.”『한국교회와 리더십』. 제63차 한국복음주신학회논문집, 2014년, 37-47.

변진석. “범세계적 교회(Global Church)시대의 선교적 리더십과 선교훈련.”『한국선교 KMQ』 제58호 (2016년 여름), 19-30.

손봉호. “한국교회, 개신교 역사상 가장 타락했다.”『시사저널』 (2011년 2월 28일).

장성배. “세계선교동향과 선교리더십 패러다임의 변화.”『로잔운동과 선교신학』. 서울: 한국로잔위원회, 2015, 344-355.

정용암. “한국교회의 문제점이해와 교회개척자의 개척준비에 관한 연구.”『개혁주의교회성장』 제2호 (2007, 2월), 392-396.

조귀삼. “한국교회 성장 동력의 회복을 위한 소고.”『복음과선교』 제29집 (2015), 281-319.

로잔대회 복음전도와 사회참여의 근원적 이해와 접근의 방향

- 휘튼대회를 통한 선교사역적 이해 -

박영환 • 서울신학대학교

Ⅰ. 들어가는 글

1. 세계선교역사는 복음증거의 위기 때마다 사회참여, 사회봉사와 섬김의 운동으로 선교의 정체성 혼란의 자리에서 복음전도가 그 가운데 핵심 과제임을 상기시켜 주었다. 초대교회로부터 시작된 복음전도의 사역은 섬김과 봉사를 그 특징으로 갖는다. 반면에 로마 가톨릭의 역사는 3세기경부터 시작된 수도원 운동과 9세기의 클로니 수도원 운동(919), 가톨릭 개혁주의자들의 청빈과 경건운동, 12세기부터 다시 일어난 평신도 경건운동, 13세기 이후 수도회 운동을 중심으로 전개되었다. 가톨릭의 반작용으로 등장한 마르틴 루터 등의 종교개혁은 복음의 회복을 선교의 핵심적 과제로 천명하였다.[1] 특별히 18세기는 계몽주의, 합리주의 그리고 산업혁명의 시대이다. 그

1) 4세기경의 바질 수도원 운동은 숙박소, 병원, 나병환자를 위한 특별 진료소, 학교, 사회구제기관 설립 등이며, 6세기경의 베네딕토수도원, 클로니 수도원, 12세기 카다리파와 발도파, 13세기 프란체스코회, 도미니크 수도회 등과 산업혁명이후 등장한 사회봉사기관 등은 선교가 선교현장을 어떻게 읽어가야 하는가를 역사적으로 제시했다. Kurt Dietrich

결과 사회는 수공업에서 대량생산을 특징으로 하는 기계공업 사회로 변화하였다. 그 여파로 독일교회와 귀족, 시민 그리고 농민들의 권리와 삶에 대하여 관심을 가지는 듯 했으나, 노동자 계급과 공장지주들 간의 빈부격차가 급속도로 증가하였다. 이런 상황에서 복음을 전하려는 기독교는 사회문제가 심각해짐에 따라 사회봉사사역이 필요함을 절실하게 느꼈다. 그 결과, 디아코니아 사업이 전면에 등장하게 되었다. 1833년 독일의 요한 힌리히 빅헤른(Johann Hinrich Wichern:1808-1881)의 인너레 미시온(Innere Mission)이 태동했던 것이다.[2] 그는 1848년 비텐베르크 교회의 날(Kirchentag)에서 교회가 간직한 믿음을 드러내는 것이 사랑의 실천(Libestaetigkeit)임을 천명하였다. 그리고 이것을 바탕으로 두 가지 개념, 즉 돕는 사랑(helfende Liebe)과 구원하는 사랑(rettende Liebe)을 통합시켰다.[3] 이러한 배경에서 독일 교회는 1975년 디아코니아 재단을 설립하였다.[4] 복음증거 사역에서 사회봉사사역으로 자연스레 나아갔던 것이다. 이런 흐름은 1966년 베를린 세계복음화 회의(Berlin World Congress on Evangelism)를 거치면서 공식적으로 양분화의 논쟁 또는 전도의 우선성 논쟁을 불러일으켰다. 지금도 복음주의 선교신학 혹은 선교대회는 여전히 사회참여를 선교의 뜨거운 논쟁점으로 삼고 있다. 그래서 등장한 표현이 전도의 우선성, 온 복음, 통합적 선교, 통전적 선교 등이다. 특히 2010년에 개최된 3차 로잔대

Schmidt, 정병식 역, 『교회사』(서울: 성서와 신학 연구소, 2004); Williston Walker, 송인설 역, 『기독교회사』(서울: 크리스챤다이제스트, 2010); 이은경, 『선교와 사회참여』(안양: 호산나출판사, 2015); 박영환, 『네트워크선교역사』(인천: 도서출판 바울, 2012).

2) 박영환, 『독일 기독교 사회봉사 실천의 역사: 디아코니아 선교』(서울: 성광문화사, 2015).

3) 위의 책, 40.

4) 디아코니아재단의 역사는 1843-48년에 Innere Mission에서 출발 되었고, 2차세계대전후 제대군인과 실업자문제를 해결하기 위한 기관으로 1945년에 Hilfswerk가 창립되어, 두 기관이 연합과 독립적으로 활동하다가, 독일 교회에 1975년 디아코니아 재단으로 묶어졌다. 그럼에도 불구하고 여전히 3 기관은 연합과 독립을 거치면서 독일지역에 6종류로 분리되어져 있다. IM=Innere Mission, HW: Hilfswerk, DW: Diakonische Werk, G:IM, HW, DW. T=IM+HW, S=DW+IM+DW, 박영환, 『독일 기독교 사회봉사 실천의 역사: 디아코니아 선교』(서울: 성광문화사, 2015), 402-407.

회에서는 이를 새로운 설명은 아니지만 '총제적 선교'[5] 등으로 설명하고 있다.[6] 여기서 하나의 질문이 등장한다. 에큐메니컬 선교가 복음주의선교의 최우선의 과제인 복음전도를 사회참여 이상으로 중요하게 접근하지 못하는 근본적인 동기와 이유가 무엇일까? 왜 양 진영은 2010년에 개최된 제3차 로잔 케이프타운 대회나 2013년 제10차 WCC 부산대회를 거치면서 까지도 전도의 우선권과 사회참여의 관계를 명확하게 풀어내지 못하는가? 본 논문은 이런 문제의식을 출발점으로 삼는다. 그리고 복음주의선교의 태동이라고 할 수 있는 휘튼 대회(The Church's Worldwide Mission Wheaton)[7]에서 복음주의선교는 사회참여를 어떻게 받아 들였고, 그리고 어떤 이유로 거부하였는지를 살펴보고자 한다. 왜냐하면 에큐메니컬 선교에서 복음전도의 우선성의 논쟁이 지속되고 있기 때문이다.

2. 현대 복음주의선교의 연합모임의 출발을 보통 1846년의 복음주의 연맹(Evangelische Allians: 이하 EA)[8]으로 꼽는다. 그리고 EA는 에딘버러 세계선교사대회(The World Missionary Conference: Edinburgh 1910)[9]로 꽃을 피우게 된다. 주목할 만 한 점

5) 위의 단어는 통합적 선교, 통전적 선교 그리고 온전한 복음을 서술할 때 사용되었다. 박영환, 『핵심선교학개론 II』(인천: 도서출판 바울, 2003), 20.

6) 참고: 조종남, 『로잔운동역사와 신학』(서울: 선교햇불, 2013); 한국로잔연구교수회, 『로잔운동과 선교』(고양: 올리브 나무, 2014); 『로잔운동과 선교신학』(서울: 케노시스, 2015); 『로잔운동과 선교동향』(서울: 리체네, 2016); 조동진, 『세계선교 트랜드 1900-2000 상하』: 20세기 기독교 선교에 관한 선언문 해설 (서울: 아시아 연구소, 2007) 등을 참고하라.

7) 박영환, "로잔대회 이전의 세속화," 한국로잔연구교수회, 『로잔운동과 선교신학』(서울: 케노시스, 2015), 393-423, 415-420. "로잔대회는 베를린대회의 내용을 휘튼대회로부터 가져온 조직체로 설명될 수밖에 없다"(419), 사실상 로잔의 내용은 휘튼대회이기 때문이다. 참조: Harold Lindsell(ed), The Church's Worldwide Mission, Proceedings of the Congress on the Church's Worldwide Mission 9-16 April 1966 at Wheaton College, Wheaton Illinis, Word Book 1966을 참조하라. 갈필도 역, 『기독교의 세계선교』(서울: 생명의 말씀사, 1967)를 참고하라.

8) 김은수, 『현대선교의 흐름과 주제』(서울: 대한기독교서회, 2010), 219.

9) 한국연합선교회, 『1910년 에딘버러 세계선교사 대회 100주년 기념 2010 한국 대회』 논문집

은, 이 대회 이후에 새로운 명칭 세계선교와 복음전도위원회(Commission on World Mission and Evangelism: 이하 CWME)[10]가 결합되었다는 것이다. 선교조직체의 틀로 보면 1921년 국제선교협의회(International Missionary Council: 이하 IMC)로 시작된 선교협의회는 IFMA조직을 제외한 복음주의선교진영도 포함되었던 연합조직체였으나, 1958년에 개최된 가나 IMC가 3차 WCC 뉴델리로 흡수됨으로 CWME가 탄생되었고, 그 결과 WCC와 관계가 없었던 일부 복음주의 선교진영이 공중에 띄게 된 것이다. 바로 여기서 복음주의 선교진영의 감정적 갈등이 시작되었다. 즉 WCC 때문에 CWME에서도 제외될 수밖에 없었던 복음주의자들은 복음주의선교의 단결과 일치를 위해 1966년 4월 9일부터 16일 휘튼(Wheaton)대학에서 '교회의 세계선교대회(Congress on the Church's Worldwide Mission)'를 열었다.[11]

휘튼대회의 강조점은 성서의 이해와 성서의 권위를 축자영감설에서 찾

1권-10권, 에딘버러 세계선교사 대회 연구총서 1권-10권, 미션아카데미, 2012를 참고하라. Brain Stanley, 이용원 역, 『1910년 에딘버러세계선교사대회 어떻게 볼 것인가』(서울: 미션아카데미, 2012)를 참고하라.

10) 김은수는 CWME를 2010년 이전에는 세계선교와 복음화위원회로, 2010년 개정판 이후에는 세계선교와 전도위원회로 번역했다. 본 논문에서는 세계선교와 복음전도위원회로 통일한다.
Evangelism은 복음전도로 번역된다.(김현식, 동아프레임 영한사전, 동아출판사, 1987. 713) 또한 Evangelization=Predigt, Verkuendigung des Evangelium, 그러나 Evangelism=Verkuendigung des Evanheliums(Otto Springer, Lengenschidts Enzyklopaedisches Woerterbuch, Der Englischen und Deutschen Sprache, "Der Grosse Muret-Sanders", 1. Band A-M, Langenscheidt, 1989, 479.

11) 본 대회는 에딘버러 세계선교사대회를 반대하던 허드슨 테일러를 중심으로 한 7개선교단체로 구성된 초교파해외선교협의회(Interdenominational Foreign Mission Association: IFMA)와 미국 복음주의협의회(National Association of evangelicals:1943)는 1945년 다른 선교단체들과 연합하여 복음주의 해외선교협회(The Evangelical Foreign Missions Association: EFMA)가 주최를 하였다. 또한 NAE의 영국의 EA와 연합하여 세계복음주의협의회(World Evangelical fellowship: WEF/1951, 2001 World Evangelical Association: WEA로 명칭 변경)를 구성하였으나, 1952년 유럽은 WEF가 반 에큐메니컬적이라면 유럽복음주의 협의회(Europaeer der World Evangelical Fellowship: EWEF)를 다시 만들었다. (참조: 김은수, 『현대선교의 흐름과 주제』, 218-222).

았다는 점과 하나님께서 성서의 기자를 사용하셨다는 근본적 성서관을 출발점으로 삼았다.[12] 그럼에도 불구하고 복음주의선교에 사회참여를 포함시키는 문제는 여전히 논쟁 가운데 있다. 이런 이유로 복음주의선교의 출발점인 휘튼대회를 되짚어 고찰하는 작업이 필요하다. 그래서 선교의 일반적 이해는 사회참여라는 문제를 어떻게 초기 복음주의선교가 이해했는지를 살펴봄으로써, 복음주의선교의 사회참여 문제가 지닌 근본적 갈등의 동인을 찾아내려한다. 그러므로 본 논문은 휘튼대회의 관점을 기본 시각으로 삼을 것이며, 더 나아가 본 논문은 복음주의가 이해하는 사회참여가 에큐메니컬 운동과 관련된 WCC 선교이해에 접근해 보려고 한다. 그리고 결론으로 복음주의선교가 복음전도임을 최종적으로 제시할 것이다.[13]

II. 휘튼대회의 선교정신과 사회 참여에 관한 입장과 이해

본 논문의 용어사용은 복음주의선교와 비교할 때는 에큐메니컬 선교로, 복음주의선교의 방해자로는 에큐메니컬 운동으로, 양 진영의 선교를 말할 때는 일반적인 '선교'로, CWME선교를 설명하고자 할 때는 WCC선교로 처

---

12) John Stott, *Autoritaet und Kraft der Bibel*, R.Padilla(Hrg.), Zukunftsperspekiven, Evangelikale nehmen Stellung (Wuppertal, 1977), 36. 영감설의 교리적 이해와 설득보다, 성경을 최우선시하려는 성경주의, 정경화 작업의 의미를 담고 있다.

13) 조동진, 『세계선교트랜드 1900-2000』, 상권, 477-527을 참고하라. 본 논문의 자료는 Harold Lindsell이 펼치는 기독교의 세계선교를 중심으로 삼는다. 그리고 이에 대한 보완적 내용으로서 조종남의 "로잔운동의 역사와 신학"과 한국로잔연구교수회가 출판한 "Lausanne Occasional Papers 1-24"를 삼는다. 또한 휘튼 선언문(Wheaton Declaration, Congress on the Church's World-wide Mission, 1966)도 평가영역에 포함 시켰다.

리했다. 에큐메니컬 선교는 복음주의에 반하는 모든 선교 활동을 말한다. 예를 들면 로마가톨릭, 정교회 선교도 그 범주에 포함시키면 된다. 휘튼대회의 성서해설의 입장에서 본 5개의 선교와 교회에 관한 논문들로 구성하였고, 그 이유는 복음주의선교를 성서적 입장에서 증명하려는 의도가 있다. 본 장의 양이 많으나, 휘튼대회 전체를 소개하는 기회로 여겨 그대로 담아내기로 하였다.

A. 휘튼대회와 WCC 이해- 배경과 입장 그리고 전망[14)]

휘튼대회는 세계기독교선교대회로 1966년 4월 9일부터 16일까지 일리노이주의 휘튼 대학에서 개최되었다. IFMA와 EFMA에 가입하지 않은 단체가 198개중 50개나 되었고, 비(非) 북미단체가 14개, 그리고 55개의 교육기관을 포함하여 총 71개국 938명이 참가하였다. 대회의 목적은 IMC와 WCC가 통합된 후에 에큐메니컬 선교에 대하여 복음주의가 세계복음주의 선교를 어떻게 할 것인가를 분명히 선언하며, 복음주의 선교사들의 친목과 단합을 도모하는 것이었다. 휘튼대회는 동시에 반에큐메니컬 선교를 정의하려는 분위기로 가득했다. 그 결과는 WCC와 에큐메니컬 선교를 자유주의 신학으로 규정했다. 그래서 에큐메니컬 선교는 전도의 필요성을 상실 하였으며, 이를 사회참여 행동으로 전환시켰다고 규정되었다. 이는 대회에서 발표된 15개의 중요한 논문 중에 9개가 에큐메니컬 운동에 공격을 가하는 점으

14) Harold Lindsell, Overview of the Congress by Dr. Harold Lindsell, 갈필도 역, 『기독교의 세계선교』 (서울: todauddmol 말씀사, 1967), 10-22. 기조연설: 루이스 L.킹, "교회에게 주신 하나님의 은사", 23-31. in: Harold Lindsell(ed), The Chutch's Worldwide Mission, Proceedings of the Congress on the Church's Worldwide Mission 9-16 April 1966 at Wheaton College (Wheaton Illinis, Word Book 1966).

로 충분히 증명된다.[15)]

휘튼대회는 에큐메니컬 운동에 관해서 "보류"라는 중요한 결정을 내렸다.[16)] 그 증거로 보롬리 악스담(G. Bromley Oxan: WCC 초대회장가운데 한 사람으로 감리교회의 감독)의 설교를 인용하면서, 에큐메니컬 운동이 성서의 권위를 주장하는 복음주의 사람들을 몰아냈으며, WCC가 WCC 틀 아래 개신교와 로마 가톨릭을 하나의 공교회-일치가 최종 목표라고 주장하였다.[17)] 사실상 에딘버러 선교사 대회가 비성서적이기에 복음주의자들로부터 거부당하는 운동이 1921년 IMC 구성 이전인 1917년 나타났다. 바로 IFMA다. 성경의 권위를 주장했던 휘튼대회의 복음주의자들은 당시 IMC와 WCC에 가입하고 싶어도 할 수가 없었고, 또한 에딘버러 선교사 대회마저도 거부한 강경한 그룹들이다. 이들이 휘튼 대회의 주 멤버다. 또한 WCC에는 이미 반 기독교적이라고 생각해 온 러시아 정교회가 가입한 상태였다. 휘튼 대회의 복음주의자들은 WCC 지지자들의 대부분이 "중생의 경험이 없는 자"라는 기본적인 시각을 갖고 있었다.[18)] 이는 IFMA가 당시 에딘버러 세계선교사 대회를 "급속도로 확산되어가는 사회복음운동"[19)]의 많은 영향을 받았다고 보았기 때문이다.[20)]또한 IFMA는 에딘버러 세계선교사대회를 경제적 원리가 지배적으로 작용한다는 이유와 넓게 퍼진 자유주의적 사고, 현대주의 그리고 세속화 등의 이유로 거부하였다. 특히 상담학, 심리학, 사회복음의 활동, 정교회 신학과 로마

---

15) 김은수,『현대선교의 흐름과 주제』, 205.

16) Harold Lindsell,『기독교의 세계선교』, 16.

17) 위의 책. 12.

18) 위의 책.

19) Edwin L.Frizen, Jr, *75 years of IFMA 1917-1992* (Pasadena: William Carey Library, 1992), 91. 1910년부터 1915년 동안 12권의 책(Fundamentals)이 발간되었다. 무디기념교회 담임목사이며, 엮은이 Dr. A. C. Dixon과 Rev. Louis Meyer, Jewish Christian, 무디 성경연구소의 책임자인 Dr. Reuben A. Torrey. 이 책은 보수적인 기독교인들에게 상당한 영향을 주었다.(91)

20) 위의 책.

가톨릭의 협력 등의 혼합적 성향을 지닌다는 이유로 함께하지 않았다.[21)]

그러나 사실 이보다 더 큰 이유는 정통 신앙(경건주의와 성서를 근본으로 삼는 근본주의 사상)을 지키려는 동기 때문이었다. 바로 성서의 권위와 다시 오실 주님을 기다리는 신앙, 그리고 성령의 진리가 인도하는 것을 기대하는 신앙을 지키기 위함이었다.[22)] 이러한 IFMA의 정신은 EFMA에도 동일하게 적용되었다. EFMA는 IFMA와 오순절 운동의 신학을 포함하는 온건한 복음주의 단체로 구성되었다. IFMA와 EFMA로 구성된 휘튼대회가 본 WCC는 1961년 3차 WCC 뉴델리 대회에 로마가톨릭은 옵서버로, 정교회는 회원으로 참석했던 것에 관해 "로마가톨릭은 참교회가 아니다"라고 선언문에 반 WCC 기조를 보였다.[23)] 헤럴드 린드셀(Harold Lindsell)은 로마 가톨릭이 참교회가 아니라고 주장하였다.[24)] IFMA의 허드슨 테일러는 로마가톨릭을 "거짓선지자(Irrlehre), 반기독교 혹은 적그리스도(Antichrist)"로 선포했다.[25)] 그 이유를 WCC는 성서의 권위와 복음의 메시지를 "모호하게 하는 문화적 산물"임을 강력하게 경고하였다.[26)] 에큐메니컬 선교가 사회봉사를 하면서 복음전도를 하지 않는다면 복음을 듣지 못하고 죽는 자들은 지옥에 가며, 아직도 복음을 듣지 못하는 세계를 복음화 하지 못한다면 그것이 바로 "범죄"라고 경고했다.[27)] 복음주의선교는 이를 에큐메니컬 선교의 사회참여가 복음전도를 모호하게 만들고, 복음의 정체성을 혼탁하게 만드는 동인으로 본다. 특히 그는 선교(복음주의선교)와 사회문제에 관한 논문에서 "봉사를 희생시키면서도 선포를 강

---

21) Edwin L.Frizen, Jr, *75 years of IFMA 1917-1992* (Pasadena: William Carey Library, 1992), 83-100. IFMA의 핵심적 내용: 89-96.

22) Edwin L.Frizen, Jr, *75 years of IFMA 1917-1992*, 89-90.

23) Harold Lindsell, 『기독교의 세계선교』, 17.

24) 위의 책, 13.

25) Klaus Fiedler, *Ganz auf Vertrauen* (Giessen/Basel: Brunnen Verlag, 1992), 151.

26) Harold Lindsell, 『기독교의 세계선교』, 17.

27) Harold Lindsell, 『기독교의 세계선교』, 17.

조"[28]해야 한다는 주장에 일치를 보였다.[29] 특별히 루이스 L. 킹(Louis L. King)의 기조연설은 휘튼대회를 세계선교사역에 있어서 성서해설과 교회의 한계와 범위를 살아계신 하나님의 역사와 성령의 충만함으로 모든 선교의 방향을 제시했다. 하나님의 관심은 전 인류의 구원으로 선교다. 그는 바로 이 일에 교회가 부름 받은 것으로 기조연설을 마감했다.[30]

여기서 휘튼대회 선언문과 그 맥을 같이하는 헤롤드 린드셀의 대회전망과 루이스 L. 킹의 기조연설을 요약하여 살펴보자.

1) 휘튼대회는 WCC의 에큐메니컬 운동을 반(反)성경적 운동으로 보았다. 이 일에 교회는 생명의 위험과 위기를 맞이했다.
2) WCC 교회들은 자유주의 신학으로 흘러갔고, 선교단체들은 작지만 성경적 복음주의에 서 있다.
3) 복음주의선교의 가장 성서적인 일은 세계를 복음화 하는 것이다.
4) WCC와 싸워야 할 종말론의 실체를 알아야 한다. 미국의 개신교는 종말론에서 복음보다 선행을 더 자주하라고 주장하며, 사회구조를 변경하려고 애쓰고 있다.

특히 휘튼대회의 기조연설은 복음주의 입장에서 WCC를 재정리하며 확인하는 수준이었다. 그 이유는 여전히 에큐메니컬 운동에 관해 연구와 보류 그리고 대안을 찾아가려는 시도가 남겨져 있으나, 결과적으로 부정적 단절의 방향을 의미한다. 특히 복음주의 선교부는 현지교회의 에큐메니컬 운동의 지속적인 접촉과 관심을 풀어야할 숙제도 오직 성서임을 발견하는 대회

28) 위의 책, 20.
29) 이 부분은 본 연구의 "C. 휘튼대회와 선교적 주제들의 평가"에서 설명하기로 하겠다.
30) 루이스 L. 킹 박사, "교회에 주신 하나님의 은사," Harold Lindsell, 『기독교의 세계선교』, 23-31.

였다. 성서가 기준점이 아닌 에큐메니컬 운동과 복음주의자들의 만남과 대화는 사실상 불가능하다. 다른 전제가 없더라도 이미 성서를 이해하고 받아들이느냐하는 기준점이 다른데, 어떻게 연합이 가능하겠는가? 이것이 휘튼대회의 정신이다.

B. 휘튼대회와 교회의 이해

휘튼대회는 두 가지 주제에 집중하게 되는데 첫 번째가 교회이며,[31] 두 번째는 선교다. 여기서는 교회의 주제를 다루며, 선교는 다음 장에서 다루기로 한다.

해럴드 린드셀은 휘튼대의의 5개 성서해설논문들과 1개의 기조연설문에서 "교회에게 주신 하나님의 은사"를 언급했다. 기조연설과 논문들의 공통된 주제는 선교와 교회다.[32] 왜 휘튼은 수많은 주제 중에 '선교와 교회'를 선택했는가의 답을 루이스. L. 킹은 기조연설에서 다음과 같이 주장했다.

> 주님께서 교회의 새로운 윤리와 함께 선교에 답을 성서에서 주셨다. 교회통일에 관한 해답-교회통일의 성질, 기초, 형식, 범위-을 주님께서는 명백히 설명하신 것이다. 사람의 영원한 운명에 관한문제-일부분만 구원 받느냐 전 인류가 다 구원 받느냐 하는 문제-도 성서를 떠나서는 그 해답을 구 할 수 없다.[33]

---

31) 참고: 김성욱, "로잔선교운동에 나타난 선교적 교회론," 한국로잔연구교수회, 『로잔운동의 선교동향』, 2016, 23-55.

32) 케네트 S. 칸처, "선교와 교회의 권위"; 아더 F. 글래저, "선교와 교회의 메시지"; 필립 텡, "선교와 교회의 재산"; 죤 F. 왈부어드, "선교와 교회의 성질"; 에릭 화이후, "선교와 교회의 완성"; Harold Lindsell, 『기독교의 세계선교』를 참고하라.

33) 루이스 L. 킹 박사, "교회에 주신 하나님의 은사," 26.

그러므로 휘튼대회는 이 세대 안에 세계를 복음화 하는 것에 교회의 인력과 자원을 총동원 할 것을 다짐했다. 왜냐하면 김성욱은 "교회의 본질은 선교이며, 선교는 교회의 사명"임을 복음주의선교 입장에서 로잔의 선교적 교회론에서도 정리했다.[34] 김은수는 휘튼대회의 참여한 단체들이 대부분이 선교단체임으로 교회와 선교가 일치를 보지 못했으며, IFMA와 EFMA가 독립된 선교회 혹은 교단의 선교회임으로 '교회'의 관련성을 찾기가 어렵다고 보았다.[35] 그러나 교회의 이해의 차이가 있음을 루이스 L. 킹은 기조연설에서 다음과 같이 설명했다.

> 구원 받은 자들이 모이는 교회를 사실상 그리스도의 몸이요, 건물을 가리키는 것이 아니다. 조직은 더욱 아니나...성서는 그렇게 말하고 있지 않다. 교회는 구원 받은 남녀 전체 무리를 가리킨다...하나님의 영광을 위해 구속받은 사람들의 단체이기도 하다.[36]

이렇듯 휘튼대회는 선교회, 선교단체도 하나의 교회로 간주했다. 하나님은 영이시기에 물질로 만든 집안에 거할 수 없으며, 사람의 손으로 지은 건물 안에 거하지 않는다. 흔히 교회를 집, 건물, 몸 등으로 표현한다. 그러나 하나님이 거하시기 위하여 세워진 곳, 사람들 가운데 하나님이 머무시는 장소, 즉 성령 안에서 하나님의 거하실 처소(엡 2:22)가 교회이기도 하다. 그런 의미에서 선교회 혹은 선교단체도 역시 교회인 것이다.[37]

휘튼대회의 선교의 기초를 다지기 위하여 제1부 교회에 관련된 5개의

---

34) 김성욱, "로잔선교운동에 나타난 선교적 교회론," 한국로잔연구교수회, 『로잔운동의 선교동향』, 2016, 25-26.

35) 김은수, 『현대선교의 흐름과 주제』, 206.

36) 루이스 L. 킹 박사, "교회에 주신 하나님의 은사," 23.

37) 위의 책, 24.

성서해설 논문이 등장한다. 교회와 관련된 논문들은 "대회를 견고히 하였으며, 대회의 신학적 기초를 명백"하게한 복음주의 선교이해의 토대였다.[38] 본장은 선교의 기초로 복음선포의 내용을 성서적 입장에서 정리했다. 예수 그리스도의 구원의 소식을 성서의 무오성으로 입증하며, 성령의 충만함과 역사하는 능력으로 지상 대 사명을 예수의 재림까지 선포하자는 것이다. 휘튼대회가 유독 교회의 성질[39]에 관한 논문을 설명하면서 반에큐메니컬 운동과 반 WCC에 대한 "직접적인 언급"을 하지 않는다.[40] 또한 "반대하기 위하여 모인 것"[41]이 아닌 것을 천명하나, 휘튼대회 전체의 주장과는 반대적 표현이거나, 우회적 피해가는 모양이었다. 이유는 아마도 에큐메니컬 운동의 공격을 피해가기위한 전략으로 보인다. 이미 대회전망과 기조연설, 그리고 중요한 논문의 대부분이 반(反) WCC를 주장했음은 어느 누구도 부정할 수 없을 것이다.[42] 더 나아가 휘튼대회의 논문에서는 WCC를 '적', '이단' 등으로 표현한다. 그렇다면 교회에 관한 5개의 논문을 살펴보자.

1. 성서의 가르침을 전하는 것이 성서의 권위이다 – 선교와 교회의 권위: 케네트 S.칸처(Mission and the Church's Authority, Dr. Kenneth S. Kantzer).

칸처(Kenneth S. Kantzer)는 선교, 복음 그리고 기독교는 "동전의 양면"과 같다고 주장한다.[43] 이것을 기록한 것이 성서이다. 복음주의의 성서해설은 하나님께서 성령을 통해 성서를 기록하셨으며, 성서가 진리가운데 인도한다

38) Harold Lindsell,『기독교의 세계선교』, 33.

39) 영어의 "Nature"를 "성질"로 표기했으나, 교회의 "본질"로 보는 것이 논문 이해에 도움이 된다. 필자는 본질로 보며, 교회의 본질은 선교로 정의한다.

40) Harold Lindsell,『기독교의 세계선교』, 33.

41) 위의 책.

42) 김은수,『현대선교의 흐름과 주제』, 205.

43) Kenneth S. Lantzer, *Mission and the Church's Authority*, 선교와 교회의 권위, Dr. Harold Lindsell,『기독교의 세계선교』, 35.

는 확신과 믿음을 고백하며, 예수 그리스도의 주되심을 믿는 것이다. 이것이 복음주의 선교정의다. 그러나 에큐메니컬 선교는 유일하신 주님을 거부하며, 그 진리의 말씀인 성경의 권위를 "파괴"[44]시킨 자들로, 회개하고 예수 그리스도를 주와 그리스도로 고백해야 한다. 지금(1961년) WCC에 옵서버로 참석시킨 로마가톨릭은 성서보다 교회를 앞세우는 것 자체가 성서 해석을 잘못한 것이다. 칸처는 조직을 통해, 사람을 통해 성서를 보는 것(WCC의 견해)이 아니라, 성령만을 통하여 보는 것으로 해설했다.[45] 복음주의자들도 성서가 살아 있는 하나님의 말씀으로 믿고, 그 권위에 순종하는 사람을 살아야 한다. 복음주의선교는 그런 사람들을 세우는 것이다. 바로 복음주의선교가 불신자들에게는 예수 그리스도가 주되시며 그리스도이심을 삶을 통해 증언하며 고백하는 삶을 보여주어야 한다.

선교의 신학적 배경이 바로 교회며, 그것을 기록한 것이 성서며, 교회는 말씀의 권위와 주 예수 그리스도의 가르침에 절대적으로 순종하는 믿음의 실천과 교훈을 제공하는 것이 선교다. 그러므로 선교와 교회의 권위는 성서다.

2. 구원의 복된 소식을 전하는 것이다 - 선교와 교회의 메시지: 아-더 F.글래저(Mission and The Church's Message, Dr. Arthur F. Glasser)[46]

글래저(Arthur F. Glasser)는 바울의 예를 들어 '복음전도는 복음주의 설교가 아니다'라는 자유주의 신학자들의 도전을 정면으로 반박했다. 바울이 전한 복음은 예수 그리스도의 죽음과 부활이다. 복음주의선교는 사람의 일을 전하는 것이 아니고, 하나님의 말씀을 전하는 것이다. 사랑으로 진리를 전했지만, 사랑으로 진리를 대신하지는 않았다. 선교의 기초가 멸망하는 자를 부

44) Kenneth S. Lantzer, *Mission and the Church's Authority*, 40.

45) 위의 책, 40-41.

46) Arthur F. Glasser, *Mission and the Church's Message*, "선교와 교회의 메시지," Dr. Harold Lindsell, 『기독교의 세계선교』, 45-58.

르시는 구원의 복된 소식이다. 공산주의와 타 문화권도 예외가 아니다. 타 문화와 타종교에 관해 예의를 갖추어야 하지만 결국 심판과 회개, 용서와 은혜로 예수 앞에 나와야만 하며, 이것은 세계선교역사의 현장, 어디에도 똑 같다. 정리하면 교회의 메시지는 선교며 복음을 전하는 것이지, 사람의 일을 전하는 것이 아니다. 사람의 일이란 복음의 접촉점으로 시행되는 일들을 말한다. 교회의 메시지도 선교하는 복음이 되어야 한다. 선교는 예수 그리스도의 구원의 소식을 전하는 복음주의선교다.

3. 성령은 선교와 교회의 원동력이다 – 선교와 교회의 재산, 필립. 텡(Mission and the Church's Endowment, Rev. Philip Teng)[47)]

선교와 교회의 재산은 성령이다(요한복음 16장 7절). 재산은 건물이나, 물질이 아니다. 재산은 영적인 것이다. 예수께서 세상에 남겨놓은 유일한 재산은 성령이다. 오순절의 성령의 역사로 선교역사가 시작되었다. 그리고 성령의 역사는 3000명과 5000명의 회개와 은혜로 시작된 복음전도였으며, 성령의 능력은 치유와 회복, 귀신을 쫓아내며, 병든 자를 고치는 선교와 구원의 역사다. 성령은 순교도 하게하고, 용기를 내어 복음을 죽음 앞에서도 전하게 하고, 담대하고, 자신의 재산도 모두 선교에 드리게 하고, 선교정책도 세우며, 토착교회를 세우며, 사랑과 봉사로 사랑의 통로가 된다. 결과적으로 성령은 선교를 인도하며, 선교계획을 세우며, 회개의 결과를 만들어내는 선교의 원동력이다. 지금 교회는 선교의 참된 기능인 성령의 자리를 기술 만능주의와 인간적인 연합의 조직체에 내어주고 말았다. 그러나 선교는 성령을 의존할 때 시작되며, 교회가 성장되며, 부흥될 때 선교도 성장하며 부흥된다.

---

47) Philip Teng, *Mission and the Church's Endowment*, "선교와 교회의 재산," Dr. Harold Lindsell,『기독교의 세계선교』, 59-71.

4. 교회의 본질은 선교다 - 선교와 교회 성질: 존 F. 왈보오드(Mission and the Church's Nature, Dr. John F. Walvoord)[48]

'교회의 성질'의 제목은 '교회로 본질'이라는 표현으로 보는 것이 타당할 것이다. 그럼에도 여기서는 번역자의 의견을 존중하여 그대로 표기할 것이다. 그는 그리스도 안에서 지체와의 연합을 성경에서 머리되시는 그리스도와 관계를 살아있는 지체들의 연합으로 제시한다(에베소서 4:16, 골 1:18, 24, 2:19, 고전 6:19-20, 11:3을 참고). 지체의 연합의 핵심적 내용은 고린도전서 12장 12, 13절에 담겨있다. "몸은 하나인데 많은 지체가 있고, 몸의 지체가 많으나 한 몸인 것 같이 그리스도도 그러 하니라 우리가 유대인이나 헬라인이나 종이나 자유인이나 다 한 성령으로 세례를 받아 한 몸이 되었고, 또 다 한 성령을 마시게 하였느니라." 또한 각 지체는 자신의 기능에 따라 은사를 받았고, 그 받은 은사대로 맡은 초자연적인 일이 이루어진다. WCC나 에큐메니컬 기구는 연합을 사람의 "재주"로 만들었다. 그러므로 WCC는 교회의 연합을 대신 할 수 없으며, 표현할 수도 없다.[49] 연합은 하나님의 능력과 은혜지, 사람들의 관계로, 상하부 조직체를 필요로 하지 않는다. 에큐메니컬 운동은 선교를 효과적으로 한다고 주장한다. 그러나 개신교는 로마가톨릭이나 정교회들의 공동의식, 상호간 받아들일 수 없는 윤리적 문제들과 신학적 이슈들을 함께 할 수 없다. 개신교의 신학이 로마 가톨릭과 연합의 거침돌이 된다고 제거 할 수 없다. 개신교에서 루터의 신학 '이신칭의'를 거부할 수 있는가? 하나님의 공의와 예수 그리스도의 은혜와 용서가 없는 메시지와 프로그램이 능력 있는 사역으로 드러낼 수 있을까? 복음주의선교와 에큐메니컬 운동의 불일치를 드러내는 내용은 바로 "성서의 무오성, 동정녀 탄생, 예수 그

48) John F. Walvoord, *Mission and the Church's Nature*, "선교와 교회의 성질," Dr. Harold Lindsell, 『기독교의 세계선교』, 72-79. 참고, 김성욱, "로잔선교운동에 나타난 선교적 교회론," 한국로잔연구교수회, 『로잔운동의 선교동향』, 2016, 23-55.

49) John F. Walvoord, *Mission and the Church's Nature*, 75.

리스도의 신성과 영원성, 성령의 인격성, 대리속죄, 그리스도의 육체적 부활, 재림"[50] 등이다.

왈보오드는 에큐메니컬 운동이 복음주의 사람들에게 부정적으로 각인되었음을 강조한다. 왜냐하면 이 운동은 복음주의 사람들을 억압하고, 반대하는데 목표를 세웠기 때문이며, 이 때문에 반에큐메니컬 운동을 하는 복음주의 사람들의 주변에 많은 풍파가 발생했기 때문이다. 복음주의자들은 에큐메니컬 운동가들이 자신들을 강제성과 억압적으로 압박했으며, 같은 연합체 활동에서도 에큐메니컬 운동으로 끌고 가려는 불안감을 갖게 되었다. 그래서 이들은 에큐메니컬 운동 자체를 비성서적이라 정리하였다. 그리고 복음증거를 무시하려는 경향성을 내포함으로써 복음을 왜곡시켰다고 보았다. 사실 교회와 선교의 연합에 궁극적 목적은 복음을 전하는 것이며, 이것이 모든 교회와 성도들의 목표이다.

정리하면, 에큐메니컬 운동은 복음주의선교를 무시하거나, 인간적인 연합체로 성경적 복음의 내용을 담고 있지 못하다. 또한 로마 가톨릭과 정교회들과의 연합에 성경적 신학의 근본적 토대의 통일 이루지 못함으로 연합은 불가능하며, 인간적인 조직체로 전략 될 것이다. 저자는 에큐메니컬 운동자들과 "억압, 반대, 풍파, 그리고 무시"등의 감정과 느낌을 지속적 설명하면서 지속적으로 성경의 연합만을 되풀이 하고 있다. 감정적이며 경험상으로 드러난 반에큐메니컬 운동의 사례를 설명하고 있는 것이다. 결국 그는 에큐메니컬 운동은 비기독교로 논쟁의 대상에서 제외시켜야 할 것으로 보았다.

50) 위의 책, 77.

5. 종말은 선교와 교회가 중심에 품고가야만 하는 과정이다 – 선교와 교회의 완성: 에릭 s. 화이프(Mission and the Church's Consummation, Eric S. Fife)[51)]

복음주의선교의 완성은 종말이다. 종말 없는 선교는 무의미하다. 선교 없는 종말은 도래하지 않는다. 그렇기에 화이프(Eric S. Fife)는 선교와 교회의 완성이 종말을 향해 가는 것이며, 그 과정은 복음주의선교라 단언한다. 그는 안일한 세상을 사는 서구교회에 깨어 있으라는 성서를 상기시켜주는 것이며, 재림을 전파하는 선교사로서 살아야함을 알리는 것이다. 복음주의선교는 임박한 종말론의 정신으로 미혹하는 세상의 세력들을 물리치고, 지금 집중해야 할 선교의 사명을 달성하도록 힘써야 한다. 휘튼대회는 사회문제나 에큐메니컬 운동에 관한 논의를 상당한 시간 낭비로 보았다. 복음주의선교는 많은 에큐메니컬 운동과의 논의시간들이 미혹 당했다고 보았으며, 에큐메니컬 운동에도 복음을 전해야 할 대상으로 보았다.[52)] 복음주의선교의 사명은 언제 다시 오실지 모르는 주님의 재림을 기다리며, 땅 끝까지 복음을 전하는 복음전도다. 정리하면, 주의 재림을 기다리며, 반에큐메니컬 운동과 사회문제에 시간을 소비하지 말고, 미혹하는 세력에 넘어가지 말고, 종말을 즐거움으로 기다리며 어려운 난제와 숙제를 복음전파로 풀어가자는 임박한 종말론적 선교 사명을 언급했다.

정리하면 휘튼대회는 3번에 걸친 로잔대회의 주제와 같이 교회는 선교적 본질이며, 그것의 기준은 성경이며, 동일한 권위를 소유하며, 교회의 전하는 메시지도 선교며, 그 교회와 선교의 원동력은 성령이다. 에큐메니컬의 종교 혼합주의에 대항하여 성서적 선교를 제시하며, 교회의 선교적 본질을 이루어가야 한다.[53)] 선교사역을 위해 평신도를 포함한 총력적 사역이 되어

---

51) Eric S. Fife, *Mission and the Church's Consummation*, "선교와 교회의 완성," Dr. Harold Lindsell,『기독교의 세계선교』, 80-88.

52) Eric S. Fife, *Mission and the Church's Consummation*, 83-84.

53) 김성욱, "로잔선교운동에 나타난 선교적 교회론," 한국로잔연구교수회,『로잔운동의 선교

야 하며, 모든 성도가 "총동원" 되어야 한다.[54] 이일을 위해 3차 로잔대회는 두 가지 전제를 선언했다. 1) 모든 족속으로 제자를 삼아, 2) 서로 사랑하라는 것이다. 그러므로 3차 대회의 총결산으로 복음주의선교는 교회는 성령의 능력을 받아 온 세상을 향해 선교하는 본질적 주체임을 확인해야만 했다.[55]

C. 휘튼대회와 선교 주제들의 평가[56]

휘튼대회의 2부로 중요 논문 10편이 발표 되었고, 이 논문들을 기초로 하여 휘튼대회 선언(Wheaton Declaration)이 채택되었다. 각 논문에는 4명의 고문이 배정되었고, 개인의 의견도 기초위원회에 보내져, 선언문 내용에 관계되도록 하였으며, 1000명 이상의 모든 참여자들이 직접 참여하였고, 개인적 요청도 공개적으로 받아들여서 모두가 신뢰하고 확신하는 휘튼 대회 선언문을 만장일치로 작성 하게 되었다. 이 부분에서는 먼저, 10개의 논문을 간략하게 정리한다. 그리고 이에 대한 평가는 논문의 결론 부분에서 다룰 것이다.

동향』, 2016, 37-38.

54) 위의 책, 43.

55) 위의 책, 51.

56) 10편의 논문은 다음과 같다. 선교와 혼합주의, 신교와 신보편구제설, 선교와 개종, 선교와 신 가톨릭교, 선교와 교회성장, 선교와 외국선교, 선교와 복음주의 통일, 선교와 평가방법, 선교와 사회관계, 선교와 악한 세상, Dr. Harold Lindsell, 『기독교의 세계선교』, 89-224.

1. 선교는 오직 복음으로 제시되어야 한다 – 선교와 혼합주의: 작크 F. 세퍼드(Mission and Syncretism, Rev. Jack F. Shepherd)[57]

선교는 예수를 모르거나 믿지 않는 자들에게 예수 그리스도를 구주요, 주님으로 믿고 순종하며 선포하는 총체적 작업이다. 그러나 혼합주의는 예수 그리스도가 없다. 오직 예수 그리스도의 유일성과 최종성[58]에 관해 타협점을 찾으려는 것이다. 복음주의 선교는 기독교혼합주의를 다음과 같이 설명했다.[59]

(1) 역사에 유일한 계시는 없다.

(2) 신적 존재에 도달하는 길은 많다.

(3) 진리와 체험은 성질상 진리를 표현하는데 불충분하다.

(4) 모든 종교들의 사상과 체험을 하나의 종교로 만들어냄이 필요하다.

이 주장들은 종교다원주의 설명과 똑같다. 기독교혼합주의는 종교다원주의로 보아야 한다. 그 결과 기독교혼합주의는 복음을 혼합주의 안에 다 섞거나, 부분적으로 첨가하거나, 복음의 핵심을 혼합주의에 삼켜버리게 하는 것이다. 이것은 WCC에 존재하며,[60] WCC신학 안에 신학적 교리와 동방의 범신론적 견해의 유사점이 발견됨에도 선교를 위한 것으로 포장하며, 교회의 연합을 위해 진리를 희생하며, 최소한의 교리로 통합을 구하는 "전기독교적 합의(An Ecumenical Consensus)"[61], 즉 교리의 최소공배수를 찾는 "협동조

57) Rev. Jack F. Shepherd, *Mission and Syncretism*, "선교와 혼합주의," Dr. Harold Lindsell,『기독교의 세계선교』, 91-102.

58) 번역의 최종성보다는 궁극성이 본문 이해에 도움이 될 것이다.

59) Rev. Jack F. Shepherd, *Mission and Syncretism*, 92.

60) 위의 책, 95.

61) Rev. Jack F. Shepherd, *Mission and Syncretism*, 97.

합"[62]의 형태에 불과하다. 그러므로 복음주의자들은 복음의 핵심이 "절충" 되거나, "끌려"가서 섞이거나, 첨가되어 복음이 새로운 특성으로 변질되어서는 안 된다. 복음 외적인 부분, 사회참여가 선교현장 적응부문에서 복음의 핵심과 "동일한 중요성"을 보여준다면, 이 또한 복음전달형식의 혼합이라 할 수 있다.[63] 그럼에도 불구하고 복음을 전달할 때 봉사와 사랑의 정신으로 선교활동 하는 것은 중요하다. 구원하는 복음이 동일한 죄의 길을 걸어갔던 선교사들에게 오직 하나님의 구원의 은총과 계시로 알게 될 때 사랑과 봉사의 실천적 삶이 이루어질 수 있다. 그러나 역순으로 풀어서는 상당히 위험해 질 수 있고, 사회참여만 하고 복음전도를 하지 않는다면 결과적으로 영적 황무지가 된다. 복음주의선교는 이런 결과를 받아들이기 어렵다. 이론으로 맞는 것 같으나, 선교결과는 복음적이지 않음을 보여주었다.

2. 선교의 주제는 오직 예수 그리스도를 통한 구원의 사역이다 - 선교와 신보편구제설: 아더 M. 클리멘하가(Mission and Neo-Universalism, Dr. Arthur M. Climenhaga)[64]

신보편구제설은 또 다른 기독교혼합주의다. 기독교혼합주의는 지금 여기서의 구원을 주장한다. 그렇다면 신보편구제설은 다가올 구원을 약정하는 것이라 할 수 있다. 그러나 두 개념은 성서의 기준을 넘어 이성과 인간의 교리와 조직의 기초에 근거를 두고 있다. 그리고 결국은 에큐메니컬 운동으로 귀결되었다.

에큐메니컬 운동은 "많은 국가와 교회들의 많은 그리스도인들에 의한 협동적 사상이 독특한 협력"[65]을 성서가 아닌 인간의 이성과 판단으로 대조

62) 위의 책.

63) 위의 책, 99-100.

64) Dr. Arthur M. Climenhaga, Mission and Neo-Universalism, "선교와 신보편구제설," Dr. Harold Lindsell, "기독교의 세계선교," 103-118.

65) Dr. Arthur M. Climenhaga, *Mission and Neo-Universalism*, 104.

를 이룬다. 버나아드 램(Bernard Ramm)은 신보편구제설이 선교통계의 실망과 세계인구의 증가를 비교함으로, 신학적 관점을 버리고, 주관적 판단으로 돌아선 것 결과물로 보았다.[66] 선교는 가난한자, 병든 자, 억압을 당한 자들을 돕는 것에 치중되었으며, 영원한 형벌에 죽을 죄인을 구원하러 오신 예수 그리스도의 복음의 선포를 적극적으로 선포해야 한다. 정리하면, 신보편구제설은 혼합주의와 다를 바 없으며 선교의 본질을 대체하려는 문제점을 드러내고 있다.

3. 선교는 그리스도에게로 개종이다 – 선교와 개종: 작크스 블로커(Mission and Proselytism, Dr. Jascques Blocher)[67]와 선교와 신 가톨릭교, 버논. 그라운즈(Mission and Neo-Romanism, Dr. Vernon Grounds)[68]

본 단락의 주제는 로마가톨릭과 직접 관계에 있다. 이 두 개의 논문을 한 주제로 볼 수 있는데, 그 까닭은 복음주의선교가 직면한 개종의 주제는 로마가톨릭과 연계되어있고, 또한 타종교와 직결되어 있기 때문이다. 공식적이지는 않지만 일부 개신교는 로마가톨릭을 공식적이지는 않지만 이단으로 정죄하고 있는 것이 오늘 한국교회의 현실이다. 복음주의선교(일명: 개신교선교)[69]와 로마가톨릭선교가 양진영에 속한 사람들을 자신의 종교로 개종하려는 시도의 결과, 선교현장을 갈등과 탄압의 장소로 만들었다. 개종이란 종교적 신조로 전향하는 자를 말한다. 프랑스에서는 로마 가톨릭의 사람들이 개신교로 온 것을 개종했다고 한다. 또한 로마 가톨릭국가에서 개신교선교

---

66) 위의 책, 108.

67) Dr. Jacques Blocher, *Mission and Proselytism*, "선교와 개종," Dr. Harold Lindsell, 『기독교의 세계선교』, 119-132.

68) Dr. Vernon Grounds, *Mission and Neo-Romanism*, 133-149.

69) 로마가톨릭과 개종문제로 갈등을 유발시킨 '개신교선교'는 사실상 '복음주의선교'를 말한다. 에큐메니컬 선교지역에서 로마가톨릭과 연합 사업이 이루어지기 때문에 "개종"문제가 발생하지 않는다.

를 개종 작업으로 보며, 중지를 중재한 일들도 있다. 이런 점에서 에큐메니컬 운동은 개종자의 운동이라는 명칭 사용을 거부한다. 개종한다는 것은 주님의 지상 명령에 순종 하는 것인데, 에큐메니컬 운동에서는 수준이 부족한 것으로 사용되었다. 에큐메니컬 운동은 개종이 통합을 해치는 "죄"[70]로 평했다. "최근 몇 년 동안 교회들은 다음과 같은 사실들을 명백히 이해하게 되었다. 곧 교인들이 다른 종파의 속하는 회원들 사이에서 서로 개종 시키는 일을 종식시키지 않는 한, 지방사회 간에 형제 사랑도 진정한 통일도 없다는 것이다."[71] 에큐메니컬 운동은 하나가 되는 교회일치운동에 집중해 있으며, 교회들의 서로 다른 점을 언급하는 것을 '죄'로 보았다. 사실 라틴 아메리카와 유럽에서 로마가톨릭의 국교회 경우에는 개종이 불가능하다. 이점에서 에큐메니컬 운동은 개종에 관해 불합리하다고 보며, 개신교선교사들의 로마가톨릭 지역의 선교는 사실상 암묵적으로 필요 없다고 생각한다.

그러나 이것들은 신보편구제설에 입각한 결과다. 만약 그렇다면 어떤 개종도 사실상 필요 없게 된다. 왜냐하면 누구나 마지막에 가서는 다 구원 받을 것이기 때문이다. 멕시코 세계선교와 복음전도위원회(Mexico City 1963. CWME)의 보고서는 "문학적으로 뒤떨어진 이교도들이 다행하게도 선교사를 가지고 있다고 구식 교회인들은 믿었다. 그런데 지금은 개종시키는 권리가 어떤 교회 지도자들에 의하여 도전을 받고 있다.(...) 그리스도인들은 이교도를 진정한 신앙으로 회심시키고자 노력함으로써 아니고 그들을 물질적 방법으로 돕는 것으로서 믿음을 증거하고 있다."[72]

---

70) Dr. Jacques Blocher, *Mission and Proselytism*, "선교와 개종," Dr. Harold Lindsell, 『기독교의 세계선교』, 126.

71) 재인용, *Manuel de la Troisieme Assemblee de New Delhi*, 128, 또한 WCC 발행의 *Monthly Letter on Evangelism*, No. 6-8, 1960 참조, 각주 7, Dr. Harold Lindsell, 『기독교의 세계선교』, 131.

72) 재인용, *The Missionary's Mission in the World Today*, Newsweek, 1963, 12, 13, 36-37. Dr. Jacques Blocher, *Mission and Proselytism*, 13.

더 나아가 에큐메니컬 운동은 교회교리의 상이점이 복음을 변절 시키는 자리에 이르더라도 관여하지 않는데, 사실 복음주의 선교사들은 이점을 매우 불편하게 여긴다. 이점을 프랑스 마칼 선교회의 전 회장은 『에큐메니컬주의가 복음주의에 위협』[73]라는 책을 발간하기도 했다. 선교란 자신의 주이시며 그리스도이신 예수를 선포하는 것이다. 개종이란 회개와 믿음을 통하여 예수 그리스도를 자신의 구주로 영접하고, 교회 구성원이 되는 것이다. WCC가 이를 반대한다면 교회는 생명을 잃어버리며, 성서에 합당치도 않다. 개종을 반대하는 것은 복음전도와 선교를 공격하는 행위라 할 수 있다. 그럼에도 불구하고 로마가톨릭이 프랑스, 스페인 그리고 이탈리아에서 사회, 경제, 정치적 압력으로 수많은 개신교 성도들을 자기 쪽(로마가톨릭)으로 강제로 개종시키는 행위가 자행되었음은 이미 역사적 널리 알려진 사실이다. 일부 지역에서는 뇌물이나 압력을 통해서, 예를 들면 선교사들에게 지급받는 것보다 더 많은 선교비 지원을 약속하는 로마가톨릭의 강재개종이 이루어졌다.[74] 근본적으로 로마가톨릭의 복음의 이해가 '성경의 역사적 진리와 현실적으로 조화가 되지 않는다는 점'이 복음의 정직성을 잃어버리고, 세계구원의 본질적 과제에 혼란을 주고 있다.[75]

---

73) Dr. Jacques Blocher, *Mission and Proselytism*, 128.

74) 위의 책, 121-122.

75) Dr. Vernon Grounds, *Mission and Neo-Romanism*, "선교와 신 가톨릭교," Dr. Harold Lindsell, 『기독교의 세계선교』, 136-137.

4. 선교와 교회 성장의 원동력은 성령이다 – 선교와 교회의 성장: 멜빈. 한지스(Mission and Church growth, Rev. Melvin Hodges) 선교와 외국 선교(Mission and Foreign Missions, Rev. R.P. Chavan)[76]

선교 활동 가운데 가장 먼저 해야 될 과제가 선교지에 교회를 개척하는 것이다. 교회는 선교와 교회개척을 통해 선교하는 것이 교회의 사명이다. 그러나 선교를 복음전도가 아닌, 오히려 사회적 행위로 보려는 경향이 많이 존재한다.[77] 특히 에큐메니컬 운동은 신보편적 구제설의 근원으로 교회는 선교보다 사회적 활동을 사명으로 하며, 모든 교회가 하나가 되는 연합사역에 동참하자는 것이다. 그렇기에 복음주의선교를 도리어 교회성장의 저해요인으로 평가하였다. 피터 바엘 하우스(Peter Beyerhaus)는, "교회란 구속받은 자들의 사회요 또한 구속하는 사회"[78]라 언급한다. 교회가 사회를 향해 하는 것이 복음전도요, 온 세계를 향해 활동 하는 것이 선교다. 교회는 복음이 전 세계에 전파되어야 한다면 성도들의 회심과 믿음의 증거와 역사를 잠재된 마음속에서 불러 일으켜야 한다. 이것이 잠재적 복음전도며, 교회성장의 원동력이다. 교회성장은 선교의 성장으로 직결된다. 여기서 두 개의 교회를 소개한다. 하나는 모(母)교회로 지역사회에 복음을 전하는 일과 새로운 성도들을 만들어 내는 역할을 하는 모교회이고, 다른 하나는 선교지에 형성된 신생교회다. 두 개의 교회는 동일한 사명과 성령의 역사를 경험하는 교회로서 서로 동등한 지위를 가진다.

채번(R. P. Chavan)은 선교사와 선교회는 토착교회를 지원하는 역할을 하되

---

76) Rev. Melvin Hodges, *Mission and Church growth*, "선교와 교회의 성장," Rev. R.P. Chavan, Mission and Foreign Missions, Dr. Harold Lindsell, 『기독교의 세계선교』, 150-171.

77) Rev. Melvin Hodges, *Mission and Church growth*, 150.

78) 재인용, Rev. Melvin Hodges, *Mission and Church growth*, 52, 각주 7, 160 참조, Peter Beyerhaus, *The Resonsible of the Church and the Foreign Missions*, Grand Rapids Wm. B. Eerdmans, 110.

현지사역자들에게 주도권을 넘겨주도록 요청했다. 그리고 그 단계적 과정은 협력하는 친구의 관계로 만들어가야 됨을 강조했다. 재산권, 감독권, 정책 결정권 등을 선교현지 지역교회로 선별적 이관을 선교정책으로 결정해야 한다. 이것이 늦어지면 늦어질수록 선교지역의 교회성장의 장애요인이 될 것이라 보았다. 그는 선교사 혹은 선교회와 지역교회와의 관계를 피아노의 흰 건반과 검은 건반으로 보면서, 두 건반이 있어야 음악이 됨을 역설한다. 그러므로 선교사와 현지인 지도자는 동역자이며, 선교회와 모교회와 현지교회를 연결하는 선교회는 다 같이 하나님을 의지하며, 예수 그리스도를 세워야 하는 성경적 목표를 가지고 있다. 이와 동시에 신식민주의 선교의 위험성을 비판하고 있다.

정리하면, 세계선교를 위해 교회는 성도와 자원들의 "총체적인 기동력(mobilization)"[79]이며, 선교지의 교회성장은 토착교회 중심으로 진행되어야만 한다. 선교사와 선교회는 토착교회 또한 자신을 파송한 모교회와 동일한 교회임을 인지하여, 운영권과 재산권을 현지교회에 이양해야한다.

5. 선교와 교회의 통일은 오직 복음으로 연합하는 것이다 - 선교와 복음주의적 통일: 버-논 모트슨(Mission and Evangelical Unity, Dr. Vernon Mortenson)과 선교와 평가방법, H. W. 놀톤(Mission and Evaluation Methods, Dr. Wilbert Noton)[80]

에큐메니컬 운동이 통일과 연합을 주장한다면, 그 방법은 성서의 근거에 기인해야 한다. 로마 가톨릭과 에큐메니컬의 명칭을 합하면 과거 동방교회와 서방교회, 루터의 종교개혁 그리고 개신교 전체를 총괄한다. 그 배후에는 신앙과 성서에 관해서는 생각도 하지 않고 다른 배경을 가진 자의 결

79) 김은수, 『현대선교의 흐름과 주제』, 206.

80) Dr. Vernon Mortenson, *Mission and Evangelical Unity*, "선교와 복음주의적 통일," Dr. Wilbert Noton, Mission and Evaluation Methods, "선교와 평가 방법," Dr. Harold Lindsell, 『기독교의 세계선교』, 172-202.

합만을 목적으로 삼고 있다.[81] 통합의 성서적 기초는 요한복음17장, 에베소서 1장, 2장, 4장 등에서 잘 나타나고 있다. 기독교의 통합은 신앙적 교제에서 유지되는 것이지, 새롭게 창조되는 것은 아니다. 이것이 에큐메니컬과 복음주의가 근본적 다르다는 것을 증명했다.

에큐메니컬의 통합은 다음에서 보듯이 복음주의 통합과는 다르다.[82] (1) 하나님께서 허락하신 통합은 언제나 지속되어야하고, 또한 그것이 어디서나 필요한 것이면 반드시 실현되어야 한다. (2) 통합은 근본적이고도 새로 중생된 단체로서, 그 구성원 개개인이 새 성품을 베푸시는 성령 안에서 거듭난 자들을 중심으로 이뤄져야 한다. (3) 통합은 특별히 예수 그리스도의 인격과 사업, 그리고 복음전파를 중심으로 한 믿음의 통합이다. (4) 통합은 세계복음화를 위해 마련된 것이며 그 통합은 효과적인 통합이 전달됨으로써 나타나야 할 것이다.

그러나 현실은 모튼슨(Vernon Mortenson)의 경험과 같았다. 즉, 에큐메니컬은 복음주의자들에게 압력을 행하고, 정책과 교리적인 문제를 무시하고, 그 속에는 핵심적 성서내용의 언급도 없으며, 잘못 가르치며, 잘못된 것도 수정하지 않고, 경계도 하지 않은 "이단"[83]이 되었으며, 관료적인 기구로 전락하였던 것이다. 또한 에큐메니컬은 기독교의 선교열정을 삼켜버린 기구다. 특히 선교에서 에큐메니컬 운동은 선교의 새로운 도전을 주기보다는 분열을 일으킨 큰 죄를 저질렀다. 개신교의 분열은 에큐메니컬 운동에서 기인되었다. 복음주의자들은 성서적 연합을 반대하지 않는다. 그럼에도 불구하고 에큐메니컬 운동은 복음주의운동을 분열의 상징처럼, 하나 되지 못함을 비난한다. 지금 휘튼대회가 복음주의의 성서적 연합운동의 모델을 보여주었다.

---

81) Dr. Vernon Mortenson, *Mission and Evangelical Unity*, 172-173.

82) 위의 책, 175.

83) Dr. Vernon Mortenson, *Mission and Evangelical Unity*, 176.

사실 복음주의 운동의 역사는 모든 독립선교운동, 신앙선교운동 등과 수백 년간 교회와 교단 그리고 선교회간의 협동하고 연합하여, 재정문제, 사역문제, 협력 등을 성서적 통일성에 기초하여 이루어 냈음을 보여준다. 에큐메니컬 선교는 주님의 대 위임령을 불신하는 결과를 낳고 말았다. 놀톤(Wilbert Noton)은 복음주의 선교평가방법으로 휘튼대회가 복음주의 선교사역을 그대로 해야 하느냐는 질문에 대답하여야 하며, 어떻게 협력해야 하느냐는 문제를 제시하면서 어바나 선교총회(The Urbana Missionary Conventions 1964)에 7000명이 넘는 학생들이 참석했다는 것은 복음주의선교를 계속하라는 명령이라고 주장하였다. 7000명의 헌신은 엘리야 선지자에게 남겨진 7000명을 제시한 하나님의 명령이다. 이런 선교역사는 에큐메니컬 선교역사에서 찾기 어려우며 앞으로도 어렵다. 에큐메니컬 선교는 조직을 통한 선교이기에, 성령을 능력에 의지하여 선교하는 복음주의선교와는 다르다. 선교가 기술적인 방법, 언어적 발전, 개념의 포괄성, 개혁과 혁신으로 결정되는 것이 아니라, 예수 그리스도의 복음, 성경의 권위에 근거해야 한다.

6. 선교는 복음전도의 영역에서 사회봉사와 참여를 말한다 -선교와 사회관계: 호러스 L. 휀튼 Jr.(Mission and Social Concern, Dr. Horace. L. Fenton, Jr.)와 선교와 악한세상, 알프레드 라-슨(Mission and A hostile World, Rev. Alfred Larson)[84]

본 장에서는 악한 세상과 사회관계라는 두 개 논문을 의도적으로 연결하지 않았다. 세상이 모두 악하기에 영적으로 세상을 이겨야 함을 설명하면서 의도적으로 사회사업은 아니라는 전제를 하려고 하지도 않았다. 두 논문을 동시에 설명함에 오해가 없어야 한다. 오히려 단지 악한 세상에서 펼쳐지

84) Dr. Horace. L. Fenton, Jr., *Mission and Social Concern*, "선교와 사회관계"와 Rev. Alfred Larson, *Mission and A hostile World*, "선교와 악한세상," Dr. Harold Lindsell,『기독교의 세계선교』, 203-224.

는 영적인 사역의 대상은 국가주의, 타종교 그리고 공산주의를 들었다. 특히 불교, 힌두교, 이슬람교 등 전통적인 종교에 관하여는 혼합적 입장으로 정리했다. 영적인 사역으로서의 선교는 복음주의선교임이 틀림없다. 그러므로 예수 그리스도가 이런 세상을 구원하기 위해 십자가에 죽기까지 하셨으며, 악한세력을 대적하신 예수 그리스도의 진리가 승리를 거둔다는 사실을 근거로 삼아야 한다. 물론 미래에도 사악한 영의 전쟁이 더 많은 영역에서, 심지어 예상치 못하는 영역에서, 수를 셀 수 없을 정도로 많이 일어 날 것이다. 그러나 복음주의는 세상을 영적 전쟁의 관점에서 선교현장을 보며, 여기서 사회사업, 사회참여, 사회기관과의 관계를 어떻게 할 것인가를 물었다. 그렇기에 휀튼(Horace. L. Fenton, Jr.)은 선교와 사회관계를 "동일시…상대적 중요성 배격….관계를 제한하려는 것이 아니라 적어도 ..와(and)"[85]의 관계로 보았다. 복음주의는 복음전도가 사회관계와 "긴장관계" 또는 "반대적 입장" 이지만 사회관계의 관계성을 인정했다. 사실 아무 것도 변한 것이 없다. 일반적으로 복음주의선교에서 사회관계를 양자택일로 보았고, 복음전도와 사회관계를 어느 정도까지 할 수 있느냐는 문제로 보았으며, 사회참여로 갔다가 복음전도로 돌아올 수 있는 거리를 계산하였다. 이것이 바로 복음의 본질로부터 사회관계, 즉 사회사업과 봉사 섬김을 어느 정도, 얼마동안, 어떻게 복음주의자들로부터 인정을 받을 것인가 하는 논쟁에 빠지게 된 원인 이었다. 그 결과 복음주의선교는 에큐메니컬 선교에 의해서 개인구원이라는 범주 안에 옹색하게 갇히고 말았다. 물론 선교에서 복음전도와 사회관계를 중요하게 연관시킬 연구자도 많지 않았다. 그래서 대부분의 연구자는 통합적 보완적으로 접근한다. 반면에 휘튼대회는 선교를 복음전도의 독립구조로 가는 것이 타당하다고 보았다. 그러므로 복음주의자들은 선교에서 복음전도와 사회사업이 에큐메니컬 선교가 원하는 관계를 만들어 낼 수 없음을

85) Dr. Horace. L. Fenton, Jr., *Mission and Social Concern*, 203.

입증하였다.

복음주의선교가 선교현장에서 복음전도보다 사회관계를 경시하는 이유[86]는 다음과 같다. 먼저 (1) 복음으로부터 떨어져가지 않을까하는 두려움이다. (2) 결과적으로 복음에서 벗어난 일들이 자주 많이 발생했다. (3) 선(사회참여)이 최상의 원수가 된 적이 많았다. (4) 구속을 전하는 일에 방해가 되었고, 그 자리를 사탄(사회참여)이 차지했다. (5) 사역의 현장에 결과적으로 영적 황무지가 되었다. 이런 경고는 사회적인 강조점이 약하고, 효과가 약하고 복음의 내용 자리를 빼앗으려는 "불가피한 경향성"[87]이 있다고 보게 하였다. 또한 복음주의선교에서 성서가 사회관계성의 중요성을 "두 번째 자리"로 밀어 낸 것이 아니라, 선교현장에서 복음전도가 사회사업에 비해 선별적으로 우선되어야 한다는 것이다. 왜냐하면 사회참여는 복음전도의 시간과 정열을 소멸시키는 결과도 만들어냈기 때문이다.

휀튼(Horace. L. Fenton, Jr.)은 지속적으로 복음전도에 사회참여문제가 필연적으로 연결되는 것을 검토해야 한다고 보았다. 그 때문에 복음전도와 사회문제는 양자택일의 문제가 아니라, 서로 다른 복음증거의 방식이라고 보고 사회참여의 필요성에 동의 했던 것이다. 여기서 중요한 것은 복음주의선교와 복음전도를 동일하게 보다가, 어느 순간 사회참여를 복음주의 선교의 한 유형으로 보는 관점과 일반적 이해로서의 선교를 혼동하는 실수를 하게 된 것이다. 선교에서 사회참여는 복음전도와의 관계 형성에 초점을 맞추어야 한다. 복음전도 이후 복음의 결과가 필연적으로 사회적 참여를 유도하지는 않지만, 성령으로 거듭난 영혼들은 양육되고 훈련 받을 때 그것에 합당한 삶을 살아야 한다. 그 견해에 따라 사회참여는 복음전도에 이어서 이차적 중요성을 갖게 된다. 선교현장에서 사회참여가 필요 할 수 있지만 가장 중요

86) 위의 책, 204.

87) 위의 책.

한 것이 아니라는 것이다. 라틴 아메리카에서 지난 4세기 동안 거의 모든 세대들이 종교와 교회를 떠나는 이유가 있었다. 교회가 사회적 삶에 무관심 했기 때문이었다. 사회적 무관심 때문에 사람들이 복음을 듣지 못한다면 이 또한 교회의 책임이다. 그러므로 복음주의선교의 주제인 사회참여라는 문제를 다음과 같이 풀어야 한다.[88]

(1) 사회참여는 복음으로 인도하는 기회를 만들어 준다. 오직 그리스도만이 구원이시며 문제를 해결해 주실 분이라는 사실을 인지시키는 사역이 되어야 한다.

(2) 말로 복음을 제시할 준비가 되었을 때 사회참여의 관심이 효과적이다.

(3) 복음주의 선교는 사회참여가 복음전도를 벗어나게 하거나, 오해받게 하거나, 비 성경적 개념으로 생각 되게 해서는 안 된다.

(4) 복음주의자들의 사회참여는 세속적인 사회기관들과 불필요한 경쟁으로 빠져서, 복음을 전할 기회를 상실시켜서는 안 된다.

사회봉사와 섬김이 복음을 듣게 하는 통로이다. 그 결과로 수많은 영혼들이 구원을 받았다는 사실을 부정할 수 없다. 그러나 이 방법만이 복음을 전하는 방식이라고 보아서는 안 된다. 물론 사회참여를 복음증거의 앞에서나 혹은 뒤에서 순차적으로 행하자는 것이 아니다. 오히려 이는 "복음증거와 성도의 섬김을 모두 사용하여 복음을 선포"[89]함을 강조하는 것이다. 라틴 아메리카에서는 사회봉사와 문서선교를 함께 함으로 앞에서 설명된 사회봉사의 결과로 많은 영혼들을 구원한 것과 같은 결과를 만들었다. 거듭 중요한 것은 사회참여를 망설임보다, 그리스도의 강권하시는 사랑으로 사회참

88) Dr. Horace. L. Fenton, Jr. *Mission and Social Concern*, 208-210.

89) 위의 책, 210.

여를 보아야 한다. 단 영적인 것과 육적인 것에 비성서적인 것이 무엇인가를 구별만 하면 된다. 언제나 선교의 사회참여가 극단으로 흘러가는 것을 막아야 한다. 복음주의 선교 때문에 사회참여를 못하고, 사회참여 때문에 복음주의선교를 못하다는 두려움과 비 활동성에 함몰 되어서는 안 된다. 우리는 이를 레슬리 뉴비긴(James Edward Lesslie Newbigin: 1909-1998)의 다음 글에서 확인할 수 있다.[90]

> 복음 설교와 사람의 필요성에 대한 봉사는 똑 같은 권위 있고 근본적인 교회 책임의 일부이다. 이중 어떤 것 하나도 또 다른 하나로 서로 대치해 놓을 수 없다. 아무리 숙달되고 아무리 풍부하다 할지라도 예수 그리스도의 명백한 증거와 대치 될 만한 봉사는 있을 수 없다. 예수님의 이름과 동등 될 만한 것은 아무 것도 없다. 그러나 마찬가지로 선교를 하는 사람이 자기 선교를 듣고 있는 사람들에게 당면하지 않으면 안 될 그런 문제들을 정직하고도 진실하게 다루기를 즐겨하지 않는다면 예수의 이름을 가지고 설교해도 아무 의미 없이 텅 빈 설교가 될 것이다.

복음주의선교는 복음전도와 사회참여의 두 영역과 관련하여 여러 가지 해결되지 않은 문제들을 남겼다. 그럼에도 불구하고 "복음을 제시함으로써 야기되는 그런 실패의 값"은 실로 "굉장한 고가"[91]인 것이다. 복음전도가 우선이며, 궁극적 과제다.[92]

---

90) 재인용, From the Editor, International Review of Missions vol. LIV, No 216, 1965. 10. 422. Dr. Horace. L. Fenton, Jr., *Mission and Social Concern*, 212. 각주 24를 참고하라.

91) Dr. Horace. L. Fenton, Jr., *Mission and Social Concern*, 212.

92) 안승오, "로잔신학의 흐름에 있어서 우선순위의 문제,"「선교신학」 제40권 (2015): 143-170.

Ⅲ. 휘튼대회 논문들과 선언문에 나타난 복음전도와 사회참여에 관한 견해[93)]

선언문은 WCC 선교의 두 가지 입장을 밝힌다. 그것은 '로마가톨릭과 현대 개신교 운동의 상황에 관한 것과 WCC의 선교 세력화로 드러난 비복음적 성서해석과 원리'에 관한 입장이다. 먼저 선언문의 구조는 (1) 왜 복음주의가 모여야만 하는가? (2) 교회와 선교 현장을 혼란하게 하는 10가지 주제들로 구성된다. 그리고 이 선언문을 통해 복음주의의 복음적 합의와 일치를 도출하려는 의도와 WCC 운동자들에게는 하나님의 부르심과 응답이 무엇인가를 제시하고자 했다.[94)]

A. 복음전도와 사회참여의 견해

복음주의선교의 사회참여는 복음전도를 바탕으로 한다. 복음전도가 사회참여를 수반하는 것이다. 복음전도 없는 사회참여는 선교의 정체성을 잃는 것이다. 복음전도는 선교의 핵심 과제이자 선언적 과제다. 반면에 사회참여는 상황적으로 필요한 부차적 과제로 볼 수 있다. 따라서 사회참여는 필수 과제가 아니라 선교의 효율성과 결과주의 입장에서 필요한 과제다.

93) 조동진, 『세계선교트랜드 1900-2000』 상권, 477-527. 영어원문 과 한글 테스틀 사용하였다.
94) 참조, 조동진, 『세계선교트랜드 1900-2000』 상권, 496, 519-520.

1. 에큐메니컬 운동의 사회참여는 복음주의 선교에 혼란을 일으킨다면 비성서적이다.

휘튼대회는 13,000명의 선교사를 가진 IFMA와 EFMA와 수천 명의 선교사를 가진 다른 선교단체들이 모인 것이다. 이유는 1961년 WCC에 통합되어 1963년 CWME로 전환된 IMC의 상실에 관해 복음주의선교의 입장을 정리할 필요성에 의해 소집되었다. 당시 복음주의 선교지도자들의 마음은 상당히 격앙되어 있었다. 물론 에큐메니컬 운동을 일부 수긍하는 모습을 보이기도 하였지만, 이들은 사실상 극소수였고 대다수는 에큐메니컬 운동을 '이단', '죄', '죄악' 또는 '적', '교회가 아니다'라는 강력한 표현들을 사용하며 비판했다.

복음주의선교는 복음전파이지 사회참여가 아니다. 그러나 에큐메니컬 운동은 '복음전도와 오직 예수 그리스도만이 세상의 구원자'라는 사실을 혼란스럽게 만들기도 하였고, 이를 대체하려는 유혹과 변질시키려는 경향성도 지녔다. 이점을 복음주의선교는 강력하게 거부한다.

에큐메니컬 선교가 가지고 있는 복음의 혼란적 위험성은 성서의 권위를 무너뜨리는 것이다. 또한 복음전파의 지상명령인 복음주의선교는 모든 족속과 민족, 나라의 사람들에게 복음을 선포하는 일이 교회의 지상사업이며, 예수 그리스도의 유언이다. 그러므로 복음주의선교는 교회와 성도, 모든 자원을 모아 "총체적 기동력"[95]으로 집중해야 한다. 선교 현장이 수많은 변화와 도전, "개신교의 교리적 불확실성, 새로운 신학사조, 공공연한 배교"[96] 등에 직면해 있다. 그럼에도 불구하고 로마가톨릭이 등장하여 성서해석을 모호하게 만들며, 동시에 개신교에서조차 에큐메니컬 운동을 통한 복음과 선교의 정체성의 위기가 다가왔다. 휘튼대회가 WCC, 에큐메니컬 운동에

95) 김은수, 『현대선교의 흐름과 주제』, 206.

96) 조동진, 『세계선교트랜드 1900-2000』 상권, 497.

가장 많은 반감을 야기한 일이 로마가톨릭과 정교회와 연합운동이다.

복음주의자들은 에큐메니컬 운동의 선교지역, 즉 로마가톨릭으로 부터 고통을 당하고 있다. 로마가톨릭이 복음주의선교에 차별, 억압과 탄압 등을 가했고, 더 나아가 구금상태와 순교에 이르게 하였던 과거와 오늘의 상황을 무시하고 에큐메니컬 운동에 서로 동역한다는 것에 경악했다. 또한 신앙적으로 개신교의 근간이 되는 종교개혁의 교리는 로마가톨릭의 구원관과 일치 되고 있는가? 이것이 복음주의자들에게 가장 큰 갈등이다. 지금 로마가톨릭을 국교처럼 인정한 국가는 복음주의선교와 그들이 세운 교회, 또한 협력자들에게 사회, 정치, 경제적으로 압력과 고통을 가하며, 그 내용을 고발한 복음주의선교협력자들이 증거와 자료를 가지고 에큐메니컬 운동을 적대시한다. 더구나 에큐메니컬 교회연합운동이 복음주의선교가 형성한 토착교회들을 재정과 윤리 그리고 강압적으로 에큐메니컬 쪽으로 끌어 들이고 있으며, 갈등구조를 부추기고 있는 현실을 고발했다. 복음주의 선교는 성경에 근거한 복음전파사역을 펼친다. 그러나 에큐메니컬 선교의 사회참여사역과 에큐메니컬 운동의 조직체들의 사역이 바로 이런 복음주의 선교의 현장을 혼란스럽게 하는 동인임을 밝혔다. 그 결과 선언문은 지금의 선교 현장에 "다시"[97] 성경적 복음 전파에 확실성과 이 일에 헌신을 "방해하는 세속적인 힘…좀먹는..기독교인"[98]의 합리화에 넘어가지 말고, 소명의 자발적 강권성을 회복해야 함을 천명했다.

그러므로 선교는 복음주의 선교로 나아가야 하며, 동시에 성경의 예언적 음성에 귀를 기울이고, 세계를 다스리는 하나님의 주권을 믿고, 구원자 예수 그리스도를 확신하며, 고백하며 성경적 원리를 적용해야 한다. 복음주

97) 위의 책.

98) 위의 책.

의선교가 사회문제를 선교전략적으로 중요하다고 하여 “온정적 간섭주의”[99]로 복음전도사역에 갈등을 일으킨 것은 회개해야 한다. 그러므로 휘튼대회는 선교에 있어서 “복음전도의 우선성”,[100]이 아니라 성경적 선교를 정의하였고, 즉 오직 복음만이 사람의 목표요, 세상을 구원하는 능력, “네가 거듭나야 하겠다”(요 3:7)는 삶의 방식을 전하는 것이다. 이것이 복음주의선교다.

2. 사회참여의 실천과 최종 규칙은 성서만이 유일한 권위를 가진 하나님의 말씀이며, 오직 예수 그리스도를 믿는 믿음만이다.

휘튼대회의 복음주의 선교운동은 다양하고 급변하는 세계의 변화에 수용성과 적용성을 대변하는 종교혼합주의와 신보편구제설 등이 복음을 혼탁하게 만들고, 변질 시키며, 복음의 자리를 빼앗고, 교회와 성도를 둔감하게 만들어 타락해가는 현실을 개탄했다. 복음주의운동과 선교는 하나님의 말씀으로 성서의 권위가 기초가 되는 영적 재무장하는 운동이며, 회복운동이다. 그러므로 복음주의선교의 과제는 혼합주의, 개종, 사회적 관심 등에 있어서 오직 예수 그리스도만이 사람을 살리는 구원을 선포하는 복음전도의 최고의 가치와 최종의 가능성을 여는 것이다. 선교지에서 현지인들에게 아무리 육적으로, 도와주고, 먹을 것을 주고, 입혀주고, 아픔에서 건져준다고 해도, 영적으로 회개와 용서 그리고 구원의 사역 없이는 아무것도 아니다. 교회와 성도들은 땅 끝까지 모든 자원과 능력을 총동원하여 오직 복음증거자가 되어야 한다. 성서는 주님의 재림까지 복음증거사역을 계속하라고 명령했다. 세상의 구원은 세상이 직면한 모든 문제에서 회개하고 복음으로 돌아오는 길 외에는 방법이 없다. 뉴비긴은 설사 “숙달되고 아무리 풍부하다 할지라도 예수 그리스도의 명백한 증거에 대치할 만한 봉사는 있을 수 없

99) 위의 책, 499.

100) 김은수, 『현대선교의 흐름과 주제』, 207.

다"[101]고 하였다. 이것은 성령의 임재와 역사를 증거 하려는 입장이며, 하나님의 역사의 주체성을 인정하는 고백이다. 그 결과 로마가톨릭과 정교회 성도들도 성경적 구원의 대상으로 평가했다. 복음주의선교도 복음전도와 사회참여로 보나, 사회참여도 오직 말씀 사역만이 예수 그리스도로 세상을 구원하시는 일로 믿는다. 회개 없는 용서와 사랑은 그 어떤 사회참여와 봉사를 복음증거로 보지 않는다.

B. 사회참여의 이해와 입장은 다르다.

에큐메니컬 선교의 사회참여와 복음주의선교 사회참여는 같은 것 같으나, 복음전도를 전제로 하지 않을 경우의 사회참여는 선교가 아니다. 이것이 복음주의선교의 선언적 명제다. 또한 사회참여를 복음주의선교에 도입함에 따라 선교의 정체성에 혼란을 가져왔다. 그 이유는 사회참여도 선교의 넓은 영역에서 보아야 한다는 논리다. 정체성의 혼란보다는 선교의 효율성이 떨어지더라도 복음전도를 통한 선교가 우선시되어야 하며, 부득불 사회참여부분을 다루지 못한 영역이 있다면 성령을 의지하며 복음전도의 기회를 먼저 하는 것이 복음주의 선교다.

1. 복음주의 선교의 사회참여와 에큐메니컬 선교의 사회참여는 근본적으로 다르다.

복음주의선교는 사회참여를 배제하거나, 변경하거나, 대체하거나 또는 보태거나 할 성격의 관계가 아니다. 휀튼(Fenton)은 둘 사이의 관계가 적어도

101) 재인용, From the Editor, International Review of Missions vol. LIV, No 216, 1965. 10. 422.Dr. Horace. L. Fenton, Jr., *Mission and Social Concern*, 12. 각주 24.

“.....와(and)....”[102]라고 했지만, 근원적인 관계는 아닌 것으로 보았다. 복음주의선교란 예수 그리스도의 십자가와 부활을 통해 회개와 용서 그리고 은혜로 하나님의 백성 된 자로 살아가야할 것으로 제시했다. 이 일에 성령의 능력과 하나님의 간섭이 개입됨으로써 예수의 제자로서 삶을 실천하는 것이다. 그러므로 성서에 나타난 복음주의선교는 모든 사역의 기초며, 배경이며 근간인 복음전도가 전제되어야 한다. 복음주의선교의 사회참여와 에큐메니컬 운동의 사회참여는 성서에 근거한 차이가 있다. 복음주의선교가 사회참여를 하지말자가 아니라, 오히려 복음의 열정으로 이어지고, 연계되어 하나님의 살아계심을 보여주는 삶을 실천하라고 한다. 물론 복음주의선교에서 즉각적으로 사회참여의 행동이 따르지 않는다고 선교가 아니라고 정의하지 못한다.

복음주의선교는 사회참여를 거부하라는 것은 아니다. 도리어 복음주의선교가 사회참여를 통해 라틴아메리카에 많은 복음전도의 결과를 만들어냈다. 즉 복음주의선교가 사회참여를 통해 복음전도의 결실이 많았다는 사례를 제시했다. 복음전도를 하면서 사회참여가 병행된 것이지, 복음전도 없는 사회참여만이 이루어진 것은 아니다. 복음주의선교에서 복음전도가 사회참여보다 우선성을 강조한 이유도 선교 현장에서 사회참여를 복음전도 없이 먼저 하다가, 결과적으로 영적 황무지로 변질시켰다. 이것이 바로 선교 현장의 결말이었다. 영혼을 살리는 복음의 직접사역이 일반적으로 사회참여해서 얻어지는 결과보다 좋다는 결론에 도달한다. 한 걸음 나아가 복음주의자들은 복음을 우선적으로 제시하면서도 사회적 관심을 어떻게 정리하며 나아갈 것인가의 지침을 성서에서 찾으려는 제안을 했다.[103] 선언문에는 복음전도의 우선성을 재단언하며, 사회정의와 인간복지에 새로운 관심의 영

102) Dr. Horace. L. Fenton, Jr., *Mission and Social Concern*, 203.

103) 조동진, 『세계선교트랜드, 1900-2000』 상권, 513.

역을 넓혀야 된다고 언급했다. 그러나 복음주의선교의 사회활동은 말씀 증거 하는 일을 "포함"[104]시켜야 하며, "수행하지 못할 때는 그것들이 포기"[105] 되어야 한다.

휀튼(Fenton)은 복음증거만 하고 사회참여를 못함으로 발생되는 문제에도 불구하고 가치 있는 일로 평가했다.[106] 복음전도가 약하거나, 혼동이 될 정도의 상황에서 사회참여를 못해서 문제가 되는 것보다는 복음전도만의 사역이 사회참여보다 더 값진 것이라고 선을 그었다. 레슬리 뉴비긴은 복음증거보다 더 위대한 봉사가 없다고 했다.[107]

2. 복음주의 선교방법은 성경의 권위를 혼란하게 하는 모든 방법을 거부한다.

10개 논문은 한 가지 공통된 선언을 하고 있다. 혼합주의는 "다양한 또는 반대되는 교리와 실천을 통합적으로 와해시키려는 시도"[108]나 또한 "신앙을 전파함에 있어서 기독교 진리를 모호하게 할 비성경적 인 문화적 첨가물이나 강조점을 피해야한다"[109]고 잘라 말했다. 또한 신보편주의는 "그리스도의 보편적 주되심을 선포하고 사람들이 그 사실을 삶속에 인정"[110]할 것을 주장한다. 이를 통해서 교회는 복음주의선교의 소명을 잃어버리게 만들고, 마지막에는 자포자기의 길로 걷도록 만들 것 이다.

---

104) 위의 책.

105) 위의 책, 514.

106) 재인용, From the Editor, International Review of Missions vol. LIV, No 216, 1965. 10. 422. Dr. Horace. L. Fenton, Jr., *Mission and Social Concern*, 212.

107) 재인용, From the Editor, International Review of Missions vol. LIV, No 216, 1965. 10. 422. Dr. Horace. L. Fenton, Jr., *Mission and Social Concern*, 212. 각주 24.

108) 조동진, 『세계선교트랜드, 1900-2000』 상권, 501.

109) 위의 책, 502.

110) 위의 책, 503.

복음주의선교에서 개종은 제자화이다.[111] 이일에 "물러나거나 타협하는 일은 있을 수 없다"[112] 복음주의선교는 로마가톨릭도 선교의 대상으로 보았다. 로마가톨릭에서도 복음증거의 "특별한 기회"를 찾아야 하며, 로마가톨릭이 개신교를 "우리 큰 자매교회"[113]라고 부르는 것까지도 위험하다. 교회와 선교의 관계는 선교사명을 실현하는 사명에서만 연합과 통합이지, 인간의 조직적 연합이 아니라 복음적 유대관계를 통해 세계선교의 목적을 성취하는 것이 본질이며, 사회참여와 봉사 그리고 섬김은 후속 실천물이다. 선교평가방법들에서 복음화와 교회개척은 "하나님의 원초적인 방법"[114]이고, 이것이 지켜지면서 효과적인 수단과 방법–매스커뮤니케이션, 인류학, 사회학, 청년문화–등을 활용해야한다. 복음주의선교가 사회적 관심영역에서는 "더 이상 분명히 복음주의적 기능을 수행하지 못할 때, 그것들(사회참여와 봉사사역)을 포기해야 한다."로 단언했다.[115] 마지막의 논문주제인 복음주의선교는 성서와 적대적인 세계라 하더라도 예수 그리스도와 갈등과 긴장을 일으키는 요소들을 기도와 성령의 인도하심으로 분별하고 제거하여, 비록 고난을 받더라도 부르심에 은총 주실 것을 확실히 믿고 복음전파를 계속해야 한다.[116]

---

111) Wilbert R. Schenk, Changing Frontiers of Mission, Orbis, 1999, 85-102. 장훈태 역,『선교의 새로운 영역』(서울: 기독교문서선교회, 1999), 141-167.

112) 조동진,『세계선교트랜드, 1900-2000』상권, 505.

113) 위의 책, 506.

114) 위의 책, 512.

115) 위의 책, 514.

116) 위의 책, 515.

C. 양 진영의 복음전도와 사회참여의 이해와 협력적 제안

1. 복음주의선교는 오직 복음전도를 통하여 예수 그리스도의 제자를 만들어 내는 총체적 사역이다. 반면에 에큐메니컬 선교는 하나님의 나라를 세상에 만들어가는 총체적 사역이지 복음전도의 사역이 아닐 수 있다.

복음주의선교는 복음전도에 절대적 명제를 전제하며, 말씀에 순종하는 열정을 가진 자들의 사회책임사역을 포함한다. 선교 현장에 따라서 사회책임사역을 연계할 수도 있고, 못할 수도 있다. 그러나 복음전도와 사회책임사역 가운데 무엇을 먼저 해야 할지를 결정하지 못하는 경우에도 반드시 해야 하는 사역이 복음전도이다. 반면에 에큐메니컬 선교는 선교현장의 상황에서 사회책임사역이 우선적 과제라면 복음전도를 배제하고, 사회봉사사역을 우선적인 것이라 본다. 이점이 복음주의 선교와 다른 점이다. 양 진영의 차이점과 갈등은 바로 이 부분에서 발생된다. 분명한 것은 복음주의선교는 복음전도를 통한 사회 참여를 이해하려고 한다.

2. 복음주의선교는 에큐메니컬 선교가 개신교의 다양한 교리와 로마가톨릭과 정교회까지 품고 선교를 정의하는 WCC가 성서적이지 않으며, 루터의 개신교 정통에서도 어긋난다고 본다.

에큐메니컬 선교는 폭넓은 선교해석을 가능케 함으로써 선교정체성에 혼란을 야기 시킬 수 있다. 즉 구원의 또 다른 예수 그리스도의 구속을 제시할 수 있다. 복음주의선교는 WCC의 이러한 선교적 입장은 혼합주의와 타종교의 만남을 시도하는 에큐메니컬 선교로 정의하며, 강경하게 거부한다. 복음주의자들은 복음주의선교가 복음전도 없이 사회책임과 참여로 옮겨지는 것을 거부하면서, 이를 비성서적인 것이라 정의했다. 그러나 선교사역에 있어서 복음전도와 사회적 책임은 어떤 것을 먼저 해야 하는지를 묻는 외형적으로 관계적 논쟁, 또한 우선권의 논쟁의 핵심이다. '우선권'이라는 것은 좀 더 명확히 한다면 선교의 두 사역의 관계적 입장으로 정리된다면 해결방안으로 '절대적 명제'로 표현 할 수 있다.

정리한다면 복음전도와 사회참여사역은 선교사역의 관계적 이해지만, 복음주의 입장에서는 복음전도가 우선권으로 강조되나, 사실상 복음전도는 본질적 이해로 보아야 하며, 그 선교의 결과로 이해한다면 절대적 명제로 보아야 한다. 바로 복음전도는 선교의 핵심적 주제로 선교의 정체성을 확증하는 복음주의선교의 핵이다. 그렇다고 복음주의선교가 사회참여에 적극적이지 않은 것은 아니다. 복음증거의 열정을 품은 자는 사회참여를 필요성에 따라서 행한다. 그러나 복음주의선교는 복음전도를 배제한 사회참여만을 선교라고 정의하지 않는다. 선교의 핵심은 복음증거다. 복음증거가 없는 사회봉사는 선교의 정체성을 상실한 일반적인 사회봉사활동으로 정의된다. 수학의 필요충분조건처럼 복음전도가 포함된 사회참여가 선교라면, 복음전도가 없는 사회참여는 선교가 아니다. 복음증거 없는 사회참여를 로잔대회와 로잔선언문은 인정하지 않았다. 일부 로잔운동자들은 3차 로잔대회가 로잔의 독특성(복음전도의 우선권)이 사라졌기에, 에큐메니컬과 다른 점이 없으며, 로잔정신이 왜곡되었다고 비판했다. 이러한 비판은 로잔의 정신을 다양한 언어로 해석하고 전달되는 과정에서 나타난 잠시의 오류나 오해다. 왜냐하면 휘튼선언과 로잔선언은 지금도 선교에 있어서 복음전도는 절대적 과제며, 최우선권을 여전히 주장하기 때문이다.

Ⅳ. 나가는 글

1. 휘튼대회는 선교역사에서 WCC와 대등한 위치를 구축한 복음주의 선교대회인 로잔운동의 성서적 고향이며, 선언적 토대다. 휘튼대회와 로잔대회를 연관시키는 것은 휘튼대회가 로잔대회의 본질적 입장을 재 입증해 주기 때문이다. 로잔대회는 복음증거와 사회적 봉사 혹은 참여, 둘 사이의 관계가 책임의 영역에서 동등한 의미로 설명한다. 존 스토트는 이 둘이 "서로 파트너이고 속해있으며 동시에 서로 독립적"이라고 했다.[117] 물론 혹자는 이것을 "불편한 합의"[118]라 보기도 했다. 박보경은 이 둘 사이가 지속적으로 로잔운동에서 갈등의 씨앗이 되었다고 보았다. 그러나 3차 로잔대회 선언문 "선교의 모든 차원의 총체적이고 역동적인 실천"과 10항 "가난한자들을 자비롭게 돌봄을 통해서 하나님의 성품을 드러내, 하나님의 창조세계를 돌보고, 정의와 평화를 추구함으로써 하나님의 나라의 능력과 가치를 드러내는 일"[119]은 하나님의 명령이기에 이 또한 하나의 선교라고 정의한다. 여기에 복음주의 선교와 에큐메니컬 선교의 근본적 오해가 있다. 하나님의 명령이 다 선교라고 설명되지 않는다. 명령은 명령이지, 선교는 아니다. 이것은 복음주의선교의 사회참여사역의 내용을 구체적으로 정의하며 설명한 것이다.

117) 박보경, "로잔운동에 나타난 전도와 사회적 책임관계," 한국 로잔연구교수회, 『로잔운동과 선교』 (고양: 올리브 나무, 2014), 75-101. 79.

118) Valdir Sreuernagel, *Social Concern and Evangelization,: The Journey of the Lausanne Movement*, International Bulletin of Missionary Research, Vol. 15, No.2, April, 1991.54. 재인용, 박보경, "로잔운동에 나타난 전도와 사회적 책임관계," 80. 각주 8.

119) 박보경, "로잔운동에 나타난 전도와 사회적 책임관계," 97.

2. 휘튼선언과 로잔선언의 공통점은 세계의 복잡한 변화와 다양성 속에서도 성경의 권위와 변함없는 하나님의 말씀을 포기하지 말아야 한다는 것이다. 다시 말하자면, 회개치 않으면 죽을 수밖에 없는 세상을 향해 오직 예수 그리스도께 돌아오라는 회개의 선포와 용서, 그리고 은총의 사역인 복음전도를 결단코 예외 시키거나, 포기하지 말라는 것이다. 더 나아가 다시 오실 주님을 바라보며 끊임없이 선교의 현장으로 나아갈 것을 선언한 것이다. 양보 없는 복음 선포, 변질되지 않은 예수 그리스도의 구원의 복음, 만족을 줄 수 없는 세상에 "이 천국 복음이 모든 민족에게 증거 되기 위하여 온 세상에 전파되리니 그제야 끝이 오리라"(마 24:14)말씀 만이 복음전도다. 복음주의 선교는 이런 확신을 갖고 선교의 사회참여사역에 대한 논쟁을 극복해야 한다. 그래서 복음을 듣고 영적인 사람들이 실천해야 할 예수 그리스도의 말씀을 교육해야 한다. 더 나아가 이를 행동으로 옮겨야 하는 중요한 과제를 갖는다. 복음주의선교는 복음전도는 복음전도로 그 임무를 마치는 것이 아니라, 바로 다음의 기독교교육–영적인 삶을 위한 교육으로 연계하는 역할까지 해야 한다. 그러나 이를 선교 현장에서 구체적으로 실현하지는 못했다. 그러므로 이를 회개하며, 다시금 끊임없이 도전해야 하는 과제가 여전히 남아있다. 사회참여는 복음전도와 직결 될 때만 선교의 과제로 볼 수 있다.

3. 끝으로 복음주의선교와 에큐메니컬 선교에 발전적 제안을 하고 싶다. 에큐메니컬 운동가들과 복음주의자들을 통합하려는 시도는 사실상 불가능하다. 복음주의자들도 에큐메니컬 운동과 단지 경쟁과 갈등을 만들어서는 안 된다. 오히려 양 진영은 선교의 궁극적 목적인 루터와 경건주의부터 이어받은 복음주의 전통인 성서권위와 말씀의 실천, 예수 그리스도를 향한 회개와 용서, 은혜와 은총을 온 천하에 증거 하는 일에 집중해야 한다. 이것이 바로 영혼을 살리는 사역이며, 총동원을 해서라도 실현해야하는 선교적 과

제다. 또한 양 진영에서 공동의 과제를 제시할 때, 복음전도에 집중할 영역과 사회참여에 집중할 영역을 구분하여 선택하는 지혜가 필요하다. 물론 그 가운데서도 가장 근본적인 일은 복음의 핵심을 전하는 일이다. 에큐메니컬 선교가 복음전도보다 사회참여를 한다면, 하도록 두고, 복음주의선교는 에큐메니컬 사역지에 가서 복음전도사역을 하면 된다. 왜 에큐메니컬 선교는 복음전도를 안 하느냐고 요구할 필요가 없다. 즉, 복음주의선교란 주 예수 그리스도의 복음을 듣고, 믿고, 고백하게하며, 그리고 제자로 살아가려는 자들의 운동인 것이다. 그러므로 에큐메니컬 운동이 복음주의 운동을 품고 연합하는 것은 불가능하다. 마찬가지로 복음주의선교도 에큐메니컬 선교의 확대된 선교영역을 복음주의선교의 새로운 터전으로 삼고, 복음전도를 활성화 할 필요가 있다.

4. 복음주의선교는 에큐메니컬 선교를 선교 현장의 영역확대 정도로 보았다.[120] 복음주의선교의 핵심은 성서의 구원을 선포하는 것이다. 그리고 사회참여는 복음전도 중에 혹은 복음사역 시작 전에 말씀의 실천이라는 부분으로 정리하면 될 것이다. 제자의 삶이 한 예이다.

에큐메니컬 선교는 복음주의선교를 변화된 세상의 조건과 상황으로 부정적 설명을 한다. 그 결과로 복음주의선교를 선교 현장의 몰이해와 접근을 단지 경직성, 이중성, 신앙과 복음의 이원론적 이해와 실천 이라는 개념으로 부정적 평가를 내렸다. 복음주의선교와 에큐메니컬 선교사역의 구조는 선교의 이원론적 구조의 사역으로 설명 될 수 있다. 그러나 선교의 본질적 구조는 복음전도다. 또한 에큐메니컬 운동가들은 복음주의선교를 가리켜 통합하지 않고, 분열을 주장하는 것처럼 몰고 가기도 한다. 주객이 전도

120) 참고: 박영환, “로잔운동의 선교신학과 WCC 선교신학의 비교, WCC 선교와 로잔 선교에 대한 이해와 협력,” 한국로잔연구교수회, 『로잔운동과 선교』, 2014. 201-223.

된 것이다.

IMC가 WCC에 연합될 때 복음주의선교는 소외되었고, 그 후에 남겨진 IMC멤버들(WCC 미가입 선교단체와 선교사들 등)은 분열주의자들로 매도한 경우도 있으며, WCC 운동가들이 복음주의선교를 일컬어 선교지와 목회현장에서 발생된 갈등과 혼란의 주범으로 정죄한 사실도 있다. 그 사례가 개종이다. 에큐메니컬 선교는 복음주의선교가 개종을 강조하는 이유와, 로마가톨릭을 선교 대상 보아야 만하는 정당한 이유가 바로 성서적 원리에 입각해 있다는 사실을 염두에 두어야 한다. 에큐메니컬이든 복음주의선교든 선교의 핵심적 구조는 복음전도다. 복음주의선교는 선교의 상황이 아니라 복음전도라는 선교의 명령을 기반으로 한다. 그렇기에 복음주의선교는 에큐메니컬 선교의 고향이며, 본질이다. 물론 에큐메니컬 선교가 모든 선교영역의 새로운 과제와 가능성과 전략 정책 등을 끊임없이 산출해준 것은 복음주의선교에 귀한 일이다. 또한 복음주의선교가 미처 강조하지 못하고, 접근하지 못하고, 일부 분별하지 못하는 선교영역의 과제들의 문제들을 성서적 기준으로 다시 정리 할 수 있는 시간을 벌게 해준 점에 감사해야 한다. 이런 면에서 양 진영은 선교사역에서 보완할 점이 서로 존재한다. 그러나 복음주의 선교가 모든 선교영역에서 복음의 핵심적 내용을 담고 변함없이 선교의 중심에 존재함은 부정할 수는 없다. 복음주의선교는 에큐메니컬 선교의 사회적 참여에 관해, 더 이상 통합 혹은 총체적 과제로 하나로 정의하지 말고, 복음주의선교의 복음전도가 절대 절명의 과제임을 재확인하고, 복음전도를 할 때 사회참여운동은 제자의 삶을 실현하도록 하면 된다.

참고문헌

갈필도 역. *The Church's Worldwide Mission*. Herold Lindsell(ed). 『기독교의 세계선교』. 서울: 생명의 말씀사, 1977.

김기홍. 『복음주의 시각에서 본 사회참여』. 서울: 두란노, 1991.

김성욱. "로잔선교운동에 나타난 선교적 교회론." 한국로잔연구교수회. 『로잔운동의 선교동향』. 서울: 리체레, 2016, 23-55.

김웅태. 『선교의 역사와 개념』. 서울: 가톨릭대학교출판부, 2005.

김은수. 『현대선교의 흐름과 주제』. 서울: 대한 기독교서회, 2010.

김현식. 『동아프레임 영한사전』. 서울: 동아출판사, 1987.

박영환. "로잔운동의 선교신학과 WCC 선교신학의 비교, WCC 선교와 로잔 선교에 대한 이해와 협력." 한국로잔연구교수회. 『로잔운동과 선교』. 고양: 올리브나무, 2014, 201-223.

______. 『독일 기독교사회봉사실천의 역사』. 서울: 성광문화사, 2015.

______. "로잔대회이전의 세속화." 한국 로잔연구교수회 편. 『로잔운동과 선교신학』. 서울: 케노시스, 2015. 393-427.

박영환 역. The Evangelization, The Magazine of the Lausanne Committee for World Evangelization, Lop.1. Pasadena Consultation-Homogeneous Unit Principle. 1974.-24.Co-operating in World Evangelization.-a Handbook on church/para-church Relationships. 1983.

박보경. "로잔운동에 나타난 전도와 사회적 책임의 관계." 한국로잔연구교수회. 『로잔운동과 선교』. 고양: 올리브나무, 2014, 75-101.

이은경. 『선교와 사회참여, 세계가 바라보는 가난』. 안양: 호산나출판사, 2015.

안승오. "로잔신학의 흐름에 있어서 우선순위의 문제." 한국 로잔연구교수회 편. 『로잔운동과 선교동향』. 서울: 리체레, 2016, 57-80.

조동진. 『세계선교 트랜드 1900-2000』 상권. 아시아선교연구소, 2007.

조종남. 『로잔운동의 역사와 신학』. 서울: 선교햇불, 2013.

______. 『세계복음화운동의 역사와 정신』. 서울: 한국기독학생회출판부, 1992.

한국 로잔연구교수회 편. 『로잔운동과 선교』. 고양: 올리브나무, 2014.

한국 로잔연구교수회 편. 『로잔운동과 선교신학』. 서울: 케노시스, 2015.

한국 로잔연구교수회 편. 『로잔운동과 선교동향』. 서울: 리체레, 2016.

허호익. 『귀츨라프의 생애와 조선선교활동』. 서울: 한국기독교역사연구소, 2009.

홍기영. "로잔운동에 나타난 주요 선교신학적 주제들." 한국로잔연구교수회. 『로잔운동과 선교』. 고양: 올리브 나무, 2014, 129-150.

_____. "종교다원주의와 예수 그리스도의 유일성 문제의 제고." 한국 로잔연구교수회 편. 『로잔운동과 선교동향』. 서울: 리체레, 2016, 57-80.

황병배. "로잔운동의 복음전도 이해와 선교적 통찰." 한국 로잔 연구교수회편. 『로잔운동과 선교신학』. 서울: 케노시스, 2015, 43-71.

A. Scott Moreau(ed), Evangelical Dictionary of World Missions. Grand Rapids, Michigan: Baker Books, 2000.

Edwin L.Frizen, Jr., 75 ywars of IFMA, Pasadena, California, William Carey Library, 1992.

Gerald H. Anderson, Mission Legacies, Biographical studies of leaders of the modern Missionary Movement, N.Y., Orbis Books, 1994.

John Stott, Autoritaet und Kraft der Bibel, R.Padilla(Hrg.), Zukunftsperspekiven, Evangelikale nehmen Stellung, Wuppertal, 1977,

Herold Lindsell(ed), The Church's Worldwide Mission, Word Books Waco, Texas, 1966.

Klaus Fiedler, Ganz auf Vertrauen, Geschichte und Kirchenverstaendnis der Glaubenmissionen, Brunnen Verlag Giessen/Basel, 1992.

Klaus Wetzel, Kirchengeschichte Asiens, Wuppertal und Zuerich, TVG, 1995.

Otto Springer, Lengenschidts Enzyklopaedisches Woerterbuch, Der Englischen und Deutschen Sprache, "Der Grosse Muret-Sanders", 1. Band A-M, Berlin und Muenschen, Langenscheidt, 1989.

Werner Raupp, Mission in Quellentwxtwn, Libenzeller Mission Bad Liebenzell, 1990.

Wilbert R. Schenk, Changing Frontiers of Mission, New York, Orbis, 1999.

로잔운동관점으로 본 차별금지법과 동성애

- 한국교회 어떻게 대처해야하는가? -

김승호 • 한국성서대학교

Ⅰ. 들어가는 글

1960년대 WCC의 잘못된 선교운동을 성경에 기초하여 바로 잡기 위해 전 세계 복음주의자들에 의해 1974년 스위스 로잔에서 시작된 로잔운동(Lausanne Movement)은 인간 및 세상의 모든 영역의 유일한 해답인 예수 그리스도의 복음으로 세상을 변화시키려는 복음화 운동이다.[1] 한 마디로 로잔은 복음화를 '온 교회가 온전한 복음을 온 세상에 전하는 것'으로 정의한다.

오늘의 다원주의, 세속적 세계관은 사회와 교회로 성경이 가르치는 진리, 인간, 도덕, 삶의 형태와 다른 것을 수용하도록 압력을 가하고 있고,[2] 케이프타운대회에서 동성애 주제로 발제한 브라이언 클리에워(Bryan Kliewer)는 오늘의 세상은 교회를 편협하고 증오심을 갖는 '반 동성애적 편견' 집단으로

---

1) 김승호, "종교다원주의 상황에서 예수 그리스도의 유일성에 대한 선포: 로잔 3차 대회 케이프타운서약을 중심으로," 「개혁논총」 제31권 (2014): 231.

2) 최형근, 『케이프타운 서약: 하나님의 선교를 위한 복음주의 헌장』, 40.

인식하게 만들며 다원주의 및 세속주의의 영향력은 심지어 교회(교단)도 특정 이슈에 대해 양극화시키는 현상을 만들고 있음을 지적했다"[3)]

동성애를 이상(異常)성욕의 하나로 간주하여 금기 시 해온 한국사회도 2000년대를 기점으로 그 인식에 큰 변화가 일고 있으며, 동성애를 정상적인 성적 지향으로 인정하는 세계적 추세에 함께 동참하고 있다. 대부분의 한국교회는 동성애에 대해 소수 특정 집단의 독특한 성적 취향으로, 전통적인 결혼제도와 국민보건의 근간을 흔들기 때문에 반대 입장을 취하고 있으나 한국교회도 머지않아 다원주의와 세속주의의 영향으로 서구교회의 전철을 밟게 될 것을 우려한다.

동성애 및 동성애를 합법화 하는 차별금지법에 대해 대다수의 한국교회는 반대 입장을 표명하며 대책마련에 나서고 있다.

본 논문의 목적은 동성애를 조장하는 차별금지법에 대해 살펴보며, 로잔운동에서 동성애 이슈를 본격적으로 다룬 2010년 케이프타운대회 어드벤스 페이퍼(Cape Town 2010 Advance Papers)[4)]를 통해 로잔은 동성애에 대해 어떤 입장을 취하고 있는지 분석하고, 그 분석을 바탕으로 한국교회가 차별금지법과 동성애 문제에 어떻게 대처해야 하는지 제안하는데 있다.

---

3) Bryan Kliewer, *Sexuality: Creation, Brokenness, Truth and Grace* (Cape Town 2010 Advance Paper), 3.

4) *God's Work to Redeem and Transform People Involved in Homosexuality* by Willy Torresin de Oliveira. *Equipping the Church to Respond With Truth and Grace* by Michael Goeke. *Sexuality: Creation, Brokenness, Truth and Grace* by Bryan Kliewer. *Homosexuality and the Church: Why the Church Must Speak Into the Lives of Those Impacted by Homosexuality* by Michel Goeke.

Ⅱ. 본론

A. 차별금지법

대한민국 헌법 11조는 “모든 국민은 법 앞에 평등하다. 누구든지 성별. 종교. 또는 사회적 신분에 의하여 정치적. 경제적. 사회적. 문화적 모든 영역에 있어서 차별을 받지 아니한다”고 규정하고 있다. 현대사회에서 인권(人權)은 최고의 가치로 여겨진다. 차별금지법이란 헌법의 평등 이념에 따라, 성별, 장애, 병력, 나이, 출신 국가, 출신민족, 인종, 피부색, 언어, 출신지역, 용모 등 신체조건, 혼인여부, 임신 또는 출산, 가족형태 및 가족상황, 종교, 사상 또는 정치적 의견, 범죄전력, 보호처분, 성적 지향, 학력, 사회적 신분 등을 이유로 한 정치적. 경제적, 사회적, 문화적 생활의 모든 영역에 있어서 합리적인 이유 없는 차별을 금지하는 법률을 말한다.[5] 차별금지법은 생활 전 영역에서 차별을 금지하고, 예방하며, 차별받은 사람의 권익을 효과적으로 구제함으로써 평등을 실현하여 인간의 존엄과 가치를 구현함을 그 목적으로 한다.

---

5) https://ko.wikipedia.org/wiki/%EB%8C%80%ED%95%9C%EB%AF%BC%EA%B5%AD_%EC%B0%A8%EB%B3%84%EA%B8%88%EC%A7%80%EB%B2%95

우리나라에서 차별금지법은 2007년[6], 2010년[7], 2013년[8] 3차례 발의되었지만 폐기 혹은 철회되었다. 인권을 앞세운 진보성향의 국회의원들에 의해 발의되었던 차별금지법안은 차별금지 사유와 적용대상이 광범위하고 정교하지 않아 법 조항의 해석에 따라 엄청난 사회적 혼란을 불러일으킬 수 있었고, 발의되었던 법 안에는 동성애에 대해 부정적 언급을 한 자에게 2년 이하의 징역형 혹은 1,000만 원 이하의 벌금을 부고하는 내용도 포함되었다.[9]

또한 교계와 시민단체의 반대로 무산되기는 했지만 2014년 박원순 서울시장에 의해 추진된 차별금지법과 유사한 성격의 '서울시민헌장'도 '서울시민은 성적지향, 성정체성에 의해 차별을 받지 않을 권리가 있다'는 내용이 포함되었고, 시. 도교육청에서 학생의 인권 보호를 명목으로 한 '학생인권

---

6) 2007년 10월 2일에 입법이 예고되었으나, 이에 대해 의회선교연합에서는 성적 지향의 포함 여부를 "동성애가 확산되면 안 된다고 교육할 수 없어진다"라고 주장하면서 차별금지법에 반대하였고, 결국은 법제처의 심의에는 학력, 성적 지향, 병력, 출신 국가 등 7개 항목이 제외된 채로 진행되었다. 여기에 대해, 일부 시민 단체에서 차별금지법이 아닌 '차별조장법'이라면서 법안에 반대하였다. 거기에 2006년의 국가인권위원회의 차별금지법 제정안에 포함되어 있던 시정명령권과 이행강제금 부과, 징벌적 손해배상제도 등은 입법 예고 당시부터 제외되어 차별규제에 대한 실효성의 논란이 있었고, 그에 따라서 이 법안은 국회에서 통과되지 못해, 2008년 5월에 회기만료로 폐기되었다. https://ko.wikipedia.org/wiki/

7) 2010년 4월에 법무부에서 차별금지법 특별 분과위원회를 출범시켜, 십여 차례 모임을 가졌으나, 차별금지법제정연대의 질의서에서 "만약 차별금지법 제정에 따른 사회경제적 부담에 대한 우려가 해소되지 않는 상황이라면, 원만한 사회적 합의 과정을 통한 법 제정은 어려울 수밖에 없다"고 밝히면서 사실상 차별금지법을 포기하게 되었다. https://ko.wikipedia.org/wiki/

8) 2012년 11월 6일에 통합진보당 김재연 의원 등 10명이《차별금지법》을 발의했으며 2012년 12월 26일부터 2013년 1월 9일까지 입법예고기간을 거쳐, 2014년 11월에 까지 국회에 계류 중이었다. 그리고 2013년 2월 민주통합당 소속 김한길의원과 최원식의원이 각각《차별금지에 관한 기본법》과《차별금지법》을 발의하여 국회 임시회 전체회의에 상정됐으나, 2013년 3월 26일부터 2013년 4월 9일까지 진행된 입법예고기간에 보수주의 기독교계의 반대 운동에 따라 10만 건이 넘는 반대 의견이 등록되었고, 발의한 의원 중 일부가 철회를 요구하여 2013년 4월 24일에 철회됐다. 2013년 7월 1일 실시된 여론조사 결과 응답자 중 59.8%가 차별금지법 제정이 필요하다고 생각하는 것으로 나타났다. https://ko.wikipedia.org/wiki/

9) 안희환, "동성애법안이 통과했을 때 나타난 구체적인 문제들,"「성결교회의 신학」제34호 (2015): 84.

조례'[10] 역시 학생들이 성과 관련하여 어떤 차별을 받아서는 안 된다고 규정하고 있다.

'군 인권보호법' 역시 논란이 되고 있는데, 군대 내 구타와 같은 가혹한 행위를 금하며, 군인들의 인권침해를 보호할 목적으로 발의되었다. 군형법 92조 6항은 군대 내 동성애 행위나 추행(여기서 추행의 의미에는 '합의에 따른 성적 접촉'도 포함됨) 할 경우 2년 이하의 징역처벌을 규정하고 있는데 이 조항은 성소수자와 인권단체의 비판의 대상이 되었다.[11] 2010년 국가인권위원회와 2012년 UN 국가별 보편적 정례 인권검토서(UPR)는 이 조항이 성소수자들의 인권을 참해할 소지가 있다며 폐지를 권고한바 있고[12], 2014년 3월 17일 진선미 민주당의원을 포함한 10명의 국회의원들은 군인의 성적 자기결정권, 사생활의 자유, 평등권을 침해해 헌법상 평등원칙, 자기책임주의원칙, 과잉금지원칙에 위반된다고 주장하며 군형법 92조 6항에 대한 폐지를 발의한바 있다. 그 때 한국교회 및 보수성향의 시민단체들은 군형법 92조 6항 폐지는 상명

10) 학생인권조례는 「대한민국헌법」과 「교육기본법」 제12조 및 제13조, 「초 · 중등교육법」 제18조의 4, 「유엔 아동권리협약(UN Convention on the Rights of the Child)」에 근거해 모든 학생이 인간으로서의 존엄과 가치를 실현할 수 있게 하는 것을 목적으로 한다. 학생의 인권을 보장하기 위한 조례다. 학생인권조례는 차별받지 않을 권리, 폭력 및 위험으로부터의 자유, 교육에 관한 권리, 사생활의 비밀과 자유 및 정보의 권리, 양심과 종교의 자유 및 표현의 자유, 자치 및 참여의 권리, 복지에 관한 권리, 징계 등 절차에서의 권리, 권리 침해로부터 보호받을 권리, 소수자 학생의 권리 보장 등으로 구성되어 있다. 학생인권조례에서 보장하는 학생인권은 헌법에서 명시한 기본권인 자유권, 평등권, 참정권, 청구권, 사회권 등과 유사하다. 자유권이란 개인의 자유로운 영역을 국가 권력으로부터 제한 · 침해받지 않을 권리다. 신체의 자유와 사생활의 자유, 종교의 자유, 집회 결사의 자유 등이 포함된다. 평등권은 연령, 성별, 소속 등 조건과 관계없이 차별받지 않고 평등한 대우를 요구할 수 있는 권리다. 2010년 10월 5일 경기도교육청에서 처음 공포해 해당 지역 학교에서 시행했다. 2011년 10월 5일 광주광역시, 2012년 1월 26일 서울특별시, 2013년 7월 12일에는 전라북도교육청이 공포해 시행 중이다.

11) 정연주, "군형법상 추행죄의 헌법적 문제," 「공법학 연구」 제12집 (2011): 134.

12) UN은 그동안 각국의 '동성애 처벌법'은 유엔의 자유권 규약을 위반한 것이라는 입장을 표명해왔다. 유엔 자유권 규약은 "(동성애 같은) 성적지향으로 차별받거나 처벌해서는 안 된다"고 규정하고 있다. 유엔에서는 한국정부에 군형법 제92조 5항을 폐지할 것을 줄곧 요구해왔다.

하복이 분명한 군대 내에서는 동성애를 처벌하는 규정을 엄격히 준수하여 피해자가 생기지 않도록 해야 한다며 강력한 반대의견을 내었다. 다행스럽게도 2016년 7월 28일 헌법재판소는 재판관 5대 4 의견으로 군형법 92조 5항에 대해 합헌 결정을 내려 군내 내 동성애 처벌이 여전히 가능하게 되었다. 합헌의견을 낸 5명의 재판관들은 "군대는 동성 사이의 비정상적인 성적 교섭행위가 발생할 가능성이 현저히 높으며, 상급자가 하급자를 상대로 동성사이의 성적행위를 감행할 가능성이 높아 이를 방치하면 군의 전투력 보전에 직접적인 위해가 발생할 우려가 크다"고 판단했던 것이다.[13)]

국회가 제정하려는 차별금지법에는 차별받아서는 안 될 요소들도 분명 포함 되어있다. 예를 들면 성별, 장애, 병력(病歷), 나이, 언어, 출신국가, 출신민족, 인종, 피부색, 출신지역, 용모와 같은 신체조건, 기혼 · 미혼 · 별거 · 이혼 · 사별 · 재혼 · 사실혼 등 혼인여부, 임신 또는 출산, 가족형태 또는 가족상황, 종교, 사상 또는 정치적 의견, 전과, 학력(學歷), 고용형태, 사회적 신분 등으로 누구도 차별받아서는 안 된다는 내용을 담고 있다.

그럼에도 불구하고 한국교계가 차별금지법을 반대하는 이유는 법안 안에 '성적지향에 의한 차별금지'가 포함되어 있기 때문이며, 성소수자들이 차별금지법을 이용해 자신들의 행위를 정당화 받기를 원하기 때문이다.[14)]

성소수자 즉, 동성애자들은 동등(equality)을 요구하고 있으며, 사회로부터의 인정을 받고자 하며, 그들의 조직적인 활동은 자신들의 목적성취에 가장 큰 걸림돌이 되고 있는 한국교회를 향해 강하게 도전해오고 있다. 만약 한국교회가 차별금지법을 수용 할 경우 자신들의 권리쟁취는 훨씬 더 빠른 속도로 이루어 질 수 있기 때문이며, 그렇게 되면 그들의 입장에서 최고의 우군을 얻게 되는 셈이다.

---

13) 정연주, "군형법상 추행죄의 헌법적 문제," 138.

14) 이승구, "동성애에 대해서 성서는 무엇을 말하는가," 「기독교사상」 (2016): 17.

로잔은 로잔언약 5항을 통해 인간에 대한 모든 종류의 차별에 대해 반대하고 있다.

> 사람은 하나님의 형상대로 창조되었기 때문에 인종, 종교, 피부색, 문화, 계급, 성 또는 연령의 구별 없이 모든 사람은 천부적 존엄성을 지니고 있으며, 따라서 누구나 존경받고 섬김을 받아야 하며 착취당해서는 안 된다.

한국교회와 마찬가지로 로잔도 한국사회 및 교회에서 논란이 되고 있는 차별금지법에 포함되어 있는 하나님의 뜻에 위배되며, 비성경적인 항목인 '성적지향 혹은 성정체성에 대한 차별금지' 항목에 대해서는 분명히 반대한다.

B. 동성애

동성애는 인간역사가 시작된 이래로 오늘까지 존재해오고 있다. 매우 문화적이었고 지성적이었던 헬라사회를 위시하여 미개한 아프리카의 원시부족(primitive tribes)에 이르기까지 동성애자는 존재했다. 전통적으로 유대-기독교 세계관이 지배적인 문화권에서는 동성애를 사회적으로 비정상적 성적지향(sexual perversion) 및 불법행위(illegal practice)로 간주되어왔다.

일련의 사회적, 법적 성취들을 통해 동성애자들은 한 때 스스로도 공개적으로 내어놓을 수 없었던 자신들의 성적지향을 자랑스럽게 수용하며 공개화 시키는 대담함을 보이고 있다. 한 때 비정상, 심지어 정신질환으로 여겨졌던 동성애는 전 세계적으로 수용되는 추세이다. 2001년 네덜란드를 시작으로 동성결혼을 허용한 국가는 2016년 현재 미국을 포함하여 21개 국가에 이른다.

현재 개신교단 안에서도 동성애에 대한 나누어진 의견들로 인해 교회의 화합과 연합에 진통을 겪고 있다. 미국의 경우 PCA(Presbyterian Church of America) 교단은 동성결혼 반대 입장을 분명히 하고 있는 반면[15] PCUSA(Presbyterian Church of USA) 교단은 동성결혼인정, 심지어 동성애자를 성직자로 안수허용을 하고 있다. 2015년 3월 17일 미국연합장로교회(PCUSA)는 결혼의 정의를 '남과 여 사이의 결합'이 아닌 ' 두 사람 사이의 결합'이라고 바꾸는 규례서 개정안을 통과시킨바 있다(개정안은 교단 소속의 목사라고 해서 무조건 이 결정에 따라야 하는 것은 아니며, 목사나 당회의 재량에 따라 원치 않으면 동성 결혼을 거부할 수도 있다는 조항을 명시했다). 이로써 교단 소속 목사가 동성커플의 결혼식에 주례로 서는 것은 물론, 동성과 결혼한 자의 목사안수도 가능하게 되었다.[16]

1천 2백만 명의 교인수를 갖고 있는 미국연합감리교회(UMC)는 동성애에 대해 "기독교 가르침과 양립할 수 없다"고 규정하고 있다. 2016년 5월 포틀랜드에서 열린 총회에서 동성애 문제를 표결하지 못하고, 특별위원회를 구성해 오는 2020년까지 결정을 내리겠다는 결정을 내린바 있지만 미국연합감리교안에도 동성애에 대해 찬. 반 입장이 공존하고 있다. 서부연회는 2016년 7월 15일 샌프란시스코 글라이드 메모리얼 교회의 담임목사이자 동성애자인 캐런 올리베토(Karen Oliveto) 목사를 서부지부 감독으로 선출한바 있다.

2010년 케이프타운 대회에서, 로잔은 동성애가 다른 형태의 죄와 다른

---

15) PCUSA가 개정안을 발표한 이후, PCA는 기존의 입장을 고수할 방침을 분명히 했다. 교리의 근간으로 삼는 웨스트민스터신앙고백서와 치리의 기준인 교단 규례서가, 성서적인 결혼은 한 남자와 한 여자 사이의 결합이라고 말하고 있다는 것이 그 이유다. 앞으로도 총회나 노회에서 결혼을 다시 정의하는 일은 없을 것이고 그럴 의향도 전혀 없다고 못 박았다. PCA는 "성경에 충실한, 개혁 신앙에 정직한, 지상 명령에 순종하는"을 주요 가치로 삼고 있다. 성경에서 여성이 안수 받았던 일이 없었던 것에 근거해 지금도 여성의 목사 안수를 금하고 있다. 뉴욕 리디머장로교회의 팀 켈러(Tim Keller)가 이 교단 소속이며, 8개의 한인 노회에 약 260개의 한인 교회가 있다. http://www.newsnjoy.or.kr/news/articleView.html?idxno=198741

16) http://www.newsnjoy.or.kr/news/articleView.html?idxno=198741

특이한 점으로 '자신의 커뮤니티와 신학'을 갖고 있다는 점을 지적했다. 예를 들면 주요교단에서 조차 동성애를 지지하기 위해 새로운 신학이 나타나고 성경을 다른 방식으로 해석하려는 신학들이 등장하고 있음을 우려했다.[17)]

길평원은 동성애자들이 세 가지 특징을 갖고 있음을 지적했다. 첫째, 동성을 향한 성적 끌림(sexual attraction), 둘째, 동성(同性)과의 성적관계(sexual behavior), 셋째, 동성애자로서의 성 정체성(sexual identity)을 갖고 있다는 것이다.[18)] 길평원은 동성애자는 동성에 대한 성적감정과 매력을 느끼거나 혹은 실제 성적 행위를 갖는 자며, 동성애자로 자신의 성 정체성을 받아들이는데 이들 세 가지 가운데서도 '성 정체성', 즉 스스로를 동성애자로 인식하는 자를 분명한 동성애자로 분류한다.[19)]

로잔은 동성애가 무엇인가를 간단 명확하게 설명하는 것이 쉽지 않음을 인정하면서 동성애가 아닌 것에 대해 먼저 설명한다. "동성애는 유전자 결함(genetic defect), 호르몬 불균형(hormonal imbalance), 정신질환(mental illness) 혹은 악령 들림(demonic possession)이 아니다".[20)]

케이프타운 어드벤스 페이퍼를 쓴 브라이언 클리에워는 자신의 글 "*Sexuality: Creation, Brokenness, Truth and Grace*"(성 정체성: 창조, 깨어짐, 진리와 은혜)에서 동성애를 설명하기 위해 네 가지 용어 '끌림'(attraction), '행동'(behavior), '정체성'(identity) 그리고 '라이프스타일'(lifestyle)을 사용했다.[21)] 그는 단순히 '동성

---

17) Michael Goeke, *Homosexuality and the Church: Why the Church Must Speak Into the Lives of Those Impacted by Homosexuality* (Cape Town 2010 Advance Paper), 5.

18) 길평원 외 5인 지음, 「동성애 과연 타고 나는 것일까?: 동성애 유발요인에 대한 과학적 탐구」(서울: 라온누리, 2014), 25. 길평원(부산대 물리학 교수). * 도명술(한동대 생명과학부 교수). 이명진(경희대 의학전문대 교수). 이세일(다니엘종합 의료원장). 임완기(호서대 체육과학부 교수). 정병갑(고신대 생명과학부 교수)

19) 길평원 외 5인 지음, 「동성애 과연 타고 나는 것일까?: 동성애 유발요인에 대한 과학적 탐구」, 28.

20) Bryan Kliewer, *Sexuality: Creation, Brokenness, Truth and Grace*, 4.

21) Bryan Kliewer, *Sexuality: Creation, Brokenness, Truth and Grace*, 4.

간의 (성적)끌림'을 동성애로 보진 않았다. 단기적 혹은 장기적으로 동성에 대한 끌림 현상을 경험하는 사람들이 있지만 그것을 동성애로 보아서는 안 되며 궁극적으로 '성 정체성'과 '라이프 스타일'을 동성애자로 구분하는 주요한 요소로 보았다.[22]

C. 동성애에 대한 성경의 가르침

성경은 동성애에 대해 어떻게 말씀하고 있는가? 인간의 성(human sexuality), 성적 끌림(sexual attraction)은 인간 내면에 존재하는 하나님의 형상의 일부로서 하나님은 인간의 '성적 끌림'은 좋은 것으로 선언하셨고, "사람이 혼자 사는 것이 좋지 아니하니 내가 그를 위하여 돕는 배필을 지으리라"고 말씀하실 정도로 '성적 끌림'을 좋고 선한 것으로 보셨다(창 2:18). 이성(異性)에 대한 '끌림'은 배우자와 한 몸 되게 하는 결혼으로 이어지게 하셨다. "이러므로 남자가 부모를 떠나 그의 아내와 합하여 둘이 한 몸을 이룰지로다"(창 1:24). 하나님이 인간에게 "생육하고 번성하여 땅에 충만하라"고 하신 축복은 남자와 여자 사이의 '끌림'과 남편과 아내 간의 사랑과 성적친밀감으로 성취 된다(창 1:27).[23]

하지만 죄는 인간 내면에 있는 '끌림'을 타락시켰고, 하나님의 의도와는 다른 비정상적인 성행위를 하게 만들었으며, 그 결과 인간은 혼전 성관계, 외도, 간음, 매춘, 소아성애증, 동성애와 같은 잘못되고 타락한 성적 끌림을 경험하게 되었다. 하나님이 의도하지 않는 성적 끌림으로, 타락한 인간은 하나님의 정죄와 심판 아래 놓이게 되었다(롬 1:24-27).

---

22) Bryan Kliewer, *Sexuality: Creation, Brokenness, Truth and Grace*, 5.

23) 이승구, "동성애에 대해서 성서는 무엇을 말하는가," 13.

케이프타운 어드벤스 페이퍼 저자들 가운데 한 명이자 한 때 동성애자였던 윌리 올리베이라(Willy Oliveira)는 동성애의 밑바닥에 깔린 뿌리는 '하나님으로부터 떠남'(independence from God)의 결과로 보았다.[24] 창조주 하나님을 떠난 인간이 자신의 삶의 목적, 의미 혹은 정체성을 찾는 과정에서 생겨난 이상결과라는 것이다.[25] 이것은 아담과 하와가 스스로 '하나님이 되려고' 하던 순간부터 자신의 진정한 자아, 정체성, 그리고 삶의 목적을 상실한 것과 같은 현상이다. 하나님을 떠나 타락한 인간은 동성애를 포함해 앞에서 언급한 온갖 종류의 성적인 죄를 범하게 되었다. 타락한 인간은 자신을 만드신 창조주 하나님을 떠남으로 잘못된 정체성, 삶의 목적, 삶의 의미를 찾다가 죄의 노예, 속박 아래서 살게 되었다.[26] 하나님은 예수 그리스도를 통해 타락한 인간을 거듭나게 하시며, 하나님이 의도하신 삶의 목적과 의미, 새로운 정체성(하나님의 자녀)을 갖게 하신다.[27]

창세기 3장은 인간의 타락으로 인해 창조세계에 이상이 생기게 되었음을 잘 보여주고 있다. 아담(남자)과 하와(여자) 사이에 존재하던 정상적인 관계에도 이상이 생겼을 뿐만 아니라 타락 후 이전에 없던 성적 이상(異常) 현상들이 생겨나기 시작했다. 창세기에는 일부다처(4:23), 근친상간(19:36), 간음(26:10), 강간(34:2), 매춘(35:15)과 같은 성적인 죄악들에 대해 기록하고 있다.[28]

레위기 18장 22절과 20장 13절은 구약시대 존재했던, 하나님의 의도에

---

24) Willy Torresin de Oliveira, *God's Work to Redeem and Transform People Involved in Homosexuality* (Cape Town 2010 Advance Paper), 1.

25) Willy Torresin de Oliveira, *God's Work to Redeem and Transform People Involved in Homosexuality*, 1.

26) Willy Torresin de Oliveira, *God's Work to Redeem and Transform People Involved in Homosexuality*, 2.

27) Willy Torresin de Oliveira, *God's Work to Redeem and Transform People Involved in Homosexuality*, 4.

28) 신득일, "소돔의 죄: 동성애인가? 약자에 대한 냉대인가?,"「성경과 신학」 제48권 (2008): 8, 34. 이경직, "구약에 나타난 동성애,"「기독신학저널」 제2호 (2002): 323.

서 벗어난 사람 사이의 비정상적인 관계 뿐 아니라, 동성애에 대해 명확하게 기록해주고 있다.

> 너는 여자와 교합함 같이 남자와 교합하지 말라 이는 가증한 일이니라(18:22). 누구든지 여인과 교합하듯 남자와 교합하면 둘 다 가증한 일을 행함인즉 반드시 죽일찌니 그 피가 자기에게 돌아가리라(20:13).

인간 타락의 결과, 인간에게는 비정상적인 성적욕구가 생겨났고 하나님이 정하신 순리대로 하지 않고 쓸 것을 바꾸어 역리로 쓰는 동성 간의 성적 행위가 생겨났다. 신약성경에서 동성애에 대한 언급과 하나님의 엄중한 심판을 기록하고 있는 대표적 구절은 로마서 1장 26-27절이다. 하나님의 뜻에서 벗어난 이상 성행위에 대한 하나님의 심판의 기초는 하나님의 의로우심(Righteousness)에 근거한다.[29)]

> 이를 인하여 하나님께서 저희를 부끄러운 욕심에 내어 버려두셨으니 곧 저희 여인들도 순리대로 쓸 것을 바꾸어 역리로 쓰며(exchanged natural relations) 이와 같이 남자들도 순리대로 여인 쓰기를 버리고 서로 향하여 음욕이 불 일 듯하매 남자가 남자로 더불어 부끄러운 일을 행하여 저희의 그릇됨에 상당한 보응을 그 자신에 받았느니라

위의 성경구절들은 동성애자들이 주장하는 자신들의 동성애가 '하나님이 만드신 선천적인 성적지향'이라는 주장을 분명 거부하고 있다. 동성애자들은 자신들이 이성애자(heterosexual)에서 동성애자(homosexual)가 된 것이 아니라 태어날 때 동성애자로 지어졌다는 주장을 하지만 로마서 1장 26-27절은 분

29) 이승구, "동성애에 대해서 성서는 무엇을 말하는가," 15.

명 하나님이 동성애자를 만드신 것이 아님을 증거해 주고 있다.

신약에서 동성애를 언급한 또 다른 성경구절은 고린도전서 6장 9절과 디모데전서 1장 10절들이다.

> 불의한 자가 하나님의 나라를 유업으로 받지 못할 줄을 알지 못하느냐 미혹을 받지 말라 음행하는 자나 우상 숭배하는 자나 간음하는 자나 탐색하는 자나 남색하는 자나
>
> 음행하는 자며 남색하는 자며 사람을 탈취하는 자며 거짓말하는 자며 거짓 맹세하는 자와 기타 바른 교훈을 거스리는 자를 위함이니

고린도전서 6장 9절의 '아르세노코이타이'(arsenokoitai)와 디모데전서 1장 10절의 '마라코스'(malakos) 모두 남성 동성애(남색하는 자)에 대한 언급이다.[30]

D. 동성애의 원인을 설명하는 이론

동성애 유발 원인을 설명하는 이론으로 크게 조성이론[31](constitution theory)과 환경이론(environmental theory)이 있다. 조성이론은 동성애를 선천적으로 내분비계의 호르몬의 균형이 맞지 않을 때(endocrine imbalance) 혹은 유전적 요인(genetic make-

---

30) Arndt William F. and Gingrich Wilbur, *A Greek-English Lexicon of the New Testament and Other Early Christian Literature*. 4th. rev. ed. (The University of Chicago Press, 1979). 109-109, 489-490.

31) 지면한계 상 조성이론을 여기서 매우 구체적으로 논할 수는 없지만 하나님이 어떤 이들을 선천적으로 동성애자로 만들었다는 논리로 동성애를 합법화하고 정당화하려는 조성이론에 대해 교회는 경계해야 함을 밝혀두고자 한다. 동성애를 지지하는 크리스천들이나 신학자들은 인간의 성은 하나님의 선물이며 이성애든 동성애든 하나님의 결정사항인데 인간의 책임은 하나님의 결정을 존중해드려야 한다고 주장하고 있다. 이러한 주장들은 바로 조성이론에 근거를 두고 있다.

up)의 결과로 본다. 동성애자들 그리고 동성애 옹호론자들이 주장하는 것처럼 동성애가 선천적이라면 동성애를 윤리적으로나 종교적으로 비난하는 것은 잘못된 것이며 따라서 동성애자들은 자신들의 성적지향을 자유롭게 추구할 정당한 권리가 있다.[32)]

동성애자들은 '왜 사람이 하나님께 자신의 머리나 눈의 색깔을 바꾸어 달라고 기도해야 하는가?'라는 질문을 던지며, '하나님은 결코 그렇게 하지 않으실 것'이라는 논리로 자신들의 성적지향을 정당화하고자 한다. 사람이 특정 눈동자 색깔이나 머리 색깔을 갖고 태어나듯이 자신들이 동성애자로 태어났기에 바꾸거나 부끄러워 할 필요가 없다는 것이다. 자신들의 동성애적 성적지향은 하나님 창조의 일부임을 주장한다.[33)]

많은 동성애자들이 동성간의 끌림(same sex attraction)은 눈동자의 색깔이나 인종이 생물학적으로 정해진 것 같이, 생물학적으로 유전자 혹은 호르몬에 의해 결정되기에 동성애는 '(후천적) 선택'이 아니라 '태생적'이라는 주장을 펼친다. 이런 이유로 동성애는 정상이며 도덕적이며 자신들의 성적지향을 사회가 수용할 것을 요구한다.[34)]

E. 로잔과 동성애

로잔운동의 신학과 선교사상을 집약적으로 담고 있는 세 가지 주요한 문

32) 박기영, "동성애자의 인지왜곡에대한 진리요법적 접근,"「성경과 신학」 제76권 (2015): 318. 홍순원, "동성애에대한 문화윤리적 연구,"「한국기독교신학논총」 제64집 (2009): 260-263. 길평원 외 5인 지음,「동성애 과연 타고 나는 것일까?: 동성애 유발요인에 대한 과학적 탐구」, 19.

33) Sherman Bailey, *Homosexuality and the Western Christian Tradition* (London: Longmans, Greens & Co. 1955) 3-10.

34) Bryan Kliewer, *Sexuality: Creation, Brokenness, Truth and Grace*, 4.

서는 로잔언약(1974년), 마닐라선언문(1989년), 그리고 케이프타운 서약(2010)이다.

로잔언약과 마닐라 선언문은 동성애에 대해 직접적으로 언급하지 않고 간략히 "인간의 타락으로 인해 인간의 문화가 죄로 물들었고 어떤 것은 악마적이기도 하다"(로잔언약 10항)고 선언했고, 마닐라 선언문은 "우리는 인간이 하나님의 형상대로 창조되었지만, 죄와 죄책이 있으며, 그리스도 없이 길을 잃었다"(고백 4항) "인간은 남녀 모두 하나님을 알고 사랑하고 섬기도록 하나님의 형상대로 창조되었기 때문에, 모두가 고유한 존엄성과 가치를 지니고 있다. 그러나 죄로 인해 그들의 인간성의 모든 부분이 다 왜곡되었다. 인간은 자기중심적이며 자기 자신을 섬기는 반역자가 되어, 마땅히 하나님과 이웃을 사랑해야하지만 그렇게 하지 않는다. 그 결과, 인간은 창조주와 또 다른 피조물들에게서 소외되었다. 이것이 오늘날 그토록 많은 사람들이 겪고 있는 고통, 방황, 고독의 근본적인 원인이다"(1조 1항). "하나님 나라에 관한 선포는, 그의 나라에 용납될 수 없는 일에 대해 예언자적인 도전을 하도록 요청한다. 우리가 개탄하는 악은 제도화된 폭력, 정치적 부패, 사람과 땅에 대한 온갖 형태의 착취, 가정파괴, 낙태, 마약유통, 인권 유린과 같은 파괴적인 폭력을 의미한다"(1조 4항)와 같이 예수 그리스도를 통해 구원을 받아야 할 대상으로 인간의 타락성과 부패성을 지적하는 정도의 수준이었다.

로잔에서 동성애에 대한 본격적인 신학적 논의와 대처는 2010년 케이프타운 대회에 와서야 이루어졌는데 케이프타운 서약 서문에서 "우리는 기독교 선교를 통해 우리 세대의 현실에 대해 응답해야 한다"고 적고 있듯이 현대교회가 직면하고 있는 현실적 문제들에 대해 논의가 필요했기 때문이다.[35]

케이프타운대회에 와서 동성애 문제를 본격적으로 다룬 이유는 당시 전세계적으로 약 15억 5천만 명의 동성애자들이 있었음에도 불구하고 교회의

35) 김승호, "종교다원주의 상황에서 예수 그리스도의 유일성에 대한 선포: 로잔 3차 대회 케이프타운서약을 중심으로," 234.

동성애에 대한 이해가 부족했고, 교회는 그들에게 복음을 전할 준비가 되어 있기 못했기 때문이었다.[36]

케이프타운 어드벤스 페이퍼를 쓴 고케(Goeke)는 현재 이런 저런 형태로 동성애로 인해 영향을 받지 않은 개인, 가정, 사회, 교회는 없음을 다음과 같이 설명했다.[37]

> 동성애자로 자신의 성 지향성을 공개적으로 드러내는 자들, 개인 혹은 부부 동성애자로 교회에 출석하는 자들, 자신도 원치 않는 동성에 대한 끌림성향(unwanted same-sex attraction)으로 혼자서 괴로워하거나 도움을 구하는 자들, 동성애자를 자녀로 둔 그리스도인 부모들, 동성애자 친구나 친척들을 어떻게 대해야 하는지 고민하는 그리스도인들, 교회에 출석하는 동성애자 교인들을 어떻게 상담해야 하는지 고민하는 목회자들, 도시 한복판에서 벌어지는 동성애 축제를 어떻게 이해하며 대처해야 하는지, 동성애에 대해 우호적인 입장을 보이는 언론과 방송매체. 인권(人權)보호라는 명목으로 동성애자들에 대한 편견과 차별을 금지시키려는 시민단체와 국가기관들에 대해 교회는 어떻게 대처해야 하는지, 그리고 무엇을 말해야 하는지 준비가 되어있지 않다.

케이프타운대회를 앞두고 동성애를 주제로 어드벤스 페이퍼들(Cape Town 2010 Advance Papers)이 작성되었다. 윌리 오리베이라(Willy Torresin de Oliverira)의 *God's Work to Redeem and Transform People Involved in Homosexuality*, 마

36) Bryan Kliewer, *Sexuality: Creation, Brokenness, Truth and Grace*, 1. 클리에워는 자신의 성 정체성을 게이 혹은 레즈비언으로 인정하는 자들, 혹은 동성성적경험을 한 자들의 숫자를 정확히 파악하기 어렵지만 2010년 케이프타운 대회 당시 신뢰할 만한 연구기관 및 대학들의 조사에 근거하여 로잔은 동성애자가 전 세계 인구의 2% 정도로 통계를 잡았다. Bryan Kliewer, *Sexuality: Creation, Brokenness, Truth and Grace*, 11.

37) Michael Goeke, *Equipping the Church to Respond with Truth and Grace* (Cape Town 2010 Advance Paper), 1-2.

이클 고크(Michael Goeke)의 *Equipping the Church to Respond With Truth and Grace, Homosexuality and the Church: Why the Church Must Speak Into the Lives of Those Impacted by Homosexuality,* 그리고 브라이언 클리에워의 *Sexuality: Creation, Brokenness, Truth and Grace*이다.

이 페이퍼들은 네 가지 주제를 다루고 있는데 첫째, 동성애는 무엇인가? 둘째, 교회가 직면하고 있는 성적 이슈들의 상황(extent of sexual issues facing the church), 셋째, 동성애자들을 변화시키며 구원하시는 하나님의 사역, 넷째, 교회로 동성애에 대해 하나님의 진리와 은혜로 접근하도록 촉구하는 것이었다.

네 명의 저자들은 자신들의 페이퍼에 대해 전 세계 그리스도인들의 피드백들을 듣고, 그 피드백을 반영하여 2010년 케이프타운 대회 기간 중 "Sexuality: Creation, Brokenness, Truth and Grace" 주제로 모인 모임(session)에서 최종형태로 발제함으로 로잔은 동성애를 어떻게 이해하며, 교회는 동성애에 대해 어떻게 대처해야 하는지 방향성을 제시했다.

어드벤스 페이퍼 저자들은 정죄일색의 기존의 접근방식과 달리 교회의 동성애에 대한 이해 및 대처에서 '변화'가 필요하며, 교회는 '하나님의 진리'와 '하나님의 은혜'로 동성애 이슈에 접근할 것을 제안했다. 전통적으로 개신교의 동성애의 접근 방식은 '진리'와 '은혜' 두 가지 모두를 담지 못하는 방식임을 지적했다.

케이프타운 서약 2부 E항 2조에서 로잔은 문란한 인간의 성 행위에 대해 우려를 표명하며 다음과 같이 천명했다.

> 창조시 하나님은 결혼한 한 남자와 한 여자 사이의 헌신적이고 신실한 관계로 설계하셨다. 결혼을 통해 그들은 한 몸이 되고 출생 시의 가족과 구별된 새로운 사회적 연합을 이룬다. 또한 이러한 '한 몸'의 표현인 성적결합은 오직 결혼 관계 안에서만 즐길 수 있게 하셨다... 바울은 하나님 사랑의 순결함과 문란한

> 성행위로 나타나는 거짓 사랑과 그에 따르는 모든 것의 추함을 대조한다. 성경이 규정하는 결혼을 벗어난 혼전성관계나 혼외정사를 포함해 모든 종류의 문란한 성행위는 하나님의 뜻과 조화되지 않으며 복된 선물의 모조품에 불과 하다. 문란한 성행위를 둘러싼 성의 남용과 우상숭배는 결혼과 가족의 해체를 포함하여 더 광범위한 사회적 몰락을 초래하며, 고독과 착취로 인한 수많은 고통을 낳는다. 문란한 성행위는 교회 안에서도 심각한 이슈이며, 비극적이게도 지도자들의 실패를 낳은 빈번한 원이 되고 있다

그렇다면 동성애 원인에 대한 로잔의 입장은 어떤가? 로잔은 동성애의 원인에 대해 다음과 같이 설명한다.

> 사람이 게이 혹은 레즈비언으로 태어나는가? 아니면 자신의 선택의 결과인가? 이 질문에 대한 대답은 그리 단순하지 않다. 수 십 년에 걸친 많은 연구와 과학적 논문들은 일반적으로 '발전이론'(developmental theory)을 지지한다.[38] 즉, 동성 지향적 성향은 심리적(부모와 자녀 관계 그리고 어릴 때 성적 학대받은 경험과 같은), 환경적 요인(또래집단의 영향, 동선간의 성적경험, 조기 성경험과 같은), 그리고 자신의 선택(성인으로 자의적 내지 의도적 동성과의 성적경험 그리고 주류문화와 구분되는 하위문화의 일원으로 살아감의 결과)의 복합적 요인들의 결과이다.[39]

로잔의 입장인 발전이론은 동성애를 '사람과 그의 환경 사이에 기인한 결과'로 보며 이론의 핵심은 동성애는 선천적이 아닌 후천적으로 습득된(an acquired condition) 것이다. 어릴 때 성적 또는 신체적 학대와 동성애 사이에 상관

38) Bryan Kliewer, *Sexuality: Creation, Brokenness, Truth and Grace*, 4.

39) Bryan Kliewer, *Sexuality: Creation, Brokenness, Truth and Grace*, 5. 박종원, "로잔운동을 통한 동성애 이해와 선교적 고찰," 「복음과 선교」 제33집 (2016): 16.

관계가 있고, 가족단위의 어려움(가족의 정신병력, 약물중독, 교도소 수감, 부모의 별거 또는 이혼, 성 정체성에 대한 부모의 부정적인 말), 남성의 경우 유아 청소년기에 동일한 성인 아버지와 건강하고 정상적인 관계를 경험하지 못할 경우 동성애자가 될 가능성이 있다고 본다.[40] 기숙사, 교도소, 군대에서 우연히 혹은 강제적으로 동성애를 경험할 경우 동성애를 학습하게 되어 자신을 동성애자로 인식한다거나, 여성의 경우 결혼에 대한 두려움, 사랑의 실패, 성폭행과 같은 성적학대를 경험으로 남성과의 성관계를 꺼려한다. 또한 동성애를 미화하는 영화, 비디오, 동성애 포르노와 같은 매체들이 주는 호기심과 충동이 동성애가 형성되도록 영향을 미치며, 동성애를 매력적으로 인정하는 사회문화적 풍토가 동성애자를 유발한다고 본다.[41]

케이프타운 대회에서 로잔은 동성애자들의 교회 출석하는 것을 허용해야하는가? 동성애자가 예수 그리스도를 영접하고자 할 때 어떻게 해야 하는가? 믿는 자 중 동성애로 갈등을 하는 자들에게 교회는 어떻게 대처해야 하는가? 이와 같은 주요한 이슈에 대해 교회가 준비가 되어있지 않음을 반성했다.[42] 전통적으로 교회는 동성애자들을 향해 '회개'와 '포기' 후 교회에 나올 것을 요구하는 해왔는데 특히, 그리스도인들의 동성 끌림(same sex attraction)은 용서받지 못한 중대 죄악으로 간주해왔다.

케이프타운 대회에서 로잔은 교회가 동성애자들을 '잃어버린 자'(the lost)로 보기보단 '적'(the enemy)으로 취급했음을 반성했다. 교회가 동성애자들을 적으로 간주함으로 동성애자들은 가장 큰 '미전도 종족집단'(unreached people group)이 되었음도 안타까워했다.[43] 사실 동성애자들은 그들을 변화시키는 예수 그리

40) Bryan Kliewer, *Sexuality: Creation, Brokenness, Truth and Grace*, 45.

41) 길평원 외 5인 지음, 「동성애 과연 타고 나는 것일까?: 동성애 유발요인에 대한 과학적 탐구」, 112-115.

42) Bryan Kliewer, *Sexuality: Creation, Brokenness, Truth and Grace*, 2.

43) Bryan Kliewer, *Sexuality: Creation, Brokenness, Truth and Grace*, 2.

스도의 복음을 들어야 할 집단 임에도 비난과 정죄의 대상으로 분류되어 전도의 대상조차 되지 못하고 있음을 지적했다.[44)]

어드벤스 페이퍼 저자 중 한 명인 고케는 상황이 어떻든 간에 "교회가 교회다울 때"(for the church simply to be the church) 교회는 동성애에 대해 답을 제공해 줄 수 있을 것임을 말했다.

> 역사적으로 교회 혹은 그리스도인들은 다른 죄들보다 동성애를 더 중대하고 심각한 죄로 지목해왔다. 반면 변화된 세상과 문화는 동성애를 오히려 축하하고, 수용되어야 하며 그리고 보호받아야 대상으로 지목하고 있다. 심지어 신학계 안에서도 이런 변화에 맞추어 성경을 재해석하는 새로운 신학들이 일어나고 있다. 그 결과 일부 교단 혹은 신학교들은 '친 동성애'적 신학을 수용하여 동성애를 적법한 라이프스타일로 인정하고 있다. 이와 대조적으로 어떤 교단이나 신학교는 동성애에 대해 냉담, 반대의 목소리, 혹은 정죄일색의 입장을 취하고 동성애이슈를 다루는 것을 거북스럽게 생각한다. 하지만 일부 교회와 신학교는 '성경의 진리'를 확고히 붙잡으면서도, 긍휼과 은혜로 동성애자들을 사랑하며 회복과 치유를 위해 최선의 노력을 기울이고 있다.[45)]

고케는 자신의 글 *Equipping the Church to Respond with Truth and Grace*에서 현대 교회들과 신학교들의 동성애에 대처하는 다양한 모습은 마치 요한계시록 1-3장에 나오는 일곱 교회들과 흡사함을 지적했다.[46)] 그는 일곱 교회를 '율법주의 교회', '사랑이 없는 교회', '차갑고 냉담한 교회', '신

---

44) Michael Goeke, *Homosexuality and the Church: Why the Church Must Speak Into the Lives of Those Impacted by Homosexuality* (Cape Town 2010 Advance Paper), 3. 박종원, "로잔운동을 통한 동성애 이해와 선교적 고찰," 16.

45) Michael Goeke, *Equipping the Church to Respond with Truth and Grace*, 2.

46) Michael Goeke, *Equipping the Church to Respond with Truth and Grace*, 2.

학적으로 자유로운 교회', '세상/문화에 타협하지 않음으로 박해받는 교회', '세상에 굴복한 교회'들로 구분했는데 연구자는 고케가 지적한 네 교회, 에베소교회, 버가모교회, 두아디라교회, 라오디게아 교회는 동성애 이슈에 대해 오늘 한국교회와 신학계가 취하는 태도와 관련하여 중요한 교훈과 경고를 제공해주었다고 본다.[47)]

첫째, 에베소교회는 '악한 자(것)를 용납하지 아니했고 자칭 사도라 하되 아닌 자들을 시험하여 그 거짓된 것을 드러낸' 교리수호를 한 실력 있는, 신학적으로 정통파(orthodox) 교회였다(계 2:2). 또한 그들의 '행위'와 '수고'는 주님이 알아주실 정도로 훌륭했지만 에베소교회는 서로를 향한 사랑을 잃어버렸고 마음이 딱딱하고 굳은 교회였다.

둘째, 버가모교회는 우상숭배가 난무하는 곳(사단의 권좌가 있는 곳)에 위치하면서도 주님의 이름을 굳게 잡고 충성된 증인 안디바를 배출한 교회로, 신앙으로 순교를 당하면서도 주님을 믿는 믿음을 저버리지 아니함으로 칭찬받았다(계 2:13). 이런 칭찬에도 불구하고 교회 안에는 이단인 니골라당의 속임수에 빠져 그들의 교훈(우상의 제물을 먹음과 행음함)을 따르는 자들이 있을 정도로 버가모교회는 성경 신학적 지식과 지혜가 부족한 교회였다(계 2:15).[48)]

셋째, 두아디라교회를 향해 주님은 "내가 네 사업과 사랑과 믿음과 섬김과 인내를 아노니 네 나중 행위가 처음 것보다 많도다"(계 2:19)고 칭찬하셨다. 교회 안에는 열심히 수고하며 사랑과 믿음과 섬김과 인내로 가득한 일군들로 가득했고 교회는 사회봉사(섬김)에 큰 관심을 갖고 지역의 소외된 자들, 도움이 필요한 자들을 잘 섬기던 교회였다. 하지만 두아디라교회 역시 거짓 선지자(이세벨)를 '용납'함으로 교인들이 유혹에 빠져 성적 부도덕한 삶을 살게

47) Michael Goeke, *Equipping the Church to Respond with Truth and Grace*, 3.

48) 계 2:14절은 버가모교회 안에 당시 유행하던 '이방신들을 섬기는 우상의 제물'을 먹고 '신전 여사 제들과 성적쾌락을 하던 행음'을 하던 자가 있음을 기록하고 있다. 즉 당시의 시대적 풍조에 휘말려든 버가모교회 신자들을 향한 책망의 말씀이 기록되어 있다.

한 잘못을 범했다(계 2:20). 두아디라교회는 '용납'(tolerance)해서는 안 될 것을 '관용'하는 죄를 범했다.

넷째, 라오디게아교회는 물질적으로 부족함 없이 풍요했지만(계 3:17) 영적으로 가난한 교회였다(계 3:17). 영적으로 차지도 뜨겁지도 아니한 교회였다. 라오디게아교회는 영적으로 어떤 사람들을 불편하게 만들 것을 두려워하여 중립적 자세를 취하다 힘 없는 교회가 되었다.

네 교회를 향해 책망하신 말씀은 동성에 대한 끌림 성향을 가진 자들에게 한국교회가 어떤 자세로 사역을 해야 하는지 주요한 교훈을 담고 있다. 주님은 에베소교회의 거짓을 분별해내는 정통신학(theological orthodox)을 가진 것을 칭찬하면서도 그들이 잃어버린 '사랑'을 회복할 것을 요구하셨는데 사랑이 부재된 진리는 냉혹하며 힘없는 진리가 되기 때문이다.

주님은 버가모와 두아디라교회를 향해 그들의 수고와 인내를 칭찬하셨지만, 그들의 교리적 지혜와 분별력 가질 것을 요구하셨고, 그들에게 거짓된 가르침과 거짓 선지자를 조심할 것을 말씀하셨다. 라오디게아교회의 미지근한, 온전하지 못한 헌신, 자족(自足)을 도전하며 믿음으로의 재헌신, 그리고 그들이 믿고 말한 대로 살아 갈 것을 도전하셨다.

네 교회를 향해 주신 주님의 권면에서 얻는 한국교회가 얻어야 할 교훈은 '교회가 교회답기 위해서' 교리적 정통성만으로 되는 것이 아니며, 진리가 부재된 사랑과 관용만 갖고서도 주님이 기대하는 교회가 될 수 없다는 사실이다. 주님이 원하시는 교회가 되기 위해서는 교회는 100%의 진리 그리고 100%의 은혜(긍휼)를 지녀야 한다는 것이다.

필자는 케이프타운 어드벤스 페어퍼 저자들이 한결같이 교회가 동성애자 혹은 동성애문제에 접근할 때 100%의 진리성과 100%의 은혜를 강조함을 보았다. 교회가 동성애를 용서받지 못할 '죄'라 말하고, 그들과 벽을 쌓을 때 동성애자들이 복음을 들을 수 있는 기회를 잃게 된다. 어드벤스 페이퍼를 쓴 네 명의 저자들은 동성애자도 회개, 죄 용서를 통해 얼마든지 새로운 삶을 살 수 있음을 주장했다.

고린도전서 6장 9-11절도 분명 고린도교회 안에 한 때 동성애자들이었던 자들이 변화하여 교회 공동체의 일원이었음을 기록해주고 있다.

> 불의한 자가 하나님의 나라를 유업으로 받지 못할 줄을 알지 못하느냐 미혹을 받지 말라 음행하는 자나 우상숭배 하는 자나 간음하는 자나 탐색하는 자나 남색하는 자나 도적이나 탐욕을 부리는 자나 술 취하는 자나 모욕하는 자나 속여 빼앗는 자들은 하나님의 나라를 유업으로 받지 못하리라 너희 중에 이와 같은 자들이 있더니 주 예수 그리스도의 이름과 우리 하나님의 성령 안에서 씻음과 거룩함과 의롭다하심을 받았느니라.

고린도전서 6장 역시 동성애자들이 예수 그리스도 안에서 새로운 삶을 살 수 있다는 소망과 또 그들을 용서하시는 하나님의 선하심에 대해 기록하고 있다.

고케는 동성애로 갈등하는 자들을 위한 교회의 도움제공에 대해 다음과 같이 말한다.[49]

> 남성 동성애자는 영적으로 성숙하고 정신적으로 건강한 남성교인과 함께 영적 교제, 대화, 상담을 통해 성경적 남성상(masculinity)을 회복할 수 있도록 도움을 제공할 필요가 있다. 성경이 가르치는 하나님이 의도하는 '남자'가 된다는 의미를 함께 공부하며 탐구하는 것이다. 여성 동성애자도 마찬가지다. 재정적, 인적 자원이 가능하다면 동성애자들이 갖고 있는 특별한 갈등과 문제에 해결에

49) Michael Goeke, *Equipping the Church to Respond with Truth and Grace*, 6-7.

도움이 될 교회 내 특수사역을 갖는 것은 분명 도움이 될 수 있다. 멘토 프로그램(mentor program)은 '성 정체성' 혼란과 갈등을 겪는 이들에게 큰 도움을 줄 수 있다. 동성애로부터 '자유' '해방'을 갈망하는 남성과 여성들, 그리고 동성애자를 자녀로 둔 부모들을 도울 수 있는 건강하고, 헌신된 자로 구성된 지원그룹(support groups)을 갖는 것은 매우 효과적으로 사역할 수 있는 길이 될 수 있다.

Ⅲ. 한국교회를 향한 제언

현재 한국교회 지도자 및 그리스도인들은 동성애에 대한 막연하거나 혹은 불충분한 지식을 가지고 있고, 한국사회 및 교회의 실제적 현안이 되고 있는 동성애 문제를 적절하게 대처하지 못하고 있는 것이 사실이다.

케이프타운 어드벤스 페이퍼들은 한국교회를 향해 동성애 이슈에 접근함에 있어 '하나님의 100%의 진리'와 '하나님의 100%의 은혜'로 접근할 것을 촉구한다. 오늘 한국의 많은 교회(그리스도인)들이 전통적 그리고 성경적 윤리에 기초하여 동성애자들을 향해 전투적으로 싸울 자세를 취하는 것이 사실이다. 동성애자들을 하나님이 다시 찾기를 원하는 '잃어버린 자'(눅 15장, 19:10)로 보기보단 '죄인'으로 정죄하기에 익숙해져있다.

케이프타운 대회에서 로잔은 교회로 1억 5천 5백만 명의 잃어버린 자들을 예수 그리스도의 사랑으로 찾아 회복시키도록 촉구하였다(참조. 요 13:34). 로잔은 동성애자들도 그리스도의 사랑, 은혜, 치유 그리고 구원의 대상에서 제외되어서는 안 됨을 강조했다. 이처럼 잃어버린 자를 찾아 세상에 오신 그리스도의 열정이 우리의 열정이 되어야 한다. 주님께서는 교회로 잃어버린 자를 찾아나서는 사명을 주셨다(요 20:21). 대지상명령(the Great Commission)의 대상에는 동성애자도 포함되어야 한다.

다행스럽게 보수성향의 한국교회 지도자들 가운데도 '동성애 혐오증'에 대해 경계하며 한국교회가 동성애자들을 무조건 비난과 정죄의 대상으로 여기지 말고 그들도 예수 그리스도를 만나 건강한 인생을 살 수 있도록 사랑으로 보듬어야 할 대상으로 보고자 하는 자세를 보이는 것은 바람직하다 하겠다.[50)]

로잔은 동성애자들을 하나님의 형상이 깨어진, 복음을 들음으로 하나님의 진리와 은혜로 회복될 수 있는 자로 본다.

로잔은 동성애 이슈를 다루면서 교회로 하여금 '인간 성(性)'에 대한 성경적 가르침을 굳게 잡을 것과 동시에 동성애와 관련된 사실이 아닌 신화같이 돌고 있는 여러 가지 추측들을 제거함으로 교회로 동성애자들을 긍휼(compassion)과 은혜(grace)로 대처하도록 촉구하고 있다. 로잔은 동성애자 혹은 '동성 지향적인 사람들'이 교회의 '적'이 아니라 그들은 "누구든지 그리스도 안에 있으면 새로운 피조물이라 이전 것은 지나갔으니 보라 새 것이 되었도다"(고후 5:17)라고 선언하는 예수 그리스도의 복음이 필요한 대상으로 볼 것을 촉구한다. 로잔은 교회로 하여금 동성애 관련자들을 복음이 필요한 '잃어버린 자'(the lost)로 볼 것과 교회 안으로 수용할 것과, 치유에 필요한 도움을 제공할 것, 하나님과 화목할 수 있도록 사역할 것을 제시하고 있다.[51)]

성경은 동성애를 포함하여 어떤 사람이든 예수 그리스도 안에서 새로운 피조물이 될 수 있음을 보여준다. 교회는 교회다워야 한다. 어떤 종류의 사람들도 환영받고 사랑함과 동시에 하나님의 진리를 분명하게 가르쳐야 한

50) 이종원, "동성애에대한 교회의 바람직한 태도,"「한국기독교신학논총」제64집 (2009): 297-298.

51) Bryan Kliewer, *Sexuality: Creation, Brokenness, Truth and Grace* (Cape Town 2010 Advance Paper), 3.

다. 또한 문제를 안고 힘들어하며 갈등하는 자들을 섬길 수 있도록 구비되어야 한다. 성경의 '진리'는 성경이 가르치는 '은혜'와 균형을 갖추어야 한다. 둘 중 어느 한쪽에 기울어지면 교회는 동성애자들에게 소망도 치유도 회복도 줄 수 없는 교회가 되어버린다.[52] 교회는 '동성애적 성향을 고치고 들어오라'고 해선 안 되고, '이곳은 당신이 들어올 수 있는 안전한 자리이니, 와서 마음의 갈등을 함께 고민하며 새로운 삶을 위해 예수 그리스도를 영접하십시오'라고 말할 수 있어야 한다.

동성애를 정죄하는 동일한 성경이, 또한 그들의 회복과 새로운 삶 위한 소망을 전해주고 있다(고전 6:9-11). 동성간의 성행위는 명백하게 인간을 창조하시고 선물로 성(性)을 주신 하나님 앞에서 죄이다. 하나님은 인간의 죄악된 생각과 행위를 미워하시는 분이시다 출애굽기 34장 7절은 "인자를 천대까지 베풀며 악과 과실과 죄를 용서하나 형벌 받을 자는 결단코 면죄하지 않고"라고 말씀하고 있다. 죄를 미워하시는 하나님이시지만 하나님은 또한 죄인을 용서하시는 분이시기도 하다(사 1:18, 요일 1:9). 동성애자의 회복과 치유에는 많은 인내와 시간이 요구 되지만 예수 그리스도 안에 들어오는 자는 그가 과거 어떤 잘못된 삶을 살았던지 새로운 피조물로서 삶을 살아갈 수가 있음을 성경은 말씀하고 있다(고후 5:17). 예수 그리스도의 부활의 능력은 죄의 권능을 이기는 힘이 있으며 그 힘을 변화되기를 소원하는 자에게 주신다(고전 15:55-56). 동성애자가 자신의 행위가 하나님의 원리에 어긋난 것임을 깨달을 때 진정 그는 부끄러운 과거로부터 돌이킬 수 있고 진정한 회복을 경험을 하게 된다.

필자는 케이프타운을 위해 고케가 쓴 어드벤스 페이퍼는 오늘 한국교회

52) Michael Goeke, *Homosexuality and the Church: Why the Church Must Speak Into the Lives of Those Impacted by Homosexuality*, 5. 정종훈, "동성애에 대한 기독교윤리적인 입장의 모색," 「신학논단」 제30집 (2002): 346-347.

가 동성애자들을 돕고 효과적으로 사역하는데 소중한 교훈과 지혜를 준다고 본다.[53)]

첫째, 동성애자를 돕고 회복시킬 수 있는 교회는 영원불변의 진리인 하나님의 말씀에 철저히 헌신하며 변하는 세상 풍조와 타협치 말아야 한다. 만약 성경의 진리가 사회변화와 함께 바뀔 수 있다고 가정한다면 하나님께서 약속하신 예수 그리스도 안에서의 '새로운 삶'을 살 수 없다(참고: 고후 5:117, 엡 4:21-24).[54)]

둘째, 한국교회는 진정한 제자도에 헌신해야 한다. 안전지대(동성애자들에게)로서 교회는 단순히 구원에 대해 설교하고 성경을 가르치는 곳만이 아니라, '예수 그리스도의 제자 만드는 곳'이어야 한다(마 28:19-20). 신자를 제자로 만드는 것은 '자신에 대해서는 죽고' '자신을 예수 그리스도께 온전히 순종하며 헌신하게' 하는 사역이다. 동시에 순종하며 헌신하게 하는 것은 그들로 자신의 '이기적 욕망과 욕구'로부터 돌아서게 만들기 때문이다.

셋째, 한국교회 지도자들이 진리에 확고히 서면서도, 진실 되게 약한 자와 더불어 약해질 수 있고, 우는 자와 함께 울 수 있을 때 성도들도 그의 모습을 닮을 것이다. 교회 지도자가 동성애자들에 대해 '진리와 은혜'로 대하지 않을 경우 교인들도 그대로 따라갈 것이다. 진리와 은혜는 동성애자들을 사역하는 자가 갖추어야 할 매우 중요한 자질이다(참고: 롬 12:14-15). 교회 지도자뿐 아니라 교회 안에서도 이러한 환경이 조성되어야 한다. 전통적으로 교회는 '성(性)과 같은 것에 대해 이야기해서는 안 될 장소로 간주되어왔다. 교회는 동성애자로 갈등과 문제를 자유롭게 내어놓고 도움을 받을 수 있는 안전지대(safe zone)가 되어야한다. 안전지대로서 교회는 관계성에서 두려움이나 구별이 아니라 사랑이 기초가 되어야 한다. 형식적이고 외형적인 관계가 아

53) Michael Goeke, *Equipping the Church to Respond with Truth and Grace*, 4.

54) 류응렬, "기독교 정체성에 대한 조망과 대응,"「개혁논총」 제16권 (2010): 235.

니라 기쁨과 슬픔, 성공과 실패, 좌절과 격려, 아픔과 치유를 진실로 함께 나눌 수 있는 진정한 관계성이 조성되어야 한다. 오늘날 동성애에 대한 잘못된 정보와 소문들이 난무하고 있다. 교인들이 동성애와 관련하여 교육이 되고, 교회 지도자 역시 동성애에 대해 교육이 될수록, 동성애자들 및 가족들이 갖는 질문에 답할 수 있으며 효과적인 도움을 줄 수 있다.[55)]

넷째, 한국교회 안에 동성애자들을 따로 분리해 특수모임을 만들어 즉시 그들을 그 모임으로 들어가게 할 필요는 없다. '동성 지향적 사람들' 혹은 그들의 부모, 가족 대부분은 부끄러움의 감정과 공동체 안에서 그들만의 두려움을 갖고 있다. 커밍아웃(coming out)을 선언한 게이 혹은 레즈비언의 부모들은 거의 죽음에 이르는 경험을 하는데 자녀에 대해 가져온 부모로서의 기대와 꿈이 산산이 깨어졌기 때문이다. 뿐만 아니라 자녀와 부모 사이의 갈등과 충돌은 일반인들의 상상을 초월하며 가족 모두를 지치게 만든다. 교회 지도자는 동성애로 갈등하고 고민하는 당사자 및 가족들로 자신들의 상황을 고백하거나 밝히도록 강요해서는 안 된다. 그들을 지켜줄 필요가 있으며 시간이 흐르면서 점차적으로 이들이 자신감을 갖고 자신들의 무거운 짐을 나눌 수 있는 교회환경을 만들어 나갈 필요가 있다.

Ⅳ. 결론

로잔은 한국사회 내 진보 진영이 지지하고 진보성향의 국회의원들이 입법화하려는 '성적지향' 항목을 담고 있는 차별금지법에 대해 반대 입장을 취

55) 박기영, "동성애자의 인지왜곡에대한 진리요법적 접근," 322-323.

함이 분명하다. 한국교회는 차별금지법은 그 자체로 끝나지 않고 동성결혼으로 이어지기 때문에 교계는 적극적으로 대처할 필요가 있다. '성적지향에 의한 차별을 해서는 안 된다'는 차별금지법이 통과될 경우 서구사회가 경험하고 있는 것처럼 우리사회는 대혼란을 맞게 될 것이다. '성적지향'을 인권(人權)이라는 명목으로 보호하기 위해 추진되고 있는 차별금지법, 시민헌장, 학생인권조례, 그리고 군 인권보호법에 대해서는 한국교회가 연합하여 지속적으로 반대 입장을 펼쳐나가야 할 것이다.

동성애에 대해서는 어떻게 해야 하는가? 로잔은 교회 안에서 동성애자들이 배척, 회피, 정죄의 대상이 되어서는 안 되며 교회 공동체 일원으로 온전히 받아져야 한다고 천명한다. 교회구성원들과 그들 사이에 긴장감과 적대감이 조성될 수 있고 비난과 무시의 대상이 될 수 있고, 그들의 이야기, 감정 그리고 갈등이 무시되어서는 안 됨을 분명히 했다. 그들의 갈등과 이야기들이 경청되어져야 함에도 불구하고 많은 경우 그들이 무시와 비난의 대상이 되고 있음을 지적했다. 동성애자들이 자신의 갈등과 문제를 내어 놓을 경우 마치 욥(Job)의 친구 엘리바스, 빌닷, 소발처럼 교회는 대부분 진부하고, 무지한 말(조언)을 듣는 경우가 많음을 지적했다(욥 4-5장, 8장, 11장).[56] 로잔은 단순하고 경솔한 조언이나 상담은 피해야 하며 그들이 안고 있는 갈등, 두려움, 고민에 대한 주의 깊은 사전 연구와 중보기도가 선행되어야 함을 강조한다.

로잔은 우리가 기억해야 가장 중요한 사실 가운데 하나는 동성애란 '죄' 혹은 '죄의식'으로 고민하고 갈등하는 이들은 다른 종류의 죄로 갈등하고 힘들어하는 자와 차이가 없다는 사실을 지적하고 있다. 교회 지도자(목회자. 교회학교 교사. 소그룹 리더. 청소년 사역자 등) 그리고 교인들이 동성애와 동성애자들이 경험하는 이슈들을 교육하는 것은 동성애에서 벗어나고자 하는 이들과 그리

56) Michael Goeke, *Equipping the Church to Respond with Truth and Grace*, 5.

고 동성애자들에 대한 사역을 위한 효과적인 교회문화를 만들어갈 수 있을 것이다.

참고문헌

김승호. "종교다원주의 상황에서 예수 그리스도의 유일성에 대한 선포: 로잔 3차 대회 케이프타운서약을 중심으로." 「개혁논총」 제31권 (2014): 217-248.

길평원 외 5인 지음. 『동성애 과연 타고 나는 것일까?: 동성애 유발요인에 대한 과학적 탐구』. 서울: 라온누리, 2014.

류응렬. "기독교 정체성에 대한 조망과 대응." 「개혁논총」 제16권 (2010): 229-253.

박기영. "동성애자의 인지왜곡에대한 진리요법적 접근." 「성경과 신학」 제76권 (2015): 299-331.

박종원. "로잔운동을 통한 동성애 이해와 선교적 고찰." 「복음과 선교」 제33집 (2016): 13-53.

이경직. "구약에 나타난 동성애." 「기독신학저널」 제2호 (2002): 307-336.

이승구. "동성애에 대해서 성서는 무엇을 말하는가." 「기독교사상」 8월호 (2016): 12-19.

이종원. "동성애에대한 교회의 바람직한 태도." 「한국기독교신학논총」 제64집 (2009): 281-303.

안희환. "동성애법안이 통과했을 때 나타난 구체적인 문제들." 「성결교회의 신학」 제34호 (2015): 80-90.

신득일. "소돔의 죄: 동성애인가? 약자에 대한 냉대인가?." 「성경과 신학」 제48권 (2008): 7-36.

정연주. "군형법상 추행죄의 헌법적 문제." 「공법학 연구」 제12집 (2011): 133-158.

정종훈. "동성애에 대한 기독교윤리적인 입장의 모색." 「신학논단」 제30집 (2002): 341-351.

최형근. 『케이프타운 서약: 하나님의 선교를 위한 복음주의 헌장』. 서울: IVP, 2012.

홍순원. "동성애에대한 문화윤리적 연구." 「한국기독교신학논총」 제64집 (2009): 259-279.

Arndt F. William and Gingrich Wilbur. *A Greek-English Lexicon of the New Testament and Other Early Christian Literature*. 4th. rev. ed. The University of Chicago Press, 1979.

Bailey, Sherman. *Homosexuality and the Western Christian Tradition*. London:

Longmans, Greens & Co. 1955.

Michael Goeke, Michael. *Homosexuality and the Church: Why the Church Must Speak Into the Lives of Those Impacted by Homosexuality* (Cape Town 2010 Advance Paper).

Kliewer, Bryan. *Sexuality: Creation, Brokenness, Truth and Grace* (Cape Town 2010 Advance Paper).

Oliveira, Torresin de Willy. *God's Work to Redeem and Transform People Involved in Homosexuality* (Cape Town 2010 Advance Paper).

https://ko.wikipedia.org/wiki/

https://ko.wikipedia.org/wiki/%EB%8C%80%ED%95%9C%EB%AF%BC%EA%B5%AD_%EC%B0%A8%EB%B3%84%EA%B8%88%EC%A7%80%EB%B2%95

http://www.newsnjoy.or.kr/news/articleView.html?idxno=198741

http://www.newsnjoy.or.kr/news/articleView.html?idxno=198741

한국교회를 위한 효과적인 전도 모델 연구

홍기영 • 나사렛대학교

Ⅰ. 들어가는 글

교회사가인 캐니스 라투렛은 19세기는 "위대한 세기"라고 불렀다. 왜냐하면 기독교가 세계적으로 가장 활발하게 그 영향력을 넓혔으며 세계를 복음화하였기 때문이다.[1)]

교회성장운동의 아버지인 도널드 맥가브란은 20세기를 "교회성장운동의 세기"라고 불렀다. 왜냐하면 교회가 20세기에 가장 큰 성장을 경험하였기 때문이다.[2)] 19세기에 이어 20세기는 교회가 지속적으로 성장하고 기독

1) Kenneth S. Latourette, *A History of the Expansion of Christianity*. vol. 4 (Grand Rapids, MI: Zondervan, 1970), 1-8. 라투렛은 기독교가 19세기에 이 지구상에서 가장 큰 영향력을 미쳤다고 보아서 19세기를 "가장 위대한 세기"라고 명명하였으며 4권으로부터 6권에 이르기까지 3권에 걸쳐 기독교의 확장을 다루고 있다. Cf. Kenneth S. Latourette, *A History of Christianity, vol. II: Reformation to the Present*, rev. ed. (New York: Harper & Row, 1975), 1063.

2) Donald A. McGavran, *Understanding Church Growth*, rev. ed. (Grand Rapids, MI: Eerdmans, 1980), 3-5. 톰 레이너에 의하면, 교회성장운동은 도널드 맥가브란이 *The Bridges of God* (하나님의 가교)이라는 책을 1955에 출판한 때로부터 시작되었다고 보았

교가 확장되었다고 볼 수 있다. 이와 같은 세기적 환경 속에서 한국교회 또한 지속적으로 성장하고 확장되었다.

한국교회는 지난 120년간 괄목할만한 부흥과 성장을 경험하였다.[3] 그러나 1990년대부터 성장을 멈추더니 점차적으로 마이너스 성장을 보여주고 있다.[4] 성장이 멈춘 이유는 무엇일까? 교인의 수와 교회의 수가 감소하는 이유는 무엇일까? 여러 가지 이유들을 지적할 수 있겠지만 가장 근본적인 이유는 세속주의(secularism)라고 본다.[5] 세계가 점점 더 세속화되기 때문에 사람들은 기독교에 대하여 관심을 갖지 않고 교회를 멀리하게 되었다. 다시 말해서 사람들은 영적인 문제에 대하여 큰 관심을 보이지 않을 뿐만 아니라 그들의 사후문제에 관해서도 흥미를 갖지 않게 되었다.[6] 거기다가 교회가 세속화의 물결에 올바로 대응하지 못하고 교회마저 세속화의 영향을 받아

다. *Understanding Church Growth*(교회성장이해)라는 책은 1970년에 처음 출판되었고 1980년에 그것의 개정판이 나왔으며 1990년에 맥가브란의 제자 피터 와그너에 의하여 그것의 개정증보판이 나왔다.

3) 이영훈, "한국교회의 전도와 교회성장," 『신학사상』 제100집 (봄, 1998), 218. 이영훈은 이 논문에서 한국교회의 부흥과 성장요인을 제시하였다. 저자는 내적요인으로 (1) 부흥회와 부흥운동, (2) 기도에 대한 열정, (3) 선교사들의 선교정책, (4) 구역예배 (또는 속회) 운동, (5) 성경번역과 성경공부에 대한 열심, (6) 오순절교회를 중심으로 한 성령운동을 지적하였으며, 외적요인으로 (1) 한국인의 종교적 영성, (2) 사회 불안감의 증대, (3) 급격한 도시화 현상을 제시하였다.

4) 황순환, "한국교회의 성장과 정체에 대한 연구," 『선교신학』 제28집 (2011), 291.

5) 이영훈, "한국교회의 전도와 교회성장," 247-49. 저자는 한국교회에 대하여 평가할 때, 한국교회가 초기 선교사들로부터 보수적 신앙을 받아들여 고난과 박해 속에서도 개인구원과 교회개척에 초점을 맞추어 급격한 성장을 경험하였지만 사회참여와 사회개혁에 미진한 태도를 보임으로 말미암아 사회를 변화시키는 역할을 제대로 감당하지 못하였다고 지적하였으며 교권주의, 계급주의, 지방색, 파벌주의의 영향을 극복하지 못하고 끝없는 분열의 양상을 보임으로써 사회로부터 지탄을 받고 있다고 지적하였다. 저자의 비판도 부인할 수 없는 것이지만 저자는 한국교회가 세속주의로부터 많은 도전과 영향을 받고 있다는 사실을 간과하고 있다.

6) D. Martyn Lloyd-Jones, 조용환 역, 『하나님 앞에 사는 즐거움(Enjoying the Presence of God)』 (서울: 생명의 말씀사, 1995), 9-29.

그 영향력을 상실하였기 때문에 교회는 성장하지 못하고 있다.[7)]

본 연구는 우선 교회성장에 가장 큰 장애물인 세속주의와 세속주의의 상징이라고도 말할 수 있는 포스트모더니즘에 관하여 고찰해보고 이러한 상황 속에서 한국교회가 어떻게 효과적으로 전도하고 교회를 부흥시키고 성장시킬 수 있는지를 논의하고자 한다. 맥가브란에 의하면 전도는 교회성장이고 교회성장은 전도라고 말할 수 있을 정도로 전도와 교회성장은 밀접한 관계 속에 있다.[8)] 한국교회가 다시 부흥과 성장을 경험할 수 있도록 본 연구는 특히 효과적인 전도의 모델을 살펴보고자 한다.

II. 세속주의 속에 있는 기독교

조지 헌터에 의하면, 500년 전에는 기독교가 삶의 모든 영역을 규정하고 있었다. 교회가 개인적 삶은 물론, 정부, 교육, 예술, 건축, 문학, 음악, 개인의 도덕, 공동체적 삶, 그리고 심지어는 경제까지 영향을 미쳤다.[9)] 다시 말해서 교회는 서구인의 삶, 사상, 그리고 활동의 모든 영역에 영향을 끼치면서 서구 문화의 자원이요 중심이었다. 전도학자인 조지 헌터에 의하면, 세속화가 두 가지 커다란 이유들에 의하여 촉진되었다고 본다. 하나는 여섯

---

7) 이원규, "성의 복귀? - 종교쇠퇴로서의 세속화에 대한 재고,"『신학과 세계』vol. 41, 2000.

8) McGavran, *Understanding Church Growth*, 5-8, 41-43. Cf. Thom S. Rainer, *The Book of Church Growth: History, Theology, and Principles* (Nashville, TN: Broadman & Holman Publishers, 1993), 23-24. 레이너에 의하면, 전도와 교회성장은 본질적으로 "예수 그리스도의 제자를 삼는 일"을 공통적인 목적으로 삼는다는 점에서 유사하나 그에 의하면 교회성장은 전도보다 광의의 개념을 가진다.

9) George G. Hunter, *How to Reach Secular People* (Nashville, TN: Abingdon, 1992), 23.

개의 커다란 문화적 사건들에 의한 것이며, 다른 하나는 이러한 사건들에 대한 교회의 병리적 대응 방안에 의한 것이다.[10] 전자는 르네상스, 종교개혁, 민족주의, 과학의 등장, 계몽주의, 그리고 도시화의 사건들이다.[11] 후자는 교회가 과학과 갈등을 야기하며, 교회가 유럽을 휩쓴 민족주의와 동일화하였으며, 발전과 민주주의와 정의와 사람들에 대하여 부정적인 반응을 보였으며, 도시화에 맞는 전략을 개발하지 못한 것이다. 세속화는 서구에서의 이러한 사건들의 등장과 더불어 교회의 적절치 못한 대응으로 말미암아 더욱 촉진되었으며 교회가 더 이상 세속화를 막을 수 없게 되었다.

조지 헌터는 간단히 세속화를 "교회의 통제나 영향으로부터 삶, 사고, 그리고 활동의 모든 영역을 철회하는 것"이라고 정의하였다.[12] 그러므로 세속화는 교회가 더 이상 사람들의 삶, 사고 그리고 활동에 아무런 영향을 미칠 수 없을 때 일어나는 것이다. 위에서 언급하였던 여섯 개의 획기적인 사건들을 조금 더 자세히 보면, 첫째, 세속화는 르네상스와 더불어 시작되었는데, 르네상스는 세 가지에서 서구인들에게 영향을 주었다. (1) 사람들의 관심을 신과 피안과 신학적 사건들로부터 세계, 인간, 그리고 인간의 발전으로 돌렸다. (2) 교회의 세계관은 유럽인들에게만 유일한 종합적 세계관이었다. (3) 르네상스는 인본주의가 기독교 진리의 주장과 윤리와 겨루는 주요 경쟁

---

10) Hunter, *How to Reach Secular People*, 26-31. Cf. 홍성철, 『전도학개론』 (서울: 세복, 2014), 292-93.

11) Craig Van Gelder, "Postmodernism and Evangelicals: A Unique Missiological Challenge at the Beginning of the Twenty-First Century," *Missiology: An International Review*, vol. xxx, no. 4, October 2002, 492-93.

12) Hunter, *How to Reach Secular People*, 25. Cf. Larry Shinner, "The Concept of Secularization," *Journal for the Scientific Study of Religion*, vol. 6, no. 2, Fall 1967, 209-217. 쉰너는 이 논문에서 세속화의 의미를 역사적으로 살펴본 후 다섯 가지 차원에서 분석하고 평가하였다. 즉 저자는 (1) 종교의 쇠퇴, (2) "이 세계"와의 일치, (3) 사회를 종교로부터 자유하게 함, (4) 종교적 신앙과 제도의 전위, (5) 세계의 비성례화의 차원에서 세속화의 의미를 분석하였다. 저자에 의하면, 이 다섯 가지 의미가 서구의 역사 속에서 계승되기도 하고 중첩되기도 하였다.

자로 등장하도록 하는 문화적 토양을 만들었다. 둘째, 루터와 칼빈에 의하여 주도된 개신교 종교개혁은 교회를 분리시키고 교회의 관심을 사회의 관리로부터 제거하여 갱신, 재조직 그리고 신학적 사실들에게 돌리도록 하였다. 셋째, 세속화는 민족주의의 등장과 비교적 연합된 유럽이었던 것에서 자랑스러운 독립 국가들의 출현과 더불어 계속되었다. 넷째, 과학의 등장은 기독교 제국의 우주와 인간의 삶에 대한 전과학적 가정에 도전하였다. 코페르니쿠스, 갈릴레오, 뉴턴, 다윈, 막스 그리고 프로이트와 같은 사상가들의 영향이 인간의 삶에 지대한 영향을 미쳤다. 다섯째, 르네상스에 바탕을 둔 계몽주의는 서구의 세속화를 더욱 촉구하였다. 계몽주의는 인간의 이성에 대한 확신을 가지고 서구 사회에서 활개치고 다녔으며 서구 사회에 영향을 미치는 지적 유산을 남겼다.[13] 계몽주의는 기독교에 대하여 의문을 품게 하였으며 그것을 대치하는 믿음과 원인을 제공하고 근대성을 촉진하였다. 여섯째, 계몽주의가 세속화를 촉진하였다면 도시화는 그것에 날인하였다. 미국의 경우 도시인구는 1870년에 20퍼센트였으나 2000년에는 90퍼센트였다. 도시화는 세속화의 쌍둥이라고 볼 수 있다. 도시화는 세속화의 영향을 증폭시켰으며 교묘히 도시의 세속인들의 신 의식에 영향을 주었다.[14]

한편 교회는 어떻게 사람들을 소외시켰나? 서구사회에서 기독교가 영향력을 잃은 두 번째 이유는 교회가 이러한 여섯 개의 사건들에 대하여 병리

13) Lesslie Newbigin, *Foolishness to the Greek* (Grand Rapids, MI: Eerdmans, 1986), 22-25.

14) 안승오, "교회성장학의 관점에서 본 에큐메니컬 신학이해,"『선교와 신학』 제27집 (2011), 93-97. 저자는 에큐메니컬 신학이 인간화를 추구한다고 간주하였으며 인간화와 복음화는 반비례의 경향을 보인다고 지적하였다. 저자에 의하면, 인간화와 복음화의 반비례 관계는 이분법적 사고가 아니라 제한적인 인간의 능력 때문이라고 지적하면서 데이빗 보쉬를 인용하면서 자유주의와 해방신학은 교회자체보다도 세상에 더 많은 관심을 가지면서 신 중심이 아니라 인간 중심의 운동을 추구한다고 하는 점을 지적하였다. 저자는 상기 인간화의 개념이 공산주의가 보여준 바와 같이 실현가능성이 빈약하며 교회를 약화시킨다고 보았다. 비록 저자는 세속화란 용어를 쓰지 않고 있지만 인간화는 세속화의 단면이라고 볼 수 있으며 세속화는 교회를 약화시키는 가장 해로운 적이라고 볼 수 있다.

적인 양태의 반응을 보였다는 것이다.[15] 그러한 반응은 교회의 신용을 떨어뜨리고 사람들을 교회의 증거로부터 소외시켰다. 교회는 증거의 사명을 가졌지만 세속화는 교회로 하여금 증거 하지 못하도록 방해하였다.[16] 첫째로 교회는 사고, 이성, 그리고 진리의 적처럼 행동하였다. 뉴턴, 갈릴레오 그리고 다윈은 자신들이 교회의 적이라고 생각하지 않았는데 교회는 합리적인 것을 거부하였다. 둘째로 개신교는 공통적인 인간성의 비전을 상실하고 나라와 나라 사이를 분리하는 쇼뱅이즘에 기여하였다. 천주교 또한 정의와 민주주의를 위해 일하는 운동 배후에서 영향력을 잃었으며 그 결과 천주교는 발전, 민주주의, 정의, 그리고 사람들에 대하여 역행하는 것처럼 보이게 하였다. 셋째로 서구 교회 특히 개신교는 도시들에 대하여 편집증을 앓고 있었으며 도시의 도전에 대하여 적극적인 반응을 하지 못하였다. 그 결과 교회는 교구의 사역에 매달려 도시의 일하는 노동자들에게 효과적으로 찾아가지 못하고 그들의 필요를 채워주지 못하였다. 그리하여 러셀은 "교회들이 모든 곳에서 가능한 한 실제적으로 지상에서 행복과 지식의 증가를 위하여 시도된 모든 혁신에 반대하였다"고 주장하였다.[17]

최근에 레슬리 뉴비긴은 그의 저서 『희랍인들에게는 어리석음(Foolishness to

15) Hunter, *How to Reach Secular People*, 28.

16) David J. Bosch, *Witness to the World* (Atlanta, GA: John Knox Press, 1980), 17-18. 보쉬에 의하면, 전도를 본질로 여기는 선교는 각종의 경계를 뛰어넘는 것과 관련을 맺고 있다. 다시 말해서, 교회는 전 세계를 구원하기 위하여 하나님이 세우신 존재로서 교회 자체만에 관심을 가질 것이 아니라 교회 밖으로 관심을 돌려 문화적, 인종적, 지리적, 사회적 경계를 초월하여 예수 그리스도에 관해 증거 할 사명을 가진다. 보쉬에게 있어서, 예수 그리스도는 복음의 본질이며 핵심이다. 왜냐하면 예수 그리스도가 세상의 생명이며 유일한 희망이기 때문이다.

17) Hunter, *How to Reach Secular People*, 30. 헌터는 David Edwards, *The Futures of Christianity* (London: Hodder & Stoughton, 1987), 295에서 인용하였으며, 에드워즈는 Bertrand Russel, *History of Western Philosophy*에서 인용하였다. Cf. Bertrand Russell, *History of Western Philosophy* (London and New York: Routledge, 1996), 3-5, 454-56.

the Greek)』에서 오늘날 세속적인 사람들은 두 세계 속에서 살아가고 있다: (1) 과학, 즉 모든 합리적인 사람들이 동의하는 것에 의하여 보여질 수 있는 "사실들"의 세계와, (2) 다원주의들이 다스리고 개인이 선택에 의하여 무엇을 믿든지 (혹은 안 믿든지) 하는 가치들과 종교적 믿음들의 개인적 세계이다.[18] 현대인들은 이 두 가지 세계 사이에서 살아가면서 기독교적 가치들과 그것의 교리들과 교훈들로부터 멀어지고 있다. 더 나아가서 세속적인 사람들은 사실들의 세계와 사적(Private)인 세계 안에서 아예 초자연적인 실재와 현상들에 관하여 관심을 갖지 않는다.[19] 1989년 마닐라에서 개최된 로잔세계복음화 2차대회에서 오스 기니스(Os Guiness)는 다음과 같은 사실들을 발견하고 설명하였다.[20] "1900년 이래 세계의 무신론적이고 비종교적인 사람들의 비율은 0.2%에서부터 21.3%로 증가하였다. … 이것은 20세기의 전체 종교의 지도상에서 가장 드라마틱한 변화이다. 종교적 헌신이 없는 세속적인 사람들은 세계에서 기독교 다음, 즉 둘째로 커다란 블록을 형성하고 있으며 빠르게 기독교의 성장률을 추격하고 있다." 인간의 이성과 과학을 모든 판단의 기준으로 삼는 근대주의(modernism) 속에 살아가는 세속적인 사람들은 근대주의에 환멸을 느낀 나머지 포스트모더니즘을 추구하면서 전통적인 가치와 규범으로부터 자유를 추구하는 후기근대주의(postmodernism)의 세계 속에서 살아가고 있다.[21] 그러나 대부분의 현대인들은 근대주의와 후기근대주의의 사이

18) Newbigin, *Foolishness to the Greek*, 48-51.

19) Newbigin, *Foolishness to the Greek*, 49.

20) Hunter, *How to Reach Secular People*, 33.

21) Rolf Hille, ed. "The Uniqueness of Christ in a Postmodern World and the Challenge of World Religions," Lausanne Occasional Paper (LOP) no. 31, *A New Vision, A New Heart, A Renewed Call*, ed. David Claydon (Pasadena, CA: William Carey Library, 2005), 64. 로잔운동의 분석에 의하면, 포스트모더니즘의 특징은 (1) 거대서사의 상실, (2) 절대적 진리의 붕괴, (3) 역사에 대한 회의, (4) 의미의 총체적 상실이다. Cf. 홍성철, 『전도학개론』, 293-96. 저자는 다음과 같은 이유들이 근대주의를 후기근대주의로 옮기도록 하였다고 보았다. 그것들은 세계 1, 2차 대전, "성적 혼란, 낙태, 약물오용, 에이즈" 등과

속에서 살아가면서 자기 자신의 비전을 실현하기 위하여 세속화의 영향을 받으면서 살아가고 있다.[22)]

III. 기존의 효과적인 전도모델들

서구의 세속화는 전 세계로 확산되었으며 한국에도 영향을 미쳤다. 한국 사회에서도 세속적인 가치관이 만연하여 그리스도인들이 세속적인 사람들을 전도하는 것이 더욱 어렵게 되었다. 영국교회가 술집, 스탠드바, 디스코장 그리고 이슬람 사원으로 넘어가고 있다.[23)] 한국교회도 이렇게 되지 말라는 법이 있는가? 물론 눈에 보이지 않는 교회는 반드시 승리할 것이지만 눈에 보이는 교회는 세속화/인간화란 장애물로 인하여 많은 도전을 받고 있다. 수세기 간의 세속화의 영향 아래에서, 사람들은 기독교를 오해하고, 교회에 대하여 부정적이고, 기독교의 메시지는 하나님의 최고의 계시라는 사실을 믿지 않으려고 한다.[24)] 교회는 특히 포스트모더니즘의 특징인 다원주의의 도전을 가장 많이 받고 있다.[25)] 케이프타운 서약은 다원주의에 대하여

같은 바람직하지 않은 열매들, 불만, 주일성수경시, 수명연장, 죄의식의 부재, 기독교에 대한 단순한 호기심 등이다.

22) Anthony Giddens, 김미숙 역, 『현대사회학(Sociology)』 (서울: 을유문화사, 2011), 103-105. 기든스는 근대성과 후기근대성 사이의 연속성을 주장한다. 그는 포스트모던 사회가 매우 다원적이고 다양하다고 주장하면서 오늘날 포스트모던 사회가 유연성, 다양성, 분화, 이동성, 커뮤니케이션, 분산, 국제화에 의하여 큰 변화를 겪고 있다고 본다.

23) 안승오, "교회성장의 관점에서 본 에큐메니컬 신학이해," 97.

24) Hunter, *How to Reach Secular People*, 107.

25) 홍기영, 『통전적 선교』 (서울: 물가에 심은 나무, 2008), 164-67. Cf. 전석재, "포스트모던 문화와 선교 전략," 『1910년 에딘버러 세계선교사대회 100주년 기념 2010 한국대회 논문

교회가 취할 자세에 대하여 이렇게 진술한다.[26)]

> 문화적, 종교적 다원주의는 하나의 사실이다. 일례로 아시아의 그리스도인들은 수세기 동안 종교문화적으로 다원적 상황 속에서 살아 왔다. 각기 종교들은 자신들이 진리의 길이라고 주장한다. 대부분은 경쟁하는 다른 신앙의 진리 주장들을 존중하고 그것들과 함께 삼아가고자 노력할 것이다. 그러나 포스트모던적이며 상대주의적인 다원주의는 다르다. 이 이데올로기는 절대적이거나 보편적인 진리를 허용하지 않는다. 진리 주장을 관용하면서도 그것을 문화적 구성물에 지나지 않는 것으로 간주한다. 이러한 다원주의는 '관용'을 궁극적 가치로 주장하지만, 세속주의나 공격적인 무신론이 공적 영역을 지배하는 국가에서는 억압적인 형태를 취할 수도 있다.

이와 같이 상황을 진술하면서 『케이프타운 서약』은 다음과 같이 주장한다.[27)]

> 1. 우리는 공적영역에서 최고의 지적, 공적 수준으로 성경적 진리를 변론하고 방어할 수 있는 이들을 찾아내고, 구비시키고, 이들을 위해 기도해야 한다.
> 2. 우리는 교회 지도자들과 목회자들에게, 모든 신자들이 용기와 적절한 수단을 갖추어, 일상의 공적 대화에서 예언자적 적실성을 지닌 진리를 말하고 우리가 속한 문화의 모든 방면에 참여하도록 구비시킬 것을 촉구한다.

세속화의 거센 물결 속에서 교회는 어떻게 효과적으로 세속적인 사람들

집: 선교와 현대사회』(서울: 한국연합선교회, 2011), 70-71.

26) 로잔운동, 『케이프타운 서약(The Capetown Commitment: Study Edition)』(서울: IVP, 2012), 68.

27) 로잔운동, 『케이프타운 서약(The Capetown Commitment: Study Edition)』, 69.

을 예수 그리스도에게 인도할 것인가가 매우 중요한 문제로 등장하였다. 토마스 쿤의 패러다임 쉬프트의 개념을 도입하면서 레슬리 뉴비긴이 주장하는 바와 같이 오늘날 교회는 세속주의 속에서도 인간의 이성과 과학을 무시하지 않으면서 그것들을 초월한 예수 그리스도, 즉 모든 진리의 중심이자 근원이 되시는 생명의 빛을 효과적으로 증거 하는 것이 중요하다(요 3:19-21).[28] 본 연구는 기존에 세계적으로 잘 알려진 전도 모델들을 논의한 후 어떻게 한국교회가 세속적인 사람들을 효과적으로 전도할 수 있을까하는 모델 혹은 전략을 개발하고자 한다. 본 장에서 존 웨슬리의 모델, 아그네스 류의 모델, 조지 헌터의 모델, 그리고 브라이언 그린의 모델이 구체적으로 논의될 것이다.

A. 존 웨슬리의 "구원의 순서(Ordo Salutis)" 모델

웨슬리는 산업혁명을 겪으면서 도시로 몰려들어온 대부분의 세속적인 영국 사람들이 교회와는 적극적인 관계를 유지하지 못하였으며, 교회는 새로운 교회를 세우고 목회자를 파송함으로써 그들의 필요를 채워야했지만

---

28) Newbigin, *Foolishness to the Greek*, 52-53. Cf. 홍기영, "종교다원주의와 예수 그리스도의 유일성 문제 재고,"『로잔운동의 선교동향』, 한국로잔위원회 편 (서울: 리체레, 2016), 136-37. 뉴비긴은 그리스도의 유일성을 주장하는데 있어서는 배타주의자이지만 비기독교인들의 구원의 가능성을 부인하지 않는데 있어서는 배타주의자가 아니다. Cf. Lesslie Newbigin, *The Gospel in a Pluralist Society* (Grand Rapids, MI: Eerdmans, 1989), 125, 182-83. 뉴비긴은 복음은 우주적으로 모든 사람들과 나누워져야 하며 모든 사람이 죄를 회개하고 하나님 나라의 감추어진 실재, 즉 예수 그리스도를 믿어야 한다고 주장하였다(골 1:25-27). 그는 하나님의 은혜가 모든 인간 존재의 삶 가운데 있음을 인정한다는 점에 있어서 다원주의적이지만 오직 예수 그리스도 안에서 하나님이 하신 일의 유일성과 결정성을 부인하는 다원주의는 거부한다. 그 복음은 성령의 능력 안에서 교회를 통하여 온 세계와 피조물에게 증거 되어야 한다. Cf. Lesslie Newbigin, *The Open Secret* (Grand Rapids, MI: Eerdmans, 1978), 62-72. Cf. Gelder, "Postmodernism and Evangelicals: A Unique Missiological Challenge at the Beginning of the Twenty-First Century," 497-500.

그렇게 하지 못하였고, 그 후 세대들이 적절히 복음을 듣지 못하고 오늘날의 세속적인 사람들과 같이 남아 있어야 했음을 발견하였다.[29] 웨슬리는 당시 영국교회의 "통과의례" 모델과 재침례파의 "회심후 입교" 모델이 효과가 없음을 발견하고 자신의 회심 경험을 바탕으로 신학적으로 깊이 사고한 후 자신의 "구원의 순서(Order of Salvation)" 모델을 개발하였다.

웨슬리의 "구원의 순서" 모델은 다음과 같은 단계를 따른다.

첫째, 사람들로 하여금 그들의 잃어버린바 된 것과 하나님을 찾아야 할 필요성과 장차 임할 하나님의 진노를 피할 것을 기대할 것에 관하여 깨닫도록 하여 새로운 삶을 살도록 하는 것이다. 웨슬리가 윗필드로부터 배운 노방전도(field preaching)는 세속적인 사람들을 그들의 죄를 깨닫게 한 후 구원에 이르도록 하는 목적을 가지고 있었다.

둘째, 깨달은 사람들로 하여금 감리교의 속회에 가입시켜 하나님의 은혜를 깨닫게 하고 새로운 삶을 경험하도록 하는 것이다. 이 속회는 평신도가 인도하는 12명 혹은 그보다 적은 수의 사람들이 모인 셀이다. 깨달은 사람들의 대부분은 지속적인 속회 모임을 통해 하나님으로부터의 수용과 화해를 경험한다.[30] 웨슬리에 의하면, 전도는 속회 모임 안과 속회 모임 후의 참석자들의 마음 안에서 일어난다. 그에 의하면, 기독교는 가르쳐지기보다는 잡혀지는 것이기 때문이다(Christianity is "more caught than taught").[31] 속회에서 그들은 선을 행하고, 죄를 피하고, 하나님의 은혜의 수단(성경 읽기, 매일 기도, 성찬, 금식, 지역교회의 예배 참석)을 규칙적으로 찾아야 한다.[32]

---

29) Hunter, *How to Reach Secular People*, 81-82.

30) George G. Hunter, *To Spread the Power: Church Growth in the Wesleyan Spirit* (Nashville, TN: Abingdon, 1987), 58.

31) Ibid.

32) Paul W. Chilcote, "The Integral Nature of Worship and Evangelism," *The Study of Evangelism*, ed. by Paul W. Chilcote & Laceye C. Warner (Grand Rapids, MI: Eerdmans, 2008), 256-57. 찰스 웨슬리는 아는 것(knowing)을 삼 단계로 나누어 설교하였

셋째, 속회에 가입한 사람들로 하여금 그들의 칭의(중생)를 경험할 것을 기대하게 하는 것이다. 그들은 어느 시기에 하나님의 선택에 따라 죄 사함과 수용을 경험할 것이다. 대부분의 경우, 사람들은 새로운 삶의 경험을 추구할 때 하나님의 은혜로운 받아들이심을 경험한다.

넷째, 칭의를 경험한 사람들은 어느 날 성화(justification)를 경험하도록 인도받는 것이다. 그리스도인들은 하나님의 은혜가 그들의 칭의 속에서 일어난 일을 완성하도록 기대할 수 있다. 하나님의 은혜는 그들의 마음을 죄의 능력으로부터 자유하게 하여 그들의 삶이 오로지 사랑으로 동기부여 될 수 있도록 역사한다.

위와 같은 단계는 웨슬리의 신학적 디자인과 일치한다. 웨슬리의 전도에 있어서, 각 단계는 구원의 순서로서 사람들의 삶 속에서 성취되어야 할 의식적인 목적으로서 역할을 감당했다. 이 모델로 웨슬리는 영국과 미국에서 많은 영혼들을 칭의와 성결로 인도하였으며 그 결과 이 모델은 오늘날 세속적인 사람들을 그리스도에게로 인도하는 효과적인 모델이 될 수 있다. 본 모델의 셋째 단계와 넷째 단계는 조지 헌터 교수가 개발한 "타겟 모델"에게도 적지 않은 영향을 미쳤으며 감리교뿐만 아니라 여러 교회들이 이 모델을 따라 효과적으로 복음을 증거 하고 있다.[33]

다. 첫째, 하나님을 알지도 못하고 찾지도 아니함, 둘째, 하나님을 알지 못하나 그를 찾음, 셋째, 하나님을 알고 그를 찾음이 그것들이다. Cf. Albert C. Outler, ed., *Works of John Wesley*, vol. 1: Sermons I, (Nashville, TN: Abingdon, 1984), 225.

33) Hunter, *To Spread the Power: Church Growth in the Wesleyan Spirit*, 34-38. 헌터는 이 책에서 여섯 가지 전도전략을 제시하고 있다: (1) 수용적인 사람들을 분별하라. (2) 사회적 관계망을 통하여 전도하라. (3) 새로운 모집 단위들과 가입 창구들을 조직하라. (4) 사람들의 필요들에 봉사하라. (5) 사람들의 문화에 적응하기 위하여 토착화 사역들을 시도하라. (6) 의도하고자 하는 미래를 성취하기 위하여 계획을 세우라.

B. 아그네스 류의 "삼각형(Triangle)" 모델

홍콩의 중국신학대학원(China Graduate School of Theology) 교수였다가 복음전도자가 된 아그네스 류(Agnes Liu)는 "삼각형(Triangle)"모델을 제시하였다. 그녀는 16년간의 경험을 바탕으로 중국의 전통적인 종교들로부터 세속화된 중국의 노동자들을 어떻게 예수 그리스도에게 인도할 것인가에 많은 관심을 기울인 결과 이 삼각형 모델을 개발하였다.[34] 류 교수와 그의 동료들은 전통적으로 중국의 기독교는 중산층의 종교로 인식되어 노동자들의 관심을 끌지 못하였음을 발견하고 도시 노동자들의 문화, 방언, 가치, 필요, 남녀 영웅들에 관하여 이해하려고 직접 공장에서 일한 경험도 가지고 있다. 그녀는 이 공장 노동자들이 경험하고 있는 단조로움, 허무, 소외 그리고 그들의 일과 관련된 질병에 관하여 친숙하게 되었다. 그녀와 그녀의 동료들은 공장들 안에 평신도가 이끄는 "공장 모임들(factory fellowships)"을 조직하고 이끌어 나갔다. 그들은 노동자들과 만나 인터뷰를 했고, 자료를 수집하였고, 중국의 도시 근로자들이 어떻게 그리스도인이 되는가를 보여주는 모델을 개발하였다.

류 교수의 삼각형 모델은 "엥겔 지수"로 표현되는 전통적인 모델과는 다르다. 전통적인 모델의 "엥겔 지수"는 회심의 본질이 신학적인 신앙의 정도에 의존하지만 인터뷰 데이터는 중국 노동자들의 회심은 적어도 회심의 초기에 있어서 태도, 경험 그리고 신학적 지식의 변화에 의존한다는 사실을 보여주었다.[35] 그러므로 류(Liu)의 모델은 삼각형이다. 사람들의 태도, 경험 그리고 신학적 지식이 세 변들을 이루고 있기 때문이다. 회심자들의 삶에 있어서 가장 나중에 오는 신학적 지식의 변이 기초를 이루고 태도와 경

---

34) Hunter, *How to Reach Secular People*, 83.

35) Hunter, *How to Reach Secular People*, 84. Cf. James F. Engel and H. Wilbert Norton, *What's Gone Wrong with the Harvest?* (Grand Rapids, MI: Zondervan, 1975), 43-47.

험이 위의 두 변을 이루어 삼각형을 이룬다. 세속적인 중국인들이 그리스도인이 되는 데 있어서 가장 우선적으로 고려되어야 하는 것은 태도의 변화이다. 그들은 먼저 교회가 지루하다고 느끼면 그리스도인이 되는 것을 기뻐하지 않는다. 그들이 좋아하는 종류의 사람들이 교인일 때 그들은 그들과 관계를 맺으면서 신앙의 여정이 시작된다. 그렇게 한 후, 그들은 교회의 예배를 좋아하기 시작하고 교회를 좋게 생각한다. 그 후 그들은 예수 그리스도에 관하여 아는 것에 마음을 열고 주님께 헌신하는 것에 대하여서도 긍정적으로 생각한다.

태도 변화와 더불어 혹은 태도 변화가 일어난 후에 노동자들은 그들의 삶에 있어서 가장 중요한 경험을 한다. 첫째로 대부분의 회심자들은 기도의 응답을 받았다. 예를 들면, 운전면허시험에 합격하게 해달라고 기도하였는데 하나님이 그 기도에 응답하셨다. 그들이 삶의 문제를 놓고 기도하였는데 응답을 받았을 경우, 그들의 믿음은 더욱 확고해졌다. 둘째로 그들은 대부분 예수 그리스도의 능력을 경험하는 바, 병 고침과 귀신 축출과 긍정적인 자긍심의 발견에서 신적인 능력을 체험하였다. 셋째로 그들은 예수 그리스도를 그들의 죄를 사해주시고, 죄악으로부터 구원해 주시고, 그들을 새로운 삶으로 인도하시는 구주로 경험하였다.

마지막으로 이와 같은 일련의 경험의 중간 혹은 경험 후에 중국 노동자들은 성경과 신학적 지식에 마음을 열기 시작하였다. 그들은 전에 그러한 신학적 자료들을 대한 적이 있었으나 그렇게 적극적이지 못하였다. 처음에 그들은 교회에서 경험하는 우정 그리고 사랑에 더욱 많은 관심을 가졌으나, 지금 그들은 전에 접했던 신학적 개념들에 대하여 이해하기 시작하였다. 이제 그들은 더욱 하나님에 관하여 알기를 원하고 성경공부 하기를 간절히 원한다.

이러한 "삼각형" 모델을 통하여 홍콩에서는 교회성장을 위한 창의적인 접근이 시도되고 있다. 그 결과 그 당시 100개 이상의 공장 펠로우십들과 12개 이상의 노동자 계층의 지역교회들이 세워졌으며 이 모임들과 교회들을 통하여 식당종업원들, 택시운전사들, 창녀들, 알콜 중독자들, 타밀어를 사용하는 인디언 이민자들이 예수 그리스도에게 돌아오고 있다.[36] 식당에서 일하는 사람들과 그들의 가족들을 위해서는 그들의 일과가 끝나는 오후 9시 저녁에 예배가 시작되며 택시운전사들과 그들의 가족들을 위해서는 같은 이유로 인하여 한 밤 중에 예배가 시작된다. 중독자들은 주로 나무 밑에서 모임을 가지며 그곳에서 사람들은 새로운 신앙의 토착적인 상징들을 발견할 수 있다.[37] 마약 중독자들은 나무 가지에 바늘을 걸어놓고 알콜 중독자들은 병을 걸어놓고, 도박꾼들은 경마장 표를 걸어놓는다. 이렇게 세속적인 사람들의 삶과 관련된 토착적인 상징들을 사용하며 드리는 공중예배는 그것을 바라보는 다른 도시 노동자들을 새로운 신앙으로 인도한다.

C. 조지 헌터의 "타겟(Target)"모델

조지 헌터는 웨슬리에게서 많은 것을 배웠다. 그는 웨슬리의 "구원의 순서"를 기초로 하여 자신의 "타겟" 모델을 개발하였다. 그의 "타겟" 모델은 네 개의 원으로 구성되었다. 제일 바깥 원 밖에는 세속적인 사람들이 살아가고 있다. 그들은 하나님이 원하시는 목표를 놓친 사람들이다(롬 3:23). 제일 가운데 있는 "황소의 눈(bull's eye)"은 우리를 위한 하나님의 목표이다. 하나님

36) Hunter, *How to Reach Secular People*, 85.

37) Hunter, *To Spread the Power: Church Growth in the Wesleyan Spirit*, 158-160. 헌터에 의하면, 전도자의 사명은 청취자들에게 복음의 의미를 전달해 줄 수 있는 그릇을 통하여 복음을 전달하기 위해 사람들의 문화의 옷으로 다시 싸는 것이다. 다시 말해서 복음은 토착적인 자연스러움을 통해 효과적으로 증거 된다. Cf. McGavran, *Understanding Church Growth*, 380-81.

이 개인에게 바라시는 삶은 믿음과 소망과 사랑 안에서 제자의 삶을 사는 것이며 하나님의 뜻을 이루며 사는 삶이다. 우리를 위한 하나님의 목표라고 볼 수 있는 "황소의 눈"은 바깥으로부터 첫째, 둘째, 셋째, 그리고 넷째 원을 통과해야 비로소 도달할 수 있는 목표(target)이다.

첫째 원은 이미지의 장벽(image barrier)이다. 세속적인 사람들은 기독교에 대한 부정적인 이미지 때문에 등을 돌린 사람들로서 하나님으로부터 "저 멀리" 살아가고 있다. 그들에 의하면 기독교는 "비 진리"라는 것이다. 계몽주의에 영향을 받은 세속적인 사람들은 기계와 같은 우주적 구조를 믿고 있으며 아직도 그들은 궁극적인 진리를 전하기 위해서는 인간의 이성에 의존해야 한다고 굳게 믿고 있다. 그들은 아직도 세계를 구원하기 위해서는 과학과 교육을 발전시켜야 한다고 믿고 있다. 그들의 세계관에 따르면, 그들은 기독교는 검증되지 않은 종교이며 다른 종교와 다를 바 없다고 믿는다. 만약 세속적인 사람들이 하나님의 궁극적인 목표를 향해서 오려면 제일 먼저 기독교에 대한 부정적 이미지의 장애를 뛰어넘어야 한다. 교회는 계몽주의적 풍선을 노출시키고 파괴시킴으로써 그리고 합리적으로 세속적인 언어를 통하여 세속적인 바탕 위에서 기독교적 진리를 전달할 때 기독교적 대안을 제공함으로써 근대성을 해체시킬 수 있다. 두 번째 이미지 장애는 기독교는 그들의 삶과 공동체와 세계와 아무 관련이 없다는 점이다. 세속적인 사람들 중 많은 이들이 무관한 경험을 했다면 그들은 모든 교회들에 관하여 다 그렇다고 일반화시키려고 한다. 교회들은 그들의 삶의 문제 속에서 그들과 합류함으로써 다른 기관들보다는 더욱 관련성을 가질 것이며 세속적인 사람들은 관련성이 있는 교회를 발견하였을 때 그 장애를 넘으려고 할 것이며 구도자들이 될 것이다. 세 번째 이미지 장애는 기독교는 "지루하다"는 가정을 포함한다. 텔레비전의 오락 프로그램에 길들여져 있는 세속적인 사람들은 교회가 재미도 없고 자극적이지도 않다고 생각한다. 이러한 것에 반응하여 어떤 교회들은 그들의 인내성에 맞게끔 재미있고 자극적이고 즐거움을 주는 접근, 예전 그리고 담화를 개발한다.

둘째 원은 문화의 장벽(culture barrier)이다. 세속적인 사람들이 구도자가 되면 그들은 전형적으로 문화의 장벽을 만난다. 이 장벽을 보통 "스테인드글라스 장벽"이라고도 부른다. 세속적인 사람들이 교회를 어렵게 방문했을 때 그들은 문화적으로 소외감을 느낀다. 그들이 신학적인 용어를 이해하지 못하고, 교회음악에 적응하지 못하고, 사람들과 하나가 되지 못하고 시설물에서 편안함을 느끼지 못한다면 그들은 기독교(혹은 기독교의 하나님)가 그들을 위한 것이 아니라고 느낀다. 이 문화적 장벽은 교회들에 의하여 제대로 인식되지 못하고 있다. 교회는 다만 그들이 이해하고 있으며 우리가 하는 것을 하며 혹은 그들도 해야만 한다고 추정할 뿐이다. 세속적인 사람들은 우리의 문화를 그들의 문화와는 다른 부문화(subculture)로 경험할 것이며 우리는 그들과는 문화적으로 멀리 떨어져 있다고 생각한다. 세속적인 사람들을 효과적으로 전도하는 교회들은 믿음 자체를 고려하지도 못하게 하는 문화적 장애를 제거하면서 그들의 선교지에서 사람들에게 토착적인 사역을 펼치고 있다.

셋째 원은 복음의 장벽(gospel barrier)이다. 일단 세속적인 사람들이 이미지 장벽과 문화적 장벽을 넘어서면 복음 자체를 고려할 수 있는 자유를 갖는다. 복음의 장벽은 언약, 왕국, 칭의, 속량, 용서, 화해 그리고 구원과 같은 용어들로서 표현되는 바, 그 어떤 하나로는 예수 그리스도 안에서의 하나님의 행위의 실재를 온전히 다 표현할 수 없다. 그와 같은 성서적 의미를 전달하기 위하여 다양한 문화적 형태들이 동원된다.[38] 아마도 가장 보편적으로 많이 사용되는 표현은 아프리카와 라틴 아메리카에서 벌어지고 있는 "모든 사람들을 위한 새로운 생명 운동(New Life for All Movement)"의 신경(credo)이다. 그 신경은

38) Darrell L. Whiteman, "Effective Communication of the Gospel Amid Cultural Diversity," *Missiology: An International Review*, vol. 12, no. 3, 1984, 276-81.

다음과 같다. (1) 하나님이 생명을 위하여 모든 사람을 창조하셨다. (2) 사람들은 그들의 죄 때문에 생명을 잃었다. (3) 하나님은 사람들에게 새로운 생명을 주시기 위하여 그리스도 안에서 오셨다. (4) 사람들은 믿음과 순종 속에서 그들의 죄를 회개하고 새로운 생명의 공동체로 돌아옴으로써 새로운 생명을 얻을 수 있다. (5) 새로운 생명을 아는 사람들은 모든 관계에 있어서 신실하도록 부름을 받는다. 대부분의 교단들과 전통들과 운동들은 이것이 창조로부터 시작하고 어떤 신학적 전통도 그것을 사용할 수 있기 때문에 "모든 사람들을 위한 새로운 생명 운동"의 몇 가지 버전을 사용한다.

넷째 원은 전적 헌신의 장벽(total commitment barrier)이다. 세속적인 사람들이 일단 복음을 받아들이고 그리스도인들이 되면, 마지막 장애를 통과해야 하는데 그것은 하나님의 뜻을 구하고 하나님의 나라를 확장하기 위하여 전적으로 헌신되는 것과 관련이 있다. 대부분의 사람들은 이 마지막 관문을 통과하지 못하여 하나님께서 원하시는 최종의 목표에 이르지 못하고 중생한 그리스도인으로만 남아 있다. 헌터는 이러한 경우 그들이 예수를 구원자로는 영접하였으나 주님으로는 받아들이지 못한 것이라고 설명하였다.[39] 웨슬리의 구원의 순서나 제임스 엥겔의 지수에 따르면 그들은 칭의를 경험한 사람들로서 구원을 받기는 하겠지만 주님의 12제자들과 같이 주님과 복음을 위하여 온전히 헌신된 삶, 나아가서는 순교자적인 삶을 살지는 못한다고 볼 수 있다. 따라서 만약 그들이 온전히 헌신된 그리스도인들이 되지 못할 경우 전과 같이 이기적이고 자기중심적인 삶을 사는 형식적인 그리스도인들로 전락할 수도 있다.

효과적으로 복음을 전하여 사람들을 하나님의 말씀과 기도와 교제와 봉사를 통하여 지속적으로 양육을 실시하는 교회들은 일단 복음의 장벽을 넘은 사람들로 하여금 성령의 능력을 경험하고 하나님이 약속하신 변화하는

39) Hunter, *How to Reach Secular People*, 88.

힘을 경험하고 하나님이 그들을 부르신 비전과 사명을 다하도록 준비시킨다.[40] 성서적으로 균형 있게 성장하는 교회들은 그리스도인들로 하여금 하나님의 목적과 뜻에 온전히 평생 동안 헌신할 수 있도록 초대한다.[41] 이미지 장벽과 문화의 장벽과 복음의 장벽을 통과한 적지 않은 수의 그리스도인들이 이교도들과 마찬가지로 그들에게 주어진 하나님의 급진적인 주장에 대하여 인식하지 못한다. 시카고 근처에서 윌로우 크릭 커뮤니티 교회를 이끌고 있는 빌 하이벨스 목사는 "그리스도에게 전적으로 헌신된 그리스도인 되는 것이 사람들을 건너가게 하는 데 있어서 가장 어려운 과제이다. … 세속적인 마음을 가지고 있는 사람들에게 그러한 것을 가르칠 때, 그들은 마치 내가 화성에서 온 사람들처럼 바라본다. 다른 사람들 어젠다에 따라 살아가는 삶을 생각하는 것은 우스꽝스러운 것이며 '너는 모든 것을 가질 수 있다'라는 서구문화의 신화와는 모순된 것이다"라고 진술하였다.[42] 세속적인 사람들이 중생과 칭의를 경험하고 성결한 삶을 살아가기까지 예수 그리스도의 제자로서 그분 한 분만을 따라가기 위해 전적으로 주님과 복음과 선교와 세계에 헌신해야 한다.[43]

---

40) Delos Miles, *Overcoming Barriers to Witnessing* (Nashville, TN: Broadman Press, 1984), 78-81. 델로스 마일스는 교회가 전도하는데 있어서 능력의 장벽 외에도 두려움의 장벽, 완전의 장벽, 영적 은사의 장벽, 전문성의 장벽을 비롯하여 나이의 장벽에 이르기까지 여러 종류의 장벽들에 관하여 설명하고 있다. 이러한 장벽들은 조지 헌터가 이야기하는 네 종류의 장벽들과는 다르다. 조지 헌터가 말하는 장벽들은 존 웨슬리의 "구원의 순서" 모델에 기초하여 세속적인 사람들이 헌신된 그리스도인이 되는 과정을 논의할 때 그들이 겪는 장벽들이다.

41) Richard Strong Armstrong, "Preface," *The Pastor as Evangelist* (Louisville, KY: The Westminster Press, 1984), 13-14. 프린스톤 신학대학원의 전도학 교수인 리차드 암스트롱은 지역교회의 담임목사가 전도인의 본을 보일 때 그 교회는 화석화된 교회가 아니라 살아있는 교회라고 주장한다. 즉 담임목사의 열정적인 격려와 방향제시가 없이는 세속적인 사람들에게 나가서 복음을 전하는 것이 가능하지 않다고 단정적으로 주장한다.

42) Bill Hybels, "Speaking to the Secular Mind," *Leadership*, Summer 1988, 32.

43) Bill Hybels, *Just Walk across the Room* (Grand Rapids, MI: Zondervan, 2006), 61-65. 빌 하이벨스는 이 책에서 성숙한 그리스도인, 즉 전적으로 헌신된 그리스도인은 그/녀가

D. 브라이언 그린의 "다중적 대화(Multiple Conversations)"의 모델

전통적인 전도는 한 번의 대화를 통하여 세속적인 사람을 그리스도인이 되도록 하는 것으로 잘 알려져 있다. 대조적으로 "다중적 대화"의 모델은 일회적 만남을 통한 전통적 모델보다 세속적인 사람들, 특히 교회에 등을 돌리고 교회로부터 소외된 사람들에게 복음을 전하는데 효과적으로 보인다.[44] 미국 로스앤젤레스에 있는 수정교회의 로버트 슐러 목사는 종종 전도할 대상자들에게 "왜 당신과 같은 좋은 지식인은 기독교적 신앙을 갖지 않을까요?" 또는 브루스 라르슨은 사람들이 복음에 대하여 마음을 열수 있게 하는 세 가지 종류의 질문을 의사로부터 배웠다고 한다.[45] 즉 "당신은 당신의 삶에서 무엇을 얻어내려고 하는지 물은 적이 있습니까?" "당신은 스스로 삶의 의미를 물은 적이 있습니까?" "당신은 두려움, 불길한 징조, 또는 당황이나 공포를 느낀 적이 있습니까?"

영국 버밍햄에서 일하는 브라이언 그린의 사역은 16세부터 18세까지에 이르는 대학에 들어가기 전 연령의 명석한 청소년들을 위한 목요집회를 인도하고 있다. 그 그룹은 아직 신자는 아니지만 많은 질문과 의심을 가지고 있으며 기독교 신앙에 대하여 질문도 하고 실험도 하며 그룹의 대화와 성령

받은 하나님의 은혜를 더욱 폭 넓게 많은 사람들에게 나누어준다고 설명한다. 특히 이 책 p. 65에 있는 도표가 이것을 잘 보여주는 바, 헌신된 그리스도인일수록 주님과 동행하는 동안, 은혜를 받고, 은사를 활용하며, 사람들에게 관심을 가지며, 은혜를 다른 사람들과 나눈다고 주장한다. 예수를 따르는 그리스도인들은 초대교회 신자들처럼 자연스럽게 또는 즉흥적으로 어떤 상황 속에서도 그가 만나 변화 받은 주님을 증거 하고 그에 대한 믿음을 적극적으로 또는 의도적으로 나누어야 한다. 그렇게 하기 위하여 헌신된 그리스도인은 우정의 관계를 형성하고, 하나님의 구속적인 이야기들을 나누고, 그 후 성령의 인도하심을 받아야 한다. Cf. Hunter, *The Contagious Congregation* (Nashville, TN: Abingdon, 1979), 30-32.

44) Hunter, *How to Reach Secular People*, 89.

45) Bruce Larson, *Ask Me to Dance* (Waco, TX: Word Books, 1972), 32.

의 인도하심에 마음을 연 청소년들로 구성되어 있다. 전형적으로 어떤 연사가 간단히 자신의 아이디어를 제시하면, 한 시간 반 정도에 걸쳐 질문과 도전과 상호시험이 오간다. 조지 헌터가 연사로 초청되어 갔을 때, 그린은 그룹의 일원으로서 그룹 멤버들의 얼굴 표정과 바디 랭기지를 관찰하면서 무엇인가 말하곤 하였다. 종종 헌터는 그린이 그들을 위하여 기도하는 것을 감지하였다. 다과 시간 중에 그린은 강의 시간에 약간의 수용성을 보인 자들이나 어려움을 겪고 있는 몇몇 사람들과 개인적인 대화를 나누었다. 그는 종종 "당신에게 예수는 어떤 의미를 주기 시작하였나?" "당신은 어떻게 당신이 거의 믿는다는 것을 아는가?" "그리스도를 따라가는 데 있어서 당신은 얼마나 더 많은 시간을 필요로 하는가?" 그린은 전혀 압력을 넣지 않았다. 그는 그 어느 누구도 이러한 문제들에 대하여 영원한 시간을 요구하지 않을 것이라고 믿었다. 이 모델에 있어서 그의 역할은 측정 가능한 시간, 즉 두세 달 정도 안에 "예" 혹은 "아니요"라는 그리스도에 대한 반응을 얻어내는 것이었다.

"다중적 대화"의 모델의 또 다른 형태는 보통 구도자들의 관심사들로부터 시작되는 다중적 대화를 포함한다.[46] 헌터 교수는 모르간 목사의 이야기를 예로 든다. 지역교회의 모르간 목사는 교회를 수개월 간 방문한 사업가가 교회 나오는 것을 그만두었을 때 그를 만나서 이렇게 대화를 나눌 수 있다. "론, 요즈음 당신의 믿음은 어떤가요?" 그 때 사업가는 "잘 모르겠어요. 나는 많은 문제들을 가지고 있어요." 지역교회 목사는 "자 그럼 털어놓고 이야기 해봅시다." 모르간 목사가 12회 정도 그를 만나서 대화를 나눈 후 물었

46) Lynne & Bill Hybels, *Rediscovering Church* (Grand Rapids, MI: Zondervan, 1995), 186. 빌 하이벨스 바쁜 일정 가운데서도 일상적인 삶 가운데서 전도의 본을 보인다, 하이벨스는 잃은 영혼들은 하나님에게 중요할 뿐만 아니라 교회에게도 중요해야 함을 강조하면서 교회가 그들의 문제가 무엇인가 이해하고 그들을 찾아보고 돌보고 그들에게 전도하는 것이 지역교회의 가장 중요한 사명임을 지적하였다.

다. “다시 나를 만나러 오겠어요?” 그 때 사업가는 “아뇨. 됐어요. 나는 깊이 생각해보았어요. 나는 신앙을 고백하고 교회에 나가겠어요”라고 대답하였다. 그 후 사업가는 헌신된 평신도가 되었다.

IV. 한국교회를 위한 전도전략의 제시

전 장에서 필자는 그 동안 세계적으로 잘 알려진 전도모델들에 관하여 살펴보았다. 이러한 전도모델들이 항상 한국적 문화와 상황에서도 효과적이라고는 말할 수 없다. 왜냐하면 복음은 동일하지만 문화는 다양하기 때문이며 문화는 항상 변하기 때문이다.[47] 필자는 본 장에서 한국적 상황을 고려하여 한국인의 심성과 한국의 문화와 조화를 이루는 전도전략을 제시하고자 한다.

첫째, 한국교회는 세속화에 대항할 수 있는 체제를 갖추어야한다. 서론에서도 이미 진술한 바와 같이 한국교회를 포함하여 세계의 교회들은 세속화의 물결에 휩싸여 있다.[48] 조지 헌터가 주장한 바와 같이 유럽의 교회는 세속화를 견디지 못하여 부패하고 무너져가고 있다. 이러한 환경에서 한국교회는 신앙의 본질로 돌아가서 하나님을 사랑하고 이웃을 사랑하는, 그리

47) Whiteman, “Effective Communication of the Gospel Amid Cultural Diversity,” 275-76.

48) 김한성, “21세기 지구촌 기독교의 선교적 특징,” 『1910년 에딘버러 세계선교사대회 100주년 기념 2010 한국대회 논문집 제4권: 선교와 현대사회』 (서울: 한국연합선교회, 2011), 39-40. 김한성은 이런 세속화의 물결 속에서도 세속화를 거슬러 올라가는 기독교의 성장과 발전도 있음을 예시하였다. 즉 아프리카의 독립 교회들의 성장과 남미의 오순절 교회의 폭발적 성장이 아직도 사람들은 영적인 실재에 대하여 관심을 많이 가지고 있음을 보여주고 있다는 것이다.

스도의 사랑을 실천하고 전도와 선교의 열정을 회복해야 한다. 살아있는 물고기가 강물을 거슬러 올라가는 것과 같이 세속화에 대항하기 위해서는 한국교회 전체가 성령의 능력과 은사를 충만히 받아 성결해져야 하며 그리스도를 본받아 세상에서 빛과 소금이 되어야한다(마 5:13-14, 행 1:8).[49] 한국교회가 전적으로 헌신하여 참 그리스도인으로서 살 때 그리스도의 향기가 되고 편지가 되어 세상을 향하여 하나님의 말씀을 증거 할 수 있고 세상을 이길 수 있다. 교회가 하나님의 말씀과 기도를 떠나 돈과 명예와 권력의 유혹에 넘어갈 때 음부의 세력을 이길 수 없다. 그러므로 한국교회는 하나님의 전신갑주를 입고 말씀과 기도로 무장하여 세속화를 대항해야 한다(엡 6:13). 한국교회가 영적으로 무장하여 세속화를 극복하는 동안 세속화의 영향을 받고 있는 사람들에게 찾아가 구원의 길이 되는 복음을 담대하게 제시해야 한다.

둘째, 한국교회는 복음에 수용적인 사람들에게 우선적으로 복음을 전달해야 한다. 오늘날 현대인들은 특히 한국인들은 경제적으로 어려운 시대에 살고 있다.[50] 오랜 세월 동안 다니던 직장에서 해고되거나 대학을 졸업하고도 취업하지 못하는 현대인들은 지푸라기 하나라도 잡으려는 심정을 갖고 하루하루 어려운 삶을 살아가고 있다. 직업을 얻지 못하거나 실직한 사람들은 안정적인 직업을 가지고 살아가는 사람들보다 더 복음에 대하여 수용적

49) C. Peter Wagner, "Contemporary Dynamics of the Holy Spirit in Missions: A Personal Pilgrimage," *The Holy Spirit and Mission Dynamics*, ed. by C. Douglas McConnell (Pasadena, CA: William Carey Library, 1997), 108-111, 116-119. Cf. 위르겐 몰트만 (Juergen Moltmann), 『성령의 능력 안에 있는 교회(Kirche in der Kraft des Geistes)』, 박봉랑 외 4인 역 (서울: 한국신학연구소, 1984), 19-22. 몰트만은 "성직자만이 아니라 전체 교회가 영적이고 카리스마적 은사를 가지고 있다. 전 교회와 교회 안의 각 사람은 모든 능력들과 가능성들을 갖고 하나님의 나라의 선교 속에 있다"고 주장함으로써 교회가 성령의 능력 안에서 성령의 은사를 통하여 하나님의 선교에 동참할 것을 격려한다.

50) Evvy Hay Campbell ed., "Holistic Mission," LOP no. 33, *A New Vision, A New Heart, A New Call* ed. by David Claydon (Pasadena, CA: William Carey Library, 2005), 233-35. 한국교회는 경제문제에 관하여 개입하고 하나님의 선교를 위하여 가난의 문제를 해결하기 위해 적극적으로 나서야 한다.

이다. 교회가 이러한 사람들을 찾아가서 복음을 제시하고 그리스도의 사랑으로 위로하고 그들의 친구가 되어 준다면 그들은 교회에 대하여 마음을 열고 복음에 대해서도 관심을 가질 것이다. 헌터는 높은 수용성을 보여주는 13 종류의 사람들을 제시하였다.[51] 그 중에 하나가 바로 실직자들이다. 한국교회는 재정적으로 위기를 겪고 있는 사람들에게 우선적으로 복음을 전하는 것이 필요하다. 더 나아가서 한국교회는 장애를 가지고 있는 가난한 장애인들에게 관심을 가지고 그들에게 복음을 전하는 것이 민족복음화를 위하여 필요하다.[52]

셋째, 한국교회는 한국 사회가 개인 중심의 사회가 아니라 여전히 집단중심의 사회임을 고려하여 사회적 관계망을 통하여 복음을 전하는 것이 필요하다.[53] 한 사람이 다른 한 사람을 전도하되, 자신을 중심으로 사회적 관계가 있는 사람들을 만나 그들과 관계를 형성한 후 복음을 제시하는 것이 바람직하다.[54] 한 사람은 가족, 친족, 친구, 친지, 직장 동료, 학교 동창, 군대 동기 등 많은 사람들과 관계를 맺고 살아간다. 개인이 맺는 사회적 관계의 수가 많을수록 전도의 잠재력은 높아진다고 볼 수 있다. 더 나아가서 아직도 농촌이나 산촌이나 어촌에는 일가친척들이 한 마을에서 집단을 이루

---

51) Hunter, *To Spread the Power: Church Growth in the Wesleyan Spirit*, 76-86. 헌터가 제시한 13가지 지표들 중에서 네 가지는 경제와 관련된 것들이다.

52) Joni Eareckson Tada and Jack S. Oppenhuizen eds., "Ministry among People with Disabilities," LOP no. 35B, *A New Vision, A New Heart, A New Call* ed. by David Claydon (Pasadena, CA: William Carey Library. 2005), 402-404.

53) Vincent S. R. Brandt, A Korean Village Between Farm and Sea (Prospect Heights, IL: Waveland Press, 1971), 7-9, 26-28, 237-40. Cf. Jae-Un Kim, *The Koreans: Their Mind and Behavior* (Seoul: Kyobo Book Center, 1991), 60-62. Cf. Man Gap Lee, *Sociology and Social Change in Korea* (Seoul: Seoul National University Press, 1982). Cf. 이규태, 한국인의 의식구조 (서울: 신원문화사, 1983), 85-95. 이규태에 의하면, 한국인은 "내"가 아니라 "우리"라는 연대의식을 존중하고 있다. 그것이 거의 체질화되어 있기 때문에 "내"가 중심인 서양인의 의식구조와는 확연히 구별된다.

54) Arn and Arn, *Master's Plan for Making Disciples*, 43-45.

고 살아가는 경우가 있다. 그 마을에 촌장이나 가장 영향력이 있는 지도자가 복음을 받아들이면 그 마을의 대부분의 주민들이 사회적 관계망을 통하여 예수 그리스도를 영접하는 집단회심의 사건이 일어날 수 있다.[55] 따라서 한국교회는 한국의 사회구조를 분석하고 사회를 구성하고 있는 집단의 형태와 특질을 발견하여 그것들에 맞는 전도방법을 찾을 필요가 있다.

넷째, 한국교회는 토착적인 사역을 통하여 토착적인 방법으로 복음을 전달할 필요가 있다. 1907년 평양대부흥운동이 일어났을 때, 한국교회는 전도하는 날을 연보로 드렸다. 물질적으로만 헌금을 드린 것이 아니라 전도에 헌신하는 날을 정하여 연보로 드렸다. 더 나아가서 선교 초기에 한국교회는 한 사람이 다른 한 사람을 전도하지 않으면 세례를 베풀지 아니하였다. 속회나 구역모임을 통하여 한국교회는 전도할 수 있는 기회를 많이 얻었다. 이웃 가운데 애경사가 있을 경우 교우들은 그곳에 참석하고 그들에게 필요한 것이 무엇인지를 파악하여 도와줌과 아울러 전도의 기회를 얻었다. 한국 농촌에 가보면 농번기는 한 사람의 손이 귀할 때이다. 도시교회가 그런 곳에 가서 농촌봉사활동을 하면서 복음을 전하면 기독교의 이미지를 제고하면서 더욱 효과적으로 복음을 전파할 수 있다. 이제는 농촌, 산촌, 어촌도 도시화되어 가고 있다. 많은 사람들이 더욱 더 도시로 몰려든다. 도시로 전입하는 사람들에게 한국교회가 소그룹을 조직하여 그들의 고향을 그리워하는 마음을 위로한다면 그들은 교회에서 마음의 안식을 얻을 것이다.

다섯째, 한국교회는 교회개척을 통하여 복음을 전달하고 하나님의 나라를 이 땅에 임하게 해야 한다. 왜냐하면 교회개척은 하늘 아래에서 가장 효

---

55) 홍기영, "교차문화적 관점에서 본 회심," 『선교를 위한 문화인류학』 (서울: 이레서원, 2001), 411-16. Cf. Donald A. McGavran, *The Bridges of God* (New York: Friendship Press, 1955). Cf. Donald A. McGavran, "The Bridges of God," *Perspectives on the World Christian Movement*, ed. by Ralph D. Winter and Steven C. Hawthorne (Pasadena, CA: William Carey Library, 1981), 274-75. Cf. McGavran, *Understanding Church Growth*, 334-36.

과적인 전도방법이기 때문이다.[56] 피터 와그너에 의하면, 교회개척은 성서적이며, 교단을 성장하게 하며, 새로운 리더십을 개발하며, 기존 교회들에게 자극을 주며, 전도에 효과적이다.[57] 그러나 신학교를 졸업한 젊은이들은 교회개척보다는 기존 교회의 부교역자로 일하기를 선호한다. 왜냐하면 오늘날 한국에서 새로운 교회를 개척하는 것은 너무 어렵기 때문이다. 특히 그들이 교회개척을 가장 두려워하는 이유는 재정부족이기 때문이다.[58] 그럼에도 불구하고 새로운 교회를 개척하는 것은 하나님의 뜻이다. 왜냐하면 하나님의 선교의 가장 중요한 도구가 지역 교회이기 때문이다.[59] 한국교회는 특히 급속한 도시화를 주목하고 도시에서의 교회개척에 더 많은 관심과 비중을 두어야 한다.[60] 도시화는 세계적인 현상이며 그와 더불어 도시전도는 불가피한 교회의 급선무이다.

---

56) C. Peter Wagner, *Church Planting for a Greater Harvest* (Ventura, CA: Regal Books, 1990), 11. 저자에 의하면, 전도에 관한 책들의 98%는 교회개척을 전도방법으로 생각하지 아니한다.

57) Ibid., 19-21. Cf. Charles L. Chaney, *Church Planting at the End of the Twentieth Century* (Wheaton, IL: Tyndale House Publishers, 1982), 31-35.

58) 명성훈, 『교회개척의 원리와 전략』 (서울: 국민일보, 1997), 51.

59) Darrell L. Guder 편, 정승현 역, 『선교적 교회(Missional Church)』 (서울: 주안대학원대학교출판부, 2013), 158. 구더를 비롯한 이 책의 저자들에 의하면 교회는 믿음의 공동체로서 주님의 종으로서 그리고 그 메시지의 전달자로서 하나님의 통치를 나타내야 한다. 이러한 맥락에서 교회는 캐리그마, 디아코니아, 그리고 코이노니아를 통하여 예수 그리스도가 하신 일을 오늘날 이 땅에서 주님 다시 오실 때까지 계속해야 한다. 비유적으로 말하면 교회는 길이요 진리요 생명의 공동체가 되어야 한다(요 14:6). Cf. Hendrik Kraemer, 유동식 역, 『평신도신학(Theology of Laity)』 (서울: 대한기독교서회, 1963), 145-50.

60) McGavran, *Understanding Church Growth*, 314-332. Cf. Ki Young Hong, "Church Growth through Indigenous Urban Church Planting in the Korean Nazarene Church," Unpublished D. Miss. Dissertation, Asbury Theological Seminary, Wilmore, KY, U.S.A, 1994, 277-90. 저자는 상기 논문에서 가정교회모델을 통한 도시교회개척을 논의하였다. 저자는 맥가브란이 쓴 상기 저서를 참고하여 도시제자화를 위한 도시교회개척에 관하여 초점을 맞추었으며 가정에서 모이는 소그룹들을 활성화하여 가정교회들을 조직하고 그 교회들을 정규교회들로 발전시키며 교단의 발전과 성장을 촉진하기 위하여 다시 정규교회들을 더 많이 세우며 활성화하는 모델을 제시하였다.

재정의 문제를 충분히 해결하지 못하고 훈련받은 개척자들이 부족한 상황에서 초대교회의 모델을 본받은 가정교회모델은 이러한 문제들을 극복하면서 효과적으로 복음을 전할 수 있는 모델이다.[61)]

가정교회의 발달단계

1 단계: 소그룹들을 더 많이 조직하라.

1. 사역의 대상인 목표그룹(target group)을 정의하라.
2. 목표대상과 필요한 사역에 관하여 조사하라.
3. 소그룹들을 시작할 수 있는 헌신된 평신도들을 발견하라.
4. 새로운 그룹을 시작함에 있어서 이 사람들을 훈련시키라.
5. 첫 번째 소그룹(약 10명) 모임을 갖기 전에 회원모집을 시작하라.
6. 적합한 모임장소를 찾아라.
7. 초기 수개월의 중요성을 강조하라.

2 단계: 가정교회들을 더 많이 세워라.

1. 최초의 소그룹이 모이는 동안 회원들은 각자 자신의 소그룹들을 조직하라.
2. 가정교회(약 50명)들을 조직하라.
3. 가정교회가 조직되는 동안 더 많은 소그룹들을 조직하라.

3 단계: 정규교회들을 더 많이 세워라.

1. 가정교회들로 하여금 정규교회들이 되도록 격려한다.
2. 소그룹들과 가정교회들을 계속하여 더 많이 세워라.

---

61) Hong, "Church Growth through Indigenous Urban Church Planting in the Korean Nazarene Church," 277-90. Cf. Win Arn and Charles Arn, *The Master's Plan for Making Disciples* (Pasadena, CA: Church Growth Press, 1982), 57-58.

3. 몇 개의 정규교회들은 규모가 큰 교회들이 되어야 한다.

다섯째, 한국교회는 사람들의 필요를 채우는 사역을 함으로써 더 효과적으로 복음을 전달하고 더 많은 교회들을 세울 수 있다. 예수 그리스도의 사역 중에서도 섬김은 사람들의 필요를 채우는 일이었다. 마가복음은 예수께서 얼마나 많은 환자들을 고쳐주시고 귀신들린 자들을 억압과 고통에서 건져주셨는지를 잘 보여주고 있다. 한국교회도 예수 그리스도를 본받아 필요에 처한 사람들의 필요를 채워줌으로써 교회의 이미지를 향상시킬 수 있고 세속적인 사람들을 교회로 인도할 수 있으며 교회 안팎에서 그들을 물심양면으로 도와줌으로써 그들이 하나님의 은혜를 깨닫고 예수 그리스도의 복음을 받아들이고 교회에 뿌리를 내릴 수 있다. 교회 안에서 재정적으로 여유가 있고 교회를 위해서 봉사하고자 하는 신자들을 발견하여 그들로 하여금 필요에 처한 궁핍하고 곤핍한 자들을 돌볼 수 있도록 하는 모델이 필요하다.[62] 교회 안에서 일하고자 하는 사람들에게 선교할 수 있는 기회를 제공하고 동시에 가난하고 병들고 소외된 자들은 하나님의 은혜를 느끼게 하는 이 모델은 초대교회의 모델이기도 하지만 여전히 오늘날 한국적 상황에서도 적용 가능한 모델이다. 누가복음 5:12-14는 교회가 예언자적이어야 하며, 섬겨야 하며, 전달하는 교회가 되어야 함을 보여준다. 교회가 섬길 때 사회로부터 신뢰를 얻고 교회가 전하는 복음도 효과적으로 증거 된다.

---

62) Hunter, *The Contagious Congregation*, 45-51.

V. 맺는 말

한국교회가 캐리그마와 코이노니아와 디아코니아에 최선을 다할 때 선교적 교회가 될 수 있으며 선교적 교회가 될 때 비로소 한국교회는 세계를 향한 증거, 즉 하나님의 선교에 진정으로 동참하는 것이며 하나님의 나라를 이 땅에 불러올 수 있을 것이다. 세속적인 사람들이 참으로 원하는 것은 무엇일까? 그들의 존재를 인정해주고 그들의 인격을 존중해주고 그들의 삶이 의미가 있도록 도와주는 것이라고 본다. 한국교회가 선교적 교회로서 교회의 본질인 하나님의 선교의 진정한 도구가 된다면 한국에 사는 세속적인 사람들이 더 많이 예수 그리스도의 제자들이 될 수 있다. 그들이 진정한 예수 그리스도의 제자들이 된다면 이 사회는 더 하나님 나라의 가치를 실현하는 사람들로 가득 찰 것이다. 하나님 나라의 가치는 주님의 나라에 거함, 혹은 주님과 함께 있음, 즉 의와 평강과 희락을 경함함으로 표현될 수 있다. 예수 그리스도의 제자들은 이러한 가치를 알며 그 핵심적 가치를 다른 사람들과 나누기를 원하는 자들이다. 그들은 회심을 경험하였을 뿐만 아니라 예수 그리스도의 복음을 전달하는데 있어서도 전적으로 헌신된 하나님의 자녀들이며 교회의 지체들이다.

지금까지 논의한 전도의 모델들은 바로 사도 바울과 같이 예수 그리스도와 그의 복음전파에 전적으로 헌신된 자들을 만드는 일에 궁극적인 목적을 두고 있다. 이러한 목적을 이루기 위해서 존 웨슬리도, 아그네스 류도, 조지 헌터도, 브라이언 그린도 세속적인 사람들에게 전도하기 위한 효과적인 모델들을 개발하였다. 그들이 개발한 전도모델들은 각각의 시대와 상황에서 의미 있고 가치 있는 모델들로서 많은 열매를 맺었다. 그러나 그러한 모델들이 한국에서도 똑같이 효과를 맺으리라고는 기대할 수 없다. 왜냐하면 각각의 문화적 상황과 역사적 맥락이 다르기 때문이다. 한국의 세속적인 사람들을 주님께로 인도하기 위해서는 한국적 전도모델의 개발이 무엇보다 필요하며 시급하다. 한국인은 한국인 특유의 민족적 심성과 욕구를 가지고 있으며 그들이 살아가는 삶의 양식도 서구 혹은 다른 민족들과 크게 다르기 때문에 한국적 전도모델이 필요한 것이다. 한국의 세속적인 사람들에게 전도하기 위해서, 수용적인 사람들을 식별하고, 사회적 관계망을 통하여 전도하고, 토착적 사역을 실천하고, 새로운 교회들을 세우고, 필요에 처한 사람들의 필요를 채워줌으로써 더욱 더 효과적으로 복음을 전할 수 있다.

참고문헌

김한성. "21세기 지구촌 기독교의 선교적 특징."『1910년 에딘버러 세계선교사대회 100주년 기념 2010 한국대회논문집 제4권: 선교와 현대사회』. 서울: 한국연합선교회, 2011.

로잔운동.『케이프타운서약(The Capetown Commitment)』. 서울: IVP, 2012.

명성훈.『교회개척의 원리와 전략』. 서울: 국민일보, 1997.

안승오. "교회성장학의 관점에서 본 에큐메니컬 선교이해."『선교와 신학』 제27집 (2011), 79-107.

이규태.『한국인의 의식구조』. 서울: 신원문화사, 1983.

이영훈. "한국교회의 전도와 교회성장."『신학사상』 제100집 (봄, 1998), 218-252.

이원규. "성의 복귀? - 종교쇠퇴로서의 세속화에 대한 재고."『신학과 세계』 Vol. 41, 가을, 2000.

전석재. "포스트모던 문화와 선교전략."『1910년 에딘버러세계선교사대회 100주년 기념 2010 한국대회논문집 제4권: 선교와 현대사회』. 서울: 한국연합선교회, 2011.

홍기영. "교차문화적 관점에서 본 회심."『선교를 위한 문화인류학』. 서울: 이레서원, 2001.

______.『통전적 선교』. 서울: 물가에 심은 나무, 2008.

______. "종교다원주의와 예수 그리스도의 유일성 문제 재고."『로잔운동과 선교동향』. 한국로잔위원회 편. 서울: 리체레, 2016.

홍성철.『전도학개론』. 서울: 세복, 2014.

황순환. "한국교회의 성장과 정체에 대한 연구."『선교신학』 제28집 (2011), 291-321.

Armstrong, Richard Strong. "Preface," *The Pastor as Evangelist*. Louisville, KY: The Westminster Press, 1984.

Arn, Win and Charles Arn. *The Master's Plan for Making Disciples*. Pasadena, CA: Church Growth Press, 1982.

Bosch, David J. *Witness to the World*. Atlanta, GA: John Knox Press, 1980.

Brandt, Vincent S. R. *A Korean Village between Farm and Sea*. Prospect Heights, IL: Waveland Press, 1971.

Chaney, Charles L. *Church Planting at the End of the Twentieth Century*. Wheaton, IL: Tyndale House Publishers, 1982.

Chilcote, Paul W. "The Integral Nature of Worship and Evangelism," *The Study of Evangelism*. ed. by Paul W. Chilcote & Laceye C. Warner. Grand Rapids, MI: Eerdmans, 2008.

Edwards, David. *The Future of Christianity*. London: Hodder & Stoughton, 1987.

Engel, James F. and H. Wilbert Norton. *What's Gone Wrong with the Harvest?*. Grand Rapids, MI: Zondervan, 1975.

Gelder, Craig Van. "Postmodernism and Evangelicals: A Unique Missiological Challenge at the Beginning of the Twenty-First Century." *Missiology: An International Review* vol. 30. 4, October 2002, 491-504.

Giddens, Anthony. 김미숙 역. 『현대사회학』. 서울: 을유문화사, 2011.

Guder, Darrell L. ed. 정승현 역. 『선교적 교회(Missional Church)』. 서울: 주안대학원대학교출판부, 2013.

Hong, Ki Young. "Church Growth through Indigenous Urban Church Planting in the Korean Nazarene Church," Unpublished D. Miss. Dissertation. Asbury Theological Seminary, Wilmore, KY, U.S.A., 1994.

Hunter, George G. *The Contagious Congregation*. Nashville, TN: Abingdon, 1979.

________________. *To Spread the Power: Church Growth in the Wesleyan Spirit*. Nashville, TN: Abingdon, 1987.

________________. *How to Reach Secular People*. Nashville, TN: Abingdon, 1992.

Hybels, Bill. "Speaking to the Secular Mind," *Leadership*. Summer 1988, 28-34.

__________. *Just Walk across the Room*. Grand Rapids, MI: Zondervan, 2006.

Hybels, Lynne & Hybels Bill. *Rediscovering Church*. Grand Rapids, MI: Zondervan, 1995.

Kim, Jae-Un. *The Koreans: Their Mind and Behavior*. Seoul: Kyobo Book Center, 1991.

Kraemer, Hendrik. 유동식 역. 『평신도신학(Theology of Laity)』. 서울: 대한기독교서회, 1963.

Latourette, Kenneth S. *A History of the Expansion of Christianity*. vol. 4, Grand

Rapids, MI: Zondervan, 1970.

______________________. *A History of Christianity*. vol II: Reformation to the Present. rev. ed. New York: Harper & Row, 1975.

Larson, Bruce. *Ask Me to Dance*. Waco, TX: Word Books, 1972.

Lee, Man Gap. *Sociology and Social Change in Korea*. Seoul: Seoul National University Press, 1982.

Lloyd-Jones, D. Martyn. 조용환 역. 『하나님 앞에 사는 즐거움(Enjoying the Presence of God)』. 서울: 생명의 말씀사, 1995.

McGavran, Donald A. *The Bridges of God*. New York: Friendship Press, 1955.

___________________. *Understanding Church Growth*. rev. ed. Grand Rapids, MI: Eerdmans, 1980.

___________________. "The Bridges of God," *Perspectives on the World Christian Movement*. ed. Ralph D. Winter and Steven C. Hawthorne. Pasadena, CA: William Carey Library, 1981.

Miles, Delos. *Overcoming Barriers to Witnessing*. Nashville, TN: Broadman Press, 1984.

Moltmann, Juergen. 박봉랑 외 4인 역. 『성령의 능력 안에 있는 교회(Kirche in der Kraft des Geistes)』. 서울: 한국신학연구소, 1984.

Newbigin, Lesslie. *The Open Secret*. Grand Rapids, MI: Eerdmans, 1978.

_______________. *Foolishness to the Greek*. Grand Rapids, MI: Eerdmans, 1986.

_______________. *The Gospel in a Pluralist Society*. Grand Rapids, MI: Eerdmans, 1989.

Outler, Albert C. ed. *Works of John Wesley*. vol. 1: Sermons I. Nashville, TN: Abingdon, 1984.

Rainer, Thom S. *The Book of Church Growth: History, Theology, and Principles*. Nashville, TN: Broadman & Holman, 1993.

Schinner, Larry. "The Concept of Secularization," *Journal for the Scientific Study of Religion*. Vol. 6, No. 6, Fall 1967, 207-220.

Wagner, C. Peter. *Church Planting for a Greater Harvest*. Ventura, CA: Regal Books, 1990.

_______________. "Contemporary Dynamics of the Holy Spirit in Missions: A Personal Pilgrimage." *The Holy Spirit and Mission Dynamics*. ed. by C.

Douglas McConnell. Pasadena, CA: William Carey Library, 1997.

Whiteman, Darrell L. "Effective Communication of the Gospel Amid Cultural Diversity." *Missiology: An International Review*, Vol. 12, No. 3, 1984, 275-85.

로잔운동이 제시한 총체적선교 관점에서 바라본 대한민국 교회의 난민사역 고찰

김광성 • 주안대학원대학교

Ⅰ. 들어가는 글

로잔운동은 현대 선교신학이 다루어야하는 다양한 신학적 주제들에 대해 신학적 이론을 제시해 왔다.[1] 특히 복음주의 진영의 전통적인 선교신학의 영역을 확장하는데 지대한 공헌을 했다. 복음주의 진영에서 전도와 사회참여의 우선권에 대한 소모적인 논쟁을 총체적 선교 영역으로 확장시킨 것[2]은 로잔운동이 현대 선교신학에 끼친 중요한 공헌이라 할 수 있다. 로잔운동은 Business As Mission(BAM), 디아스포라 등 선교적 주제에 대한 선교신학적 이론을 제시하기 위해 적극적으로 노력하고 있다. 실제로 제1차 로잔국제

1) 로잔한국위원회 회장 이광순은 로잔연구교수회 2016년 연구논문집 에서 "로잔운동은... 통전적 선교 전략을 실현하기 위해서 영향을 주고 있는 수많은 지도자들의 생각과 고견을 모아서 자료집을 만들어 보급하기도 하였다"고 로잔운동의 흐름과 방향을 정리하고 있다. 로잔연구교수회 편, 『로잔운동의 선교동향』 (서울: 한국로잔위원회, 2016), 9.

2) 안승오, "로잔신학의 흐름에 있어서 우선순위 문제," 로잔연구교수회 편, 『로잔운동의 선교동향』 (서울: 한국로잔위원회, 2016), 58. 박보경, "로잔운동에 나타난 전도와 사회적 책임의 관계," 「복음과 선교」 제22집 (2013) 17-18.

대회에서 로잔언약을 채택한 이후 1980년 세계복음화협의회(Consultation on World Evangelization) 파타야 대회를 거치면서 디아스포라를 포함한 다양한 선교신학 주제를 정립하고 이를 선교신학으로 발전시키기 위한 연구모임을 구상하고 진행했다.

국제이주가 보편화된 오늘날 세계 교회는 다문화, 이주민, 디아스포라 등의 용어를 선교학 연구 주제로 도입하면서 다양한 영역에서 사역을 전개하고 있다. 로잔운동에서 디아스포라를 선교주제로 다루게 된 것은 1976년 홍콩에서 열린 세계복음화를 위한 중국조정위원회(the Chinese Coordinating Committee for World Evangelization)까지 거슬러 올라가야 하지만 1989년 캐나다 앨버타 애드먼튼(Edmonton)에서 국제 디아스포라 리더십 모임(the First International Diaspora Leadership Consultation)을 통해 공식화 되었다. 로잔세계복음화위원회는 2004년 태국 파타야에서 열린 세계복음화를 위한 로잔위원회포럼(LCWE Forum, Lausanne Committee on World Evangelism Forum)에서 디아스포라 이슈그룹을 구성하여 "The New People Next Door"라는 제목의 연구보고서를 제출하였고 이 보고서는 로잔 공식문건 55번(LOP No.55)으로 채택되었다. 이를 계기로 로잔 디아스포라 리더십팀(Lausanne Diaspora Leadership Team, LDLT)이 구성되고, 2009년 5월 마닐라 모임과 같은 해 11월 서울 모임에서 디아스포라 신학과 선교학 정립을 위한 토론이 이루어진다.[3] 이와 같이 지속적인 연구를 통해 로잔운동은 2010년 케이프타운에서 열린 3차 대회에서 선교대상을 디아스포라로 확대함으로써 세계선교에 중요한 영향을 주었다.[4]

그러나 국제이주 영역에서 긴급한 관심과 돌봄이 필요한 비자발적 디아스포라인 난민에 대한 관심은 다른 디아스포라 그룹에 비해 선교실천적인

---

3) 김미선, "디아스포라 선교이해와 전략,"「선교신학」제39집 (2015), 43.

4) 김승호, "로잔운동 선교사상의 발전," 한국로잔연구교수회 편,『로잔운동과 선교』(서울: 한국로잔위원회, 2014), 41.

접근이 부족한 것으로 평가되고 있다.[5] 최근 난민문제가 국제적인 이슈로 등장하면서 난민문제 해결을 위한 대한민국 교회의 책무에 대한 열정적인 논의가 진행되고 있다.[6] 본 연구는 지정학적으로나 정치적으로 한걸음 비켜나있는 난민문제에 대해 대한민국 교회의 적극적인 동참을 촉구하기 위한 목적으로 시도되었다. 디아스포라 주제에 대해 선교실천적으로 접근하려면 난민문제를 빼놓을 수 없다. 대한민국 정부도 과거의 소극적인 태도에서 벗어나 적극적인 정책을 세워 난민문제에 접근하고 있다. 난민문제는 선교적 주제로 중요하다는 인식에서 출발하여 난민문제에 대해 로잔이 지지하고 있는 선교신학적 입장을 살펴보고자 한다.

본고에서는 로잔운동이 채택한 공식연구보고서 가운데 난민문제와 관련된 문건을 소개하여 난민문제에 대한 로잔운동의 선교신학적 근거를 검토함으로써 대한민국 신앙공동체가 난민문제에 대해 선교실천적으로 접근할 수 있는 전략을 제시하고자 한다. 난민문제에 대한 신앙인의 적극적인 응답은 국제사회와 현시대의 인도적인 요청일 뿐 아니라 선교실천적 요청이기도 하다. 제8회 국제이주자선교포럼(International Forum For Migrant Mission) 선언문에는 "5천만 세계 난민과 대한민국을 찾아온 1만 명 난민 신청자들이 하나님의 사람들이며 이들을 돕는 것은 교회의 거룩한 사역이며 그리스도인의 삶의 일부임"을 확인하였다.[7] 브라이언 L. 마이어스가 "난민문제에 대해 반응할 책무는 모든 사람에게 있지만 최일선에서 반응해야 할 책임은 지역교회

5) 김광성, "대한민국의 난민정책에 대한 교회의 선교실천적 접근 가능성 고찰," 「선교신학」 제43집 (2016), 41 참조.

6) 2015년 12월 9-12일 요르단 암만에서 실크로드포럼 난민위원회와 이슬람파트너십 실행위원회가 공동으로 Muslim Refugee Ministry Consultation을 개최하였고, 2015년 5월 31일-6월 2일에는 한동대학교 아릴락과 KRID(Korean Research Institute for Diaspora)가 공동으로 Europe Diaspora/Refugee Forum in 2016이 개최되었다. 이밖에도 난민문제를 선교학적 연구과제로 도입하려는 다양한 노력이 국내외에서 활발하게 진행되고 있다.

7) 제8회 국제이주자선교포럼 선언문, 출처: http://ifmm.kr/ifmm-is/memorandum, 2016년 5월 23일 접속.

에 있다"고 말한 것이 복음주의 진영의 선교신학을 주도하는 로잔운동의 신학적 흐름이라는 것을 인정 한다면 대한민국 신앙공동체는 난민문제에 대해 보다 적극적으로 반응해야 한다.

II. 로잔 공식문건에 나타난 난민사역

1974년 스위스 로잔에서 개최된 제1차 세계 복음화를 위한 국제대회(The International Congress on World Evangelization)에서 로잔언약(The Lausanne Covenant)을 대회 보고서인 *Let the Earth Hear His Voice*에 수록하여 발표한 이래, 로잔운동은 1989년에는 로잔언약에 기초하여 마닐라선언(The Manila Manifesto)을 그리고 2010년에는 케이프타운서약(The Cape Town Commitment: A Confession of Faith and a Call to Action)을 발표하였다.[8] 이 세 가지 문건은 로잔운동의 정신과 신학을 로잔대회가 모일 때마다 그 시대의 선교 상황의 변화 그리고 긴급한 선교이슈에 대해 복음주의적 입장을 정리하여 세계 교회를 위한 선교방향을 제시한 것이라 할 수 있다.[9] 따라서 로잔운동의 선교신학적 입장을 이해하기 위해서 이 세 가지 문건의 내용을 일차적으로 검토해야 한다. 물론 난민사역과 로잔운동의 관계를 연구하기 위해서도 당연히 이 세 문건에 대한 분석이 이루어져야 한다.

한국 로잔운동의 산 증인 가운데 한 분인 조종남 박사는 로잔이 행해온 과제를 정리하면서 로잔이 성취한 공헌으로 세계복음화에 대한 신학적 근

8) 조종남, 『로잔운동의 역사와 신학』 (서울: 선교횃불, 2013), 21-47 참조.

9) 김승호, "로잔운동의 선교사상의 발전," 한국로잔연구교수회 편, 『로잔운동과 선교』 (서울: 한국로잔위원회, 2014), 18.

거를 세운 것이라고 강조한다.[10] 로잔에 모인 복음주의자들은 세계복음화를 위한 복음주의운동에 기초가 되는 신학을 정리할 것을 원했던 것이다. 표면적으로 로잔대회는 1차 대회와 2차 대회의 간격이 15년, 2차와 3차 대회 사이에는 21년이라는 기간적 공백 있는 것으로 보인다. 그러나 로잔국제위원회는 권력구조가 아닌 복음주의적 선교사업을 추진하는 촉매제로서의 역할을 감당하기 위해 국제대회가 열리지 않는 기간에는 국제적으로 그리고 지역적으로 수차례 신학협의회를 개최하여 그 연구 결과를 로잔의 단일문서(LOPs, Lausanne Occasional Paper)로 출판하여 세계선교를 바른 길로 인도하고 있다.

로잔운동의 신학적 입장은 로잔운동의 신학적 기초와 복음주의자들의 협력의 기준과 공통분모가 되는 로잔언약을 바탕으로 시대상황에 맞게 제시된 주제에 대해 토론하고 연구한 보고서를 통해 구체적으로 확인할 수 있다. 로잔의 공식문건은 2016년 현재까지 65개가 채택되었다.[11] 이 가운데 17개 문건은 1980년 태국 파타야에서 개최된 세계복음화협의회(Consultation on World Evangelization)에 800여 명의 교회 지도자, 신학자, 선교사들이 모여서 17개 분과로 나누어 당시 선교적 주요 이슈를 토의하고 그 결과를 로잔문서로 출판한 것이다. 또한 2004년 태국 파타야에서 개최된 세계복음화를 위한 2004 포럼(2004 Forum for World Evangelization)에서 31개 주제를 연구하고 토론하여 32개의 보고서를 로잔 공식문건으로 제출하였다. 최형근은 2004년 파타야 포럼에 대해 비즈니스 선교(BAM)와 텐트메이킹 사역, 직장사역 등 일상사역의 중요성을 강조하는 로잔운동의 전략적 특성이 잘 드러났다고 평가한다.[12]

65개 로잔 공식문건 가운데 난민사역과 관련된 주제를 직접적으로 다

---

10) 조종남, 앞의 책, 31.

11) LOPs는 로잔 공식홈페이지에 PDF파일 형태로 제공되어 연구자들의 편의를 제공한다. http://www.lausanne.org/category/lop 참조.

12) 최형근, "제3차 로잔대회 케이프타운 서약의 특징과 의의,"「복음과 선교」제22집 (2013), 132.

룬 것은 LOP 5 Christian Witness to Refugees와 LOP 33 Holistic Mission에서 Bryant L. Myers가 쓴 Humanitarian Response: Christians in Response to Uprooted Peoples이다. 로잔 공식문건의 대부분을 제출한 1980 파타야 모임과 2004년 파타야 포럼에서 다룬 주제에 난민문제가 포함되어 있다는 것은 로잔운동이 난민사역에 대해 높은 관심을 가지고 있음을 말해준다.

A. LOP 5 Christian Witness to Refugees

1980년 6월 10일부터 27일까지 태국 파타야에서 개최된 세계복음화협의회는 첫째로 그리스도께서 다시 오실 때까지 교회에 주어진 과업에 대한 비전과 능력을 새롭게 하기 위해, 둘째로 세계복음화의 진행상황과 장애물을 평가하기 위해, 셋째로 세계복음화와 관련된 주제에 대한 신학적 전략적 주제에 관한 확장된 연구 프로그램을 완수하고 그 결과를 공유하기 위해, 넷째로 다양한 미전도 종족 그룹과 관련된 특정 복음전도 전략을 개발하고 마지막으로 LCWE의 위임사항을 검토하기 위한 모임이었다.[13)]

필자는 로잔운동이 난민문제에 대해 1980년에 이미 실제적인 연구 작업을 시도했다는 점에 주목한다. 로잔 공식문건으로 채택된 17개 문건은 17개 이슈그룹의 연구보고서로서 어떻게 복음을 전할 것인가를 전제로 난민, 중국인, 유대인, 세속화된 사람들, 대도시, 로마 가톨릭에 존재하는 명목상의 그리스도인, 신흥종교운동, 사회주의자, 무슬림, 힌두교도, 불교도, 아시아와 오세아니아의 전통종교, 라틴 아메리카와 카리브 인근의 전통종교, 아프

---

13) 출처: https://www.lausanne.org/gatherings/issue-gathering/the-consultation-on-world-evangelization-cowe-2, 2016년 8월 31일 검색.

리카 전통종교를 믿는 사람들, 정교회에 속한 명목상의 그리스도인, 도시빈민에 대해 연구하고 토론한 내용을 담고 있다. 난민에게 어떻게 복음을 전할 것인가라는 주제가 파타야 모임에서 주요 이슈로 다루어진 것과 공식문건으로 가장 먼저 채택된 것은 로잔운동이 이미 난민문제에 대해 선교실천적 관심을 가지고 있었음을 실증적으로 보여준다.

본 보고서는 COWE 준비모임부터 난민문제 연구그룹의 책임을 맡은 존 F. 로빈슨의 책임 하에 연구그룹 공동작업으로 완성되었다. 내용은 1. 소개 2. 난민의 현재상황 3. 성경의 위임내용 4. 지역교회의 역할 5. 그리스도인의 책무 실천을 위한 지침 6. 결론 등으로 구성되어 있으며 부록으로 세계난민통계, 참여자 명단, 난민문제에 대한 COWE 선언문 등이 수록되어 있다. 곤경에 빠져있는 세계 난민에 대해 그리스도인의 책무를 분명히 하려고 협의회에서 난민문제를 연구하였고, 모임에 참석한 사람들은 오늘날 난민 상황과 발생 원인을 세계 교회에 알리고, 난민들에게 필요를 어떻게 채워줄 것인가에 대해 성경에 근거하여 그리스도인들에게 도전을 주며, 지속적으로 증가하고 있는 난민에 대해 그리스도인이 어떻게 사역할 것인가에 대한 지침을 제공하기 위해 본 보고서를 작성하였다고 소개한다.

보고서는 놀라울 정도로 구체적으로 난민문제에 대해 그리스도인이 어떻게 반응해야 할 것인가에 대해 기술하고 있다. 통계적인 난민현황은 물론 난민들에게 물질적으로 그리고 정신적으로 필요한 것이 무엇인지, 난민문제에 대해 성경은 어떻게 말하고 있는지에 대해 자세하게 설명하고 있다. 특히 보고서는 지역교회가 난민이 처해있는 상황별로 난민사역을 어떻게 전개해야 할 것인지에 대해 상세한 지침을 제공하고 있다.

난민사역에 대한 로잔운동의 선교신학적 근거로 보고서는 로잔언약 제5조 "복음전도와 사회 정치적 참여는 우리 그리스도인의 담당해야 할 책무의 두 부분이다. ... 그러므로 우리는 악과 불의가 있는 곳 어디에서든지 이것을 고발하는 일을 두려워해서는 안 된다."[14]라는 조항을 제시한다. 보고서의 다음과 같은 진술에서 우리는 로잔운동이 난민문제에 대해 가지고 있는 신학적 입장을 확인할 수 있다.

> 따라서 그리스도인은 법률, 언론, 세계 교회, 인도주의단체 등을 포함하여 가능한 모든 경로를 통해 난민이 발생하는 불의한 원인을 바로잡을 수 있도록 청원하는 일에 적극적으로 참여해야 한다. 의사결정과정에 참여하는 정치인들에게 편지를 쓸 수 있다. 언론기관에 글을 써서 보낼 수도 있다. 특정한 상황에서는 난민의 처지에 대해 사람들의 주의를 환기시키기 위해 시위와 행진에 참여할 수도 있다.[15]

로잔운동은 1980년에 이미 난민문제에 대해 분명한 선교신학적 입장을 밝혔다. 복음전도와 사회적 책임이 그리스도인의 두 가지 책무라는 로잔 선교신학의 통전성은 난민에게 복음을 전하고, 난민들의 필요를 채워주고, 난민문제가 발생하는 원인인 사회 정치적 불의를 해결하는데 그리스도인이 앞장서야 함을 분명히 알려준다.

B. LOP 33 Holistic Mission: "Humanitarian Response: Christians in Response to Uprooted Peoples"

2004년 9월 31일부터 10월 5일까지 태국 파타야 개최된 2004 세계복

---

14) 〈로잔언약〉 번역은 최형근 교수의 『케이프타운 서약-하나님의 선교를 위한 복음주의 헌장』(서울: IVP, 2014)을 참조하였다.

15) LOP 5 - Christian Witness to Refugee.

음화포럼에서는 세계복음화를 위해 31개 이슈그룹으로 나누어 토론을 벌인 결과 2004 로잔포럼 요약선언문(The Lausanne 2004 Forum summary Affirmations)을 채택하게 된다.[16] 포럼의 취지와 목적은 세계선교에 방해가 되거나 크게 문제가 되는 주제를 찾아 연구하고 토의하여 그에서 벗어날 전략을 제시하는 것이었다.[17] 국제로잔위원회는 주제를 선정하는 과정에서 세계 교회 지도자들의 의견을 광범위하게 수렴하였다. 그들이 제시한 중요성의 순서에 따라 선택된 31개 주제는 세계화(GLOBALIZATION: Opportunities and threats to the Gospel generated by globalization.), 포스트모던 시대 그리스도의 유일성(UNIQUENESS OF CHRIST IN A POSTMODERN WORLD: a continuing challenge for the worldwide church in the context of post modernity and world religions.), 핍박받는 교회(THE PERSECUTED CHURCH: Faith under fire: Concern for the growing persecution of Christians. The why, how, and when of Christians/church intervention in human rights issues and political change which prohibits or limits evangelization.), 총체적 선교(HOLISTIC MISSION: The imperative of caring as well as proclaiming-the importance of holistic mission including AIDS, rural poverty and the consequences of natural disasters.) 등인데 이 가운데 LOP 33으로 채택된 총체적 선교 주제는 난민문제를 구체적으로 연구한 자료를 수록하고 있다는 점에서 주목할 만하다.[18]

로잔운동 내에서 총체적 선교(Holistic Mission)에 대해 본격적으로 다루기 시작한 것은 2004년도 파타야 포럼에서 31개 이슈에 대해 토의를 거친 후 로잔공식문서 33번(LOP No.33)으로 "총체적 선교"란 제목의 보고서를 제출하면서부터이다.[19] 국제사회는 난민문제를 해결하기 위해 국가 간의 긴밀한 협조

16) 김은수, "로잔 복음화 운동의 흐름과 과제,"「선교신학」 제22집 (2009), 3.

17) 조종남, 앞의 책, 39.

18) 김은수의 주장에 따르면 "여기서 다루어진 31가지의 이슈는 과거의 교회 중심적인 선교에서는 인식할 수 없었던 주제들이었으나, 이제는 하나님이 세상과 역사의 한복판에서 선교의 주인이 되어 우리를 이끌어가고 계신다는 신학적 자각에 근거하여 매우 다양한 선교적 과제를 다루고 있다." 김은수, 위의 논문, 8.

19) 장남혁, "로잔운동에 나타나는 지역사회개발선교에 대한 고찰,"「복음과 선교」 제24집

체계 구성을 요청한다. 난민조약과 의정서를 체결한 국가들이 공조를 통해 난민문제 해결 전략을 수립하고 실천하면서 동시에 국제사회를 구성하는 모든 나라로 하여금 난민문제 해결에 동참할 것을 촉구한다. 최형근은 "세계화의 부정적인 양상들이 복음의 세계화에 미치는 영향들은 21세기 로잔운동과 신학의 중요한 주제"라고 주장한다.[20] 로잔운동은 세계 복음화를 위해 변화하는 세계의 상황에 민감하게 대처하면서 새로운 선교실천 의제를 다루고, 이를 기초로 타당한 선교전략을 세우기 위한 논의의 근거를 형성한다는 사실에 주목해야 한다.

LOP 33은 C. 르네 빠디야(C. Rene Padilla)가 집필한 총제적 선교란 무엇인가? 총체적 선교의 성경적 근거, 총체적 선교에 대한 역사적 관점, 지역교회의 역할, 기독교 NGO와 서비스 기관의 역할을 내용으로 하는 본문과 경제정의, 교회와 건강, 기근, 난민에 대한 그리스도인의 책무 등의 주제를 다룬 분야별 논문으로 구성되어 있다. 여기서 필자는 총체적 선교 이슈에 경제정의와 건강, 기근 등의 사회적 문제와 함께 난민문제가 포함되어 있음에 주목한다. 분야별 논문의 저자인 브라이언 L. 마이어스는 난민문제에 대해 성경적인 반응, 신학적 고찰, 난민 현황, 난민문제에 대한 반응, 미래의 도전 등의 내용을 통해 난민문제가 로잔운동의 총체적 선교 관점에서 다루어져야 하는 이유와 내용을 구체적으로 제시한다. 이에 대해서는 다음 장에서 다루기로 한다.

(2013), 295-296.

20) 최형근, "로잔운동과 세계화," 한국로잔연구교수회 편, 『로잔운동과 선교』 (서울: 한국로잔위원회, 2014), 237.

III. 대한민국 신앙공동체의 난민사역

국제기구와 인권단체, 각 나라의 정부가 주도하는 난민문제와 관련하여 교회가 담당할 수 있는 영역이 불명확하다. 이는 레슬리 뉴비긴이 지적한 것처럼 기독교가 사회 가치의 핵심 역할을 하지 못하고 주변문화로 밀려나면서 상대화된 문화 환경으로 바뀌게 된 상황과도 무관하지 않다.[21] 대한민국 교회가 다문화사역, 이주민 사역을 활발하게 전개하고 있는 것에 비해 난민사역은 상대적으로 다소 미약한 것이 사실이다. 세계개혁교회 커뮤니언(World Communion of Reformed Churches WCRC) 크리스 퍼거슨 총무가 "그리스도인이라면 사랑과 환대의 마음으로 난민을 살려야 할 의무가 있다"고 대한민국 교회에 공개적으로 요청한 것은[22] 난민사역에 대해 대한민국 교회가 다소 미온적인 태도를 보이고 있는 것과 무관하지 않다.

LOP 33에서 로잔운동은 총체적 선교 관점에서 지역교회의 책무와 관련된 난민사역 사례로 코소보 출신 난민을 자신들의 집에 받아들인 알바니아 그리스도인 가정을 소개하고 있다.[23] 로잔신학과 비전은 불변하는 복음에 기초해 있다. 로잔신학과 비전은 변화하는 상황에 민감하게 대처하기 위해 새로운 선교실천적 의제를 다루어 나가면서 보다 타당한 선교전략을 세우기 위한 논의의 근거를 제공한다. 시리아 난민을 디아스포라 선교의 관점에서 연구한 현한나는 시리아를 둘러싼 이웃 교회들이 난민에게 구호품을

---

21) 조용성, 『변화하는 글로벌 선교』(서울 : 쿰란출판사, 2013), 326-327.

22) 국민일보 인터넷판 2015년 9월 23일 기사, 2016년 5월 23일 접속. 출처: http://news.kmib.co.kr/article/view.asp?arcid=0923254465&code=23111111&sid1=mis.

23) LOP No.33, Bryant L. Myers, "Humanitarian Tesponse: Christians in Response to Uprootde People".

전달하는데 열심을 내고 있지만 사랑이 결여된 나눔의 경쟁, 교파와 교단의 지분 확보에 집중, 서로 사역을 공유하기 어려워하고 있다고 주장한다.[24] 가족과 나라를 잃은 슬픔 속에 존재하는 난민의 분노를 화해의 복음을 통해 해결해야하는 시급성을 강조하는 주장에서 난민사역에 임하는 교회의 바람직한 선교신학적 자세가 무엇인지 알 수 있다. 재정착희망난민제도의 시행을 앞두고 법무부가 발표한 재정착희망난민제도 도입계획(안)을 분석한 IOM 이민정책연구소 오정은 연구원이 지적한 것처럼 난민들에게는 물론 숙식이나 생필품 제공 등 가시적인 지원이 필요하지만 심리적 치료와 같은 비가시적 지원이 더욱 절실한 경우가 존재한다.[25]

장훈태가 현대선교의 어려움으로 지적한[26] 세계적 분쟁과 테러, 종교와 종족간의 갈등, 재난 그리고 공포심은 난민을 양산하였고, 난민문제를 해결하고자 하는 국제사회의 공조에 교회가 동참하는 것은 오늘날 세계선교의 핵심적인 주제로 떠오르고 있다.

대한민국 교회의 난민사역 사례로 기독교 NGO인 사단법인 피난처(Refuge pNan)을 소개한다. 1999년에 창립된 이 단체는 법무부에 등록된 비영리 법인으로 북한난민 구호, 재난 및 분쟁방지, 국제협력, 국제평화와 인권 증진 및 안전보호 사업을 위해 설립되었다.[27] 기독교 NGO를 표방하면서 구체적인 사역신학을 제시하고 있는 사단법인 피난처는 "난민인정 여부보다 두려움을 극복하고 평화를 경험하는" 평화의 신학을 강조한다. 난민들에게 필요한 것은 생필품이나 거주 공간, 법률적 지원, 난민지위 획득, 본국 귀환이나 제3국 영구정착 등 눈에 보이는 문제 해결과 더불어 근본적으로 난민이 된 자

24) 현한나, "시리아 난민과 디아스포라 선교,"「선교신학」제37집 (2014), 410.

25) 오정은, "국내 재정착난민제도 도입의 의미와 과제," 〈IOM이민정책연구원 이슈브리프, 2014-06〉 (서울: IOM이민정책연구원, 2014). 34.

26) 장훈태, "분쟁과 테러 지역에서의 기독교 선교 방안,"「복음과 선교」제22집 (2013), 70.

27) http://www.pnan.org/new/sub/info.html

들을 억누르는 두려움을 극복하는 것이라는 신학적 관점은 시리아 난민문제의 해결을 위한 열쇠를 화해와 회복에서 찾은 현한나의 주장과도 연결되며, 이는 로잔의 총체적 신학이 '사랑'으로 사회참여의 실천을 강조한 것과도 일치한다. 로잔운동은 난민문제를 해결하기 위한 신학적 주제로 환대, 자선과 연대, 믿음과 사랑 그리고 진정한 인도주의를 제시한다.[28)]

먼저 그리스도인은 난민을 환대해야 한다. 마태복음 25장 35절에서 예수가 "나그네 되었을 때에 영접한" 이들에게 "예비된 나라의 상속"을 보장한다. 환대는 돌봄이나 찾아가는 것 이상이며, 영접한다는 것은 개인적인 초대이다. LOP No.33은 "예수가 나병한자와 부랑자들과 함께 음식을 나누신 것"이 환대와 어느 정도 비슷하다고 주장한다.

둘째, 그리스도인은 난민에게 자선과 연대를 실천해야 한다. 사도행전 4장 34절에 초대교회 교회공동체 안에는 "가난한 사람이 없었는데" 이는 "각 사람의 필요에 따라 나누었기"에 가능한 일이었다. 로잔신학은 난민을 환대하지 않는 것은 경제적 상황 때문이 아닌 도덕적으로 실패라는 입장을 취한다. 환대는 물질적 필요를 공급하는 것 이상이기 때문이다. 나눔은 공정한 경쟁의 장을 조성하여 정당하고 평화로운 관계를 복원하게 한다.

셋째, 난민을 환대하는 것은 사랑의 능력이며, 사랑의 능력은 믿음의 외적 증거이다. 믿음이 있어야 사랑할 수 있다. LOP No.33은 데이비드 보쉬가 "믿음은 홀로 정당화하는 것이지만 사랑은 믿음이 살아있음을 증명한다. 믿음은 개인적이지만 사랑은 사회적이다. 믿음은 기초이지만 사랑은 목표이다. 믿음은 과정이지만 평화와 기쁨과 사랑은 열매이다"라는 말을 인용하여 난민에 대한 인도주의적 대응의 기초임을 알려준다.

마지막으로 난민에 대한 환대는 인도주의에 대한 신학적 근거에 따라야 한다. 난민에게 식량을 제공하고 거처를 마련해주고 보호하고 돕는 것은 인

28) LOP No.33, Bryant L. Myers, 앞의 논문.

도주의자나 그리스도인 모두가 할 수 있는 일이지만 그것 자체가 그리스도인의 완전한 관점은 아니라는 것이 로잔운동의 신학적 주장이다. 난민을 생산하는 근원적인 문제를 해결하는 것이 인도주의에 대한 진정한 기독교적 이해이다.

결국 난민문제 해결을 위한 대한민국 교회의 사명은 국제사회와 국가의 가시적 난민비호에 적극 동참하면서 동시에 난민들의 비가시적 상처를 평화로 화해와 회복으로 그리고 사랑으로 품는 것이다. 그리스도인은 난민을 환대하고, 그들의 생존을 보장하고, 그들을 보호해야 한다. 그러나 난민들이 정체성을 회복하여 자신들의 문제를 스스로 해결하고 희망을 가질 수 있도록 하는 것이다.

IV. 케이프타운선언을 통해 본 난민사역에 대한 로잔의 선교신학적 근거

세계 선교계는 난민문제에 대해 어떤 관점을 가지고 접근하고 있는가? 시리아 난민문제를 대하는 한국 선교단체나 선교사의 활동을 보면 간접적으로 선교계의 난민관 또는 난민정책을 엿볼 수 있다. 구제의 대상, 어려운 형편을 도와주면서 접촉점을 만들어 복음을 전할 수 있는 기회 등으로 접근하고 있다. 그러나 난민문제는 단순히 도와줄 사람이 생기고, 그 틈을 이용해서 복음을 전할 기회를 확보할 수 있는 것 이상의 선교신학적 의미가 내표되어 있다. 더불어 사는 삶의 실천, 국경으로 가로막을 수 없는 인간의 공존욕구 등을 선교신학적 관점에서 재조명할 필요가 있다.

로잔운동이 발간한 LOP 33 총체적 선교(Holistic Mission)에는 Bryant L. Myers의 "인도주의 응답: 난민에 대한 기독교인의 응답(Humanitarian Response: Christians in Response to Uprooted People)"이 수록되어 있다.[29] 필자는 본고 II장에서 난민문제를 직접 언급하고 있는 이 두 개의 로잔 공식문건에 대한 분석을 통해 난민문제에 대한 로잔 선교신학의 공식적 입장에 대해 확인해 본 바 있다.

로잔운동은 마닐라대회에서 이미 참된 선교를 "압제당하는 사람들의 세계에 들어가서 그들의 노력에 동참하는 것"[30]이라고 정의한다. 이는 오늘날 세계적인 이슈로 등장한 난민문제에 로잔운동의 입장이라고 볼 수 있다. 난민문제는 마닐라대회 당시만 해도 국제적인 이슈로 등장하지 않았으므로 구체적으로 다루지 않았으나 1980년에 제출된 LOP 5에서 이미 난민문제에 대한 로잔의 선교신학적 입장은 "세계 전역에서 곤경에 빠져있는 난민들은 그리스도인으로서 우리의 책무를 어떻게 반영할 것인지에 대해 협의하도록 도전을 준다"[31]고 밝힌 연구보고서에 드러나 있다. 로잔운동이 말하는 압제당하는 사람들의 범위에 당연히 난민이 포함될 것이기 때문이다. 발디르 스토이어나겔(Valdir R. Steuernagel)이 비판한 것처럼 2차 로잔대회의 전체적 흐름은 여전히 가난한 자들은 친권주의적 선교의 대상으로 여겨짐으로써 진정한 선교의 파트너로 인식하지 못한 한계가 있었다.[32] 제3차 국제로잔대회 선언문인 케이프타운서약은 로잔언약과 마닐라 선언문에 근거하여 작성된 것으

29) 출처: https://www.lausanne.org/content/lop/lop-33, 2016년 5월 23일 접속. LOP. No.33 "총체적 선교"라는 제목의 글은 총체적 선교를 개괄하는 르네 빠디아의 글로 시작해서 경제정의, 건강, 가난/농업과 물, 난민 구호, 이슈 그룹 전원 이름으로 발표한 에이즈선언(HIV/AIDS Declaration)으로 구성되어 있다. 장남혁, "로잔운동에 나타나는 지역사회개발선교에 대한 고찰,"「복음과 선교」 제24집 (2013), 296.

30) 〈마닐라선언〉 I-4 복음과 사회적 책임.

31) LOP 5 Christian Witness to Refugees, 들어가는 말.

32) Valdir R. Steuermagel "Social Concern and Evangelization," 55. 박보경, "로잔운동에 나타난 전도와 사회적 책임의 관계,"「복음과 선교」 제22집 (2013), 12에서 재인용.

로 동일한 역사적 노선에 서있다.[33)]

제3차 로잔국제대회에서는 대회가 열리기 3년 전부터 12개 지역을 중심으로 세계 교회가 직면하고 있는 주요 선교적, 신학적 이슈를 수집하였고, 이 이슈들을 6개의 주제, 33개 세부 이슈로 나누었다. 이 가운데 난민사역과 관련된 이슈를 찾아서 난민선교 또는 난민사역을 위한 선교신학적 근거를 확보할 수 있다. 케이프타운서약 머리말(Forward)에서 로잔국제위원회 의장인 덕 버드셀(Doug Birdsall)과 국제총무인 린지 브라운(Lindsay Brown)이 밝힌대로 케이프타운서약은 "로잔언약과 마닐라 선언에 기초하며, 그 역사적 연속선상에 있다".[34)] 케이프타운서약은 2부로 구성되어 있다. 1부는 우리가 사랑하는 주님을 위하여: 케이프타운 신앙고백(FOR THE LORD WE LOVE: The Cape Town Confession of Faith)으로 10개 항목으로 구성되어 있는데 신학위원장이며 문서작성위원장인 크리스토퍼 라이트(C. Wright)를 중심으로 18명의 신학자들이 수차례 논의를 통해 완성하였다. 2부는 우리가 섬기는 세상을 위하여: 케이프타운 행동요청(FOR THE WORLD WE SERVE: The Cape Town Call to Action)으로 "온전한 복음, 온 세상, 모든 교회"라는 로잔의 주제를 근거로 대회 기간 동안에 토의된 내용을 집약하여 기록되었다.[35)]

케이프타운에서는 변화하는 현실에 대해 민감하게 반응하였다. 케이프타운서약 머리말에는 로잔운동이 시대의 상황과 요청에 적극적으로 회응하고 있음을 분명하게 드러나 있다.

> 우리가 살고 생각하고 서로 관계를 맺는 방식과 관련된 거의 모든 것이 점점 빠

33) 최형근, "제3차 로잔대회 케이프타운 서약의 특징과 의의," 「복음과 선교」 제22집 (2013), 116.

34) 〈케이프타운선언〉 머리말.

35) 최형근, "제3차 로잔대회 케이프타운 서약의 특징과 의의," 「복음과 선교」 제22집 (2013), 115.

> 른 속도록 변화하고 있다. 좋건 나쁘건 우리는 세계화와 디지털 혁명, 그리고 경제적 정치적 권력의 균현 변화가 가져오는 충격을 느끼고 있다. 우리가 직면하는 어떤 것들 즉 전 세계적인 빈곤, 전쟁, 종족 간의 갈등, 질병, 생태 위기, 기후 변화는 슬픔과 불안을 낳고 있다. ... 그러므로 우리는 최근의 역사 속에 나타난 복음의 진보와 하나님의 주권적인 의로 인해 감사드리며, 한편으로는 계속되는 악과 불의의 유산들과 여전히 씨름한다. ... 우리는 기독교 선교를 통해 우리 세대의 현실에 대해 응답해야 한다.[36]

로잔이 말하는 온전한 복음은 "그리스도 안에서 죄와 악에 의해 황폐화된 창조세계의 모든 차원을 회복하시는 하나님의 영광스러운 좋은 소식이다."[37] 케이프타운 서약에서 말하는 총체적 선교란 "복음이 예수 그리스도의 십자가 부활을 통해 성취된 하나님의 구원의 좋은 소식이며, 그 구원은 개인과 사회와 창조세계를 위한 것이라는 성경적 진리를 분별하고 선포하고 살아내는 것"이다. 여기서 케이프타운 서약은 "개인과 사회와 창조세계는 모두 죄로 인해 깨어지고 고통당하고 있으며, 또한 하나님의 구속적 사랑과 선교에 포함되므로, 이 셋은 모두 하나님 백성의 포괄적인 선교의 대상이 되어야만 한다"고 강조한다.[38] 즉 "죄로 인해 깨어지고 고통당하는" 개인과 사회와 창조세계에는 대표적으로 난민이라고 하는 고난 받는 사람들이 포함되는 것이다. 이처럼 난민은 로잔운동이 주요 선교의 대상임이 분명하다.

최형근은 7장을 분석하면서 "가난한 자들과 고통 받는 자들을 사랑하는데 있어서 자비와 긍휼의 행위와 더불어 정의를 행해야하고, 사회적 불의에

36) 〈케이프타운서약〉 서문.

37) 〈케이프타운서약〉 서문.

38) 〈케이프타운서약〉 1부 7A.

도전하는 것이 영적 전쟁의 차원이라고 진술한 것"을 크리스토퍼 라이트가 "온 땅이 하나님의 선교지이며 우리의 선교지이다"라고 주장한 것과 연계하여 "케이프타운 서약은 영적전쟁을 사회적 불의와 억압에 대항하는 차원으로까지 확장시킨 것"이라고 주장한다.[39] 이처럼 케이프타운서약은 1부 7 "우리는 하나님의 세상을 사랑한다"는 내용은 난민문제에 대해 교회가 실천해야 할 구체적인 행동규범을 제시하고 있다.

케이프타운서약에서 1부 7에서 로잔운동은 "모든 민족을 향한 사랑"을 바탕으로 "인종주의와 자민족중심주의"를 악으로 규정한다.[40] 물론 선언문에서 인종주의와 자민족중심주의를 거부해야 한다는 것은 모든 "종족의 문화를 존중하고 존경할 것을 요구하는 것"이지만 "모든 민족에게 복음을 전하기 위해 모든 가능한 수단을 동원"하는 것이 "로잔 운동의 처음 목적"이라는 주장에서 우리는 로잔운동이 세계 복음화에 장애요인이 되는 국제사회의 난민문제와 이로 인한 국가 간의 갈등을 주요 해결 과제로 보고 있음을 알 수 있다.

특히 로잔운동이 사랑해야 할 대상은 "이 세상의 가난한 자들과 고통 받는 자"들이다.[41] 케이프타운서약은 시 145:9, 13, 17; 147:7-9; 신 10:17-18절을 근거로 "주님이 자신이 만드신 모든 것을 아끼셔서 억압받는 자들을 붙드시고, 나그네들을 사랑하시며, 굶주린 자들을 먹이시고, 고아와 과부들을 돌보신다."고 말한다.[42] 오늘날 우리 사회에서 난민은 "억압받는 자, 나그네, 굶주린 자, 고아와 과부"이다. 선교실천의 대상으로서 난민문제는 단

---

39) 최형근, 앞의 논문, 127.

40) 〈케이프타운서약〉 1부 7B.

41) 〈케이프타운서약〉 1부 7C.

42) 〈케이프타운서약〉 1부 7C는 "우리는 이 세상의 가난한 자들과 고통 받는 자들을 사랑한다"는 전제를 가지고 마 5:38-39; 눅 6:27-29; 23:34; 롬 12:17-21; 벧전 3:18-23; 4:12-16을 바탕으로 그리스도인의 책무를 실체적 행동에까지 이르게 해야 함을 분명히 하였다.

순히 구제의 실천 뿐 아니라 사회의 구조적인 악을 제거하는 데까지 나아가야 한다. "가난한 자들에 대한 사랑은 자비와 긍휼의 행위"에 그치는 것이 아니라 "가난한 자들을 억압하고 착취하는 모든 것을 폭로하고 반대하는 행위를 통해 정의를 실천할 것을 요구한다."고 케이프타운 서약은 선언한다. 로잔언약 5장에서 이미 언급하고 있는 것처럼 "우리는 악과 불의가 있는 곳 어디에서든지 이것을 고발하는 일을 두려워해서는 안 된다."

로잔정신은 난민문제를 해결하는 방법으로 법과 국제적 권위에 적절하게 호소하는 것을 사랑의 의무로 제시한다. "사랑의 의무는 고통 받는 이웃들의 편에 서서 공의를 추구하며 하나님의 종으로서 악행을 징벌하는 기능을 맡은 법적, 국가적 권위에 적절하게 호소하는 것이다."[43]

우리의 선교가 지녀야 할 총체성에 대해서 케이프타운서약은 "선교가 실천되는 장소는 죄와 고통과 불의와 창조 질서의 왜곡으로 가득한 세상"으로 규정하고, "이런 세상으로 하나님은 그리스도를 대신해 사랑하고 섬기도록" 우리를 보내시므로, "우리의 모든 선교에서 복음 전도와 세상에서의 헌신적인 참여가 통합되어야 한다"고 강조한다.[44] 난민 발생의 주요 원인 가운데 하나가 종족분쟁이다. 로잔은 종종갈등 속에서 그리스도의 평화를 선포하는 것이 그리스도인의 선교실천적 책무임을 분명히 한다.

> 그리스도인들이 종족 간 폭력과 억압이라는 가장 파괴적인 상황에서 공범자된 것과 그러한 분쟁이 일어난 때 수많은 교회들이 통탄할 정도로 침묵하는 것을 슬픔과 부끄러운 마음으로 인정한다. 그러한 상황은 종족주의와 흑인노예제, 유대인학살, 인종분리주의, 인종청소, 그리스도인들의 종파 간 폭력, 원주민학살, 종교 정치 종족 집단 간의 폭력, 팔레스타인 사람들의 고통, 카스트 제

43) 〈케이프타운서약〉 1부 7C.

44) 〈케이프타운서약〉 1부 10B.

도의 억압, 종족 학살과 같은 역사와 유산 등은 자신들의 행동이나 무관심으로 세상의 깨어짐을 가속화하는 그리스도인들은 복음에 대한 증거를 심각하게 무너뜨리고 있다.[45]

그러므로 교회는 "세상에서 종족 간 화해와 갈등 해소에 대한 적극적인 지지 때문에 가장 눈에 띄게 빛나는 모델이 될 날"[46]이 있어야 한다. 난민문제의 근본적인 해결을 위해 교회가 적극적으로 나서야 한다는 것이 로잔운동의 정신임을 분명히 알 수 있는 대목이다. 로잔운동은 가난하고 억압받는 자들을 위한 그리스도의 평화를 선포한다. 억압받는 자들과 가난한 자들을 위해 정의와 샬롬에 헌신해야 한다.[47]

종교적인 문제로 난민문제 해결에 소극적인 교회를 향해 로잔운동은 "타종교인들 속에서 그리스도의 사랑을 실천"하라고 주장한다.[48] 아울러 난민문제를 개종 또는 종교적 영향력을 확장할 수 있는 절호의 기회로 보고 접근하는 것을 통렬하게 비판한다. 타종교인은 내 몸같이 사랑해야 할 이웃이다. 종교가 다르다는 이유로 교회의 난민을 위한 다양한 활동에서 소외되는 타종교인이 있어서는 안 된다. 사랑은 모든 사람의 종교적 자유를 위해 일한다. 인권을 지지하기 위해 종교의 자유를 옹호하는 것은 박해에 직면하여 십자가의 길을 따르는 것과 모순되지 않는다. 그리스도를 위해 자신의 인권 침해와 상실을 기꺼이 받아들이는 것과 인권이 짓밟히는 상황에서도 목소리를 낼 수 없는 사람들을 옹호하며 발언하는 것은 이 두 가지 모두가 그리스도인

45) 〈케이프타운서약〉 2부 IIB 2A.

46) 〈케이프타운서약〉 2부 IIB 2B.

47) 〈케이프타운서약〉 1부 7C에 "우리는 이 세상의 가난한 자들과 고통받는 자들을 사랑한다"는 부제와 함께 제시된 성경적 근거를 참조하라.

48) 〈케이프타운서약〉 2부 IIC 1에서 "'네 이웃을 네 몸과 같이 사랑하라'는 명령은 명령은 타종교인들을 포함한다"고 선언한다.

이 해야 할 일이다. 둘 사이에는 당착이 없다. 타종교인들의 권리를 옹호하는 것과 그들의 신앙이 옳다고 인정하는 것은 서로 다른 것이다.

V. 나가는 글

대한민국 정부는 과거 난민문제에 대해 지나치게 소극적이었다는 국제사회의 지적으로부터 여전히 자유롭지 못하다. 그럼에도 불구하고 2013년에 아시아 국가로는 최초로 난민법을 제정하고 2015년부터는 국제사회의 난민정책 가운데 가장 적극적인 재정착희망난민제도를 실시하였다. 그러나 대한민국 교회의 난민사역은 다문화사역, 다민족사역, 디아스포라 사역에 비해 상대적으로 미흡하다는 현실을 부정할 수 없다. 난민사역이 국가주도적일 수밖에 없는 외부적인 원인의 영향을 받은 바 크지만 내부적으로는 난민문제에 대한 대한민국 교회의 신학적 이해가 불확실하다는 사실을 간과할 수 없다.

로잔운동은 "온 교회가 전 세계에 온전한 복음을 전하는 the whole Church to take the whole gospel to the whole world" 일에 힘을 불어넣기 위해 모인 복음주의 국제운동이다. 로잔운동은 이를 위해 시대적으로 요청되는 다양한 선교신학적 주제에 대해 토론하고 연구하여 세계복음화를 위한 선교신학적 근거를 마련하기 위해 노력해 왔다. 세 차례에 걸친 로잔국제대회에서 로잔언약, 마닐라선언, 케이프타운서약을 채택함으로써 복음주의 선교신학의 근거를 구축했을 뿐 아니라 국제적으로 또 지역적으로 여러 차례 신학협의회를 개최하여 시대가 당면하고 있는 신학적 주제에 대한 해답을 제시하고 있다.

난민문제는 디아스포라 선교의 특수영역으로 비자발적 이주민을 대상으로 복음을 전하는 중요한 사역이다. 국제사회는 난민문제에 대해 새로운 전략을 지속적으로 만들어 내고 있다. UNHCR과 국제인권단체는 강제이주의 결과로 발생한 난민을 단순히 수용하여 보호하거나 재정착시키는 수준을 넘어서 난민발생의 근본적인 원인을 해결하기 위해 난민 발생국의 상황을 깊이 있게 연구하고 있다. 비록 국제사회가 정치적, 경제적, 외교적 이유로 난민문제의 근원적 해결에 한계를 보이고 있는 것은 사실이지만 난민수용소를 설치하여 난민을 보호하는 초보적인 단계를 극복하기 위한 노력을 끊임없이 경주하고 있다.

로잔운동은 1980년 파타야 세계복음화협의회에서 다룬 17가지 연구주제 가운데 하나로 난민문제를 다루어 그 보고서를 LOP 5로 채택하였다. 2004년에는 31개 이슈그룹 가운데 총체적선교 그룹에서 난민문제를 다루었고 LOP 33에 분야별 논문으로 난민문제에 관한 연구 결과를 수록하고 있다.

본고는 최근 유럽지역을 중심으로 국제사회에 뜨거운 이슈로 등장한 난민문제를 로잔운동의 총체적 선교신학 입장에서 대한민국 교회의 사역영역으로 확장하고자 하는 목적으로 작성하였다. 대한민국 교회는 지역적으로나 사회적으로 난민문제에 관심을 기울일 여건이 성숙하지 못한 것은 사실이다. 그럼에도 불구하고 대한민국 교회는 이제 국제사회의 선교적 이슈에 대해 보다 적극적으로 반응해야 할 책무가 있다. 로잔운동의 총체적 선교신학은 대한민국 교회가 국제사회의 난민문제 해결에 적극적으로 참여할 것을 요청한다.

참고문헌

The Lausanne Covenent(로잔언약). Lausanne 1974.

The Manila Manifesto(마닐라서약). Manila 1989.

The Cape Town Commitment(케이프타운선언). Cape Town 2010.

LOP No.5. *Christian Witness to Refugees*.

LOP No.33. *Holistic Mission*. Bryant L. Myers. "Humanitarian Tesponse: Christians in Response to Uprootde People."

김광성. "대한민국의 난민정책에 대한 교회의 선교실천적 접근 가능성 고찰." 「복음과 선교」 제43집 (2016).

______. "로잔운동과 세계 디아스포라 네트워크 형성." 「Missin Network」 제5집(2014).

______. "한인 디아스포라 네트워크를 통한 선교자원동원 활성화 연구." 「선교신학」 제35집 (2014).

김미선. "디아스포라 선교이해와 전략: 글로벌 디아스포라 네트워크(Global Dispora Network, GDN)를 중심으로." 「선교신학」 제39집 (2015).

김성욱. "로잔세계복음화대회에 나타난 선교신학연구." 「총신대논총」 제32집 (2013).

김승호. "로잔운동에 나타난 비즈니스선교(BAM) 연구." 「성경과 신학」 제74집 (2015).

김은수. "로잔 복음화 운동의 흐름과 과제- 1989년 마닐라대회 이후를 중심으로." 「선교신학」 제22집 (2009).

노윤식. "복음주의 선교신학의 정체성과 과제 – 선교 목적성의 회복." 「성경과 신학」 제47집 (2008).

박보경. "로잔운동에 나타난 전도와 사회적 책임의 관계." 「복음과 선교」 제22집 (2013).

안희열. "로잔운동이 세계선교에 끼친 공헌과 한국 교회가 나아가야 할 방향." 「선교와 신학」 제27집 (2011).

오정은. "국내 재정착난민제도 도입의 의미와 과제." 〈IOM이민정책연구원 이슈브리프, 2014-06〉 (서울: IOM이민정책연구원, 2014).

장남혁. "로잔운동에 나타나는 지역사회개발선교에 대한 고찰." 「복음과 선교」 제24집 (2013).

장훈태. “분쟁과 테러 지역에서의 기독교 선교 방안.” 「복음과 선교」 제22집, 2013.

______. 『국제정치 변화 소의 선교』 (서울: 혜본, 2014).

정미경. “다문화를 향한 한국기독교의 이주민 선교.” 「복음과 선교」 제16집.

______. “이주민선교의 효과적 수행을 위한 국가 다문화교육 정책 고찰.” 「선교신학」 제40집 (2015).

조용성. 『변화하는 글로벌 선교』 (서울: 쿰란출판사, 2013).

조종남. 『로잔 세계복음화운동의 역사와 정신』 (서울: IVP, 1990).

______. 『로잔운동의 역사와 신학』 (서울: 선교횃불, 2013).

최형근. “제3차 로잔대회 케이프타운 서약의 특징과 의의.” 「복음과 선교」 제22집 (2013).

한국로잔연구교수회 편. 『로잔운동과 선교』 (서울: 한국로잔위원회, 2014).

한국로잔연구교수회 편. 『로잔운동과 선교신학』 (서울: 한국로잔위원회, 2015).

한국로잔연구교수회 편. 『로잔운동의 선교동향』 (서울: 한국로잔위원회, 2016).

한국로잔위원회. 『세계복음화를 위한 로잔운동』 (서울: 한국로잔위원회, 2009).

현한나. “시리아 난민과 디아스포라 선교.” 「선교신학」 제37집 (2014).

홍기영. “로잔세계복음화운동의 선교신학적 고찰(상).” 「복음과 선교」 제22집 (2013).

로잔운동의 관점에서 보는 젊은이 세대 전도

- LOP No.52. "12/25 젊은이 세대 전도"가 제시하는 대안의 관점에서 -

정기묵 • 장로회신학대학교

Ⅰ. 들어가는 글

1984년부터 5차에 걸쳐 30년 동안의 한국인의 종교를 분석한 한국갤럽의 보고서[1]에 따르면, 종교인의 비율은 4차인 2004년을 기점으로 감소하고 있으며[2] 최근 10년간 종교인 비율 감소의 가장 큰 원인이 청년층의 종교인구 감소에 있다고 지적한다. 갤럽 통계에 의하면 2004년에는 20대의 45%가 종교를 믿었으나, 이들 세대가 10년의 세월이 지나 2014년 현재 30대는 7%가 줄어든 38%이며, 2014년 현재 20대 중 종교인은 31%로 30년 동안 5차에 걸친 조사 중에 가장 적은 수치를 보였다. 이를 근거로 갤럽은 2030 세대의 탈(脫)종교 현상은 종교 인구의 고령화와 함께 향후 장기적인 종교 인구 감소로 이어질 가능성이 크다고 분석하고 있다.[3] 30년간의 갤럽 분석은 불

1) 한국갤럽조사연구소, 『한국인의 종교』 (서울: 한국갤럽조사연구소, 2015), 17.

2) 갤럽의 다섯 번에 걸친 조사에서 종교인 비율은 1984년 44%, 1989년 49%, 1997년 47%이고 2004년 54%를 정점으로 2014년 조사에서는 50%로 줄었다.

3) 한국갤럽조사연구소, 17. 아래의 표에 따르면 2014년 현재 각 세대별로 종교를 믿는 사람

교와 가톨릭을 포함한 전체 종교인구의 비율 감소를 나타낸 것이지만, 기독교(개신교)의 경우에도 예외는 아니다. 필자가 속한 대한예수교장로회 통합교단의 경우도 2000년대에 들어서 전체 교인수가 감소세로 돌아섰으며, 아래의 표에서 보듯이, 이보다 일찍 중고등부와 청년대학부의 수가 줄어들고 있음을 통계에서 알 수 있다.

	전체 교인수	세례 교인수	중고등부	청년대학부
2004년	2,489,717	1,427,806	179,472	139,622
2006년	2,648,852	1,530,661	189,189	152,100
2008년	2,699,419	1,582,717	193,344	**165,957**
2009년	2,802,576	1,648,045	**195,275**	162,786
2010년	**2,852,311**	1,695,952	188,304	159,358
2011년	2,852,125	1,717,790	180,308	153,766
2012년	2,810,531	1,720,872	171,660	148,756
2013년	2,808,912	1,734,983	157,409	137,913

[표 1] 대한예수교장로회 통합교단의 교인수 변화

통합교단의 가장 최근 통계(2014년)를 기사로 보도한 교단지 기독공보의 기사에서도 교회 내에서 젊은 세대의 현재 상황이 위기임을 파악할 수 있다.

> 중 · 고등부 14~16세 사이의 감소추세는 최근 4년 간 가장 급격했다... 전체 교인의 감소폭이 주춤하는 시기엔 2014년 중 · 고등부가 15만 2327명으로 떨어져 전체 교인대비 차지하는 비율이 5.42%에 불과했다. 다음세대를 향한 한국

의 비율도 연령이 높을수록 비율도 높은 것을 알 수 있으며, 20대 이하가 가장 낮다.

연령별 종교인 비율 (표)

	1984년	1989년	1997년	2004년	2014년
19~29세	36	39	36	**45**	31
30대	45	46	47	49	**38**
40대	49	54	53	57	51
50대	53	58	56	62	60
60세 이상					68

교회의 초점이 14~16세, 청소년에게 집중되어야 할 이유가 더욱 명확해졌다.[4]

이원규는 2천 년대 이후 종교세가 약화되는 이유를 사회경제적 수준의 향상, 세속화의 증대 그리고 인구학적 변화(출산율 감소와 고령화)가 중요한 요인으로 작동한다고 보았다.[5] 이에 의하면 종교인의 비율이 감소하는 것은 오늘의 시대에 어쩔 수 없는 현상이라는 것이다. 하지만 우리가 여기서 우려하는 것은 개신교인의 감소율, 더욱이 청년세대의 감소율은 상대적으로 더 높다는 것이다.

김은혜(장신대 기독교윤리)와 손디모데(프린스턴신학교)와의 공동연구에서도 청년들이 보는 한국교회의 위기 상황을 다음과 같이 지적하고 있다.

> △현대 사회 속에서 사사화(私事化)되어 공적 책임을 상실한 교회와 지도자들의 비도덕성으로 인한 교회에 대한 부정적 이미지 △생명력을 상실한 제도 종교의 형식주의와 교리적 경직성과 이러한 이유로 필연적으로 동반되는 문제점인 신앙과 삶의 끝없는 괴리 △교회 청년들의 그리스도인으로서의 자긍심의 상실과 회의감 △종교 문화적 다양성을 배려하지 않는 배타적 선교적 자세 △변화하는 시대에 신앙의 정체성을 가지고 적극적으로 응답하며 살아가도록 청년들을 위한 책임 있는 훈련과 양육의 부재 △시대에 부응하는 비전을 제시하지 못함으로 신앙생활에 대한 흥미와 재미를 상실하고 있다.[6]

교회 외부의 요소도 젊은 세대의 감소를 부추기고 있지만, 이와 같은 교

---

4) www.pckworld.com 기독공보, "교세 통계로 본 신앙의 대잇기 과제," 2016. 03. 02.

5) 이원규, "2012년 한국인의 종교 생활과 의식조사 보고서-개신교인 및 비개신교인 조사를 중심으로," 2013년 4월 19일. 한목협 세미나 발표자료. 감신대 종교사회학 교수.

6) 한국기독공보, 2015. 12. 07. 기사에서 인용. 김은혜, 손디모데, "한국교회 청년세대의 교회이탈에 대한 신학적 성찰과 장신신학의 윤리교육적 사명."

회 안의 상황이 젊은 세대의 교회 이탈의 가속적인 원인으로 작용한다는 것이다. 임성빈(장신대 기독교윤리)은 "교회가 스스로의 자정 노력 없이 가나안 성도를 막겠다거나, 혹은 돌아오길 기다리는 것은 일종의 요행에 지나지 않는다."고 언급하고 있다.[7)]

II. 청년들은 왜 교회를 떠나는가?

젊은이들이 교회를 떠나는 것이 한국 교회만의 문제는 아닌 것 같다. '바나 그룹'의 대표인 데이비드 키네먼(David Kinnaman)은 18~29세 청년들을 대상으로 광범위한 여론조사를 통해 미국 교회의 출석률과 참여율을 조사하고 다음과 같이 말한다.

> 18세부터 29세까지는 교회 출석이라는 면에서 블랙홀이다. 대부분의 교회에서 이 나이 대는 '행방불명'되었다... 이 세대 청년들이 유소년이나 청소년보다 교회 출석률이 낮은 것이 문제가 아니다. 문제는 인생의 중요한 10년, 즉 20대에 많은 영적 에너지가 사그라진다는 점이다.[8)]

키네먼은 젊은이들이 교회를 떠나는 이유를 분석하면서 먼저 한두 개의 '큰 이유들' 대신 이들이 교회와 분리되는 데는 좌절, 실망, 관점 등의 복잡

---

7) 위의 기사.

8) 데이비드 키네먼, 이선숙 역, 『청년들은 왜 교회를 떠나는가』 (서울: 국제제자훈련원, 2015), 25-26.

한 이유가 뒤엉켜 있었다고 한다.[9] 그렇다고 해서 교회가 젊은이 세대를 포기할 수는 없는 노릇이다. 젊은이 세대를 전도하는 것은 매우 중요하며, 이를 위한 우선성은 교회의 미래와 직결되어 있다. 젊은이 세대 전도를 위해서 먼저는 그들이 교회를 멀리하는 이유를 살펴보고, 이 글에서는 특별히 로잔운동이 젊은이 세대 전도에 대해 어떤 관점과 대안을 제시하고 있는 지를 살펴보면서, 이 세대의 전도를 위한 방안을 찾아보고자 한다.

A. 젊은이들이 교회를 떠나는 내적인 요인

1. 종교가 그들의 삶의 방향을 안내해주지 못한다고 생각함

키네먼은 『청년들은 왜 교회를 떠나는가』의 2부 '교회와 단절되는 결정적 요인'에서 젊은이들은 오늘날의 교회가 자신들의 창조성을 죽이는 것처럼 보이며, 세상 문화에 속하는 것과 도전적인 일을 감행하는 것을 싫어하는 것으로 여기고 있다고 한다.[10] 그들은 창조적이고 문화 참여의 욕구가 강한데 반하여, 교회는 청년들의 변화와 발전을 따라가지 못하고 있으며 소통하지 못하고 있다고 생각한다는 것이다.[11] 예를 든다면 청년들은 오늘날의 이슈가 되는 다양한 삶과 문화적 질문들(예를 든다면 동성애, 취업, 이혼, 분쟁 등)에 대하여 교회가 그들에게 만족할 만한 답과 행동을 보여주기를 원하지만, 교회는 여전히 자신의 문제에 갇혀있으며, 이것은 마치 교회가 자신들을 세상으로부터 과잉보호하는 것처럼 보이게 하고, 이러한 것이 그들로 하여금 교회가 거리를 두게 하는 요인이 된다는 것이다. 박보경은 기독교에 대한 부정적

---

9) Ibid., 124.

10) Ibid., 125.

11) 한국기독교목회자 협의회, 『한국기독교분석리포트』 (서울: URD, 2013), 434.

이미지가 전도의 설득력을 잃어버렸다고 한다.[12] 젊은이들에게 교회는 신뢰할만한 대화의 상대로 여겨지지 않는다는 것이다.

2. 교회를 지루한 곳으로 생각함

젊은이 세대가 가지고 있는 교회에 대한 가장 일반적인 인식은 지루하다는 것이라고 키네먼은 지적한다.[13] 교회가 가르치는 것들이 상투적인 말들이며, 틀에 박힌 외침으로 들린다는 것이다. 키네먼은 밀레니엄 세대를 일컬어 '모자이크 세대'[14]라고 칭한다. 이들은 모던 세대와는 행동양식이나 학습의 방법 등, 모든 것이 다르다. 따라서 과거의 전통적인 가르침의 방식은 젊은이들의 흥미를 잃게 만들고, 그리스도를 따르는 것이 얼마나 능력 있는 삶인지 생각하지 못하게 한다는 것이다. 다른 말로 하면 그들이 물려받은 기독교 신앙이 그들을 사명감으로 인도해 주지 못하고 있다는 것이다.

3. 교회의 문화가 배타적이라고 생각함

젊은이 세대도 나름대로의 사고방식과 분명한 한계선을 가지고 있다. 그들이 무엇을 수용하고 누구를 포용할지에 대해서도 나름의 기준이 있는 것이다. 이들은 과거 세대에 비하여 열린 마음, 관용, 수용을 중시하는 문화에서 성장했다. 따라서 배타성을 주장하는 기독교는 비타협적으로 보인다는 것이 오늘날 젊은이들의 생각이다. 특히 한국 사회의 경우 예수 그리스도의 유일성의 강조가 젊은이들에게 배타적으로 보일 수 있다. 이러한 부분

---

12) 박보경, "지역교회의 문화사역을 통한 복음전도," 『선교와 신학』 36집 (서울: 장로회신학대학교출판부, 2015), 111.

13) 데이비드 키네먼, 『청년들은 왜 교회를 떠나는가』, 125.

14) 1984년부터 2002년 사이에 태어난 사람들로 지금의 10대와 20대. 밀레니엄 세대라고 부르기도 함. 이들을 '모자이크 세대'라고 부르는 이유는 이 세대의 관계 맺는 방식이나 사고방식, 학습 유형이 과학기술에 의해 복잡하게 얽혀 있기 때문이다.

에 대해서는 우리가 전도의 접촉점을 열 때에 일종의 전략이 필요하다고 여겨진다. 사실 기독교는 어떤 의미에서 가장 포용적인 종교이다. 왜냐하면 십자가를 통해 누구나 구원의 은혜를 입을 수 있으며, 세상의 모든 죄인을 감싸시는 하나님의 사랑은 모든 사람에게 열려있다. 이와 같은 기독교 진리의 포용성과 그리스도의 유일성 그리고 복음만이 유일한 진리임을 지혜롭게 연결하여 전하는 것이 우리에게 주어진 또 하나의 과제이다.

B. 젊은이들이 교회를 떠나는 외적인 요인

1. 신앙과 과학의 대립

젊은 세대들이 사는 세상에서 과학은 그들에게 마치 신앙과도 같다. 과학기술은 그들의 삶에 지대한 영향을 미친다. 게다가 과학은 윤리적인 측면에서 매우 자유롭다. 마치 모든 것을 수용하는 것처럼 보이기도 한다.[15] 더욱이 이들이 학교에서 받는 지식은 인문학과 진화론적 관점을 바탕으로 하고 있다. 창조론은 마치 신화나 허황된 이야기처럼 여겨지기도 한다. 물질적 가치에 집착하는 젊은 세대는 영적인 삶에 별로 관심이 없을 뿐만 아니라 많은 젊은 기독교인이 신앙과 과학은 양립할 수 없다는 대답을 듣는다. 게다가 과학은 교회와 달리 매우 논리적이며, 과학은 질문이나 회의를 얼마든지 용인하지만 기독교 공동체는 그럴 여지가 없어 보인다는 것이 오늘날 젊은 세대가 갖는 교회의 인상이다.

2. 그들의 문제에 대해 가로막힌 대답

오늘의 시대는 세대 간의 의식의 차이가 매우 크다. 청년 세대는 정서

15) 데이비드 키네먼, 『청년들은 왜 교회를 떠나는가』, 126.

적, 문화적 욕구 외에도 정치와 경제 등의 문제에 이르기까지 다양한 욕구를 가지고 있으며 교회가 이러한 그들의 질문에 대해 그들이 납득할 수 있는 대답을 바라고 있다.[16] 이들을 이해하기 위해서는 이들의 이야기를 들어주고, 조금은 미숙한 면이 있더라도 수용하고자 하는 자세가 필요하다. 하지만 현실에서는 그렇지 않다.

신앙 규율, 특히 성적인 규율은 젊은이들에게 답답함을 느끼게 한다는 것이다.[17] 결과적으로 그들은 교회를 억압적인 곳으로 인식하고 있다. 또한 젊은 기독교인들은 교회가 의심을 표현하는 것을 허용하지 않는다고 말한다. 마음 안에 있는 의심을 표현하기에 안전하지 않은 곳으로 생각하는 것이다. 게다가 교회가 의심에 대해 대수롭지 않게 생각하고 무시한다고 느낀다고 이야기 한다. 기독교 공동체는 다음 세대가 그들의 의심을 정직하게 바라보고 의심을 넘어 확고한 믿음으로 나아가도록 도와야 할 필요가 있다.[18]

이 외에도 청년 세대가 교회를 멀리하는 다양한 이유가 있다. 여기에서는 그 중 몇 가지만 살펴 본 것으로 마무리하려고 한다. 크게 보았을 때, 어떤 조직체나 그 조직의 성장을 가로막은 요인은 내부적 요인과 외부적 요인, 두 가지이다. 그리고 어떤 조직체나 그 조직의 성장을 방해하는 외부적 요인은 늘 있어왔다. 결정적 문제는 내부적 요인이다. 이것이 해결되지 못하는 조직은 쇠퇴하는 것이 역사적 사실이었다. 교회의 문제도 마찬가지이다. 교회를 핍박하는 외부적 요인은 교회사에서 언제나 있었다. 교회를 위태롭게 한 것은 늘 내부의 문제였다. 오늘의 현실도 마찬가지이다.

---

16) 한국기독교목회자 협의회, 『한국기독교분석리포트』 (서울: URD, 2013), 466.

17) 데이비드 키네먼, 『청년들은 왜 교회를 떠나는가』, 127.

18) Ibid., 127.

Ⅲ. 로잔문서를 통해 보는 젊은이 세대 전도

여기에서는 복음주의 관점의 로잔의 문서에서 젊은이 세대 전도에 대해 언급하고 있는 내용들을 살펴보고자 한다. 로잔의 LOP(Lausanne Occasional Papers)문서[19] 가운데는 어린이 세대와 젊은이 세대에 관한 복음 전도를 다룬 두 개의 주요한 문서가 있다.[20] 특별히 LOP No.52 "The 12/25 Challenge: Reaching the Youth Generation"은 세계적이면서 거시적 관점에서 젊은 세대를 어떻게 전도할 것인가를 다루고 있어서 우리에게 좋은 관점을 제시해주고 있다고 여겨진다. 로잔의 문서가 한국이나 어떤 지역을 특정하여 해결 방안을 제시하고 있지는 않으나, 전 지구적이면서 통합적인 관점에서 젊은 세대 전도를 소개한 부분들은 단순히 한국 사회를 넘어서 전 세계의 젊은 세대를 어떻게 전도할 것인가에 대한 나름의 통찰력을 보여준다고 여겨진다. 이 글의 목적이 로잔운동이 바라보는 젊은이 세대 전도를 소개하는 것이기 때문에 여기에서는 LOP문서가 가진 내용을 중심으로 소개하려고 한다.[21]

19) http://www.lausanne.org/category/lop

20) 참고로 이 문서는 (LOP47) Evangelization of Children, (LOP 52) The 12/25 Challenge: Reaching the Youth Generation이다.

21) 이 장에서는 LOP No.52 "The 12/25 Challenge: Reaching the Youth Generation"의 내용을 재정리해서 소개할 것이다.

A. 젊은이 세대에 대한 이해와 관점

젊은이 세대의 중요성은 아무리 강조해도 지나치지 않다. 오늘의 젊은 세대는 통제할 수 없는 에너지와 높은 창의력을 가진 세대이다. 이들은 실존적 질문을 가지고 있으며 엄청난 잠재력을 가지고 있다. 또한 세계적으로 가장 범위가 큰 세대이다. 의심할 여지가 없이 그들은 미래의 교회를 이끌고 나갈 세대이다.

1. 성경과 젊은이

성경을 통해 우리는 하나님께서 사용하신 요셉, 요시야, 에스더, 예레미야, 마리아, 마가 요한과 디모데와 같은 젊은이들을 찾을 수 있다. 하나님은 젊은이들을 통해 사역하신다. 하나님 아버지가 하시는 일들을 알고자한다면, 교회는 하나님의 나라 안으로 젊은이들을 끌어들이는 것에 우선권을 두어야 하며 그리고 그들을 제자로 만드는 훈련을 해야 한다.

예수 그리스도의 성육신은 청년 사역 신학의 기초가 된다. 예수님은 육신이 되셨고, 우리의 이웃으로 오셨다(요 1:14). 예수님은 인간의 문화 속으로 들어오시기 위해 그의 신성을 내려놓으셨다. 그는 하늘나라에서 인간의 문화 속으로 들어오신 선교사이셨다.

청년 문화는 성인 문화와 같지 않다. 청년 사역은 실제로 선교사적인 노력이 필요하다. 젊은이 사역자는 예수님의 성육신의 예를 따라, 젊은 사람의 세계로 선교사의 자세로 들어가 그들이 쉽게 이해하고 수신 할 수 있는 방식으로 복음의 메시지를 공유하고자 하여야 한다.

2. 관계형 방법으로 나눔

젊은이들과 복음을 나누는 근본적인 방법은 인간관계의 개발을 통해서

이다. 따라서 청소년 사역의 성육신 신학은 청소년 사역의 관계형 방법으로 자연스럽게 이어진다. 젊은이들은 삶의 동반자로서의 친구와 멘토를 필요로 한다. 이러한 역할이 청소년 자신의 가치를 긍정하고 자신의 정체성을 형성하는 데 도움이 된다. 어떤 의미에서 효과적인 청소년 사역은 흥미롭거나 역동적인 프로그램 혹은 서비스를 만들어내는데 있지 않다. 개인적인 관계를 통해 그리스도의 사랑을 보여주고 그들의 친구들을 통해 전해지는 복음에 반응하도록 돕는 것이 중요하다.

3. 통전적인 영향력의 필요

예수님께서 제자들을 가르치신 방법은 단순히 지식의 전달이 아닌 삶의 모든 것으로 보여주신 통전적 가르침이었다. 그의 사역에서 보는 바와 같이, 젊은이들을 위한 사역은 통전적이어야 한다. 복음은 정서적 · 신체적 · 영적 · 지적 · 사회적 등, 인간이 필요한 모든 분야에서 변화를 가져온다. 예수님은 이사야서 61장 1~2절을 인용하시면서[22] 그의 사역이 인간의 모든 영역을 터치하신 사실을 명확히 하신다. 예수님은 "아버지께서 나를 보내신 것 같이 나도 너희를 보내노라"(요 20:21)고 말씀하셨다. 예수님은 세상의 모든 젊은이를 위해 우리를 사역자로 파송하신다.

4. 젊은이 문화에 반하는 교회의 문화적 장벽

일반적으로 젊은이 사역에 대해 교회가 직면하는 네 가지 문화적 장벽이 있다. 첫째는 교회 대 교회의 신자가 아닌 것에 대한 장벽(church versus unchurched barrier)이다. 세계 대부분의 젊은이들은 교회의 신자가 아니므로 교회의 메시

---

22) 누가복음 4장 17-19절. 선지자 이사야의 글을 드리거늘 책을 펴서 이렇게 기록된 데를 찾으시니 곧 주의 성령이 내게 임하셨으니 이는 가난한 자에게 복음을 전하게 하시려고 내게 기름을 부으시고 나를 보내사 포로된 자에게 자유를, 눈먼 자에게 다시 보게 함을 전파하며 눌린 자를 자유롭게 하고 주의 은혜의 해를 전파하게 하려 하심이라 하였더라.

지나 관심을 이해하지 못한다. 둘째로 서구 세계에서 모던 대 포스트모던의 나뉨이다(modern versus postmodern divide). 대부분의 교회는 모던 이슈에 대한 응답에 대해 교리적인 어떤 형식을 가지고 있다. 오늘날의 젊은 세대는 포스트모던한 감성을 가지고 있다. 복음을 전통적인 방법으로만 설명하는 것은 그들이 가진 문제에 대해 해답을 줄 수 없다. 셋째로 기술적인 격차이다. 컴퓨터와 인터넷의 출현은 사람들이 소통하고 생각하는 방식을 변경했다. 교회는 이러한 부분에서 종종 너무 뒤떨어져 있다. 넷째로 나이와 세대 차이이다. 이에 대한 결과는 문화적 분할이다. 다른 선교 사역과 마찬가지로, 우리는 복음의 의미를 소통하기 위해 문화의 양식을 사용해야 한다. 젊은 세대 전도하기 위해서는 그들이 이해할 수 있는 문화 형태로 메시지를 바꾸어야 한다. 우리는 음악과 예술에 있어서 가장 최근의 것을 이해하고 적용해야 한다. 그들의 사고방식과 의사소통의 새로운 방식을 이해할 필요가 있다. 교회는 그들의 문화를 두려워하거나 무시해서는 안 된다.

B. 젊은 세대 사역을 위한 컨텍스트들

전 세계의 젊은 세대는 몇 가지 공통점을 가진 컨텍스트 속에서 살고 있다. 아시아의 도시 지역으로부터 미국의 시골 농장에 까지, 아프리카의 전쟁으로 찢어진 지역으로부터 유럽의 상대적 자유에 이르기까지 젊은 세대는 불가피하게 자신의 삶의 조건과 상황에 연결된 방식으로 삶을 경험한다. 따라서 효과적으로 12/25 세대를 전도하고 제자화하기 위해서는 그들이 자신과 세상을 보는 방식에 영향을 미치는 상황을 평가하는 것이 필요하다.

1. 사회와 정치적 컨텍스트에 관한 질문

사회와 정치적 관점에서 그들을 설정하는 것은 무엇인가? 그들은 도시 · 교외 · 농촌 또는 다른 지역에서 살고 있는가? 세대 차이의 정도는 어떠한가? 기성세대는 젊은 세대를 얼마나 이해하고 있는가? 경제적인 현실은 어떤가? 재산 또는 가족과 지역 사회의 빈곤의 수준은 어떤가? 그들이 살고 있는 지역의 정치 상황은 어떤가? 그들은 얼마나 자유로우며 전쟁의 위협은 어떤가? 추가 교육에 대한 자신들의 교육 수준과 품질은 어떤가? 그들이 직면하고 있는 건강 문제는 어떤가?

2. 가족 컨텍스트에 관한 질문

가족의 상황은 어떤가? 누가 그들과 함께 살고 있으며, 가족 문제의 형태와 직면한 문제는 어떤 것인가? 부모, 형제와의 관계는 어떤가? 가족 안에서 누가 지배적인 권한을 행사하는가? 어떤 가족 전통이 중요하고 그것이 어떻게 전달되는가? 어떤 성 문제가 문화 또는 가족에 존재 하는가? 그는 특히 여성에게 그것은 무엇을 의미하는가? 어떻게 그리고 언제 결혼 파트너 선택하고, 그것은 젊은 세대에 어떤 영향이 있는가?

3. 젊은 세대 컨텍스트에 관한 질문

그들에게 노출된 미디어 상황의 정도는 어떠한가? 이는 영화 · TV · 음악 · 잡지 · 인터넷 등을 포함한다. 그들은 어떻게 사회적 관계를 형성하는가? 그들은 동료들과 얼마나 많은 시간을 소비하는가? 그들 동료들의 유형은 어떠한가? 동료들의 영향력은 어느 정도인가?

그들은 특히 패션 · 사고방식들 · 소지품들 · 활동들과 같은 대중문화에 얼마나 많은 영향을 받고 있는가? 그들이 참여하는 여가 활동은 무엇인가? 그들에게 노출되었거나 흥미를 가지고 있는 음악과 다른 예술들은 어떤 것인가?

4. 종교 컨텍스트에 관한 질문

영적 환경은 어떤가? 부모와 혹은 다른 중요한 어른들–기독교인과 비기독교인들 모두 포함하여–어떤 종교적 영향력이 있는가? 문화 속에서 기독교적 환경은 어떠한가? 기독교에 대한 인식과 실제 이해의 수준은 어떠한가? 기독교적 환경에 대해 얼마나 친화적인가 아니면 반항적인가? 가장 우선하는 비기독교적 종교 영향들은 무엇인가? 문화 속에 존재하는 종교적 박해는 어떤 형태가 있는가?

C. 젊은 세대를 위한 글로벌 필요들

로잔의 문서는 세계의 지역별 젊은이들의 절실하고 분명한 필요들을 탐구하고, 다음과 같은 광범위한 범주 속에서 보편적인 특정한 필요들이 있다는 결론을 제시하고 있다. 그것은 정서적, 신체적, 사회적, 지적, 영적인 것이다. 지역 교회들이 젊은이들의 삶이 변화되는 것을 돕고자 한다면 이러한 요구를 해결하는 방법을 찾아야 할 것이다.

1. 정서적인 필요

전 세계의 모든 젊은이들은 그 자신이 누구이며 인간됨의 의미가 무엇인지를 필사적으로 찾으려 노력하고 있다. 즉, 그들의 정체성에 대해 관심을 가지고 있으며 젊은 세대는 이러한 것들이 완성되어가는 시기이다. 이것은 그들의 정당한 욕망이기도 하다. 이들은 자신의 운명과 환경을 개척해 나가는 힘을 필요로 한다. 일부는 정치 · 생태환경 · 사회 등의 분야에서 이 세상의 현실을 변화시키고 영향을 미칠 수 있는 것을 바라고 있다.

이들의 정서적인 필요를 해소해주기 위해서는 무조건적인 사랑이 필요하다. 젊은이들은 어떠한 기대를 반드시 수행해야 한다거나 혹은 충족하지 않고도, 그들이 그대로 받아들여지기를 원한다. 무조건적인 사랑에 대한 이러한 욕망은 종종 전통, 교육, 관계와 경제의 현실에 의해 좌절을 맛보기도 한다.

또한 젊은 세대는 자신들의 견해와 소망들이 진지하게 받아들여지고, 그들의 목소리가 경청되고, 그들이 누군가와 그들이 지지하는 것에 대하여 존중받고자 하는 적법한 소망을 가지고 있다. 그들은 단순히 미래의 가능성으로 여겨지는 것이 아니라 현재의 유효한 기여자로서 여겨지기 원한다.

이들의 이러한 정서적 필요에 관하여 우리는 어떤 것을 고려해야보아야 하는가? 다음과 같은 질문에 대답할 수 있어야 한다. 교회는 사역의 중요한 부분으로 젊은이들을 고려하고 있는가? 교회는 계획을 가지고 전도하는 것과 그들의 사역과 커뮤니티의 필수적인 부분으로 젊은이들을 포함하고 계획하고 있는가? 교회는 그들의 능력에 대해 신뢰를 두고 있는가, 그들의 가능성을 활용하기 위한 공간과 힘을 그들에게 제공하고 있는가?

교회는 교회의 삶의 중요한 한 부분으로 젊은이들과 그들의 문화를 받아들여 무조건적인 사랑을 보여주고 있는가? 교회는 실제적이고 진정한 방법으로 그 사랑을 표현하고 있는가? 교회는 젊은이들이 자유롭게 자신의 정서와 느낌, 그들의 기쁨과 노력뿐만 아니라 그들의 생각, 아이디어 그리고 은사를 자유롭게 표현할 수 있도록 허락하는가?

2. 신체적 필요

기본적인 필요(음식, 안전, 주거, 의료, 건강한 환경 등)는 모든 사람이 동일하다. 가장 기본적인 것은 또한 교육과 고용을 포함하는 것이다. 젊은 세대의 신체적 필요에 대하여 다음과 같은 전략적 질문이 필요하다.

우리 지역에서 젊은이들의 특별한 신체적 필요는 무엇인가? 교회는 이러한 요구 사항을 해결하고 있는가? 그렇지 않다면, 우리는 그들에게 어떻게 해결할 수 있는가? 젊은이들의 신체적인 필요를 충족시키기 위해 우리는 어떠한 자원을 제공할 수 있는가? 우리보다 젊은이들의 필요를 더 잘 충족시킬 수 있는 다른 조직이 있는가? 우리는 그들과 어떻게 협력 할 수 있는가?

3. 사회적 필요

젊은이들은 그들이 잘 성장할 수 있는 건강하고 안정된 관계를 필요로 한다. 그들은 그들이 어디에 속해있음을 알고 느낄 필요가 있다. 이러한 기능은 가족들, 또래 집단, 사회적 모임 그리고 관계적 네트워크 등을 포함한다. 그들은 그들의 사회적 · 지성적 개발을 도와줄 수 있는 상호의존적인 커뮤니티에 속해야 할 필요가 있다. 그들은 친구들이나 멘토들 그리고 역할모델에 의해서 지원을 받아야 할 필요가 있으며, 동시에 자유롭게 독립적인 탐험을 할 수 있도록 격려 받을 수 있어야 한다.

이러한 사회적 필요를 해소하기 위해서는 다음과 같은 전략적 질문에 답할 수 있어야 한다. 젊은이들과 교회 지도자와의 사이의 커뮤니케이션에 있어서 틈이 존재하는가? 건강한 가족 관계를 개발하는 것을 돕기 위해 교회가 하는 일은 무엇인가? 장년 그리스도인들은 그들이 젊은 그리스도인들과 관계를 맺거나 맺지 않음으로서 젊은이들에게 긍정적인 영향과 부정적인 영향을 주고 있음을 깨닫고 있는가? 교회는 젊은이들이 그들의 동료들을 만날 수 있도록 건강한 환경을 어떤 방식으로 제공하는가? 교회는 교회 생활의 모든 측면에서 젊은이들에게서 경청하고 있는가? 또한 그들에게서 배우고 있는가? 그것들을 통합하고 있는가? 교회는 젊은이들이 전도를 목적으로 믿지 않는 동료들과 관계를 형성하는 것에 대해서 이것을 지원하고 격려하고 있는가?

4. 지적 필요

젊은이들은 더 나은 고용과 미래에 대한 다른 선택권을 확보하기 위해 교육을 받아야 한다. 부모와 사회적 기관이 교육에 대한 장기 투자의 중요성을 인식하지 못한다면, 그것은 젊은이들에게 실망스러운 것이다. 더하여, 세계에는 여러 종류의 이유로 말미암아 교육 자체가 불가능한 지역이 있다.

교육의 필요에 대해 다음과 같은 전략적 질문에 답할 수 있어야 한다. 지역 교회는 젊은이들이 교육의 기회를 얻을 수 있도록 어떻게 도울 수 있는가? 교회들이 교육에 투자하거나 교육을 제공하거나 부모들의 인식을 깨우칠 수 있는가? 교육에 대해서 여전히 소외 계층인 젊은이들이 어떻게 그 가치와 의미를 찾도록 할 수 있는가?

젊은이들은 삶의 현실에 대해 대가를 지불할 필요가 있다. 그들은 다음과 같은 것에 대해서 삶의 중요한 결정할 할 수 있는 기술이 있어야 한다. 예를 들면, 경력을 쌓는다거나 결혼 상대자를 선택한다거나 재정을 관리한다거나 어떤 곳에서 살 것인가 등이다.

교회는 젊은 세대가 자신들의 미래의 삶을 만들어 갈 수 있도록 다음과 같은 질문들에 대해 답을 제시할 수 있어야 한다. 젊은이는 인생의 동반자를 선택하는 것에 대하여 언제부터 이를 생각하기 시작해야 하는가? 교회는 이들이 생애를 발전시키고 선택하는 것을 어떻게 도울 수 있는가? 이러한 것에 대하여 교회의 기성세대 멤버들이 상담 프로그램에 참여하거나 훈련코스를 제공함으로써 최선을 행하고 있는가? 교회는 어떻게 전쟁이나 기근과 같은 재난에서 살아남을 수 있도록 젊은이들이 준비하는데 도움을 줄 수 있는가?

5. 영적 필요

젊은이들은 의미와 목적을 찾고 있다. 많은 경우, 이러한 탐색은 그들을 교회로 이끌기 보다는 다른 영성이나 비술로 이끌어간다. 더하여 검색 오히려 자주 가능한 답변, 깊은 영적 경험과 전력을 제공하지 않는 것 교회보다 다른 영성과 신비를 탐험을 이끈다. 또한, 그리스도인들과 그들의 행실이 보여주는 메시지와 주장 사이에는 종종 어떤 불일치가 있다.

젊은이들은 살아있으며 믿을만한 도덕적 가치를 개발하기를 원하며 그런 방향을 찾으려한다. 젊은이들은 희망과 힘으로 그들의 삶에 주입할 수 있는 잠재력을 가진 초월적인 현실을 체험하기를 원하다. 그들은 그들 자신이나 그들 주변 세계의 현실보다 거대한 어떤 것에 연결되었다는 느낌을 경험하기 원한다.

교회는 이러한 영적 필요를 해결하기 위해 다음과 같은 질문에 대한 방향을 제시해 줄 필요가 있다. 지역교회는 젊은이들이 지도자들이나 어른들, 동료들의 삶을 통해 믿을만한 기독교적 정신을 경험하고 증거 할 수 있는 기회를 제공하고 있는가? 교회는 젊은이들에게 명확하게 복음을 전해주고 그들이 응답할 수 있는 기회를 주고 있는가? 교회는 대안적 영성에 대한 젊은이들의 질문에 응답할 수 있는가?

앞에서 언급한 것처럼, 이 장에서는 로잔문서가 소개하는 젊은이 세대 전도에 대해 나름의 방식으로 정리해보았다. 로잔문서는 일부 대륙과 나라에 대한 약간의 분석을 다루고 있으나, 그것보다는 전 지구적인 차원에서 젊은이 세대를 위한 선교를 위해 고려해야 할 부분에 대해 나름의 관점을 제시하고 있다. 이를 토대로 특정 지역의 젊은이 전도는 그 지역에 맞는 상황화 된 전도 전략을 수립하고 실행해 나갈 필요가 있다고 생각된다.

Ⅳ. 젊은이 세대를 위한 전도

한국 교회가 다시 재도약하기 위해서는 무엇보다도 우리의 내부적 문제에 대한 갱신이 필요하다. 기업이 위기를 벗어나기 위해 그야 말로 뼈를 깎는 노력으로 구조조정을 시행하듯이, 우리 안에 있는 문제와 환부들을 도려낼 수 있어야 한다. 동시에 우리 안에 스며들어 있는 패배주의적 생각을 떨쳐내고 우리 스스로의 자신감을 회복해야 한다. 최윤식은 최근의 저술에서 "향후 10년이 한국 교회의 골든타임"임을 피력하였다.[23] 이 말은 아직은 한국 교회가 다시 건강성을 회복할 수 있는 기회가 있다는 것이다. 최윤식도 그의 책에서 '전도가 어려운 것이 상식'이 되었지만 그래도 전도의 씨를 뿌려야 한다고 강조한다.[24] 그리고 중점을 두어야 할 분야가 젊은이 세대, 즉 교회의 교육부서의 부흥을 요청하고 있다.[25]

젊은이 세대를 어떻게 전도할 것인가에 대한 단기적 처방은 이미 여러 곳에서 언급하고 있으므로, 여기에서는 로잔 운동이 바라보는 좀 더 거시적 관점에서 젊은이 세대를 위한 전도에 필요한 내용들을 몇 가지 언급하고자 한다.

23) 최윤식 · 최현식, 『한국교회미래지도 2』 (서울: 생명의말씀사, 2015), 9.

24) Ibid., 208-209.

25) Ibid., 210.

A. 모든 것은 하나님에 대한 사랑에서 시작

케이프타운 서약은 "우리는 하나님이 먼저 우리를 사랑하셨기에 하나님을 사랑한다."고 선언한다.[26] 하나님의 선교는 하나님의 사랑에서 비롯된 것이다. 세계 복음화의 마음과 이에 대한 헌신도 하나님의 사랑이 우리를 향해 그리고 우리를 통해 흘러나온 결과이다.[27] 바울은 천사의 말을 할지라도 사랑이 없으면 소리 나는 구리와 울리는 꽹과리에 지나지 않으며, 모든 비밀과 모든 지식을 알고 또 산을 옮길 만한 모든 믿음이 있을지라도 사랑이 없으면 아무 것도 아니라고 하였다(고전 13:1-2). 하나님을 사랑하기에 그 사랑으로 하나님의 세상을 사랑하는 것이다. 그리고 그 사랑의 범위에는 하나님의 창조세계와 여러 나라와 문화 그리고 이 세상의 가난한 자들과 고통 받는 자와 이웃이 포함된다.[28] 오늘날 전도가 어렵다고 하지만, 전도가 교회 활동의 한 부록처럼 취급되어서는 안 되며,[29] 이러한 사랑의 관계는 상대방의 마음을 움직일 수 있다. 오스카 톰슨 주니어는 다음과 같이 말한다. "나는 대부분의 사람들은 예수 그리스도를 거부하지 않는다고 믿는다. 단지 예수님에 대한 부분적 묘사를 거부할 뿐이다. 이들은 '종교가 되어버린 교회'를 거부하는 것이지 예수 그리스도를 기본적으로 거부하는 것은 아니다. 사실 이들은 예수님에 대해 제대로 들어본 적도 없다."[30] 우리의 전도와 세상을 향한 섬김은 하나님이 우리를 사랑하셨기에, 그 사랑을 나누는 것이다. 우리가 먼저 하나님에 대한 첫사랑을 회복해야 한다.

---

26) 로잔운동, 최형근 역, 『케이프타운 서약』 (서울: IVP, 2014), 21.

27) Ibid., 21.

28) Ibid., 43-49.

29) 박보경, "로잔운동에 나타난 전도와 사회적 책임의 관계," 『복음과 선교』 제22집 (2013), 16.

30) 오스카 톰슨 주니어 · 클로드 킹 공저, 이혜림 역, 『관계중심 전도』 (서울: 생명의 말씀사, 2015), 81.

B. 변화하는 시대를 이해하고 선교에 적용

로잔 언약(Lausanne Covenant)은 복음 전도를 "사람들을 설득하여 구주와 주님으로서의 역사적 성서적 예수 그리스도께로 직접 나와서 하나님과 화목을 이루도록 하기 위해서 그를 선포하는 것"이라고 정의를 내린다.[31] 복음주의자들은 본질적으로 이 정의에 동의한다. 그리고 제1차 로잔대회는 복음 전도와 함께 사회적 참여와 책임을 통전적 선교로 받아들였다. 그리고 이러한 개념은 대회를 거듭하면서 발전된 형태로 나타났다. 로잔은 복음 전도와 사회적 책임을 이분법적인 양자택일로 접근하지 않는다.[32] 성경은 포괄적이고 다양성인 가운데서도 통일성을 가지고 하나님 나라를 전하고 있다. 상황에 맞는 통전적 선교를 지향하고 있는 것이다.[33] 시대와 사람은 분명히 변하고 있다. 이러한 변화를 이해하고 복음의 본질을 잘 유지하면서 복음 전도에 대한 접근법은 변화할 수 있어야 한다. 특히 젊은이 전도에 있어서는 이들이 가진 문제와 질문에 대하여 회피하지 않으면서도, 복음의 중심 개념을 잘 이해시킬 수 있어야 한다. 무엇보다도 그들의 삶 속으로 들어가 이 깨어진 세상에서 영원한 소망이 복음 안에 있음을 말과 행동으로 보여주는[34] 성육신적 선교의 자세가 필요하다.

---

31) 앨 타이즌(Al Tizon), 이광순 · 이용원 공역, 『로잔 이후의 변화』(인천: 주안대학원대학교출판부, 2015), 61에서 재인용.

32) Ibid., 143.

33) Ibid., 215.

34) 김선일, "지역사회 중심의 복음전도," 『선교와 신학』 37집 (서울: 장로회신학대학교출판부, 2015), 93.

C. 세상과 구별되지만 세상 안에 있는 그리스도인

그리스도인들은 이 세상 속에서 살아가지만, 이 세상과 구별된 삶을 살아가는 존재이다. 케이프타운 서약은 "그리스도인과 비그리스도인의 행위에 아무런 차이가 없다면... 세상이 우리 기독교 신앙의 실효성에 대해 의문을 가지는 것이 당연하다"고 언급한다.[35] 이렇게 된다면 우리가 전하는 메시지는 세상 사람들에게 어떠한 진정성도 느껴지지 않을 것이다. 김선일은 기독교의 진리를 사회적 실체가 없는 합리성으로는 이를 증거 하는 것이 불가능하다고 지적한다.[36] 우리는 성적인 문제들에 대하여 열려 있어야 하며, 답을 회피해서는 안 되지만, 동시에 문란한 성행위의 우상을 거부하고 그분의 사랑 안에서 걸어갈 수 있어야 한다. 우리의 타락과 죄 때문에 권력이 자주 다른 사람들을 착취하고 학대하는 도구로 사용되기도 한다.[37] 그리스도인들은 권력의 우상을 거부하고 겸손으로 걸어가야 한다. 동시에 성공의 우상을 거부하고 정직함 가운데 걸어갈 수 있어야 한다.[38] 그리스도의 참된 제자는 예수께서 가르쳐 주신 가르침을 자신의 몸으로 실천하며 따를 수 있어야 한다. 우리의 능력은 거기서부터 나오는 것이다. 그런 의미에서 본다면 젊은 세대의 전도는 다른 모든 세대의 전도와 연결되며, 다르다고 볼 수 없다. 한국 교회의 갱신과 교회의 건강성이 회복되어야 한다. 한국 교회와 지도자들이 진정으로 자신을 개혁하고 주님 앞에 자신을 내어드릴 때, 젊은이들이 교회와 지도자를 믿고 따라오게 될 것이다.

---

35) 로잔운동, 최형근 역, 『케이프타운 서약』 (서울: IVP, 2014), 113.

36) 김선일, "종교다원주의 사회에서의 전도-레슬리 뉴비긴을 중심으로," 『복음과 선교』 제24집 (2013), 30.

37) Ibid., 116.

38) Ibid., 117.

V. 결론

교회가 젊은 세대를 포기한다는 것은 곧 미래를 포기한다고 선언하는 것이나 마찬가지이다. 젊은 세대는 미완성의 세대이지만 성경과 선교 역사를 통해 이 세대가 하나님의 나라를 이루어가고 기독교의 선교의 지평을 넓히는데 큰 힘을 감당하였다는 것을 우리는 알고 있다. 청년 세대의 교회 이탈과 가나안 성도의 문제 등은 모두 연결되어 있는 우리의 문제이다. 장기적 대책과 함께 단기적 처방도 필요하다. 교회 전체를 갱신 시키는 구조적 작업과 함께 관계전도에 기초한 일대일 복음전도도 강조되어야 한다. 전도는 지금까지 한국 교회를 성장시킨 가장 중요한 요소 중의 하나이며[39], 이는 앞으로도 그러할 것이다. 지금까지 해왔던 대책 없고 관행적인 전도[40]는 더 이상 도움이 되지 않는다.

로잔의 문서가 보여주는 젊은이 세대 전도는 어떤 의미에서 단기적인 처방은 아니다. 하지만 어떤 의미에서 지금 우리의 전도는 단기적인 증상 치료가 아닌 교회의 근본적인 체질을 바꾸는 것이 필요한 시대라고 여겨진다. 내년이면 종교개혁 500주년이 된다. 한국 교회 안에서 이를 기념하는 다양한 행사들이 펼쳐질 것이다. 행사로 끝나는 기념이 아니라 한국 교회 안에서 진정한 제2의 개혁이 일어나야 한다. 로잔의 복음적 운동이 캠퍼스에 새로운 성령 운동을 불러일으키도록 노력해야 할 때이다.

---

39) 이후천, "시스템 선교론: 한국 교회의 전도 · 정착 · 양육 · 훈련 프로그램 시스템화에 대한 선교학적인 평가,"『선교와 신학』 제15집 (서울: 장로회신학대학교출판부, 2005), 149.

40) 최원진, "세계선교 현황과 한국교회 선교를 위한 전략적 제안,"『복음과 선교』 제30집 (2015), 246.

참고문헌

LOP 47. Evangelization of Children.

LOP 52. The 12/25 Challenge: Reaching the Youth Generation.

김선일. "지역사회 중심의 복음전도." 『선교와 신학』 37집 (2015. 10), 75-105.

______. "종교다원주의 사회에서의 전도-레슬리 뉴비긴을 중심으로." 『복음과 선교』 제24집 (2013), 9-43.

김은혜, 손디모데. "한국교회 청년세대의 교회이탈에 대한 신학적 성찰과 장신신학의 윤리 교육적 사명."

데이비드 키네먼. 이선숙 역. 『청년들은 왜 교회를 떠나는가』. 서울: 국제제자훈련원. 2015.

로잔운동. 최형근 역. 『케이프타운 서약』. 서울: IVP. 2014.

박보경. "지역교회의 문화사역을 통한 복음전도." 『선교와신학』 36집 (2015. 06), 103-137.

______. "로잔운동에 나타난 전도와 사회적 책임의 관계." 『복음과 선교』 제22집 (2013), 9-43.

앨 타이즌(Al Tizon). 이광순 · 이용원 공역. 『로잔 이후의 변화』. 인천: 주안대학원대학교출판부, 2015.

오스카 톰슨 주니어 · 클로드 킹 공저. 이혜림 역. 『관계중심 전도』. 서울: 생명의말씀사, 2015.

이원규. "2012년 한국인의 종교 생활과 의식조사 보고서-개신교인 및 비개신교인 조사를 중심으로." 2013년 4월 19일. 한목협 세미나 발표자료.

이후천. "시스템 선교론: 한국 교회의 전도 · 정착 · 양육 · 훈련 프로그램 시스템화에 대한 선교학적인 평가." 『선교와 신학』 제15집 (2005. 06), 127-152.

최윤식 · 최현식. 『한국교회미래지도 2』. 서울: 생명의말씀사. 2015.

최원진. "세계선교 현황과 한국교회 선교를 위한 전략적 제안." 『복음과 선교』 제30집 (2015), 229-268.

한국갤럽조사연구소. 『한국인의 종교』. 서울: 한국갤럽조사연구소. 2015.

한국기독교목회자 협의회. 『한국기독교분석리포트』. 서울: URD. 2013.

한국기독공보 2015. 12. 07. 기사

한국기독공보. www.pckworld.com. "교세 통계로 본 신앙의 대잇기 과제." 2016. 03. 02.

www.lausanne.org

www.lausanne.org/category/lop

제3세계 전(全) 성도의 선교사화를 통한 교회개척 사역과 선교

- 2010년 제3차 로잔대회 공식 문서를 중심으로 -

장훈태 • 백석대학교

Ⅰ. 들어가는 글

동부 아프리카에서 스와힐리어를 쓰는 사람들은 “하쿠나 마타타”라는 말로 축복을 빈다. “하쿠나 마타타”란 “다 잘 될 거야”란 의미로, 이를 비롯한 동부 아프리카의 인사말은 매우 긍정적이다. 이와 마찬가지로 서부아프리카의 인사말은 각 나라마다 차이는 있지만, 모두 축복을 빌거나 긍정적인 말들이다. 코트디부아르는 아침 인사로 아니 소바마(Anni sobama), 오후 인사로 아니떼레(Anni tere), 저녁 인사는 아니 씀(Anni sum)이라고 한다. 가나(Gaana)는 오전 인사로 마쪠(matsèin), 점심때는 마한(Maahan), 오후는 마죠(Maadzo), 저녁은 데이예(Dèyié)라고 한다. 토고(Togo)는 오전 인사를 누디(Nudi), 점심인사 누도(nudɔ), 오후 인사 피엥(Fië), 저녁인사는 장 니에(zā nyuie)라 한다. 베냉공화국의 아침인사는 아프아꾸도 장 장(Afɔa/kudo zā zā), 점심 인사는 꾸도 바다(kudo gbada) 오후는 꾸도 훼네(kudo hoemé), 저녁 인사는 꾸도 장(kudo zā)이라 한다.[1] 부르키나파소라는

1) “서부아프리카 인사말” 2016년 8월 27일 인터뷰 및 이메일로 받은 것임을 밝힌다. 서부아프

국가명의 뜻은 "정직한 나라"라는 의미를 갖고 있다. 코트디부아르 아비장(Abidjan)은 과거 아이보리코스트란 이름을 가진 곳이다. 이곳은 지정학적으로 대서양을 끼고 있을 뿐 아니라 서부아프리카의 경제적 · 정치적 요충지역이다. 코트디부아르는 정치적으로 다섯 번의 쿠데타로 수많은 인명피해와 경제적 퇴보를 가져오기도 했지만 현재는 정치적 안정과 경제적으로 투자가 좋은 국가로 알려져 있다.

코트디부아르 아비장 한인교회는 1980년 4월 27일 하우스 처치(House Church)로 출발하여 현재는 코트디부아르 복음화를 위하여 헌신된 교회로 활동하고 있다. 아비장 한인교회는 2016년 교회의 표어를 "별과 같이 빛나는 사람"(단 12:3)이라고 정했다. 교회의 목표는 기도의 사람, 말씀의 사람, 능력(성령)의 사람, 선교와 전도의 사람으로 정하고 코트디부아르 전 지역의 교회개척과 지역사회 개발을 통한 변혁을 위해 사역하고 있다. 아비장 한인교회는 디모데전서 4장 5절의 "하나님의 말씀과 기도로 거룩하여 짐이니라."는 말씀을 기초로 하여 신앙의 3단계를 모색하고 있다. 곧 변화→성숙→헌신이란 3단계를 통해 하나님 나라 건설을 지향하는 교회로서의 책임을 다하고 있다.[2]

아비장 한인교회의 특징은 크게 두 가지가 있다. 첫째는 전교인의 선교사화, 둘째는 전교인의 신학화로 선교사로서의 역할을 수행하자는 것이 교회의 비전이라고 한다.[3] 아비장 한인교회가 교회의 비전을 크게 갖는 이유

리카에는 한 나라에도 많은 언어가 있다. 여기에는 가장 많은 사람들이 사용하는 대표적인 것을 선택했다. 그 외에 서부아프리카에서 God bless you에 대한 인사가 다르다. 코트디부아르는 알라 바라까(Allah Balaka), 가나(Ghana)에서는 나민 쉐레 우(Nynamin shré wó), 토고(Togo)에서는 마우 이라 우(Muwu yra wó), 베넹에서는 아꿀루노 니도 우에(Akclunɔ ni do woé)라고 인사한다.

2) 백성철, 『2016. 아비장 한인교회 핸드북』(코트디부아르 아비장: 아비장 한인교회 출판부, 2016), 1.

3) 2016년 6월 25일 아비장한인교회에서 인터뷰. 아비장 한인교회 백성철 목사는 교회는 목양을 위해 존재하기 때문에 선교적 사명을 감당하는 것이 목적이라고 말한다. 그는 교회는 하나님의 영광과 지역사회의 영혼을 하나님께 인도하는 것이어야 한다면서 선교적 삶으로 하

는 여러 가지 있지만, 예수 그리스도를 믿는 가장 중요한 목적인 구원을 이루기 위함이 가장 큰 목적이다. 구원은 하나님께서 인간에게 주신 선물이며(행 4:12) 예수 그리스도께서 제자들에게 하신 중요한 말씀을 실천하기 위함이다(마 28:19-20). 아비장 한인교회가 선교목적 가운데 가장 큰 비전은 "현지인 교회 개척 사역"이다. 현지인 교회개척의 성경적 근거와 필요성, 현지인 교회개척 현황과 지역사회 변혁을 위한 선교전략을 고찰하고자 한다.

II. 현지인 교회개척의 필요성

A. 교회개척의 성경적 기초

성경은 모든 그리스도인들에게 "하나님의 말씀만이 모든 삶의 구조 속에 절대적인 규범을 제공할 수 있다"는 것을 밝혀 주고 있다.[4] 성경은 사람들에게 "원인적이고 규범적인 능력"을 가지고 있음을 믿게 될 때 구원[5]과 교리적 틀을 발견하게 될 것이라고 가르친다. 성경은 시간과 공간의 제약으로부터 변화시키는 "보편적 타당성"(universal validity)을 갖고 있다.[6] 그러므로 교회는 시대적 변화와 국제정치 변화, 문화의 도전들이 성경을 해체하거나 선

나님께 헌신할 것을 말한다.

4) 성경은 여러 곳에서 인간 삶의 구조 문제를 다루고 있다. 시편 111:7-8, 119:42, 105, 잠언 30:5 등이다.

5) Richard L. Schultz,(eds), H. Kasdorf/F. Walldorf, "Und sie verkünden meine Herrlichkeit unter den Nationen," *Werdet meine Zeugen. Weltmission im Horizont von Theologie und Geschichte. hänssler*: (Neuhausen, Stuttgart, 1996), 33-35.

6) 정흥호, 『복음주의입장에서 본 상황화 신학』(서울: 한국로고스연구원, 1996), 117.

교의 중요성을 배제한다 할지라도, 이를 결코 허용해서는 안 된다. 교회는 성경의 변화하지 않는 진리를 보존하면서 하나님의 지상명령을 수행하기 위한 전략에 힘써야 한다. 교회는 성경이 가르치는 대로 모든 문화의 영역에서 하나님의 나라를 건설하고 세우는 역할을 해야 한다. 이것은 하나님이 모든 교회와 모든 그리스도인에게 부여한 사명이다.

하나님은 지상의 교회와 성도들에게 성경이라는 매우 귀한 선물을 주셨다. 성경의 기록목적은 매우 분명하다. "오직 이것을 기록함은 너희로 예수께서 하나님의 아들 그리스도이심을 믿게 하려 함이요 또 너희로 믿고 그 이름을 힘입어 생명을 얻게 하려 함이라"(요 20:31)는 말씀이다. 이 말씀은 성경을 기록하는 목적이 모든 사람들로 하여금 예수를 믿게 하는 데 있다는 것을 단적으로 보여준다. 초대교회에서는 사울이 교회를 박해할 때 흩어진 그리스도인들이 사마리아에 복음을 전한 사건을 기록한 "그 흩어진 사람들이 두루 다니며 복음의 말씀을 전할 새"(행 8:4)라는 말씀은 교회개척의 근거라 할 수 있다.

성경은 여러 곳에서 예수 그리스도의 지상명령을 끊임없이 강조하고 있으며(마 28:18-20, 행 1:8), 교회를 통하여 하나님의 나라(the Kingdom of God)를 건설하라고 명령하신다(마 4:23, 눅 4:43). 예수는 복음 전파를 위하여 보내심을 받았다. 예수는 회당에서 성경을 가르치시고, 천국복음을 전파하시며 백성들의 모든 병과 모든 약한 것을 고치기 위한 사명을 다하기 위하여 보내심을 받았다. 그것은 하나님의 나라와 관련된 종말론적이면서 기독교적인 규범을 가르친 교회의 최고 가치이면서 목적이다. 이러한 일을 위하여 교회는 희생을 치루면서 실천하여야 할 책임이 있다.

성경이 가르치는 교회개척[7]은 하나님 나라와 예수 그리스도의 가르침과

7) 나승필, "선교와 교회개척: 성경적 본질과 역사적 관점에서," 「ACTS 신학저널」 제27권 (2016. no. 1), 228-242.

사명 그리고 그의 제자들과 깊이 연관되어 있다. 하나님 나라 건설은 초대 교회의 선교적 주제인 동시에 오늘의 교회와 그리스도인들의 삶에 의미를 담고 있는 깊은 내용이 포함되어 있다.

B. 로잔언약의 교회개척과 선교적 근거

서부 아프리카 코트디부아르를 비롯한 가나, 토고, 베냉 공화국에서 선교적 교회를 개척하도록 인도하시는 분은 성령이시다. 이 지역에서 교회개척은 매우 활발하게 진행되고 있을 뿐 아니라 우리가 온전히 세상을 향한 하나님의 선교[8] 계획에 참여할 수 있도록 성령께서 역사하고 계신다.

교회개척과 관련된 부분은 2010년 제3차 로잔대회 공식문서인 케이프타운 서약-하나님의 선교를 위한 복음주의 헌장- 서문에 명시되어 있다.[9]

> 전 세계가 존재하는 예수 그리스도의 교회의 일원으로서, 우리는 살아 계신 하나님과 주 예수 그리스도를 통한 그분의 구원의 계획에 헌신하고 있음을 기쁘게 확언한다. 그 분을 위해, 우리는 로잔 운동의 비전과 목표에 대한 우리의 헌신을 새롭게 한다.

이 서문은 전 세계에 흩어져 있는 종족들을 구원하기 위한 하나님의 계획을 이루려는 로잔의 비전이다. 이 비전은 우리가 예수 그리스도의 가르침과 전 세계에 증거하는 과업에 여전히 헌신한다는 것과, 우리의 목적이 성

8) Carl F. kell und Franz Delitzsch, *Genesis und Exodus, Biblischer Kommentar über das Alte Testament. Bd. 1.* (Dörffling CD Franke: Leipzig, 1878), 78-79을 보라.

9) 한국로잔위원회 감수, 『케이프타운 서약-하나님의 선교를 위한 복음주의 헌장-』(서울: IVP, 2014), 13.

경적 복음의 핵심진리들을 명료하게 표현하고 그 진리들을 적실하고 도전적인 방식으로 선교사역에 적용하는데 있음을 말하고 있다.[10] 그러면서 로잔언약을 통해 변화하는 세상 속에서 복음의 영원한 진리를 표현하고 적용할 것인가를 분별하기 위해 세 가지를 제안하고 있다. 곧 변화하는 현실, 불변하는 현실, 우리의 사랑과 열정을 통해 온전한 교회가 되는 일, 온전한 복음을 믿고 순종하고 나누는 일, 온 세상으로 나아가 모든 나라를 제자 삼는 일에 우리 자신을 새롭게 해야 된다는 세 가지를 강조한다.[11] 로잔언약과 정신은 온 세상에 하나님의 복음을 전해야 된다는 책임감을 강조한다. 이는 온 세상에 하나님의 교회를 개척하여 때를 얻든지 못 얻든지 복음을 전파하라는 예수 그리스도의 명령에 준하고 있다. 로잔에서 강조하는 선교적 교회는 현지인이 복음 안으로 들어오도록 하기 위해 사역자가 "온전한 복음을 사랑하고, 온 교회를 사랑하며, 온 세상을 사랑한다."는 정신에 기초한다.[12] 이러한 선교정신은 선교형 교회를 개척하는 비전이고 목표가 된다.

로잔 언약에서 교회개척과 선교적 근거는 먼저 하나님이 먼저 우리를 사랑하셨기에, 마땅히 우리가 하나님을 사랑하는 데서 출발한다.[13] 이는 교회를 개척하는 동기인 동시에 목적이 된다. 하나님의 선교는 하나님의 사랑에서 흘러나오기 때문이다. 하나님의 사랑이란, 우리가 죄인 되었을 때에 그가 먼저 우리를 사랑하셨고(요일 4:19), 우리 죄를 위한 대속물로 그의 아들을 보내셨기 때문이다(갈 5:6, 요 14:21, 요일 4:9).

교회를 개척하는 곳은 하나님 사랑과 이웃사랑 이 두 가지가 모든 율법과 예언서를 지탱하고 있는 가장 위대한 계명을 실천하기 위한 장소로서 적

---

10) 한국로잔위원회 감수, 『케이프타운 서약-하나님의 선교를 위한 복음주의 헌장-』, 14.

11) 한국로잔위원회 감수, 『케이프타운 서약-하나님의 선교를 위한 복음주의 헌장-』, 14-17.

12) 한국로잔위원회 감수, 『케이프타운 서약-하나님의 선교를 위한 복음주의 헌장-』, 16-17.

13) 한국로잔위원회 감수, 『케이프타운 서약-하나님의 선교를 위한 복음주의 헌장-』, 21.

합하다. 교회라는 공동의 장소는 복음을 증언하고 가르치며 전파하는데 유용하기 때문이다. 또한 교회가 하나님의 사랑을 실천할 수 있는 장소가 되기도 하지만 하나님의 사랑을 우리 안에 거하고 있다는 것을 표현할 수 있기 때문이다. 교회는 교회라는 공동체를 통하여 하나님을 향한 사랑, 서로를 향한 사랑, 세상을 향한 사랑을 나타내고 말할 수 있다. 또한 교회를 통하여 하나님은 살아계신 분이라는 것을 고백할 수 있으며 우리는 하나님의 영광에 대한 열정을 품고 사랑하게 된다. 이것이 교회개척의 궁극적인 목표인 동시에 선교적이라 할 수 있다. 존 스토트는 선교가 "하나님을 사랑할 때 분노, 질투를 버리고 하나님의 영광을 위해 타오르는 거룩한 열심"이라고 했다.[14] 거룩한 열심이 곧 하나님의 영광을 드러내게 되며 이로 인한 표현은 교회개척을 통한 복음 전파라 할 수 있다.

C. 제3세계 지역 교회개척의 필요성

1. 한 영혼구원을 위한 교회개척

예수 그리스도는 지상에 있는 제자들을 향하여 "너희는 가서 모든 민족을 제자로 삼아 아버지와 아들과 성령의 이름으로 세례를 베풀고 내가 너희에게 분부한 모든 것을 가르쳐 지키게 하라"(마 28:19-20)는 사명을 주셨다. 이 사명은 교회역사 가운데 계속적으로 수행되어 왔으며 오늘날에도 해안선교, 내륙선교, 감춰진 족속(hidden People), 미접촉 족속(Unreached People)선교로 계승되고 있다. 윌리암 캐리(William Carey), 허드슨 테일러(Hudson Taylor), 맥가브란

---

14) John Stott, *The Message of Romans, The Bible Speaks Today* (Leicester and Downers Grove: IVP, 1994), 53. 한국로잔위원회 감수, 『케이프타운 서약-하나님의 선교를 위한 복음주의 헌장-』, 27.

(McGavran), 타운센드(Townsend), 티모시 팍(Timothy K. Park)등도 근대 선교의 맥(脈)을 형성한 자들이다. 그러나 이들의 주장과는 다르게 현재는 지구촌 시대로서 세계 어느 곳이든 다양한 종족들을 접하는 시대로 변화했다. 지구촌 시대라 할지라도 종족에 따라 언어가 다르기 때문에 복음전파의 양식에 있어 차이가 있다.

특히 서부 아프리카 15개국 가운데 코트디부아르 인구 2천4백만 명 가운데 종족 수는 무려 60여개 정도 된다.[15] 종족별로는 크게는 아칸(Akan), 크루(Krou), 망데(mandé), 구르(Gour)족으로 나누기도 한다. 이 중 아칸 족은 바울레, 아니 등 18개 소(小)종족으로 나누어지기도 한다. 아칸 족은 코트디브아르 전체 인구의 41.1%를 차지할 정도로 그 숫자가 많은데, 아칸 족들은 대부분 가나에서 이주해 온 것으로 알려져 있다. 이외에 인구의 약 30-35%는 부르키나파소, 기니, 라이베리아, 베냉 등 주변 국가에서 이주해 온 자들이다. 또한 인구의 약 4% 정도는 프랑스, 레바논, 스페인, 미국 및 캐나다 등에서 이주해 온 자 들이다. 최근 들어 부르키나파소에서 이주해 오는 자가 많아 종족별 퍼센트는 자주 변화하고 있다. 코트디부아르에는 다양한 종족과 문화가 혼합되어 있지만 종교만큼은 로마가톨릭교회가 가장 우세한 곳이었다. 하지만 현 알라산 와타라(Alassane Ouattara) 대통령이 집권한 이후에는 이슬람교가 왕성하게 성장하고 있다.

현재 코트디부아르의 정치 · 사회 · 종교적 상황은 매우 혼란스럽지만, 지금이 바로 선교의 기회가 되는 시기이다. 왜냐하면 코트디부아르는 오래전에 복음이 소개된 곳이지만 정치 · 사회 · 종교적 상황으로 인해 복음을 접하지 못한 종족들이 더 많았기 때문이다. 이들에 대한 특별한 관심과 선

15) 장훈태, "코트디부아르 서북부지역 18개 교회개척현황 조사" (2016년 6월 24일-7월 8일). 코트디부아르 서북부 지역을 탐사하는 가운데 밝혀진 종족수임을 밝힌다. 필자는 다양한 종족을 만나 그들과 인터뷰를 한 바 있으며 종족별 파일을 조사하기도 했다.

교 전략적 차원에서 아비장한인교회는 현지인을 통한 현지교회개척 사역에 목표를 두고 "한 영혼을 구원하는 교회개척" 전략을 수행하고 있다. 아비장 한인교회의 사역이 로잔언약에 근거한 교회개척사역은 아닐지라도 성경에 기초한 영혼구원, 한 생명 살리기 운동에 적극적으로 사역하게 된 것은 예수 그리스도의 지상명령에 따른 것이라 할 수 있다.

아비장 한인교회의 코트디부아르 서북부 지역과 서남부 해안 지역 교회개척 사역은 "생명 살리는 목회와 선교", "별과 같이 빛나는 사람"(단 12:3)이라는 말씀에 근거한다. 아비장 한인교회 백성철 담임목사와 당회원, 제직회가 하나님의 아들이신 예수 그리스도의 복음의 진리를 부드럽고도 확고하게 변호하기를, 그리고 죄를 깨닫게 하고 진리를 확신케 하는 성령의 사역을 기도하며 신뢰하면서 교회개척사역에 헌신하고 있다. 이들은 하나님을 사랑한다고 말한다면 "하나님의 최우선 순위"에도 함께해야 한다는 각오를 가지고 한 영혼을 구원하기 위한 교회개척사역에 힘을 쏟고 있다. 아비장 한인교회는 "하나님의 이름과 그 분의 말씀이 모든 것 위에 높임을 받으시는 것"(시 138:2)에 초점을 두고 "한 영혼을 구원하기 위한 교회개척"을 실천하고 있다.

또한 한 영혼을 구원하기 위한 교회개척의 필요성은 첫째 우리가 성부 하나님을 사랑한다는 사실에서 찾을 수 있다(요 14:6, 롬 8:14-15, 마 6:9).[16] 우리는 우리의 아버지이신 하나님을 사랑하기 때문에, 하나님의 명령을 따라 순종하기 위해 복음전도자로, 교회개척자로 헌신하게 된다. 둘째, 우리는 성자 예수 그리스도를 사랑하고, 신뢰하고 믿는다. 그는 성령으로 잉태되어 동정녀 마리아에게서 나신 예수 그리스도, 하나님에 대하여 완전함과 신실함과 순종함으로 사신 그 분을 신뢰하고 믿는다.[17] 우리는 예수 그리스도를 신뢰

16) 한국로잔위원회 감수, 『케이프타운 서약-하나님의 선교를 위한 복음주의 헌장-』, 29.

17) 한국로잔위원회 감수, 『케이프타운 서약-하나님의 선교를 위한 복음주의 헌장-』, 32-33.

하기 때문에 그 분에게 복종하며, 그 분의 메시지를 선포한다(마 16:16, 요 20:28, 벧전 1:8). 셋째, 우리는 성령 하나님을 믿고 사랑한다. 우리는 성령이 삼위일체의 하나 됨 안에서 성부 하나님, 성자 하나님과 함께 계심을 믿는다. 성령은 창조(창 1:1)와 해방과 정의의 사역을 행하시며 여러 가지 섬김을 실행하도록 사람들을 충만케 하시고 능력을 주시는 것으로 믿는다(시 104:27-30, 욥 33:4). 넷째, 우리는 하나님의 말씀을 믿고 사랑한다는 것이다.[18] 우리는 성경에서 계시하는 모든 말씀을 믿고 순종하고 사랑하기에 한 영혼 구원하는 일에 적극적으로 사역한다. 다섯째, 우리는 세상을 사랑하고 변화되기를 원한다.[19] 우리는 하나님의 창조세계를 사랑하기에 복음전도에 열심을 다하고 있으며, 바울이 지적한 것처럼 모든 민족과 나라가 복음 앞에 순종하기를 원하기 때문이다(롬 1:5, 16:26).

2. 지역사회 변혁의 기초로서 교회개척

교회개척의 가치는 하나님 나라라는 가치를 실현하고 확장하는 선교활동이다. 과거 식민지 시기의 선교는 서구열강제국의 팽창과 더불어 서구교회의 지리적 확장과 동일시되었다.[20] 그러나 선교는 교회확장의 수단이나 특정문화나 가치관의 기계적인 이식이 아니다.[21] 선교는 삼위일체 하나님의 본질적 행위이며, 예수 그리스도께서 삶과 죽음과 부활, 승천으로 보이신 성육신 사건의 핵심이다. 교회는 하나님 나라 확장과 선교적 명령을 복종하기 위한 수단이고 공동체이다.

---

18) 한국로잔위원회 감수, 『케이프타운 서약-하나님의 선교를 위한 복음주의 헌장-』, 39.

19) 한국로잔위원회 감수, 『케이프타운 서약-하나님의 선교를 위한 복음주의 헌장-』, 43.

20) Church of England's Mission and Public Affairs Council, *Mission-Shaped Church-Church planting and fresh expressions in a changing context* (England: The Archbishops'Counil, 2009), 7.

21) 장훈태, “서부아프리카 토고공화국 꼬따마꾸지역 땀베르마족의 문화적 다양성과 선교,” 「복음과선교」 제34권 (2016. 06), 209-222.

그러나 오늘날 세계는 경제적 · 기술적 변화 뿐 아니라 정치구조와 사회문화적 구조에 이르기까지 변화를 하고 있다. 인간의 삶의 양식과 기반이 총체적으로 변하고 있는 형국이다. 이러한 변화 속에서 교회는 많은 도전을 받고 있지만, 선교공동체로서 교회는 도전들과 씨름하며 시대와 상황에 맞는 복음의 메시지를 선포하기 위하여 해석하고 실천하며 하나님의 나라 가치를 외쳐야 한다. 이를 위하여 교회의 선교방식과 교회개척 배가운동 형식은 얼마든지 다양할 수 있다. 교회 안에는 다양한 전통과 표현이 있는데, 그 다양한 표현은 모두 창조주 하나님 한 분을 위한 선교를 수행하는데 근본 목적이 있다. 특히 코트디부아르 아비장 한인교회는 변화하는 사회와 정치구조 상황에서도 다양한 교회 개척 형태의 실험을 지속적으로 해왔고, 지금도 그 실험을 수행 중에 있다. 아비장 한인교회가 교회개척 실험에서 놓치지 않는 핵심은 이민 교회의 불황을 극복하기 위한 마케팅 전략이 아닌, 변화하는 세상 속에서 교회의 본질적 사명을 끊임없이 수행하기 위한 선교적 도전이었다. 아비장 한인교회는 지난 20여 년 동안 교회개척 프로젝트 경험과 신학교 후진양성, 교회와 병원사역의 동시적 사역에 근간을 두고, 전 성도의 선교사화로 농촌과 어촌 교회 사역에 집중하고 있다. 아비장 한인교회 백성철 목사는 시골교회 개척의 목적을 선교형 교회(Mission-shaped Church)로 두면서, “교회는 하나님선교의 결실이라는 것과 지속적인 하나님의 선교에 참여하기 위해 교회가 존재”한다는 선교철학으로 사역하고 있다.[22] 그는 이렇게 말한다.

교회개척은 여러 모양으로 지역민들에게 힘이 됩니다. 오랜 내전과 정치인들

22) 백성철, “아비장 한인교회 담임목사와의 개척교회탐방 동행과 대화” (아비장: 아비장한인교회, 2016). 연구자는 2016년 7월 5일-8일까지 서부아프리카코트디부아르 서북부 지역을 탐사한 바 있다.

의 싸움으로 힘이 들어 하는 주민들의 상처를 치유하는 사역을 먼저 하게 됩니다. 우리는 지역민들의 상처치유사역으로 쌀을 지원하기도 하고, 그들에게 필요한 옷을 나누어주기도 합니다. 때에 따라서는 파송사역자에게 재정지원을 통해 고난 중에 있는 자들에게 봉사하기도 합니다. 그리고 내전이 한참 진행될 때는 이런 기도를 했습니다. -오늘도 무사히-라고 하나님을 향해 기도하기도 했습니다.

그의 기도는 철저하게 하나님 중심의 선교를 위해 교회가 존재한다는 고백이다. 또한 정치적 · 경제적으로 힘들어하고 정신적으로 상처가 많은 농촌과 도시 근교의 주민들을 치료(위로)[23]하면서 복음을 구현하고 토착화시켜 가고자 하는 교회 공통의 소명을 반영하기 위해 노력하고 있다.[24] 교회개척은 모든 지리적 · 문화적 상황에서 변화를 추구할 뿐 아니라 선교 상황의 변화에 상응하는 복음의 새로운 토착화를 시도했다는 점이다.

특히 2010년 케이프타운 로잔 문서[25]에서 강조한 "우리는 복음이 가져다 준 확신을 사랑하고, 복음이 낳는 변화를 사랑한다."[26]는 문서에 기초하여, 삶을 변화시키고 지역을 변화시키는 것은 하나님의 능력임을 믿고 사역에 전념해오고 있다. 이 복음은 모든 믿는 자에게 구원을 주시는 하나님의 능력이 되기 때문이다(롬 1:16). 믿음만이 복음의 복과 확신을 얻는 유일한 방법일 뿐 아니라 믿음은 결코 그 자체로 남아 있는 것이 아니라 순종의 형태로 나타난다는 것임을 알고 지속적으로 교회개척을 통한 지역사회 변화를

23) 오영철, "태국 카렌 민속불교권을 향한 선교전략," 「ACTS 신학저널」 제21권 (2014. no. 3), 125.

24) 홍기영, "토착화의 관점에서 바라본 존 네비우스 선교방법의 재평가," 「복음과 선교」 제34권 (2016. 06), 285-294.

25) 정기묵, "로잔운동의 관점에서 보는 젊은이 세대 전도," 「복음과 선교」 제35권 (2016. 09), 285.

26) 한국로잔위원회 감수, 『케이프타운 서약-하나님의 선교를 위한 복음주의 헌장-』, 52-53.

추구하고 있다. 아비장 한인교회의 시골교회 개척, 그리고 온 성도들의 개척사역 협력은 "사랑으로써 역사하는 믿음"에 근거하고 있다(갈 5:6). 아비장 한인교회의 선교적 목표는 모든 지역과 마을들 가운데 "믿음의 순종"을 일으키는 것이다(롬 1:5, 16:26). 이 강력한 언약적인 언어는 아브라함과 그의 후손들을 떠올리게 한다. 아브라함은 하나님의 약속을 믿었고, 그 믿음의 증거로 하나님의 명령에 순종했다. 그 후손들 역시 하나님의 말씀을 믿고 고난과 역경을 극복하면서 하나님께서 명령하신 길을 걸었다(창 15:6, 히 11:8, 창 22:15-18). 이와 동일한 길을 걷기 위해 아비장 한인교회 전 성도가 복음이 요구하는 순종, 하나님의 명령에 대한 지속적인 순종, 거룩하게 하시는 성령을 통해 교회개척사역을 하고 있다(롬 8:4).

또한 아비장 한인교회가 지역사회 변혁의 기초로서 교회개척을 끊임없이 수행하는 것은 "우리는 하나님의 백성을 사랑한다."는 사실에 기초한다.[27] 하나님의 백성은 모든 세대와 모든 마을로부터 나온 새 창조의 시민으로서 그리스도의 명령에 참여하도록 선택하여 부르고, 구원하고 거룩하게 하신 하나님의 소유이며 백성이기 때문이다. 하나님이 영원에서 영원까지 그리고 모든 혼란과 반역의 역사 중에도 사랑하신 백성으로서, 우리는 서로 사랑하라는 계명을 받았다.[28] 이를 지키기 위하여 우리도 지역사회 개발과 변혁의 기초로서 교회개척에 적극적으로 동참한다는 것이 아비장 한인교회의 목표이다.[29] 아비장 한인교회는 교회개척을 통한 지역사회 변화의 기초로서 "사랑은 하나 됨을 요청한다.", "사랑은 정직을 요청한다.", "사랑은 연

27) 한국로잔위원회 감수, 『케이프타운 서약-하나님의 선교를 위한 복음주의 헌장-』, 55 재인용.

28) 한국로잔위원회 감수, 『케이프타운 서약-하나님의 선교를 위한 복음주의 헌장-』, 55 재인용.

29) 백성철, 『2016년 아비장 한인교회 핸드북』(아비장: 아비장한인교회, 2016),

대를 요청한다."[30]는 로잔운동 정신과 맥을 같이 하고 있다.

3. 교회개척을 통한 하나님의 선교 성취

예수 그리스도를 주(主)로 믿는 성도와 교회는 세계 선교에 헌신한다. 세계선교[31]가 하나님과 성경, 교회와 인류역사 그리고 궁극적인 미래를 이해하는데 핵심이기 때문에, 아비장 한인교회는 하나님의 선교를 사랑하고 하나님의 선교가 이루어지도록 헌신하고 수행한다. 우리는 성경 전체가 언급하고 있는 하나님의 사랑, 십자가의 보혈을 통해 화목을 이루시는 예수 그리스도, 십자가를 통해 하늘과 땅이 하나 되게 하는 하나님의 선교를 드러냄을 보게 된다. 하나님은 죄와 악으로 깨어진 창조세계를 더 이상 죄와 저주가 없는 새로운 창조세계로 변화시킴으로서 자신의 선교를 성취시킬 것이다.[32]

그리고 아비장 한인교회가 코트디부아르에 있는 것은 하나님의 뜻을 따라 "생명 살리는 일에 적극적으로 동참"하기 위한 것으로 보아야 한다.[33] 그리고 아비장 한인교회가 지역사회 개발과 하나님의 선교를 적극적으로 수행하고 있는 이유는 "열정, 하나님의 일 동참, 하나님이 좋아하시는 영혼 살리는 일에 쓰임받기 위함,[34] 하나님의 마음을 시원하게 해 드리기 위함(갈 1:10), 복음의 파수꾼"이 되기 위함이라는 선교적 목표 때문이다.[35] 그리고 예

30) 한국로잔위원회 감수, 『케이프타운 서약-하나님의 선교를 위한 복음주의 헌장-』, 55-58.

31) Ralph D. Winter, "The Long Look, Eras of Missions History," *Perspectives on the World Christian Movement*, Edited by Ralph D. Winter, Steven C. Hawthome (Pasadena CA: William Carey Library, 1981), 167-168.

32) 한국로잔위원회 감수, 『케이프타운 서약-하나님의 선교를 위한 복음주의 헌장-』, 59.

33) 백성철, 2015년 6월 22일-29일까지 서부아프리카 제1회 선교포럼 식사 중의 대화에서 언급한 것임.

34) 장훈태, "서부아프리카 코트디부아르 한인디아스포라 역할과 선교," 「복음과 선교」 제76권 (2015. 10), 346-347.

35) 백성철, 『2015년 아비장 한인교회 핸드북』 (코트디부아르 아비장: 아비장 한인교회,

수 그리스도의 좋은 소식을 정확히 이해하고 전달하는 것의 목표가 바로 예수 그리스도였다(눅 24:27, 44). 바울은 "그의 아들에 관하여 성경에 미리 약속하신 것이라"는 것을 믿으면서 예수 그리스도는 성경의 좋은 소식(롬 1:3)임을 알리기 위함이었다.[36] 복음의 기쁜 소식을 전하는 것을 하나님의 소원을 이루는 것으로 알고 전 성도가 기도, 열정, 헌신으로 교회개척 사역을 통한 선교에 매진했다. 그들은 교회개척사역으로 전 성도가 서로 사랑으로 연대하고 믿음과 복음증거로 인해 박해[37]를 받는다 해도 교회를 돌보는 일을 우선순위에 두었다. 아비장 한인교회 전 성도 또한 하나님의 선교를 사랑하는 믿음을 갖고[38] 교회개척 선교사역에 참여하고 있다. 이들은 성경전체가 십자가의 보혈을 통해 화목을 이루시는 예수 그리스도 아래 하늘과 땅의 모든 것을 하나 되게 하는 하나님의 선교를 드러내고 있다.[39]

우리는 교회개척을 통한 하나님의 선교에 참여하면서 우리의 선교가 지녀야 할 총체성을 재확인하고 있다. 총체적 선교는 복음을 선포하는 것이며 드러내는 것이다. 이는 단순히 복음전도와 사회참여가 나란히 이루어져야 한다는 의미가 아니라 총체적 선교 안에서 우리가 사람들을 삶의 모든 영역에서 사랑과 회개를 행하도록 요청하기 때문에, 우리의 선포가 사회적인 모습을 지니게 된다.[40] 아비장 한인교회의 전 성도의 선교사화를 통한 교회개척 사역은 로잔 정신과 동일할 뿐 아니라 하나님의 선교 방향과 일치하고

2015), 2.

36) Tom A. Steffen, *Passing The Baton Church Planting That Empowers*, 『타문화권 교회개척』 김한성 역 (서울: 토기장이, 2010), 244.

37) William Taylor, Antonia van der Meer, Reg Reimer, *SORROW & BLOOD -Christian Mission in Contexts of Suffering Persecution and Martyrdom* (Pasadena, CA: William Carey Library, 2012)에는 현대선교 현장의 순교와 박해이야기가 담겨 있다.

38) 한국로잔위원회 감수, 『케이프타운 서약-하나님의 선교를 위한 복음주의 헌장-』, 59.

39) 한국로잔위원회 감수, 『케이프타운 서약-하나님의 선교를 위한 복음주의 헌장-』, 59 재인용.

40) 한국로잔위원회 감수, 『케이프타운 서약-하나님의 선교를 위한 복음주의 헌장-』, 61.

있다. 하나님은 선교의 모든 차원을 총체적이고 역동적으로 실천하도록 교회를 세우셨고, 성도들을 부르시며, 그들을 복음전도의 사역자로 일으켜 주셨다.[41] 성도들은 하나님의 부르심에 합당하게 은혜의 복음을 서부 아프리카 코트디부아르 온 마을에 전하고, 모든 사람을 회개, 믿음, 세례 그리고 순종의 제자로 부르고 있다. 하나님의 선교를 위하여 가난한 자들을 긍휼의 마음으로 돌볼 뿐 아니라 그들 자신의 성품을 드러내고 정의와 평화를 위해 분투하면서 하나님 나라의 가치와 능력을 드러내고 있다.

결론적으로 제3세계 지역인 서부 아프리카 코트디부아르 지역의 교회개척사역은 로잔운동 정신과 아비장 한인교회의 선교 목표와 일치하고 있다. 이에 교회는 전 성도의 선교사화(化) 교육을 통해 지역별 교회개척사역과 하나님의 선교를 성취하는데 헌신하고 있다. 아비장 한인 교회는 하나님의 무한 사랑에 대한 응답으로서, 그리고 그 분에 대한 우리의 넘치는 사랑 때문에 한 영혼을 구원하는 일에 전념하면서 창조세계를 돌보고 변화시키는 일에 앞장서고 있다.

41) *The Micahe Declaration on Integral Mission*(통전적 선교에 관한 미가선언문)을 보라.: 한국로잔위원회 감수, 『케이프타운 서약-하나님의 선교를 위한 복음주의 헌장-』, 61-63 참조.

Ⅲ. 아비장 한인교회의 현지인 교회개척 현황

A. 교회의 선교 목표 실천

아비장 한인교회는 교회 설립 이후 두 가지의 목표를 두고 현재까지 사역해 왔다. 곧 교회설립(Church Planting)과 대도시 중심의 선교이다. 교회의 목표를 실현하기 위한 근거로 다니엘 12장의 "지혜 있는 사람은 많은 사람을 옳은 데로 돌아오게 하는 자"라는 사실을 알고 전도와 선교하는 일을 실천적 사명으로 지키고 있다.[42]

교회의 선교목표는 "기도의 사람, 말씀의 사람, 능력(성령)의 사람, 선교와 전도의 사람"이다. 이는 디모데전서 4장 5절에 있는 "하나님의 말씀과 기도로 거룩하여 짐이니라."는 말씀에 근거하여 교인들을 선교사로 훈련[43]한다. 전 성도의 훈련은 신앙의 3단계로서 변화→성숙→헌신이라는 단계를 경험하도록 하고 있다. 곧 전 성도는 예수를 믿고 변화 받아 말씀과 기도로 성숙하여 하나님과 사람을 위해 헌신하는 사람이 되는 목표를 세워 놓고 이를 실천하고 있다. 또한 교회의 선교 목표실천을 위해 "바른 교회 생활을 위한 십계명"을 만들어 교육하고 있다. 바른 교회생활의 십계명을 보면 다음과 같다.[44]

주일을 거룩하게 지켜라(주일성수), 십일조를 온전히 드려라(십일조생활), 성경을

42) 백성철, 『2016년 아비장 한인교회 핸드북』, 2-3.

43) 류종수, "중국선교사 티모시 리차드의 선교원칙," 「ACTS 신학저널」 제26권 (2015. no. 4), 244-245.

44) 백성철, 『2016년 아비장 한인교회 핸드북』, 1.

부지런히 읽어라(성경통독), 선교와 전도를 열심히 하라(태신자 운동), 맡은 직분에 충성스럽게 봉사하라, 신앙생활을 적극적으로 하라, 말씀대로 살고 실천하라, 찬송을 열심히 잘 부르라, 기도를 생활화하라, 힘들고 어려운 일이 있을 때 아비장에서 새벽기도를 시작하라.

바른 교회생활을 위한 십계명 실천은 "별과 같이 빛나는 사람"이 되고 세계복음화와 지역사회 개발을 위한 원동력이다. 또한 우리의 삶을 선교적인 삶으로 하나님께 드리려는 헌신과 하나님의 약속을 믿고 실천하려는 의지가 담겨 있다. 전 성도들은 "만선(滿船)보다 더 귀한 축복이 예수 그리스도를 만나 사명을 깨닫는 것"이라고 믿고 있다(눅 5장). 온 교회의 성도들은 하나님께서 주신 사명을 깨닫고 실천하는 가운데 두 가지 사역을 하고 있다. 그것은 신학교 사역과 교회개척과 건축사역이다. 하나님께서는 코트디부아르뿐 아니라 ECOWAS15비전을 교회와 성도들에게 주셨다. 이를 위해 2015년 10월 이후부터 본격적으로 교회개척 사역에 전념할 목표를 두고 있다. 그 이유는 2015년 10월에 대통령 선거를 평화롭게 치루고 난 뒤 5년간 비약적인 경제성장과 함께 국민소득도 향상될 것이기 때문이다. 이에 맞춰 교회의 선교 목표를 이루기 위하여 전 성도의 선교사화, 전 성도의 신학화를 위해 노력하고 있다.

아비장 한인교회가 선교목표를 실천하는 도구로 2010년 6월 뉴욕장신 아비장 분교를 설립한 이후 4년 동안 5명의 성도들이 신학사(Th.B.) 학위를 받았다. 현재는 교회에서 신학대학원(M.Div.) 과정을 설치 운영하고 있다. 교회가 성도들의 선교사화, 신학화에 열정을 쏟는 것은 올바른 복음의 선포와 오직 예수 그리스도만을 전하기 위해서이다.[45]

아비장 한인교회가 교회 개척 사역에 힘을 쏟는 또 하나는 긴급성이다.

45) 백성철, 『2016년 아비장 한인교회 핸드북』, 2-3.

예수 그리스도께서 재림하실 것이라는 종말론적 믿음과 코트디부아르 60개 종족 모두가 복음을 들어야 한다는 절대적 사명감 때문이다. 아비장 한인교회는 예수 그리스도의 지상명령과 재림을 기대하면서 현지인교회 개척과 중국인 이주민을 위한 교회개척으로 한인 디아스포라의 선교적 역할을 충실히 하고 있다.

B. 아비장 한인교회의 교회개척 현황

아비장 한인교회가 1996년부터 2016년 현재까지 전국에 헌당한 교회는 20개이며, 이 외에도 학교 2개, 병원 1개를 세워 국가와 지역개발에 힘쓰고 있다.[46] 1999년부터 2011년까지 쿠데타와 내전으로 어려움을 겪으면서도 한인교회를 통한 교회개척과 복음 확장을 멈추지 않았다. 코트디부아르 내전 중에서도 아비장 한인교회는 교회를 건축하여 하나님께 봉헌하기도 했다(2010년). 하나님의 온전하신 축복과 은혜를 경험한 온 성도들은 하나님의 관점과 믿음의 눈으로 코트디부아르의 종족들을 바라보면서 교회개척과 선교적 역할을 위하여 아비장 한인교회 사역에 최선을 다하면서 현지인 교회 개척(도시와 Village교회)사역, 신학교사역(IPTECI)을 위해 지속적으로 헌신하고 있다.

아비장 한인교회의 선교활동으로 인하여 다양한 변화가 일어나고 있다. 교회가 현지인 선교를 시작하는 동안 발생한 변화는 세 가지이다. 첫째, 한인교회 성도들의 선교 동력화(Mobilization), 뚜렷한 목적의식(Missional Church), 네트워킹 시너지(Networking Synergy) 등이다.[47] 교회의 선교활동과 사명의식과 책임감 있는 사역은 성도들과 지역사회의 변화발전 현상을 목격하면서 보다 진취

46) 백성철목사와의 이메일로 2016년 9월 17일 오후 11시 0분 48초에 확인한 내용이다.

47) 백성철, 『2016년 아비장 한인교회 핸드북』, 6-8을 보라.

적인 개척사역을 이루고 있다. 아비장 한인교회가 복음화운동과 복음전달 사역을 위해 개척한 교회는 80여 개에 달한다. 이를 위하여 한국과 미국, 코트디부아르의 유력한 교단인 하나님의 성회와 파트너십(partnership)을 맺고 있다. 또한 프랑스(France)개신교 교단과의 협력관계 구축을 통해 협력의 관계로 선교사역을 보다 구체화하고 있다.

아비장 한인교회가 불어권 아프리카에서 교회개척을 지속적으로 수행하는 것과 한인 디아스포라의 역할을 보다 구체화한 것은 그만한 이유가 있었다. 그것은 제3세계의 불안정한 국내 정세로 인한 교회의 인적 · 물적 자원의 어려움을 겪으면서도 오히려 감사하고 하나가 되어 선교의 사명을 우선순위에 두었기 때문이다. 그리고 교회의 재정지출의 우선권을 선교에 두었고, 협력교회와의 동일한 사명의식으로 사역의 영역이 확장되었다.[48] 1996년부터 아비장한인교회는 도시교회와 농촌(빌리지)교회 개척을 하게 된 것은 하나님 나라 확장에 대한 꿈 때문이다. 백성철 목사는 이렇게 말한다.[49]

> 우리가 거점 도시 교회와 빌리지 교회 개척에 열을 올리는 것은 이렇습니다. 복음을 모르는 지역에 복음을 전하고 죽어가는 영혼들을 구하고자 하는 열망만으로 사역을 시작했습니다. 지나고 와 보니 성경에 나타난 사도바울의 전략과, 또한 21세기에 우리에게 주어진 시대적 선교적 사명에 부합하는 것임을 발견하게 되었습니다.

아비장 한인교회 백성철 목사의 선교사역 비전은 "오직 코트디부아르에서 교회개척사역과 신학교, 농촌개발 사역은 오직 하나님 나라 확장"이라고

48) 백성철, "아프리카 선교의 실태와 전망," 「기독일보」 2012. 06.06. HTTP://kr.christianity daily. com/home/news/services/print.php?article_id=63573. 2016년 7월 28일 접속.

49) 백성철, "아프리카 선교의 실태와 전망," 2016년 7월 28일 접속.

말한다. 디아스포라 선교사역의 역할은 성경적 선교전략과 실천과 시대적 사명을 완수하려는 책임감에서 비롯되었다. 이러한 선교적 역할로 지난 20여 년 동안 많은 도시와 지방에 교회를 개척했다. 아비장 한인교회가 세운 거점 도시 교회는 다음과 같다.[50)]

1 Dabou 교회(담임목사: Simon) 2 Abbot 교회(담임목사: Samuel) 3 Bingerville 교회(담임목사: Nicolas) 4 Yopougon 교회(담임목사: Tahi Paul) 5 Divo-Ambler 교회(담임목사: Donatien) 6 Anyama 교회(담임목사: Adou) 7 N'Douci-Bonne Nouvelle 교회(담임목사: Norbert) 8 Sassandra 교회(담임목사: Guei) 9 Deux-Plateaux 교회(담임목사: Clement) 10 San-Pedro 교회(담임목사: Bobi) 11 Issia 교회(담임전도사: Samson) 12 Abengourou 교회(담임전도사: Faraday) 13 Ande 교회(담임목사: Kore) 14 Yopougon-Antioche 교회(담임목사: Daniel) 15 Duekoue 교회(담임전도사: Abie) 16 Adiake 교회(담임전도사: Honore) 17 Aboisso 교회(담임전도사: Narcisse)

위의 교회들 외에도 1개 교회가 더 있는데, 이들 교회들은 주로 도시에 있는 교회들이다. 도시를 중심으로 하여 빌리지 교회를 개척하고 후원하는 사역을 한다. 거점 도시 교회들은 인근 빌리지 교회개척을 통하여 하나님 나라 확장을 위해 헌신하고 있다. 거점 도시 교회들이 개척한 80여 개의 빌리지(농촌)교회의 수는 다음과 같다.

*다부교회 1개 *벤자빌교회 3개 *디보교회 4개 *아보보교회 1개 *은두시교회 1개 *싸쌍드라교회 1개 *아냐마교회 2개 *다나내교회 48개 *가뉴아교회 9개 *이시야교회 8개 *요뿌공안디옥교회 1개.

50) 백성철, “아비장 한인교회 교회개척 통계자료” (아비장: 아비장한인교회 선교위원회, 2016); 2016년 7월 3일 이메일로 송부 받음.

지금도 빌리지 교회 개척은 계속되고 있다. 거점도시 목회자들의 성경적 세계관과 가치체계, 장로교 헌법에 맞는 목회윤리 실천, 선교적 사명을 갖고 교회개척에 열정을 쏟고 있다. 한 가지 문제는 교회를 개척하여도 사역자가 부족하다는 것이지만 그래도 교회개척과 성도를 세우는 일을 계속하고 있다. 제3세계 아비장 한인교회가 거점도시와 빌리지에 교회가 개척되고 성도들이 많이 모이면 재정지원을 통하여 교회를 건축하기도 한다. 지금까지 아비장한인교회가 지원하여 헌당한 현지교회들을 보면 다음과 같다.[51]

1997. 1. 1 *	Bouake 현지인교회 개척(6,136m²)
1998. 3. 1	Dabou 교회 개척헌당
2000. 7. 15	Bingerville 교회 헌당식(1) (673m²)
2004. 7. 17	요뿌공-GNC 교회 헌당식(5) (2,029m²)
2004. 12. 22	N'Douci-Bonne Nouvelle 교회 헌당식(6) (103,300m²)
2005. 11. 26	Sassandra 교회-NY 동북노회 헌당식(7) (25,007m²)
2006. 12. 6	Anyama 선교센터 부지구입(6,000m²)
2007. 7. 23	Deux-Plateaux 교회 헌당식(8) (600m²)
2008. 8. 24	Armebe-삼양빌리지교회 헌당식(6,000m²)
2009. 8. 1	Anyama 교회 헌당식(9) (2,000m²)
2009. 8. 11	Yaobou 빌리지교회 헌당식(10,000m²)
2010. 8. 19	Danane 교회 헌당식(10) (7,000m²)
2009. 8. 29	아냐마 미션센터 헌당식(4,000m²)니제르
2010. 8. 20	Grobiakoko 빌리지교회 헌당식(2,400m²)
2010. 8. 21	아비장 한인교회 헌당식
2011. 2. 14	Abengourou 교회 헌당식(16) (2,400m²)

51) 백성철, "아비장 한인교회 교회개척 통계자료," 재인용.

2012. 8. 18 Aboisso 교회 헌당식(17) (1177m²)

2013. 12. 14 Adiake 교회 헌당식(18) (4,800m²)

2014. 5. 31 앙데교회 헌당식(19) (8,082m²)

2014. 6. 9 싸쌍드라 초등학교 기공식

2014. 11. 29 아디아께 병원 개원식(진료과목: 치과, 소아과, 일반내과, 검사실)

2015. 8. 28 싸쌍드라소망 초등학교 개교식

지금도 교회건축사역을 하면서 교회 앞에는 유치원과 병원을 건립하여 지역사회개발을 통한 문맹퇴치 운동, 의료지원을 통한 치료사역도 겸하고 있다. 교회개척을 통한 지역사회개발은 로잔운동과 선언문과도 일치하는 부분도 많다. 로잔언약 "전도와 사회참여"에서는 그리스도인과 교회의 사회적 책임에 관하여 분명히 언급한다.[52] 아비장 한인교회와 로잔언약을 기준한 것은 아니지만 예수 그리스도의 지상명령과 로잔언약과 일치한 부분이 많다. 로잔은 전도의 중요성을 강조하지만 동시에 로잔언약은 "우리는 전도와 사회-정치적 참여가 우리 그리스도인의 양면임을 인정한다."고 적극적인 표현을 하고 있다.[53] 백성철 목사가 복음을 모르는 이들에게 복음을 알리기 위한 것이란 부분은 "구원은 우리로 하여금 개인적 책임과 사회적 책임을 총체적으로 수행하도록 우리를 변화시켜야 한다."라는 부분에서 로잔정신과도 일치한다.[54]

제3세계 지역 교회 개척사역은 선교사 혹은 한인 디아스포라 지도자의 하나님의 관점에서 세상을 보고, 온 민족을 복음화하려는 철저한 목회선교 철학이 내재되어 있어야만 한다. 그리고 온 성도들의 말씀에 변화된 삶과

52) LOP 3. John Stott, The Lausanne Covenant-An Exposition and Commentary (Lausanne Occasional Papers No. 3), p. 15.

53) LOP 3. 15.

54) 조종남, 『세계복음화를 위한 로잔운동의 역사와 신학』(서울: 선교햇불, 2013), 101.

현지 목회자들의 주도적 전도활동이 있어야 한다. 디아스포라 한인교회와 현지 목회들은 선교의 현지화 및 토착화를 궁극적으로 추진한데서 거점도시 교회와 빌리지 교회개척이 가능하게 되었다.[55)]

C. 교회개척을 통한 선교의 영향들

제3세계 지역인 코트디부아르 서북부 지역을 비롯한 아비장 주변의 교회개척 선교사역은 다양한 반응들이 나타난다. 코트디부아르는 1999년부터 발생한 쿠데타로 인한 정치·사회적으로 불안한 분위기가 팽배했었는데, 이런 불안한 사회분위기는 오랜 기간 동안 지속되는 경향이 있다. 수십년간 혼란한 사회를 확인하는 기준이 되어 온 것은 서민들의 경제적 가난인데, 가난은 곧 국가 빈곤으로 이어져 불평등사회가 되기도 한다. 반면, 불안한 사회 분위기에서 영원하고 진실한 것을 탐구를 불러일으키는 곳에 관심을 갖거나 도시와 마을로 몰려오는 현대화가 실행되는 동안, 전통적인 가치체계를 전복시키면서 더 의미가 있는 해결방법으로 향한 열린 문을 조성하게 된다.[56)]

---

55) 백성철, "아비장 한인 교회 교단 현황판" (코트디부아르 아비장: 아비장한인교회, 2016), 2016년 6월 24일-7월 8일까지 체류하는 동안 정리한 것임을 밝힌다. 아비장 한인교회는 거점도시 및 빌리지교회를 관리하기 위하여 총회를 조직하기도 했다. 총회의 명칭은 코트디브와르 복음장로교회 총회(EEPCI: EGLISE EVANGELIQUE PRESBYTERIENNE DE COTE D'IVOIRE)이다. 총회 조직(EEPCI)은 총회장 백성철 목사, 부총회장 아두 목사 사무총장 게이 목사, 회계 아비에 목사, 부사무총장 사무엘 목사, 부회계 니콜라 목사 감사 은듀 목사, 행사기획담당 다니엘 목사로 되어 있다. 총회 산하에 5개의 노회 곧 EEPCI 5개의 노회들(5노회, 80여 교회, 7,000여명의 교인)은 1. 동노회 2. 서노회 3. 서남노회 4. 서중노회 5. 남노회가 있다. 2000년도에는 입태시 신학교도 설립했다(IPTECI: Institu Presbyterrienne Theology Evangelique Cote D'Ivoire).

56) David Garrison, *Church Planting Movements-How god is Redeeming a Lost World-*, 『하나님의 교회개척배가운동』, 이명준 역 (서울: 요단출판사, 2012), 257.

한편, 아비장 한인교회가 거점 도시와 빌리지에서 교회개척 선교사역을 통한 선교의 영향들은 다양하게 나타나고 있다. 아비장 한인교회가 현지인 선교를 시작하면서 세 가지 커다란 변화가 일어나고 있다.[57] 그것은 첫째, 한인교회 성도들의 선교 동력화(Mobilization)이다. 둘째, 교회의 목적이 뚜렷해지고 있다. 셋째, 디아스포라 교회와 선교단체, 사역자들과 협력하여 섬기므로 네트워킹 시너지(Networking synergy)가 나타나고 있다. 백성철 목사는 이 세 가지 반응은 제3세계 선교를 위한 역량강화와 선교 지향적 교회[58], 선교적 기도의 조력자들이 많아지고 있다고 말한다.[59] 아비장 한인교회가 정치사회적 불안이 심화된 상황에서 교회개척 사역은 도리어 좋은 조짐으로 나타났는데, 그것은 바로 교회개척사역과 선교를 실행할 수 있도록 절호의 기회가 되었다.[60] 지금, 아프리카에서 교회개척 사역은 "땅 따먹기"라 할 수 있을 정도로 선교 환경이 아주 좋은 편이다. 이러한 기회를 놓치지 않고 한국교회와 선교단체가 적극적으로 동참할 필요가 있다. 코트디부아르의 교회개

---

57) 백성철, "아프리카 선교의 실태와 전망" 재인용.

58) Rick Rouse, Craig Van Gelder, *A Field Guide for the Missional Congregation*, 『선교적 교회만들기』 황병배 · 황병준 역 (경기: 한국교회선교연구소(KOMIS), 2013), 43-116을 보라.

59) 백성철, "백성철목사의 개척교회 탐방," 2016년 7월 4일-8일(4박 5일 안 18개의 거점도시와 빌리지교회를 방문).; 아비장 한인교회는 선교위원회의 활동이 매우 활발한 편이다. 선교위원회는 당회원들이 주축되어 활동하면서 다양한 사역을 펼친다. 2012년부터 현재까지 진행되는 선교위원회 사역을 보면 다음과 같다. 1. 현지인 교회건축(앙데 교회, 아브와소 교회, 아디아께 교회, 신학교기숙사 및 EEPCI 총회건물). 2. 꼬꼬디 아비장국립대학 비젼 센터 운영(2012년 9월). (아비장대학 1.84ha 땅 안에 영어학교, 컴퓨터학교, 한국어학교 설립계획), 3. 금년도 새로운 교회 개척(본구아누, 본두꾸, 망, 가뉴아 ----). 4. 기존 도시교회들이 빌리지 교회 개척. 5. EEPCI 지도자 세미나 (전 · 후반기). 6. 입테시신학교 제10회 졸업식(8/18) 9명 졸업. 7. 10월 28일(종교개혁주일) EEPCI 선교축제. 8. 제9회 한국 미국 Mission Team 단기선교(7월초). 9. 제3회 새문안교회 의료 선교 팀 방문(9월). 10. GBH(Groupe Bilique des Hobitaux) 의대학생 4명 장학금지원. 11. 알메베 교회 안에 유치원건립, 아디아께 교회 안에 치과보건소건립 등이다.

60) 장훈태, "서부 아프리카 토고공화국 낭가부 지역 선교를 위한 까비예족 문화의 가치체계 연구," 「성경과 신학」 제79권 (2016. 10), 285-286.

척은 현지인들 나름대로 독립과 토착화 그리고 현지 교회의 자치, 자립, 자전으로 자생하기 때문이다.[61)]

또한 전 성도들이 하나님 앞에서 선교를 위하여 솔직히 대화할 수 있을 뿐 아니라 책임감 있는 선교사역에 동참하고 동역자를 물색하는데 일에도 적극적으로 활동하고 있다. 거점 도시와 빌리지 교회 개척을 위한 새벽기도회의 활성화와 영적 훈련에 전념하는 일, 강력한 기도후원 네트워크가 든든해지고 있다. 그 외에도 교회개척사역 선교를 통한 시너지 효과가 더 많이 일어나고 있다. 그것은 외부와의 고립에서 벗어나게 되고, 회심에 따른 큰 희생이 발생하면서 두려움이 없는 담대한 믿음을 소유한 자들이 많아져 가고 있으며, 한 사람의 회심으로 인해 가족회심과 하나님의 기적을 경험하는 일, 하나님의 영광을 위해 고난당하는 일을 영광스럽게 생각하게 되는 것이다.

교회개척 사역을 통한 선교는 디아스포라 한인교회와 조국교회에 다양한 영향을 주게 된다. 즉 공동체를 위한 기도활성화, 공동체를 복음으로 넘쳐 나는 일, 하나님 말씀을 고수하는 일, 외부의 의존성과 맞서 싸우는 일, 재생산[62)]할 수 없는 요소들을 제거하는 일, 교회와 온 성도들이 원하는 비전을 훈련하는 일, 온 성도를 위한 재생산의 능력을 키우는 일, 모든 성도가 교회개척을 하도록 독려하는 일, 믿음의 본을 보이고, 도와주고, 지켜보는 일을 통하여 하나님께서 행하시는 일을 발견하고 동참하게 된다.

---

61) Roland Allens, *Missionary Methods, St. Paul's or Ours?* (Moody Press: Chicago, 1956)을 보라. 롤랑 알렝(R. Allen)은 영국 성공회 선교사로서 중국에 파송되어 사역하였는데 그는 앤더슨(R. Anderson)과 헨리 벤(Henry Venn)의 이론을 온전히 수용하고 있다. 이와 마찬가지로 아프리카 교회는 자립, 자전, 자치라는 방법을 적용하고 있다.

62) 최하영, "우크라이나 한인 선교사의 교회개척상황과 그 선교적 과제," 「ACTS 신학저널」 제24권 (2015. no. 2), 244.

Ⅳ. 현지인 교회개척 사역을 통한 사회변혁 전략

A. 교회개척사역은 예수의 생명과 가르침

제3세계 온 성도의 선교사화를 통한 교회개척은 실제적 항해술을 배워 운항하는 것과 같다. 교회개척 사역은 예수의 생명과 가르침에 그 뿌리를 내리고 있으며 신약성경 전체에 흐르고 있는 교회개척 사역과 선교 운동은 오늘날의 표현이다.

이제 우리는 현지인 교회개척 사역을 통한 사회변혁 전략이 무엇인가를 보다 구체적으로 신중하게 모색할 때가 되었다. 그것은 우리가 거점도시와 빌리지에 교회를 개척하기 위해 우리의 가치판단을 미루고 모든 증거를 하나님 안에서 확인했던 것처럼 새로운 변혁을 위해 인내의 시간을 가질 수밖에 없다. 그러나 이제 제3세계에서 교회개척 운동이 현실화되는 상황에서 우리의 통찰력을 행동으로 옮겨야 하는 긴박한 때가 되었다. 이를 위하여 코트디부아르를 비롯한 서부 아프리카 15개국의 선교 환경을 면밀하게 조사와 분석 그리고 평가를 통하여 정리할 필요가 있다.

예수의 생명과 가르침을 위해 교회는 열정적인 기도, 풍성한 전도, 재생산 교회의 의도적인 개척과 성경의 권위를 드러내야 한다. 그리고 현지 지도력과 평신도 지도력을 존중해 주고,[63] 교회를 개척하는 교회에 대한 현 위치를 알고 비전을 실천하는 것이 소중하다. 또한 예수의 생명을 가르치면서 열

63) 정흥호, "성경의 리더십을 통한 선교적 리더십에 관한 고찰," 「ACTS 신학저널」 제18권 (2013), 119-138.; Sherwood G. Lingenfelter, *Leading Cross-Culturally* (Chicago: Baker Books, 2008)을 보라.

매를 맺기 위해 시편 2편의 실천과 마태복음 28장 18절에서 20절에 나타나는 위대한 위임의 의미를 분명하게 파악하는 일이다. 그리고 지역사회의 변혁을 위하여 이사야 선지자가 외쳤던 예언적 계시를 확인(사 60:1-3)해야 한다.

교회개척운동은 세속적 문화와 전통사회의 개혁의 원천이 된다. 교회가 존재하는 사회와 족속이 있는 곳에서는 개인적인 결심의 기회(요 1:12)를 주면서 온 천하에 복음을 전파하게 된다(마 16:15). 모든 진리와 생명에 대한 출처인 완전한 성경으로 돌아가도록 해야 한다. 그래야 모든 열방은 변모할 수 있고 교회 주변은 생동력을 회복하게 된다. 예수의 생명을 소유하게 되면, 첫째, 참되신 하나님 한 분만을 섬기게 되고(렘 9:23-24, 빌 3:8-11), 모든 권위가 예수로부터 나온다는 것을 고백하게 된다(시 103:19, 잠 8:15). 둘째, 성경은 하나님과 그분의 세계에 대한 진리임을 고백한다(딤후 3:16). 셋째, 인간은 하나님의 피조물이지만 타락된 존재임을 믿는다(잠 23:7). 넷째, 마을 혹은 공동체의 삶의 기준이 하나님의 성품과 법이 그 기준이 된다(신 32:4-5; 롬 1:19-20). 다섯째, 하나님의 나라가 건설되는 것에 대한 기쁨을 갖는다(계 5:9; 단 4:34, 마 6:33).[64] 이러한 변혁이 교회를 중심하여 일어나게 되면서 사회변혁이 일어나게 된다.

B. 사회를 바꿀 수 있다는 자신감

로잔 운동의 정신은 복음을 모든 지역에 예수 그리스도의 기쁜 소식을 전하는데 있음을 명시하고 있다.[65] 이와 동일하게 아비장 한인교회 역시 복음을 모르는 지역에서 생명 살리는 일을 수행하고 있다. 도시와 빌리지를

64) Ron Boehme, *Leadership for The 21st Century*, 『21세기의 지도자』, 허광일 역 (서울: 예수전도단, 1996), 66-76.

65) 스위스 로잔언약(1974) 4-5항. 10항을 보라.

바꿀 수 있는 것은 성령의 능력이다.[66] 우리는 성령의 능력을 믿는다. 아버지 하나님은 아들을 증거하라고 그 분을 보내셨다. 우리는 이 사실을 믿고 사회를 바꿀 수 있다는 자신감을 갖는다. 사회를 변혁시키는 것은 이성적 판단능력과 지식이 아니라 성령의 능력임을 믿는다. 우리는 사회를 변혁시키기 위하여 성령의 협력을 구할 뿐 아니라(고전 2:4, 요 15:26) 온 성도들의 협력을 요구하게 된다.

도시와 빌리지 교회개척 사역을 통한 변화는 "자신이 하나님 안에서 완전하지 않은 자라 할지라도 사회를 바꿀 수 있다는 자신감"을 갖는 일이다. 좋은 교회와 네트워크 시너지가 있다면 완벽하지 않은 복음전도라 할지라도 열매를 거둘 수 있다. 빌리지 교회를 개척하려 하는데 아프리카 전통신앙(민속신앙)이 뿌리를 내리고 있다면 협력자들과 함께 도전할 수 있겠다는 믿음과 자신이 맡은 영역에 대한 믿음(복음전도 실력), 공통된 기반에 바탕을 둔 다양성[67]을 인정하는 동시에, 이를 극복할 수 있다는 자신감이 있으면 된다. 우리가 복음 전도를 위해 성경에 대한 지식과 성경적 세계관을 갖는 것은 기본이다. 전도자에 대해 마을 주민들이 평가를 내린다 해도 무리가 없을 정도로 영적인 능력과 성경적 지식이 있어야 한다. 그리고 마을 주민 중 핵심인물(추장, 주술사)이 누구인가를 파악하는 일이다. 마을 내에서 신뢰할 만 한 자가 누구인지, 신뢰할만한 팀을 어떻게 구성할 것인가도 고려해야 한다. 이러한 사역을 위해서는 사역자가 철저한 선교훈련과 기회를 보는 통찰력이 요구된다. 또한 한 공동체를 변화시키려는 낙관적인 생각과 하나님에 대한 믿음, 자신에 대한 신뢰가 있다면 기존 질서에 대해 도전하게 되고 실패할 때도 빨리 일어설 수 있다.

---

66) 한국로잔위원회 감수, 『케이프타운 서약-하나님의 선교를 위한 복음주의 헌장-』, 227.

67) 여기서 '다양성'이란 무조건 다른 의견을 내는 것이 아닌 '공통된 기반'(common ground)이 있어야 함을 말한다.

선교는 지역사회를 변화시키려는 자신감과 스스로 잘한다고 격려하면서 교회개척에 주저 없이 도전할 때 선교의 가능성이 보이게 된다. 사회변혁에 대한 지나친 자신감은 실패를 가져올 수 있는 요인도 되지만, 때로는 유연한 목표를 세우고 충돌도 수용할 줄 아는 자세가 필요하다. 우리가 교회를 개척할 때는, 대부분 혼성문화(아프리카 종족의 이동으로 인한 문화적 혼합)가 우리의 선교가 실패할 때까지 도전할 것이다. 이러한 때는 외부적인 도움을 받지 않고 창의적인 사고를 갖고 개인역량과 영적 역량을 마음껏 발휘하면 된다. 가끔은 문화적 차이가 문제 해결의 도구가 되기도 하지만 사회적 책임을 다하기 위해서는 상호협력이 필수적이다.

C. 최후의 영혼구원 시장은 아프리카

전 세계적으로 복음전도의 기회가 가장 좋은 곳은 아프리카라고 할 수 있다. 아프리카는 지금 복음전도의 황금기를 맞고 있는데 그 원인은 '복음에 대한 수용성'에 대한 원주민들의 반응이 좋기 때문이다. 이를 위해 복음사역 숙련자를 육성하여 함께 현장에 투입할 때 교회 역시 같이 성장할 것이다.

또한 아프리카 교회가 급성장할 것이라는 미래 지향적인 노력과 영적 빈곤에 있는 주민들과 한 평생을 보내려는 사명의식도 필요하다. 가장 가난한 자들의 아버지가 되고[68], 현지 주민들로부터 신뢰도가 높아야 한다.

최후의 영혼구원 시장에서 사역하려는 자의 역할은 첫째, 교량자(bridge)이다. 물리적 · 사회적 거리를 좁혀 천국복음 전도를 활성화는 일이다. 둘째, 사역자가 현지인을 만났을 때 불안감을 갖지 않도록 접근할 필요가 있

68) 한국로잔위원회 감수, 『케이프타운 서약-하나님의 선교를 위한 복음주의 헌장-』, 237.; 1989년 마닐라 선언 참조.

어야 한다. 셋째, 집행자(enforcer)로서 복음전도자와 마을 주민이 상호 협력하고 서로에게 정직한 분위기를 만들면 된다. 넷째, 위험감수자(risk beaner)라는 인식이 들지 않도록 행동하고 보여줄 필요가 있다. 다섯째, 안내자(concierge)의 역할이다. 이는 종교의 홍수(이슬람교, 힌두교, 민속신앙) 속에서 현지인들이 올바른 결정을 내릴 수 있도록 돕는 역할을 할 필요가 있다. 마지막으로는 보호자(insulator)이다. 사회변혁과 개인구원으로 인하여 현지인이 지나치게 탐욕적 행동을 하거나 자기 홍보를 지나치게 하는 사람으로 간주되지 않고도 원하는 것을 얻을 수 있도록 신뢰를 구축한 일이다.

그리고 도시와 빌리지의 변화로 인하여 프리랜서들이 많아 질 것을 대비하여 보다 근본적인 방법을 모색하여야 한다. 교회개척의 성패에 영향을 주는 '교회와 사역자간의 관계망'을 잘 구축하여야 한다. 이 관계망을 구성하는 아비장 한인교회 전 성도들과 현지 목회자들의 높은 다양성은 현지인들에게 부정적인 영향을 완화시킬 수 있다. 관계망의 형성과 효율성은 성도들과 사역자들 간의 협력관계를 긴밀히 형성할 때 전략의 효율성이 높아진다. 반면, 한 영혼을 구원하기 위한 전략으로 최종목표(bottom line)를 분명하게 인식하는 일과, 말하고자 하는 것을 충분하게 전달하는 자세가 중요하다.

D. 한인교회를 통한 현지인 교회개척과 필요공급

코트디부아르는 20개의 주요 도시들이 있다. 아비장 한인교회의 초기 교회개척 방향은 주요도시를 관문으로 삼아 교회를 개척하는 선교정책을 세웠다. 1996년도부터 매년마다 한 두 개 지역에 교회를 개척하였다. 현재까지 8개의 교회가 헌당식을 가진 상태이지만 앞으로는 더 증가할 전망이다. 하지만 현지인을 통한 교회개척을 할 때 가장 시급한 것은 교역자 수급과 그들의 교육과 의식구조를 바꾸는 것이 우선시되어야 한다는 것이다.[69] 한인교회가 현지인을 어떻게 선발하고 파송하는가에 따라 교회개척의 성패가 나뉜다는 이야기로 볼 수 있다.

한인교회가 갖추어야 할 현지인 양성을 위한 신학교 설립과 현지 특성에 맞는 신학교육, 신앙교육과 성경 암송을 통한 성경인지능력 함양이 필요하다. 이러한 교육시스템을 통해 매년 배출되는 신학생들을 거점도시와 빌리지에 파송하게 되었다.[70] 한인교회는 이들을 매 월 총회본부에 모여 성경테스트를 통한 목회자의 사명의식과 책임을 부여하고 있다.

아비장한인교회의 현지인을 통한 교회개척 선교정책은 매우 독특한 면이 있다. 그것은 첫째, 종족이 같은 목회자를 파송한다. 둘째, 종족과 동일한 언어를 사용하는 목회자를 우선적으로 파송한다. 셋째, 목회자의 고향에서 자기들의 언어로 사역하도록 배려한다. 이러한 선교정책은 다양한 위험성을 사전에 예방하면서 현지어로 사역하기 때문에 복음의 접촉점이 빠르다는 것이다. 넷째, 주요도시의 교회들은 각 지역에 빌리지 교회를 개척하는 정책을 통해 하나님 나라를 확장하고 있다. 다섯째, 빌리지 교회의 사역자들은 아비장 한인교회의 특별한 지원 없이 변화된 목회자들의 주도하에 사역이 이루어지고 있다.[71] 아비장 한인교회는 현지인을 통한 교회개척사역을 철저하게 "선교의 현지화 및 토착화"를 추구하고 있다. 이는 예수 그리스도의 지상명령을 온전하게 수행하는 선교형 교회의 전략이다. 변화하는 상황에서 교회개척과 지도자 파송과 자립적 사역은 우리가 처한 상황에 맞추어 우리가 선호하는 방식을 택하는 것이 아니라 현지인들이 머물러 있는 곳

69) 백성철, "코트디부아르 아비장 한인교회 한인교회를 통한 현지 교회의 개척," 「목회와 신학」(2007. 12), 145.

70) 백성철, "코트디부아르 아비장 한인교회 한인교회를 통한 현지 교회의 개척."

71) 백성철, "코트디부아르 아비장 한인교회 한인교회를 통한 현지 교회의 개척," 146 재인용.

에서 복음을 구현하는 일이다.[72] 선교는 기도하는 가운데 성령이 일으키는 새로운 움직임이며 예수 그리스도의 명령에 대한 순종이다. 그리고 사랑과 복음을 교회 밖으로 퍼트리는 것이다.[73]

또한 현지인들의 필요를 공급하는 사역이다. 곧 아비장 한인교회와 총회는 예수 그리스도가 우리의 중심이라는 것을 늘 기억하도록 교육하고, 희생적 사랑과 양적 성장을 도모하도록 지원하면서 정직에 기초한 공동체 삶을 지향하도록 월례모임을 통해 교육을 실행하고 있다. 목회자로 하여금 지역사회에서 교회가 왜 필요한 곳인가를 인지하도록 한다. 도시와 빌리지 지역은 교회 경험이 없는 이들의 인구 비중이 매우 높다. 이러한 환경에서 선교하도록 부름 받은 이들은 사람들에게 예배에의 참여, 교회 방문을 요구해도 별다른 효과가 없다. 이런 곳에서 선교적 대응은 해당 주민들이 공동체를 구축하고 쇄신할 수 방향을 제공해 준다. 청소년 문제가 많은 지역에서는 청소년에 초점을 두고 학교활동, 소외된 십 대와 함께 하는 활동, 주말클럽활동, 놀이 및 휴일 활동 등의 프로그램을 제공해 준다. 이런 파트너십을 통해 신뢰가 형성되면 장기적으로 교회에 관심이 높아지고 교회에 참여하게 된다.[74] 아비장 한인교회는 로버트 워렌(Robert Warren)이 지적한 것처럼 "지역교회에서 활동하는 그림"[75]을 제공해 주는 일을 하면 된다.

---

72) 장훈태, "서부아프리카 코트디부아르공화국 야오부 마을의 전통적 샤머니즘 문화상황에서의 선교전략," 「복음과 선교」 제35권 (2016. 09), 253-254.

73) Church of England's Mission and Public Affairs Council, *Mission-Shaped Church-Church planting and fresh expressions in a changing context*, 101.

74) Church of England's Mission and Public Affairs Council, *Mission-Shaped Church-Church planting and fresh expressions in a changing context*. 130 재인용.

75) Robert Warren, *Building Missionary Congregation* (Church House Publishing, 1995), 20.

V. 나오는 말

변화하고 있는 세상에서 교회개척과 선교는 하나님의 절대 명령이다. 선교는 삼위일체 하나님의 사역에서 시작되며 선교의 형태와 모델은 예수 그리스도의 사역에 기초를 둔다. 로잔신학은 하나님의 사랑에서 발현되는 예수 그리스도의 전도(Word)와 봉사(Deed)를 이분화하거나 고립시킬 수 없듯이, 교회의 선교를 사랑의 계명에 순종하는 맥락에서 이해하고 있다. 그리스도인의 사회적 책임은 하나님과 인간의 교리, 이웃에 대한 사랑과 그리스도의 사랑의 필요한 표현이라고 할 수 있다. 이를 실현하고 실천하는 장소가 교회이고, 교회를 통하여 예수 그리스도의 삶을 드러낸다.[76] 우리는 로잔운동에서 그리스도인과 사회적 책임은 하나님, 하나님의 관심에 동참하는 일이라 본다.

> 우리는 하나님이 모든 사람의 창조주이시며 동시에 심판자이심을 믿는다. 그러므로 우리는 인간 사회 어느 곳에서나 정의와 화해를 구현하고 인간을 모든 종류의 억압으로부터 해방시키려는 하나님의 관심에 동참하여야 한다….[77]

로잔신학은 전도와 사회참여, 정치참여는 둘 다 우리 그리스도인들의 의무라고 명시한다. 이는 하나님과 인간, 우리 이웃을 위한 우리의 사랑, 그리고 예수 그리스도에 대한 순종의 필수적 표현들이다. 우리가 실행하려는 교회개척 사역은 "우리의 개인적 그리고 사회적 책임을 총괄적으로 수행하도록 우리를 변화시키는 것이어야 한다. 행함이 없는 믿음은 죽은 것이다."

76) 조종남, 『세계복음화를 위한 로잔운동이 역사와 신학』, 100-102.

77) LOP 3. p. 15.; LC, 5. "그리스도인의 사회적 책임"을 참조하라.

(LC, 5) 결국 선교는 하나님 아버지께서 예수 그리스도를 세상에 보내셨듯이, 그리스도께서 하나님의 백성을 보내실 때 부여한 "희생적인 봉사"에서 이해되어야 한다. 이러한 일을 수행하기 위하여 제3세계 지역인 코트디부아르 아비장 한인교회는 전성도의 선교사화, 전 성도의 신학화, 전 성도들의 선교 동력화, 선교의식과 목적의식, 네트워킹 시너지가 나타나도록 사역하고 있다.[78] 이러한 사역을 보다 구체화하는 선교의 비전으로 동반자 단계로서 ECOWAS 15 Vision, 보나콤 협력사역을 중점 사역으로 두고 있다. 동참자 단계(participant Stage)로 IPTECI 2020을 세웠다.[79] 신학교 내에 대학원 과정 및 박사과정을 도입을 통해 아프리카 최고의 신학교로 발전시켜 복음전달기관으로 성장시키겠다는 비전을 갖고 있다. 이 같은 교회의 비전을 성취하기 위하여 교회개척에 대한 이해, 지역 탐사와 연구, 계획적이고 일관성 있는 예배형식의 다양화, 리더십 양육, 선교 초점의 교육과 사회문제의 관심 등을 고취하여 사역에 전념하고 있다.

아비장 한인교회는 로잔운동의 정신과 맞물려 전 성도의 선교사화를 통한 교회개척 사역을 비전을 두고 진정한 선교적 교회로서 기준을 갖고 있다. 곧 삼위일체 하나님에게 초점을 두는 사역, 성육신적 교회, 복음과 성령의 능력으로 공동체를 변화시키기 위해 사역하며, 제자를 양육하며, 관계중심적이다. 이 다섯 가지의 원칙은 교회의 모양이 다양해지고 유동적으로 변화할 때 구분할 수 있도록 도와주는 기준이다.[80] 이러한 가치 기준에 맞는 교회로서 그 역할을 다하고 있다.

---

78) 네트워크 중심교회로서 새 땅 개척하기는 지역과 교회에 중점을 두고 선교하는 교회의 정당성과 중요성에 두고 있다. 네트워킹 시너지는 특정사회, 특정문화에 속하는 이를 선교하기 만들어진 것이다.

79) 2015년 6월 25일, 백석대학교와 입태시신학교가 MOU를 체결했다.

80) Church of England's Mission and Public Affairs Council, *Mission-Shaped Church-Church planting and fresh expressions in a changing context*, 167-170.

참고문헌

백성철. 『2016. 아비장 한인교회 핸드북』. 코트디부아르 아비장: 아비장한인교회 출판부, 2016.

백성철. 『2015년 아비장 한인교회 핸드북』. 코트디부아르 아비장: 아비장 한인교회, 2015.

정흥호. 『복음주의입장에서 본 상황화 신학』. 서울: 한국로고스연구원, 1996.

조종남. 『세계복음화를 위한 로잔운동의 역사와 신학』. 서울: 선교횃불, 2013.

한국로잔위원회 감수. 『케이프타운 서약-하나님의 선교를 위한 복음주의 헌장-』. 서울: IVP, 2014.

Allens, Roland. *Missionary Methods, St. Paul's or Ours?*. Moody Press: Chicago, 1956.

Church of England's Mission and Public Affairs Council. *Mission-Shaped Church-Church planting and fresh expressions in a changing context*. England: The Archbishops'Counil, 2009.

kell und Franz Delitzsch, Carl F. *Genesis und Exodus, Biblischer Kommentar über das Alte Testament. Bd. 1.* Dörffling CD Franke: Leipzig, 1878.

Lingenfelter, Sherwood G. *Leading Cross-Culturally*. Chicago: Baker Books, 2008.

Schultz, Richad L. (eds), H. Kasdorf/F. Walldorf, "Und sie verkünden meine Herrlichkeit unter den Nationen." *Werdet meine Zeugen. Weltmission im Horizont von Theologie und Geschichte. hänssler:* (Neuhausen, Stuttgart, 1996). 31-36.

Stott, John. *The Message of Romans, The Bible Speaks Today*. Leicester and Downers Grove: IVP, 1994.

Taylor, William Antonia van der Meer, Reg Reimer, *SORROW & BLOOD -Christian Mission in Contexts of Suffering Persecution and Martyrdom*. Pasadena, CA: William Carey Libray, 2012.

Warren, Robert. *Building Missionary Congregation*. Church House Publishing, 1995.

Winter, Ralph D. "The Long Look, Eras of Missions History," *Perspectives on the World Christian Movement*. Edited by Ralph D. Winter, Steven C. Hawthome (Pasadena CA: William Carey Library, 1981), 167-168.

Boehme, Ron. *Leadership for The 21st Century*. 『21세기의 지도자』. 허광일 역. 서울: 예수전도단, 1996.

Garrison, David. *Church Planting Movements-How god is Redeeming a Lost World-*. 『하나님의 교회개척배가운동』. 이명준 역. 서울: 요단출판사, 2012.

Rouse, Rick. Gelder, Craig Van. *A Field Guide for the Missional Congregation*. 『선교적 교회 만들기』. 황병배 · 황병준 역. 경기: 한국교회선교연구소(KOMIS), 2013.

Steffen, Tom A. *Passing The Baton Church Planting That Empowers*. 『타문화권 교회개척』. 김한성 역. 서울: 토기장이, 2010.

LOP 3. Stott, John The Lausanne Covenant-An Exposition and Commentary. Lausanne Occasional Papers No. 3. 1-15.

나승필. "선교와 교회개척: 성경적 본질과 역사적 관점에서." 「ACTS 신학저널」 제27권 (2016. no. 1), 227-275.

류종수. "중국선교사 티모시 리차드의 선교원칙." 「ACTS 신학저널」 제26권 (2015. no. 4). 225-256.

오영철. "태국 카렌 민속불교권을 향한 선교전략." 「ACTS 신학저널」 제21권 (2014. no. 3), 91-140.

장훈태. "서부아프리카 코트디부아르 한인디아스포라 역할과 선교." 「복음과 선교」 제76권 (2015. 10), 333-369.

장훈태. "서부아프리카 토고공화국 꼬따마꾸지역 땀베르마족의 문화적 다양성과 선교." 「복음과선교」 제34권 (2016. 06), 193-239.

장훈태. "서부아프리카 코트디부아르공화국 야오부 마을의 전통적샤머니즘 문화상황에서의 선교전략." 「복음과 선교」 제35권 (2016. 09), 229-274.

장훈태. "서부 아프리카 토고공화국 낭가부 지역 선교를 위한 까비예족 문화의 가치체계연구." 「성경과 신학」 제79권 (2016. 10), 261-295.

정기묵. "로잔운동의 관점에서 보는 젊은이 세대 전도." 「복음과 선교」 제35권 (2016. 09), 275-305.

정흥호. "성경의 리더십을 통한 선교적 리더십에 관한 고찰." 「ACTS 신학저널」 제18권 (2013), 117-143.

최하영. "우크라이나 한인 선교사의 교회개척상황과 그 선교적 과제." 「ACTS 신학저널」 제24권 (2015. no. 2), 227-261.

홍기영. “토착화의 관점에서 바라본 존 네비우스 선교방법의 재평가.” 「복음과 선교」 제34권 (2016. 06), 281-329.

백성철. “코트디부아르 아비장 한인교회 한인교회를 통한 현지 교회의 개척.” 「목회와 신학」 (2007. 12), 144-147.

백성철. “아프리카 선교의 실태와 전망.” 「기독일보」. 2012. 06.06. http://kr. christianitydaily.com/home/news/services/print.php?article_id=63573. 2016년 7월 28일 접속.

백성철. “아비장 한인교회 담임목사와의 개척교회탐방 동행과 대화.” 아비장: 아비장 한인교회, 2016.

백성철. “아비장 한인 교회 교단 현황판” (코트디부아르 아비장: 아비장한인교회, 2016), 연구자가 2016년 6월 24일-7월 8일까지 체류하는 동안 정리한 것임을 밝힌다.

백성철. “백성철목사의 개척교회 탐방.” 2016년 7월 4일-8일(4박 5일동안 18개의 거점도시와 빌리지 교회를 방문).

백성철. “아비장 한인교회 교회개척 통계자료.” 아비장: 아비장한인교회 선교위원회, 2016.; 2016년 7월 3일 이메일로 송부 받음.

장훈태. “코트디부아르 서북부지역 18개 교회개척 현황 조사” (2016년 6월 24일-7월 8일).

스위스 로잔언약(1974).

LOP 3. p. 15.; LC, 5. “그리스도인의 사회적 책임”을 참조.

백성철목사와의 이메일로 2016년 9월 17일 오후 11시 0분 48초에 확인한 내용.

신인호, “서부아프리카 인사말” 2016년 8월 27일 인터뷰.

캠퍼스 선교와 선교 코칭

장성배 • 감리교신학대학교

Ⅰ. 들어가는 글

A. 코칭에 대한 관심의 등장

산업사회에서 후기산업사회인 정보와 사회로 이동하면서 사회는 급격하게 변하게 되었다. 표준화, 대형화, 집중화가 산업사회의 힘의 상징이었다면 이제는 비표준화, 소형과, 분산화가 사회를 움직이는 방법이 되었다. 이 과정에서 수직사회는 수평사회로 이동하고, 다양한 가치들이 공존하면서 협력과 네트워킹을 중요한 과제로 여기게 되었다. 감당할 수 없는 정보의 홍수 속에서 수많은 길들 중에서 가장 자신에게 맞는 길을 선택해 나가야 하는 현대인들에게는 수많은 새로운 문제들이 기다리고 있다.[1)]

소비자들을 향하는 기업의 태도도 바뀌었다. 하나의 기업이 대중(mass) 전체를 향해서 마케팅하고 제품을 만들던 시대에서 각각의 고객 만족을 위해

1) 윤영지, 『미래사회 사회문화 경제』(서울: 다올, 2013).

제품을 다양화하고 일대일 서비스에 사활을 거는 시대로 바뀐 것이다. 학교의 교육 또한 한 교사가 교실의 모든 학생들에게 획일화된 교육을 제공하던 시대에서 각 학생들의 특성과 재능에 따라 다양한 교육의 기회를 제공해야 한다는 목소리가 높아져 가고 있다.[2)]

이러한 시대의 변화는 리더십의 변화에도 영향을 미쳤다. 피라미드형 리더십 구조가 익숙하던 산업사회는 지나가고 수평적이고 네트워크형의 리더십 모델들이 요청되고 있다. 그 변화의 특징들은 아래와 같다.[3)]

리더십의 변화	
산업사회	정보화 사회
수직조직	수평조직
한 사람의 리더	각 분야의 다양한 리더들
관료/권위주의	파트너십, 자발성, 다양함, 창의성
철저한 관리자	임파워먼트
상사가 해담을 보유	조직원 각자가 해답을 보유

이러한 시대를 효과적으로 살아가기 위해서는 자신의 잠재력과 가능성을 파악하고 자신이 기여할 수 있는 분야에서 최고의 능력을 발휘하는 사람이 되어야 한다. 이러한 세상에서는 삶의 파트너로서 사람들의 고민들 들어주고, 질문을 통해 고착되어 있는 고리를 풀고 자신의 길을 찾아가도록 도우며, 그 길을 가는데 용기를 주는 코치의 역할이 새롭게 부각되고 있다. 급변하는 환경에 휩쓸려 떠내려가지 않고 자신의 가치를 따라 자신을 실현하는 삶을 살기 위해서 서로를 지지해 주면서 변화를 리드하는 공생의 방법이 요청되고 있는 것이다. 지시하고 명령하며 조종하는 통제형 리더십으로부터 경청하고 질문하는 과정에서 스스로 답을 찾도록 돕는 코칭 리더십이 미

2) 데이비스 하그리브스, 데니스 셜리, 『학교교육 제4의 길 (1): 학교교육 변화의 역사와 미래 방향』(서울: 21세기교육연구소, 2015).

3) 김성수, 『21세기 혁신적 리더십』(서울: 탑북스, 2015).

래의 대답이 되고 있다.

그렇다면 코칭이란 무엇인가? 코치는 어떤 리더십을 갖은 사람인가? 이는 이 논문의 첫 번째 관심의 축이다.

B. 다음 세대를 향한 전도의 어려움

21세기에 들어오면서 거의 모든 한국 교회들이 전도의 어려움을 뼈저리게 실감하고 있다. 교회는 성장을 멈추었고 심지어 동력을 상실하고 쇠퇴해 가는 느낌마저 들고 있다. 특이 이러한 전도의 어려움은 특별히 젊은 세대들에게 더욱 두드러지게 나타나고 있다. 교회마다 주일학교와 청소년부, 청년부가 급격하게 힘을 잃고 있다. 이제 학교에는 크리스천 학생들을 찾기 힘들다. 특히 중고등학교와 대학교는 미전도종족 지역이 되고 있다. 전에는 막강한 힘을 과시했던 전통 있는 대학생 선교단체들조차 명맥을 겨우 유지해 가고 있는 실정이고, 전통적인 전도의 방법을 포기하고 새로운 방법을 찾아 고민하고 있다.

복음을 땅 끝까지 전하고자 세계적인 네트워크를 형성하고 기도하며 애쓰고 있는 로잔 운동에서조차도 다음 세대들을 향한 전도는 중요한 과제로 여겨지고 있다. 로잔 포럼 2004의 주제들 중에 다음 세대들을 향한 전도의 주제들이 많다는 것은 이러한 상황의 변화를 반영하고 있다. 12. FUTURE LEADERSHIP; 18. EVANGELIZATION OF CHILDREN; 23. REACHING THE YOUTH GENERATION 등이 그것이다. LOP 문서로는 LOP47 IG18 - Evangelization of Children; LOP52 IG23 - The 12/25 Challenge Reaching the Youth Generation을 참조할 수 있는데, LOP 52

문서가 제일 많은 논의의 접촉점을 줄 수 있다.[4)]

LOP 52 문서에 의하면 이 시대의 교회는 젊은 세대를 향한 열정을 회복해야 한다. 젊은 세대는 현재 교회의 한 부분이고 미래교회의 전부이기 때문이다. 그들에게 다가가기 위해서는 그들을 향한 성육신적 접근 방법을 개발해야 하고 그들 삶 전체에 총체적인 영향을 주어야 한다. 이 과정에서 특히 어려운 문제는 모던 사회의 산물인 현재의 한국교회가 어떻게 포스트모던 세대를 담을 수 있는가 하는 문제이다. 한국교회는 이들 젊은 포스트모던 세대를 담기 위해 어떤 갱신이 필요한지 물어야 한다. 또한 그들 젊은 세대들에게 복음을 의미 있게 전하기 위해서 그들의 가정적, 또래-집단적, 사회적-경제적, 정치적 상황을 이해해야 하고, 그들의 감정적, 육체적, 사회적, 지적, 영적 필요에 응답할 수 있는 길을 찾아야 한다. 이는 지금까지 한국교회가 집중적으로 관심하지 못했던 주제이다. 그 결과 한국교회는 젊은 이들을 잃고 있다.

C. 코칭을 통한 캠퍼스 선교

이 연구는 전통적인 캠퍼스 선교가 힘을 잃어가고 있는 이때에 코칭을 통해 대학생들에게 접근하는 길에 대해 질문해 보고자 한다. CCC의 사영리와 같은 전도지 대신 라이프 코칭, 커리어 코칭, 학습 코칭을 통해 학생들의 문제를 같이 아파하고 그들의 삶을 재건해 주는 가운데 복음의 참 뜻을 나눌 수 있을 것이라는 희망 때문이다. 이러한 코칭을 통한 접근은 학생선교단체들이 주로 사용했던 소그룹 활동 보다 동아리와 같은 형태의 코칭 그룹으로 전환하는 것을 포함한다.

---

4) https://www.lausanne.org/category/lop

경청과 질문을 통해서 삶과 세계관의 변화, 그리고 제자의 삶으로의 변화가 가능하다면 캠퍼스 선교는 코칭 패러다임으로 전환되어야 할 것이다. 이 짧은 글을 통해 자세한 연구를 할 수는 없지만, 먼저 2장에서는 코칭을 이해하고, 3장에서는 선교 코칭(Missional Coaching)을 정의한 후, 4장에서는 이러한 선교 코칭을 캠퍼스 현장에 적용하는 방법들에 대해서 살펴보고자 한다.

II. 코칭이란?

A. 코칭의 정의

국제코치연맹(ICF)의 정의에 의하면, "코칭은 사고를 자극하는 창조적인 과정 속에서 고객들의 개인적, 전문적 가능성을 극대화시키도록 격려하는 파트너 관계를 맺는 것이다."(Coaching is partnering with clients in a thought-provoking and creative process that inspires them to maximize their personal and professional potential.)[5] 한국코치협회도 코칭을 "개인과 조직의 잠재력을 극대화하여 최상의 가치를 실현할 수 있도록 돕는 수평적 파트너십"으로 정의한다.[6] 이희경은 리더십의 관점에서 코칭을 "개인의 잠재력을 최대한 키워 스스로 생각하고 움직이는 주도적인 인재로 성장시키는 상호존중의 쌍방향 리더십"으로 정의한다.[7] 크리스천 코칭의 중요한 책을 쓴 게리 콜린스도 코칭을 다음과 같이 설명한다. "코칭은

---

5) http://coachfederation.org/need/landing.cfm?ItemNumber=978

6) http://www.kcoach.or.kr/02guide/guide01.html

7) 이희경, 『코칭 입문』(서울: 교보문고, 2006), 5.

개인이나 집단을 현재 있는 지점에서 그들이 원하는 지점으로 갈 수 있도록 인도하는 기술이자 행위이다. 코칭은 사람들이 자신의 비전을 확장하고, 자신감을 갖고, 잠재력과 기술을 개발하고, 목표를 향해 실천적인 발걸음을 내디딜 수 있도록 돕는다."[8]

B. 코칭의 역사와 동향

코칭의 역사에 대해서는 비키 브록의 코칭의 역사가 가장 광범위하게 다루고 있다.[9] 그녀에 따르면 코칭의 어원이 되는 '코치'(Kocsi, coach)는 영국에서 네 마리의 말이 끄는 마차를 뜻하는 단어였다. 코치를 모는 마부는 승객이 원하는 곳까지 데려다 주기 때문에 개별적인 서비스가 가능했다. 승객은 마부와 의논하면서 페이스를 조절할 수 있었고, 계획을 수정하거나 목적지를 바꿀 수도 있다. 이와 같이 코칭은 코치이를 향한 맞춤형 서비스로서 코치는 코치이가 원하는 페이스와 방향을 향해 함께 변화의 여행을 한다.

반면에 '훈련'(training)은 같은 어원을 가진 '기차'(train)의 이미지를 떠오르게 한다. 기차는 이미 정해진 선로와 배차시간이 있고 승객들은 이 기차의 계획된 운행에 따라 종착점까지 함께 움직여야 한다. 이와 같이 대부분의 훈련 프로그램은 이미 정해진 목표와 커리큘럼에 따라 진행되고, 훈련을 받는 사람들은 모두 이 과정에 따라야 할 때가 많다.

1800년대 후반이 되면서 코치라는 용어는 스포츠 분야에서 운동선수를 훈련하는 사람을 지칭하게 되었다. 이 때 코치는 선수들의 신체적, 기술적, 심리적 부분들을 다듬어서 최대의 경기력을 낼 수 있도록 지도한다.

8) 게리 콜린스, 『코칭 바이블』(서울: IVP, 2014), 27.

9) 비키 브록, 『코칭의 역사』(서울: 코쿱북스, 2015).

현대적 의미의 코칭이라는 용어와 개념은 재무 플래너였던 레너드(Thomas J. Leonard)에서부터 시작되었다. 그는 고객들의 인생의 가치와 계획에 맞춘 재무계획을 설계해 주는 사람이었는데, 그의 성실한 섬김의 결과 고객들은 보다 나은 미래를 설계하고 그들이 원하는 미래를 성취할 수 있었다. 이러한 경험을 한 고객 중 한 명이 레너드의 섬김이 마치 운동선수와 파트너십을 갖는 코치와 같다고 말했고, 여기에 착안해서 라이프 코칭 사업이 시작 되었다.

1980년대 후반에는 미국의 여러 기업들이 직원들의 업무능력 향상을 위해 코칭을 도입하면서 비즈니스 코칭 영역이 생겨났는데, 직원들의 자발성과 창의성을 높이는데 코칭의 효과성이 입증되면서 코칭의 영역은 기하급수적으로 확장되었다.

우리나라 코칭은 2000년대 초반부터 알려지기 시작했는데 짧은 시간에 비해 코칭의 영역은 놀라울 만큼 확장되고 있다.[10] 2016년 11월 현재 한국코치협회에 등록되고 활동하고 있는 인증 코치의 수가 4364명에 이르고 있고 있다.[11] 정확한 수를 확인할 수는 없지만 국제코치연맹(ICF)에서 코칭 훈련을 받고 코치가 된 사람의 수도 상당한 것으로 알려지고 있다.

C. 코칭의 철학

한국의 코치들 누구에게나 공통으로 통하는 철학적 근거는 어떤 것인가?[12] 한국 코칭 영역에서 받아들여지고 있는 코칭의 제1철학은 '모든 사람에게는 무한한 가능성이 있다'는 것이다. 사람들은 자신의 세계관이나 주어

10) 폴정, 『폴정의 코칭 설명서』(서울: 아시아코치센터, 2009), 2장.

11) http://kcoach.or.kr/04biz/biz02.html

12) 이소희, 길영환, 도미향, 김혜연, 『코칭학개론』(서울: 신정, 2014).

진 환경, 부정적인 경험 등 여러 가지 이유로 자존감이 지극히 낮아져 있다. 또한 여러 가지 잘못된 편견과 가치관들 때문에 자신을 보는 관점이 많이 왜곡되어 있다. 그러나 만약 그 사람이 자신이 실재로 갖고 있는 가능성을 제대로 펼칠 수만 있다면 그의 인생은 전적으로 달라질 것이다. 이렇듯 코칭은 긍정 심리학의 관점에서 시작한다. 상처와 왜곡된 부분에 집중하고 그것을 치유하고 회복하려는 상담과는 달리 코칭은 그 사람의 밝은 미래에 집중한다. 그래서 미래에는 지금보다 더 나은 삶을 살도록 돕는데 최선을 다한다.

코칭의 제2철학은 문제를 해결하거나 극복하는데 '필요한 해답은 모두 그 사람 내부에 있다'는 것이다. 각 사람의 삶에 대해 가장 많이 아는 사람은 바로 그 자신이다. 수십 년간의 삶 모두를 안과 밖으로 모두 아는 사람은 그 사람 자신 밖에 없기 때문이다. 그 사람이야말로 자신의 삶의 모든 가능성에 대해 가장 많이 고민해 왔고, 문제를 해결하기 위해 도전하고 실패하며 지금까지 이르렀다. 그러므로 문제를 해결할 정보를 가장 많이 갖고 있는 사람은 바로 그 자신이다. 코치는 해결할 주제에 대해서 가능한 많이 경청하고, 이해하고, 그 다음에는 그가 더 다양하게 생각을 도출해 내고 그것들을 창조적으로 재구성하도록 질문하는 것이 최상의 길이다. 그래서 코칭은 답을 주려고 하지 않고 경청하고 질문한다. 이것이 컨설팅이나 티칭, 그리고 멘터링과의 차이이다.

코칭의 제3철학은 코치이가 '해답을 찾기 위해서는 파트너가 필요하다'는 것이다. 비록 모든 해답이 코치이 속에 있더라도 그것을 창조적으로 재구성하는 데는 노련한 코치가 필요하다. 또한 재구성하고 결심한 것을 실천할 때 필요한 용기를 북돋워주는 인생의 격려자, 동지가 필요하다. 그럴 때 코치이는 파트너인 코치와 함께 극복하기 어려운 문제까지도 해결해 나갈 것이다.

그러므로 코칭은 주어진 환경 속에서 코치와 피코치자가 상호 신뢰를 바탕으로 피코치가 해결해야 할 목표를 향해 함께 나아가는 과정이다. 그러므로 상호 신뢰는 코칭에서 가장 중요한 바탕을 이루고 있는 개념이다. 코치는 코치이가 갖고 있는 잠재력과 가능성을 신뢰하고, 코치이 또한 자신의 가능성에 대한 신뢰는 물론 코칭을 통해 자신이 원하는 목표에 이를 수 있다는 것을 신뢰하는 것이다.

D. 코칭의 주요 접근 방법들

위와 같은 코칭 철학은 코치가 코치이를 대할 때 다음과 같은 접근을 하도록 한다. 이것은 코칭을 특징짓는 아주 중요한 태도이다.

1) 코치는 답을 하지 않고 코치이가 스스로 생각하도록 질문 한다. 가장 중요한 답은 코치이에게 있다. 코치이는 누구보다 자신을 잘 알고 있으며 코치이가 결단하지 않으면 근본적인 문제를 해결할 수 없다.
2) 코칭 과정에서 코치이는 스스로 해결방안을 찾아 가도록 격려 받는다. 코치는 코치이가 문제를 직시하고, 해결책을 발견하며, 해결하는 삶을 계획하고, 실천하도록 격려한다.
3) 코칭을 통해 코치이는 자신 안에 있는 엄청난 잠재능력과 가능성을 발견한다. 코치는 코치이가 이러한 가능성을 발견하고 이를 확신하도록 계속해서 긍정적인 기운을 불어넣는다.
4) 코칭은 주제를 설정함에 있어서 행동에 초점을 맞춘다. 많은 경우에 코치이는 무엇을 해야 할 것인지를 알면서도 실천하지 못하고 있을 경우가 많다. 그러므로 코칭은 행동을 통해 문제를 돌파해 가도록 돕는다.

5) 그 결과 코칭은 실제적으로 향상된 결과를 만들어 낸다. 처음에는 작은 실천계획을 세우고 성취하게 한다. 코치이가 점점 더 자신감을 갖게 되면 더 큰 과제에 도전할 수 있게 된다.

이러한 코칭이 성공적으로 진행되면 코치이의 개인의 삶에서나 학습 상황에서, 그리고 비즈니스 상황에서 다음과 같은 변화들을 예상할 수 있다.

1) 코치이는 스스로 사고하고 행동하게 된다. 코칭 이전에는 누구에겐가 가르침을 받거나 지시를 받아서 움직였다면 코칭 이후에는 스스로 문제를 풀어낼 수 있다는 자신감을 갖게 된다.
2) 자신이 결정하고 해결한 일이니 만큼 결과에 대한 만족도가 높아진다. 코칭을 통해 스스로 문제를 해결한 자부심은 코치이의 성취감을 높여줄 있다.
3) 행동을 변화시키거나 일을 처리하는데 있어서 속도가 빨라진다. 코칭을 의미 있게 경험한 코치이는 이후에 다가오는 과제들에 대해서도 주체적으로 생각하고 효과적으로 일을 처리하게 된다.
4) 회사나 조직 측면에서는 조직원(코치이)을 성장시키는 경영이 가능해진다. 코칭을 통해 회사나 조직은 수동적인 직원이 아니라 능동적이고 적극적인 파트너를 갖게 된다.
5) 장기적으로 회사나 조직의 리더는 조직 관리를 위해 많은 시간을 쓸 필요가 없게 된다.

이렇게 볼 때 코칭은 빠르게 변화하는 21세기 상황에서 가장 중요하게 요구되는 리더십 스킬이다. 이러한 코칭 리더십을 기존의 전통적인 리더십과 아래와 같이 비교해 볼 수 있다.

보스와 코치의 차이점	
보스(Boss)	코치(Coach)
말을 많이 한다	많이 듣는다
답을 준다	물어본다
부하만 움직이게 한다	부하들과 함께 움직인다
거리를 유지한다	접촉을 유지한다

E. 코칭의 주요 스킬들

1. 경청

코칭의 시작은 코치이를 잘 이해하는 것에서부터 출발한다. 그러므로 경청은 무엇보다도 중요하다. 혹자는 들을 청(聽) 자의 의미를 해석하면서 경청이 어때야 하는가를 설명한다. 청(聽) 자의 한자 구성을 보면 먼저 왼쪽 위의 귀 이(耳) 자와 왼쪽 아래의 임금 왕(王) 자를 볼 수 있다. 이는 '왕의 귀로 들으라' 즉 큰 귀로 들으라는 뜻이다. 오른쪽 위에는 열 십(十) 자와 눈 목(目) 자가 있는데, 이는 '열개의 눈으로 보라' 즉 잘 관찰하라는 뜻을 강조한다. 오른쪽 아래의 한 일(一) 자와 마음 심(心) 자는 '일심으로 집중하라' 즉 마음을 다하여 들으라는 뜻이다. 그러므로 경청은 일심으로 귀를 크게 열고 열 개의 눈을 뜨고 듣는 것을 말한다. 이러한 공감적 경청은 코칭에서 너무도 중요하다.[13)]

특히 맥락적 경청(Contextual Listening)이 중요하게 여겨지는데 이는 말하는 것 이상의 맥락을 듣는 것을 일컫는다. 즉 듣고 이해해야 될 모든 것을 파악하기 위해 말이나 단어 이상의 맥락을 듣는 것이 필요하다는 말이다. 단어 뒤에 숨어 있는 의미는 무엇인가? 다른 사람의 시각은 무엇인가? 코치이가 말

13) 최효진, 황소영, 유용미, 『삶을 움직이는 힘 코칭핵심 70』(서울: 새로운사람들, 2006), 97-116.

하고 반응하는 모든 것은 코치이의 인생 속에서의 경험과 삶을 통하여 나온 것이기 때문에 말에만 의존해서는 충분히 파악할 수 없다. 이러한 맥락을 총체적으로 파악하기 위해서는 직관의 역할이 중요하게 여겨진다.[14)]

다음의 리스트는 코칭적 경청을 위해 중요한 몇 가지 예를 보여준다. (1) 핵심 주제가 무엇인지 들어라. (2) 스토리만 듣지 말고 그 아래 숨은 감정을 들어라. (3) 드러난 메시지가 속에 숨겨진 필요와 욕구를 들어라. (4) 나의 선입관과 판단을 내려놓고 무조건적이고 수용적으로 그 사람의 입장에서 들어라.

코칭의 경청을 위한 스킬은 코치들의 경험에 따라 다양하게 제시된다. 다음의 경청을 위한 십계명은 그것을 이해할 수 있는 한 예가 된다. (1) 말하는 것을 멈춘다. (2) 말하는 사람이 편하게 느낄 수 있게 도와준다. (3) 피드백을 제공한다. (4) 방해요소를 제거한다. (5) 상대방에게 감정을 이입하여 듣는다. (6) 인내심을 가진다. (7) 자신의 기분을 가라앉힌다. (8) 논쟁이나 비판을 하지 않는다. (9) 질문을 한다. (10) 말하는 것을 멈춘다.

2. 질문

코칭에서 질문과 함께 중요한 스킬은 관점을 바꾸고 초점을 유지하는 질문이다. 코칭이 코치이의 삶을 바꾸는 것에 그 목적이 있다면 질문은 코칭 스킬의 꽃이다. 질문은 코치이로 하여금 생각하게 하고, 스스로 대답을 찾게 도와주며, 생각을 스스로 실행에 옮기도록 하는 가장 강력한 방법이기 때문이다.[15)] 그래서 코치들은 강력한 질문들을 준비하는데 많은 시간을 보낸다. 강력한 질문을 사용할 때 코치이가 강력한 도전을 받고 변화되기 때문이다.[16)]

---

14) 마샤 벤치, 『커리어 코칭: 직장인을 위한 최적의 솔루션』 (서울: 교보문고, 2007), 199-212.

15) 마샤 벤치, 213-239.

16) 최효진, 황소영, 유용미, 119-137; 이희경, 81-90.

코칭적 접근법은 다음과 같은 제안에 잘 나타나 있다. (1) 지시하려고 하지 말고 질문하라. (2) 답을 주려고 하지 말고 질문하라. (3) 좋은 질문이 코치이를 변화시킨다.

도로시 리즈는 그의 저서『질문의 7가지 힘』에서 질문의 힘을 다음과 같이 설명한다.[17] (1) 질문을 하면 답이 나온다. (2) 질문은 생각을 자극한다. (3) 질문을 하면 정보를 얻는다. (4) 질문을 하면 통제가 된다. (5) 질문은 마음을 열게 한다. (6) 질문은 귀를 기울이게 한다. (7) 질문에 답하면 스스로 설득이 된다. 결과적으로 질문은 조직을 변화시킨다.

토니 스톨츠푸스도 질문이 중요한 5가지 이유를 다음과 같이 들고 있다.[18] (1) 모든 정보는 코치이에게 있다. (2) 질문은 코치이의 참여를 유발하고 참여는 결과를 창출한다. (3) 질문은 코치이로 하여금 실천하게 하며 결과적으로 문제를 해결할 수 있는 능력을 강화시킨다. (4) 질문은 코치이 스스로 움직이도록 함으로써 그의 리더십을 함양한다. (5) 질문은 코치이를 존경하고 가치 있게 하는 진정성을 창출한다.

Ⅲ. 선교 코칭(Missional Coaching)

영미권에서는 크리스천 코칭에 대해 비교적 많은 연구와 서적들이 발표되었다. 그에 비해서 한국에서는 번역서 외에 이렇다 할 중요한 책들이 나타나지 않고 있다. 필자는 본인의 저서,『사명 리더로 바로 세워라』에서 소

17) 도로시 리즈,『질문의 7가지 힘』(개정판) (서울: 더난출판사, 2016).

18) 토니 스톨츠푸스, 26-28.

개했던 '사명 리더십'(missional leadership)에 근거해서 '선교 코칭'(missional coaching)을 제시해 보고자 한다.[19]

A. 선교 리더십

연구자는 이 책에서 사명 리더십을 설명하면서 삼각뿔 구조를 제안했다. 즉 사명 리더십(Missional Leadership)은 리더-따르는 자-상황의 축 위에 하나님의 축이 있어야 한다는 것이다. 리더가 아무리 신실하게 사람들을 섬겨도 그 리더에게 하나님이 계시지 않으면 그는 크리스천 리더가 아니라 인본주의자일 뿐이다. 그러므로 사명 리더십에서 하나님은 만물을 창조하고 섭리하시며 리더와 따르는 자, 그리고 상황 위에서 모두와 관여하며 당신의 일을 만들어 가고 계시다. 이러한 삼각뿔 구조는 하나님의 선교(Missio Dei) 신학을 잘 보여준다.

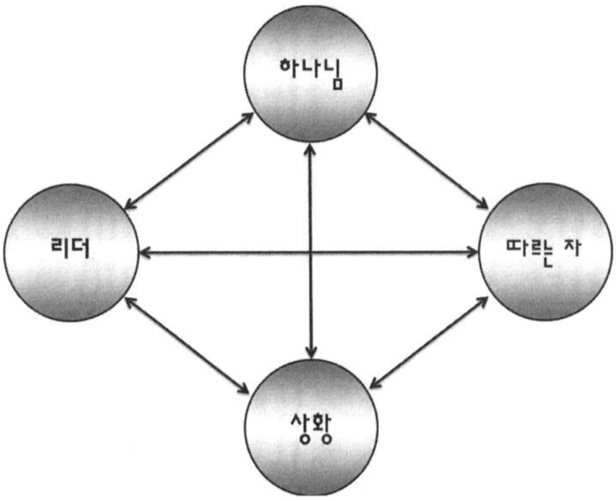

모든 축 위에 계시는 하나님은 사랑이시고, 사랑 때문에 세상을 섬기시며, 죽기까지 희생하셔서 생명을 이루시는 분이시다. 그러므로 사명 리더십

19) 장성배, 『사명 리더십으로 바로 세워라: 21세기 크리스천의 존재방식』(서울: kmc, 2009).

은 이러한 사랑의 하나님의 선교에서부터 시작된다. 하나님은 리더–따르는 자–세상 모두를 사랑하시고 섭리하시며 하나님의 형상을 회복하기를 원하신다. 그러므로 사랑–섬김–희생–생명의 운동은 리더–따르는 자–상황 모두에게 미친다.

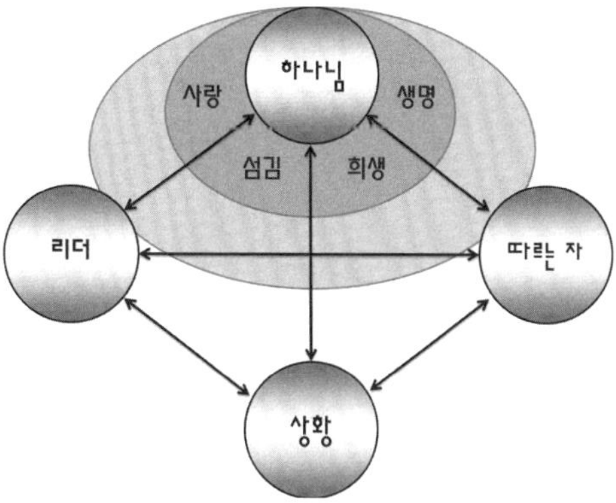

이를 위해 하나님은 먼저 하나님께 민감한 사명 리더가 될 사람을 찾아오셔서 그를 부르시고(calling) 그에게 사명을 주신다. 이 사명을 받은 리더는 하나님께서 가라고 하신 사람들을 찾아가서 하나님이 하셨던 것처럼 사랑으로 섬기고, 자신을 희생함으로 사람들이 생명의 하나님을 보게 한다. 사명 리더가 세상의 리더와 다른 점은 아래 도표에서 3번째 단계이다. 세상 리더는 자신을 따르라고 하지만, 사명 리더는 하나님을 만나도록 인도한다. 그리고 하나님을 만난 따르는 자들은 또 다른 사명 리더가 되어 하나님의 부르심 앞에 응답하고 다른 사람들을 향해 나간다.

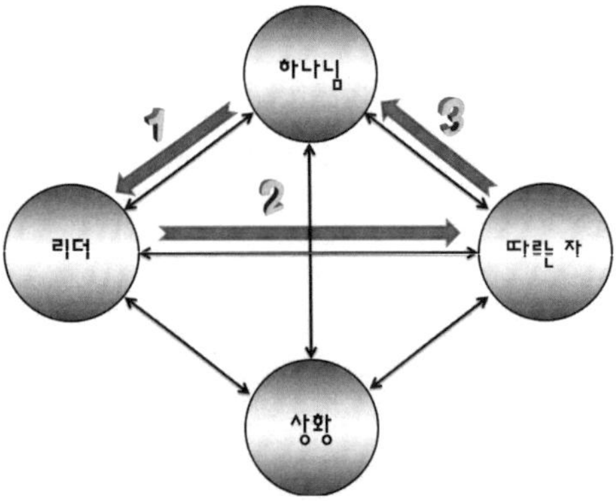

이렇게 사랑으로 일하시는 하나님을 만난 사명 리더와 따르는 자(사명자) 모두는 잃은 양을 찾아 세상을 향해 나가시는 하나님의 동선을 따라 세상을 향해 나간다. 선교하시는 하나님이 일하시는 곳은 죄 많고 의원이 필요한 사람들이 살고 있는 세상 한가운데이기 때문이다. 이러한 사명자들의 움직임은 '모이는 교회'(coming church)를 '흩어지는 교회'(going church)로 바꾼다. 최근에 이러한 흩어지는 교회들을 '선교적 교회'(missional church), '성육신적 교회'(incarnational church), '이머징 교회'(emerging church), '프레시 익스프레션스'(fresh expressions)라고 부른다.

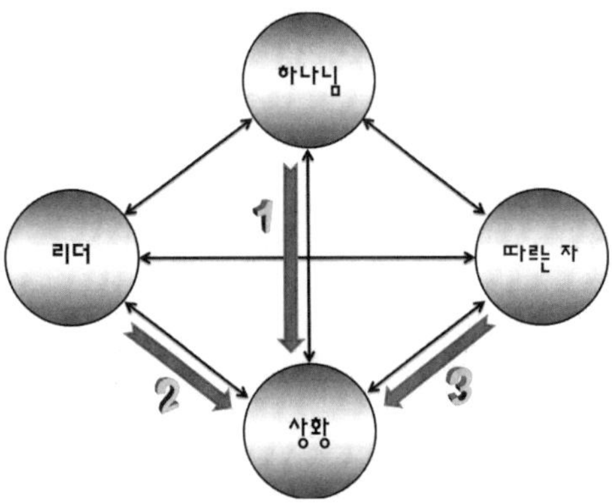

이러한 동선이야말로 하나님의 선교에 부르심을 받은 사명자들이 하나

님의 뒤를 따라 선교현장으로 움직이는 과정이다.

B. 선교 코칭

선교 리더십의 관점에서 우리는 다음의 몇 가지를 정리할 수 있을 것이다. 우리 인생의 사명은 하나님으로부터 온다. 하나님은 주인이 각 종들에게 달란트를 주듯이, 토기장이가 목적에 따라 토기를 굽듯이 각자의 사람들을 준비시키셨다. 그러므로 자신을 향한 하나님의 디자인을 발견하고 그에 따른 자신의 사명을 찾기 위해 노력해야 한다. 또한 각자는 하나님의 사명을 성취하기 위해 목표를 세우고 실천해야 한다. 이렇게 볼 때 우리가 인생을 성공적으로 살았다는 것은 하나님께서 계획하신 그 곳에 성공적으로 이르는 것을 말한다. 즉 나를 향한 하나님의 디자인을 완성하는 것이 성공적 인생을 사는 것이다. 이렇게 자신의 인생을 하나님의 사명의 관점에서 고백하는 사람들에게 선교 코칭은 다음과 같은 의미가 있다.

(1) 자신을 향한 하나님의 디자인을 발견하고 성취하도록 돕는 효과적인 방법
(2) 하나님의 사람들을 최상의 상태로 무장시키는 놀라운 방법
(3) 지구촌 안에서 자기 사명과 위치를 찾도록 돕는 탁월한 방법
(4) 교회와 선교지를 바꾸는 전혀 새로운 방법
(5) 이 땅에 하나님 나라를 이루는 예수님의 성육신적 방법

그러므로 선교 코치는 사랑의 하나님이 사람들을 품고, 들어주고, 깨닫게 하시는 것과 같이 코치이를 대하는 사람이다. 그는 성육신 하신 예수께

서 사람들과 같이 되셨고, 그들의 친구가 되시고, 그들의 신음과 이야기를 들어주시며, 사람들이 깨닫게 하셨던 것처럼 코치이를 대한다. 또한 그는 보혜사 성령님께서 우리 마음을 위로하시고, 감찰하신 후에, 예수 그리스도의 말씀이 생각나게 하고, 깨닫도록 인도하시는 것처럼 코치이를 인도한다.

이 선교 코칭 개념을 이해하면서 선교 코칭을 구체적으로 설명해 보면 아래와 같다.

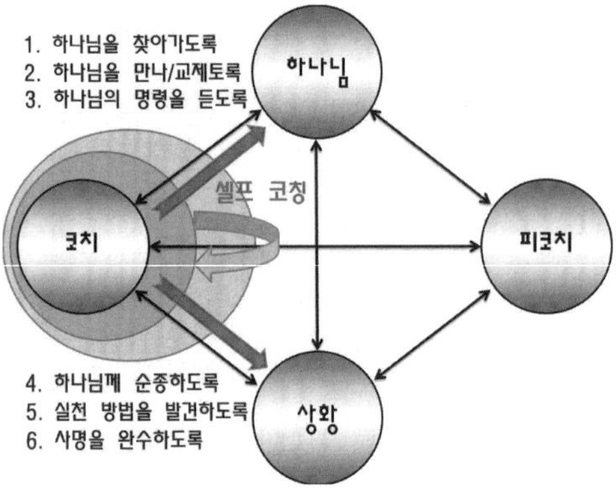

하나님의 부르심을 받은 사명 리더, 즉 선교 코치는 스스로가 하나님을 만나고 그분의 명령에 순종해서 사명을 감당하고 있는 사람이다. 그도 처음에는 누구에게로 부터인가 양육과 코칭을 받았겠지만 이제 성숙한 선교 코치는 스스로 코칭을 하며(self-coaching) 더욱 성숙한 사명자의 길로 나아간다. 양육을 동반한 선교 코칭의 주제와 단계들은 아래와 같다.

(1) 하나님을 찾아가도록 셀프 코칭한다.

(2) 하나님을 만나고 그분과 교제하도록 셀프 코칭한다.

(3) 하나님의 명령을 듣도록 셀프 코칭한다.

(4) 하나님의 명령에 순종하도록 셀프 코칭한다.

(5) 사명을 실천하는 방법을 발견하도록 셀프 코칭한다.

(6) 사명을 완수하도록 셀프 코칭한다.

성숙하게 자신을 성장시켜가고 있는 사명 리더인 코치는 이제 다른 사람들도 그 길을 갈 수 있도록 돕는 선교 코칭을 시작한다. 선교 코칭의 대표적인 프로세스는 가장 일반적인 The GROW를 따르기로 하자. 그리고 코칭의 가장 기본적인 스킬은 경청과 질문이 될 것이다. 이는 하나님의 방법이기도 하다. 우리의 작은 신음에도 경청하고 응답하시는 하나님, 우리를 향해서 네가 어디 있느냐고 질문하시는 하나님을 기억한다.

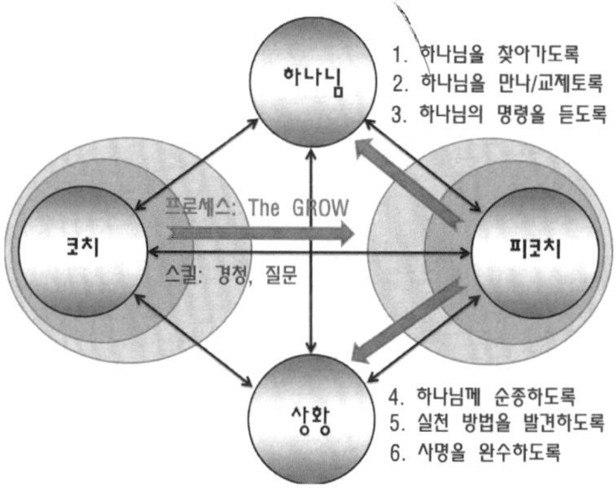

코칭의 가장 중요한 초점은 코치이가 현재의 불만족스러운 상태에서부터 보다 만족스러운 미래의 상태로 옮겨가는 것이다. 그래서 코치는 코치이와 함께 이 두 축(현재-미래)을 분명히 확인하고 정리한 후 코치이가 어떻게 그곳에 이를 수 있는지 함께 방법(전략)을 모색한다. 선교 코칭은 이 과정을 삼위일체 하나님의 선교라는 관점에서 다룬다. 코치이는 하나님의 선교의 관점에서 지금의 자신이 서 있는 위치를 파악하고 부르시는 하나님의 소명의 자리에 대해 묻게 된다. 이 두 점이 분명해지면 코치이는 어떻게 소명의 자리에 이를 수 있는지 그 방법을 모색하게 된다. 그리고 코치의 격려를 받으며 용기를 내어 실천을 시작한다. 그리고 이렇게 응답하는 코치이는 사명자가 된다.

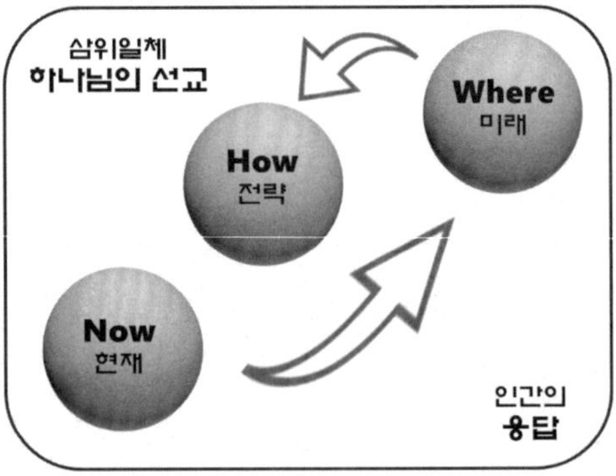

이 과정에서 선교 코치는 코치이가 자신이 세운 기대 목표를 하나님 나라 관점에서 더 크게 확신하고 도전할 수 있도록 의미 확장 과정을 돕는다. 그 의미 확장을 활용한 선교 코칭 단계는 다음과 같다.

(1) 현재의 상태를 확인하도록 코칭한다.
(2) 자신의 기대 목표를 수립하도록 코칭한다.
(3) 자신이 세운 목표의 의미를 보다 큰 하나님 나라의 관점에서 바라보도록 코칭한다.
(4) 목표에 도달할 대안을 탐색하도록 코칭한다.
(5) 코치이의 실행의지와 계획을 확인하고 격려한다.

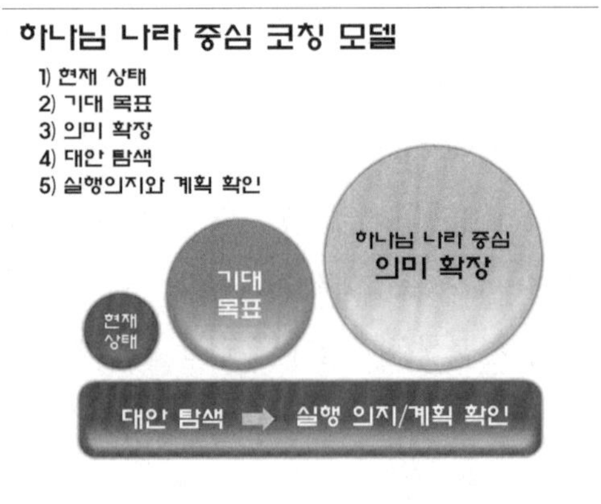

C. 선교 코칭의 주요 스킬들

1. 하나님의 마음을 품은 경청

코칭 스킬의 가장 중요한 것 중 하나는 경청이다. 경청이야말로 코치이를 배려하는 코칭의 기본 출발점이다. 그러므로 코칭에 대한 모든 책들이 경청의 중요성을 언급하고 있다. 선교 코칭 또한 이 경청을 가장 중요한 출발점으로 삼는다. 감사한 것은 이러한 경청이 성경의 기본적 관점이고 하나님의 마음을 가장 잘 표현하고 있다는 것이다. 그래서 선교 코칭은 '하나님의 마음을 품은' 경청을 강조하고자 한다.

경청의 차원들에 대해서는 많은 코칭 책들이 서로 다르게 설명하고 있다. 그 중에 가장 공통적으로 제기되고 있는 단계들을 정리해 보면 다음과 같다. 경청의 수준이나 태도로 볼 때 (5)번으로 내려갈수록 보다 코치이 중심적이고 하나님의 마음을 품은 경청이라고 이해하면 좋겠다.

(1) 배우자 경청: 건성으로 듣는 것에 한 술 더 떠서 말을 가로막고 답을 주기까지 한다.

(2) 소극적 경청: 건성으로 듣는 시늉만 낼 뿐 정말 관심을 기울이며 듣지 않는다.

(3) 적극적 경청: 상대의 말에 주의를 기울이고 공감을 표현하면서 듣는다.

(4) 맥락적 경청: 말 뿐만 아니라 숨은 의도와 감정, 그 배경까지 헤아리면서 듣는다.

(5) 촉진적 경청: 상대가 진정으로 의도하는 해답을 찾을 수 있도록 돕는다.

경청을 효과적으로 하기 위해서 필요한 실제적인 사항들은 아래의 10가지로 정리될 수 있다.

(1) 코칭의 장애가 되는 주위의 것들을 제거하라.

(2) 주의를 코치이와 그의 주제에 집중하라.

(3) 당신이 코치이의 말을 듣고 있다는 것을 보여주라.

(4) 당신이 말을 하지 말라.

(5) 코치이의 관점을 바꾸고 용기를 줄 수 있도록 질문을 하라.

(6) 그의 상태를 총체적으로 관찰하라.

(7) 대화의 단계를 적절하게 사용하라.

(8) 코치이를 격려할 수 있는 효과적인 피드백을 제공하라.

(9) 코치이의 말과 상황에 적절하게 반응하라.

(10) 코이치의 입장을 판단하거나 정죄하는 태도로 임하지 말라.

경청의 핵심 요소들

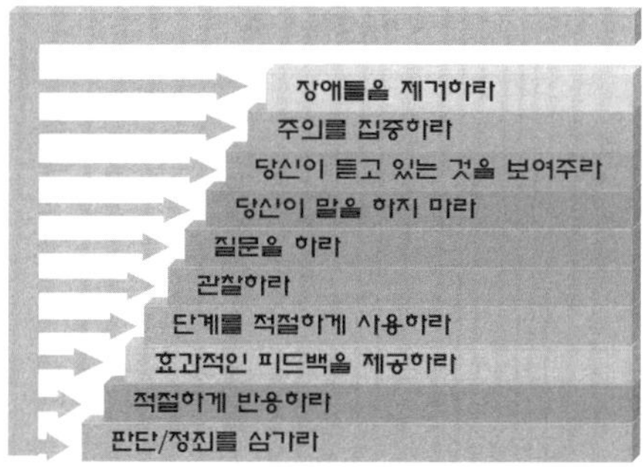

2. 삼위일체 하나님의 질문

코칭의 또 하나의 중요한 스킬은 질문이다. 어떻게 보면 질문은 코칭의 꽃이다. 선교 코칭, 보다 포괄적으로 크리스천 코칭의 질문을 위해서는 삶을 바꿀 수 있는 가장 강력하고 중요한 질문들(life-changing powerful questions)에 집중할 필요가 있다. 감사하게도 시중에 크리스천들에게 가장 중요한 하나님의 질문들, 예수님의 질문들, 인간의 질문들에 대한 책들이 출판되어 있었다. 그 중 몇 권을 소개하면 다음과 같다. 배철현이 『신의 위대한 질문: 신이 원하는 것은 무엇인가』와 『인간의 위대한 질문: 우리는 무엇을 믿어야 하는가』라는 두 책을 출판했다.[20] 한기채도 하나님의 위대한 질문과 예수님의 위대한 질문이라는 두 책을 썼다.[21] 앨런 넬슨의 『예수, 내 삶에 대해 묻다: 예수님의 라이프 코칭 31』은 성경적인 예수님의 말씀에 근거한 코칭 책으로 훌륭하다.[22]

---

20) 배철현, 『신의 위대한 질문: 신이 원하는 것은 무엇인가』(서울: 21세기북스, 2015); 배철현, 『인간의 위대한 질문: 우리는 무엇을 믿어야 하는가』(서울: 21세기북스, 2015).

21) 한기채, 『하나님의 위대한 질문』(서울: 교회성장연구소, 2012); 한기채, 『예수님의 위대한 질문』(서울: 교회성장연구소, 2012).

22) 앨런 넬슨, 『예수, 내 삶에 대해 묻다: 예수님의 라이프 코칭 31』(서울: 국제제자훈련원, 2009).

문제를 해결해 가는 코칭 프로세스에 대해서도 수많은 제안들이 나와 있다. 그 중에 어떤 것들은 너무 간단하고 어떤 것들은 너무 복잡하다. 또한 어떤 것들은 특정한 주제나 대상에만 적합하기도 하다. 연구자는 그 중에 가장 대표적으로 활용되고 있는 The GROW 모델을 중심으로 코칭 프로세스와 질문들을 설명해 보고자 한다.

(1) TOPIC (주제 정하기) – 일정한 기간 동안 코치와 코치이가 함께 탐구 여행을 할 주제를 정한다.
(2) GOAL (목표 정하기) – 코치이가 이루고 싶은 목표점을 정한다.
(3) REALITY (현실 파악하기) – 코치이가 자신이 처한 환경을 객관적으로 인식하고 목표를 이루기 위해 필요한 현실적인 요소들을 파악한다.
(4) OPTIONS (대안 탐색하기) – 변화를 가져올 수 있는 대안을 찾고 행동 계획을 세운다.
(5) WILL (실천의지 확인하기) – 행동 실행을 위한 코치이의 강력한 의지를 확인하고 격려한다.

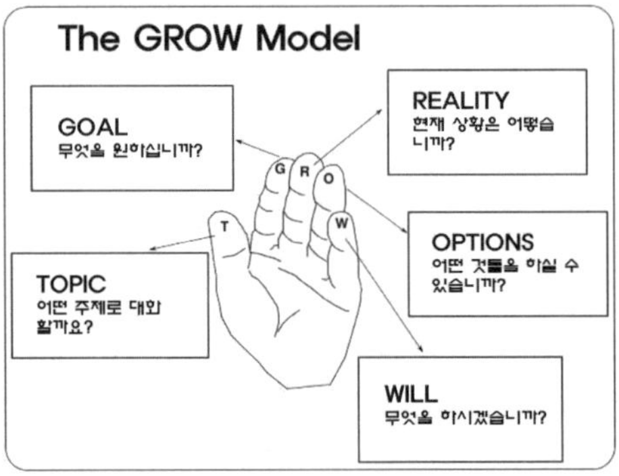

D. 선교 코칭의 분야들과 개발 과제

선교 코칭 분야는 새롭게 개발되어야 할 분야이다. 그러나 위에서 살펴본 대로 선교 코칭은 그 개발 영역이 무궁무진하다. 모든 크리스천들은 하나님의 사명자들(missionaries)이고 교회는 하나님의 나라를 선포하고 확장하는 '선교적 교회'(missional church)가 되어야 하기 때문이다. 이러한 관점에서 우선적으로 개발되어야 할 선교 코칭 분야는 아래와 같다.

(1) 크리스천 리더십 개발 코칭
(2) 크리스천 라이프 코칭
(3) 크리스천 커리어 코칭
(4) 크리스천 리더 행동 변화 코칭
(5) 교회/선교 조직 변화 코칭
(6) 목회/선교 전략 개발 코칭

이를 위해 선교 코칭 분야를 개발할 코치나 코칭 연구소들은 다음과 같은 사역들을 염두에 두고 움직여야 한다.

(1) 선교 코칭 연구: 크리스천 코칭에 대한 이론을 구축한다.
(2) 선교 코칭 전략개발: 크리스천 코칭의 전략개발과 구체적인 사례들을 도출해 낸다.
(3) 선교 코칭 훈련: 크리스천 코칭을 훈련하여 많은 코치들을 준비시켜 간다.
(4) 선교 코칭 실행: 실제적으로 목회와 선교현장의 리더들을 코칭을 통해 섬긴다.

Ⅳ. 선교 코칭과 캠퍼스 선교

A. 성육신적 선교로서의 선교 코칭

1. 전도의 접촉점으로서의 선교 코칭

믿지 않는 사람들과 복음을 나눌 때 가장 중요한 것은 그들과의 접촉점을 찾는 것이다. 특히 캠퍼스에서는 수많은 선교단체들, 교회들, 심지어 이단들까지 대학생들에게 접촉해 왔기 때문에 전도자들을 대하는 시선이 최악의 상태에 이르렀다. 또한 그들이 당면한 실제적인 문제 해결에 도움이 되지 않는 교회중심적인 일방적 전도는 학생들로 하여금 전도를 부정적으로 느끼게 하는데 한 몫 했다.

그렇다면 학생들의 필요에 실제적인 대답이 되면서 한 동안 그들과 만날 수 있는 방법은 무엇일까? 이러한 필요에 코칭은 좋은 답이 된다. 라이프 코칭, 커리어 코칭, 비전 코칭, 학습 코칭, 문제 해결 코칭 등은 코치로서의 전도자가 대학생들과 만날 수 있는 좋은 기회를 제공하기 때문이다. 매 주 30분 또는 한 시간 동안 그들의 문제 해결에 집중하면서 10주간 정도의 코칭 세션을 진행하다보면 그들 인생에 중요한 문제들을 다루는 기회를 만들고, 그들의 삶의 이야기를 경청하면서 그들의 문제를 이해하게 되며, 관점을 바꿀 수 있는 강력한 코칭 질문을 통해 그들의 세계관과 삶에 영향을 끼칠 수 있다.

2. 전도의 중요한 도구로서의 선교 코칭

첫째, 선교 코칭은 삶을 바꾸는 강력한 질문을 통해 대학생들의 세계관을 기독교적인 세계관으로 바꿀 수 있는 중요한 도구이다. 코칭은 답을 주지는 않지만 질문을 통해 그들 스스로가 올바른 길을 찾아 가도록 돕고 격려한다. 그러므로 삶의 궁극적인 질문들은 필연적으로 인생 최고의 가치, 죽음 이후의 문제, 창조주를 바라보게 인도한다. 이러한 질문을 전도라는 거부감 없이 자연스럽게 제기할 수 있다는 점에서 코칭은 강력한 전도의 도구가 된다.

둘째, 대학 서클과 같이 코칭그룹을 운영하면 대학생들에게 거부감 없이 다가가 전도할 수 있다.[23] 캠퍼스에서 대학생들의 문제를 함께 풀어갈 수 있는 코칭그룹을 운영하는 것은 일대일 코칭과는 다른 장점들을 갖는다. 일대일의 관계에 부담을 느끼는 학생들에게 서클과 같은 코칭그룹은 경계심을 헐 수 있는 좋은 방법이다. 또한 코칭그룹 안에서 일어나는 그룹 다이나믹스와 시너지를 잘 활용하면 훨씬 더 강력하게 코칭그룹 안의 멤버들을 변화시켜 갈 수 있다. 또한 이러한 코칭그룹은 자연스럽게 다른 학생들을 초대하는 발판이 된다.

B. 총체적 선교로서의 선교 코칭

1. 당면 문제 해결

선교코칭은 그들의 당면한 문제를 해결하는데 중요한 도구이다. 라이프 코칭을 통해 인생의 균형 이루기, 자신감 확립하기, 목표 정하기, 장애물 제

23) 구자호, 『그룹코칭 워크북: 집단지성, 어떻게 이끌어낼 것인가』(서울: 올림, 2015); 크리스틴 손턴, 『창조적 조직을 위한 그룹코칭과 팀코칭』(서울: 시그마프레스, 2013); 코칭경영원 코치시대, 『그룹 코칭: 최고의 조직을 만드는 집단지성의 힘』(서울: 올림, 2013); 빌 도나휴, 그렉 보먼, 『삶을 변화시키는 소그룹 리더 코칭: 리더들의 리더를 위한 실제적이고 유용한 코칭 도구』(서울: 국제제자훈련원, 2008).

거하기, 삶의 만족 찾기, 재정관리하기, 스트레스 감소시키기, 꿈 실현하기, 적성에 맞는 직업 찾기 등 수많은 과제들을 해결할 수 있기 때문에 코칭은 대학생들에게 너무도 중요한 문제 해결 도구이다.

2. 그들의 리더십 배양

대학생들은 변화하는 사회에 대응할 수 있는 리더십의 배양이 무엇보다도 필요하다. 코칭은 그러한 리더십 준비에 도움을 준다. 스스로 목표를 세우고 상황을 분석하며 문제를 해결하는 길을 발견하고 그것을 성실하게 이뤄내는 능력이야말로 이 시대에 꼭 필요한 리더십이다. 또한 자신의 능력과 강점을 파악하여 가능성을 최고로 실현할 수 있는 사람이야말로 사회에 기여하며 행복하게 사는 길이다. 그 외에도 자신의 경력 목표 확립, 필요한 기술과 재능 개발, 열정과 창의력 향상, 인생 목표 성취를 위한 도구 개발 등은 대학생들을 도울 수 있는 중요한 코칭 주제들이다.

3. 대학 캠퍼스 문화 변혁

개인주의 문화가 팽배해진 캠퍼스는 현대사회의 축소판이다. 학생들은 소수의 친구들과 어울릴 뿐 보다 넓은 사람들과 함께 사회 전체의 문제를 풀어나가는데 낯설어진지 오래다. 이러한 개인주의 문화는 주어진 과제들을 자신의 이익과 결부해서 해석하고 주관적으로 대응하는 문화를 양산하게 한다. 이러한 대학 캠퍼스에서 공동의 문제를 함께 문제를 풀어가는 연습을 하는 것은 대학 문화를 바꿀 뿐만 아니라 미래 사회의 문화를 바꿔갈 가능성을 높이는 아주 중요한 과제이다.

이러한 차원에서 코칭그룹은 중요한 방법이다. 한 그룹이 코치와 함께 일정 기간 정기적인 세션을 진행하는 그룹 코칭은 각자 필요한 개발 목표를 함께 성취해 가는 공동의 과정이다. 또한 그룹원 모두가 코칭 훈련을 받고, 상호 코칭을 해 준다면 더욱 큰 협력의 공동체를 만들 수 있다. 이 가운데 일어나는 시너지는 각자의 합보다 훨씬 큰 결과를 낸다. 이 과정에서 그룹원들과 공감대를 형성하고 협력 학습을 하며 공동으로 문제를 해결한 경험은 함께 만들어갈 세상을 향한 첫 발걸음이 된다.

4. 외국인 유학생들을 향한 대안

최근에 대학 캠퍼스 마다 외국인 유학생들이 넘쳐나고 있다. 정부가 고등교육의 글로벌 경쟁력 강화와 국제화를 위해 유학생 유치에 박차를 가한 결과 현재 한국에는 10만 명 정도의 유학생들이 공부하고 있고, 2020년까지 그 수가 20만 명에 달할 것이다. 이들은 국내 땅 끝 선교 대상 중 가장 중요한 그룹이다. 그들에게 복음을 전하고 크리스천 리더로 양육해서 본국으로 파송하면 선교사들이 감당하는 것보다 훨씬 더 큰 영향력을 발휘할 것이기 때문이다.

이들에게 접근하는 방법으로도 코칭그룹은 매우 효과적이다. 그들에게 가장 필요한 것은 낯선 한국 땅에서 당면한 문제들을 함께 풀어가는 것이기 때문이다. 코칭그룹을 통해 친구들과 고민을 함께 나누고 토론하며 집단지혜를 만들어 내고 실천한다면 자연스럽게 기독교적 세계관을 수용하게 될 것이다.

C. 교회 공동체 형성과 선교 코칭

필자는 영국의 프레시 익스프레션스 운동을 소개하는 책, 『우리가 교회다』에서 그들이 정리한 교회개척의 단계를 논한 적이 있다.[24] 그 단계를 선

24) 장성배 외 11인, 『우리가 교회다』 (서울: 새로운길, 2016).

교 코칭에 적용해 보면 아래와 같은 그림으로 제시될 수 있다.[25)]

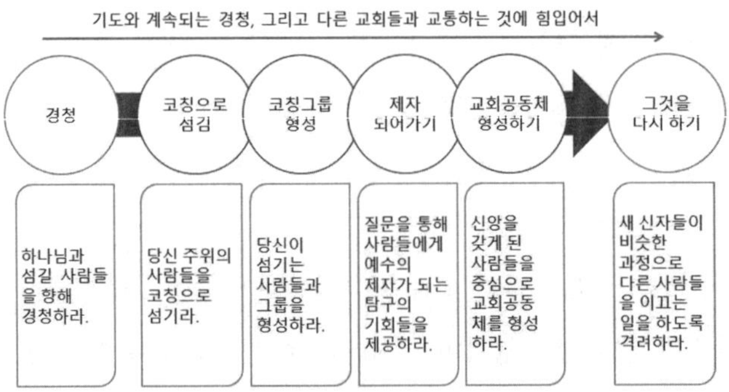

1. 경청하기

교회는 선교하시는 하나님과 상황이라는 두 축에 대해 민감해야 한다. 먼저 교회는 하나님의 부르심과 인도하심에 민감하게 경청하며 따라야 한다. 하나님의 뜻을 따르지 않는 교회는 그 존재 이유가 없다. 둘째로 교회는 우리가 섬기고 변화시켜야 할 사람들을 향해 경청하는 태도를 가져야 한다. 그러지 않을 때 우리는 교회 중심적인 일방적 선교를 하게 된다. 이러한 의미에서 코칭의 경청적 태도는 하나님과 사람을 이해하고 마음으로 반응하는데 큰 도움이 된다.

2. 코칭으로 섬기기

우리가 섬겨야 할 사람들을 향해서 줄 수 있는 것은 여러 가지가 있다. 특히 총체적 선교의 관점에서 볼 때 우리는 복음뿐만 아니라 그들의 심리적, 정신적, 육체적, 사회적, 정치적, 경제적, 문화적, 환경적 차원에서 도

25) https://www.freshexpressions.org.uk/guide/develop;
https://www.freshexpressions.org.uk/guide/develop/journey

움을 줄 수 있는 방법들을 찾아야 한다. 그 중에서 코칭은 여러 차원의 문제들을 풀어 가는데 직-간접적으로 많은 도움이 된다. 오히려 직접적으로 문제를 대신 해결해 주는 것 보다는 그 사람 스스로 문제를 풀어갈 수 있도록 코칭을 해 주는 것이 장기적으로 그 사람에게 근본적인 도움이 될 경우가 많다. 그러므로 우리는 코칭을 통해 총체적인 도움을 주는 일로 사람들을 섬기면서 그들에게 접근할 수 있다.

3. 코칭그룹 형성하기

코칭그룹의 효용성에 대해서는 위에서 살펴보았다. 일인 가구를 중심으로 극도로 개인주의화 되어가는 대학 캠퍼스에서 삶의 문제를 함께 풀어가는 코칭그룹은 무엇보다도 대답이 된다. 초기에는 자신들의 문제를 해결하고자 모임을 형성하겠지만 함께 코칭으로 섬기다 보면 마음이 통하고 서로를 사랑하고 의지하는 공동체가 된다. 이러한 공동체는 피상적인 코칭에서부터 삶의 가치관과 세계관에 영향을 줄 수 있는 코칭 공동체로 발전하게 될 것이다.

4. 함께 제자 되어가기

이미 교회와 멀어졌거나 교회적 배경에서 자라나지 않은 사람들이 한 순간에 주님을 영접하고 신실한 제자가 될 수는 없다. 그러나 코칭그룹에서 상호 변화가 일어나다 보면 차츰 삼위일체 하나님 중심적인 삶으로 변화될 것이고 기독교적 가치관과 세계관에 따라 삶을 결정하는 주님의 제자가 되어갈 것이다. 특히 급변하는 이 시대에 제자의 삶을 산다는 것은 전통적인 교회가 말하는 제자의 삶과는 많이 다를지 모른다. 그렇다면 캠퍼스 안에서 코칭그룹을 통해 제자의 삶을 새롭게 규정하고 형성해 가는 것은 미래교회를 준비하는 측면에서 매우 중요하다.

5. 교회 공동체 형성하기

위로 하나님을 향해 경청하고, 안으로 공동체의 사람들과 친밀해 가며, 밖으로 세상을 향해 증인의 삶을 살고, 앞으로 하나님 나라의 비전을 향해 나가는 것은 교회의 가장 중요한 운동들이다. 대학생들은 캠퍼스에서 만난 대학생들과 미래교회를 형성해 가는 과정에서 전통적인 교회의 모습을 무조건적으로 답습할 필요는 없다. 위의 네 차원을 자신들만의 방법으로 구현하며 그들의 삶의 정황에 성육신할 수 있는 교회의 모습을 만들어가는 것은 한국교회의 미래를 결정할 매우 중요한 과제이다.

6. 그것을 다시하기

캠퍼스 안에 새로운 실험적 교회가 생겨났다면 이제는 용기를 낼 수 있다. 그들의 성공적인 경험을 바탕으로 계속적인 교회개척이 가능할 것이기 때문이다. 이 말은 전의 교회와 똑같은 형태의 교회를 만들라는 것이 아니다. 다만 비슷한 접근 방법과 단계를 사용할 수 있게 되었다는 말이다. 새로운 코칭그룹은 자신들만의 방법과 형태로 또 다른 형태의 교회를 형성해 갈 것이다. 다만 위의 도표가 보여주는 단계와 흡사하게 성육신적으로 진행될 것은 예상할 수 있다. 세상의 삶이 다양한 만큼 세상에는 다양한 형태의 교회가 생겨나야 한다. 다만 그 다양한 교회들은 서로를 인정하고 공감대를 형성하며 함께 힘을 합쳐 세상을 하나님 나라로 변화시켜 가야 한다. 한 알의 씨앗이 큰 나무가 되듯이, 아침의 이슬방울이 큰 바다를 이루듯이, 새로운 미래교회 개척의 배가운동을 통해 하나님의 나라가 이 땅에 확장되는 꿈을 꾼다.[26)]

26) Travis Collins, *Fresh Expressions of Church* (TE: Seedbed Publishing, 2015) Chapter 1.

Ⅴ. 나가는 말

이 연구는 사람들을 세우고 문제를 해결하는 중요한 방법으로 떠오르고 있는 코칭을 캠퍼스 선교에 접목하는 길에 대해 질문하면서 시작되었다. 이 주제를 다루기 위해서 2장은 코칭이 무엇인지 이해하는데 할애했고, 3장에서는 코칭을 기독교적 세계관에서 재해석하는 선교 코칭에 대해 다뤘다. 마지막 4장은 이 연구의 중요한 질문이었던 선교 코칭을 캠퍼스 선교 현장에 사용하는 방법에 대해 생각해 보았다.

지면상 각 주제들을 충분히 다루지 못한 것을 아쉽게 생각한다. 그러나 각 주제들의 핵심 개념과 관점들을 설명하느라고 노력했고, 그것이 캠퍼스 선교에 어떻게 연결되는지를 설명하려고 노력했다. 앞으로 이러한 연구를 발판으로 선교 코칭에 대한 이론과 실제에 대한 연구가 더욱 활발하게 일어나기를 기대해 본다.

참고문헌

Collins, Travis. *Fresh Expressions of Church*. TE: Seedbed Publishing, 2015.

구자호. 『그룹코칭 워크북: 집단지성, 어떻게 이끌어낼 것인가』. 서울: 올림, 2015.

김성수. 『21세기 혁신적 리더십』. 서울: 탑북스, 2015.

넬슨, 앨런. 『예수, 내 삶에 대해 묻다: 예수님의 라이프 코칭 31』. 서울: 국제제자훈련원, 2009.

도나휴, 빌, 그렉 보먼. 『삶을 변화시키는 소그룹 리더 코칭: 리더들의 리더를 위한 실제적이고 유용한 코칭 도구』. 서울: 국제제자훈련원, 2008.

리즈, 도로시. 『질문의 7가지 힘』(개정판). 서울: 더난출판사, 2016.

배철현. 『신의 위대한 질문: 신이 원하는 것은 무엇인가』. 서울: 21세기북스, 2015.

배철현. 『인간의 위대한 질문: 우리는 무엇을 믿어야 하는가』. 서울: 21세기북스, 2015.

벤치, 마샤. 『커리어 코칭: 직장인을 위한 최적의 솔루션』. 서울: 교보문고, 2007.

브록, 비키. 『코칭의 역사』. 서울: 코쿱북스, 2015.

손턴, 크리스틴. 『창조적 조직을 위한 그룹코칭과 팀코칭』. 서울: 시그마프레스, 2013.

윤영지. 『미래사회 사회문화 경제』. 서울: 다올, 2013.

이소희, 길영환, 도미향, 김혜연. 『코칭학개론』. 서울: 신정, 2014.

이희경, 『코칭 입문』. 서울: 교보문고, 2006.

장성배 외 11인. 『우리가 교회다』. 서울: 새로운길, 2016.

장성배. 『사명 리더십으로 바로 세워라: 21세기 크리스천의 존재방식』. 서울: kmc, 2009.

최효진, 황소영, 유용미. 『삶을 움직이는 힘 코칭핵심 70』. 서울: 새로운사람들, 2006.

코칭경영원 코치시대. 『그룹 코칭: 최고의 조직을 만드는 집단지성의 힘』. 서울: 올림, 2013.

콜린스, 게리. 『코칭 바이블』. 서울: IVP, 2014.

폴정. 『폴정의 코칭 설명서』. 서울: 아시아코치센터, 2009.

하그리브스, 데이비스, 데니스 셜리. 『학교교육 제4의 길 (1): 학교교육 변화의 역사와 미래방향』. 서울: 21세기교육연구소, 2015.

한기채. 예수님의 위대한 질문. 서울: 교회성장연구소, 2012.
한기채. 하나님의 위대한 질문. 서울: 교회성장연구소, 2012.